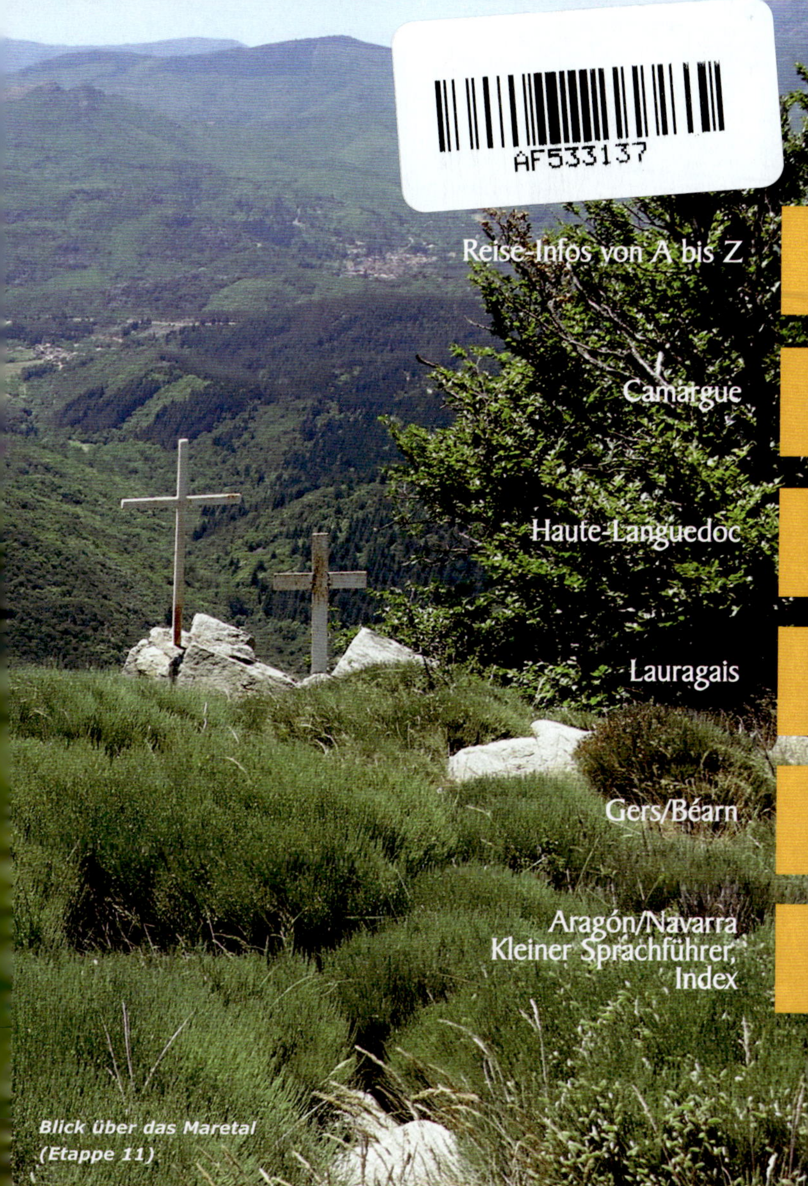

Blick über das Maretal (Etappe 11)

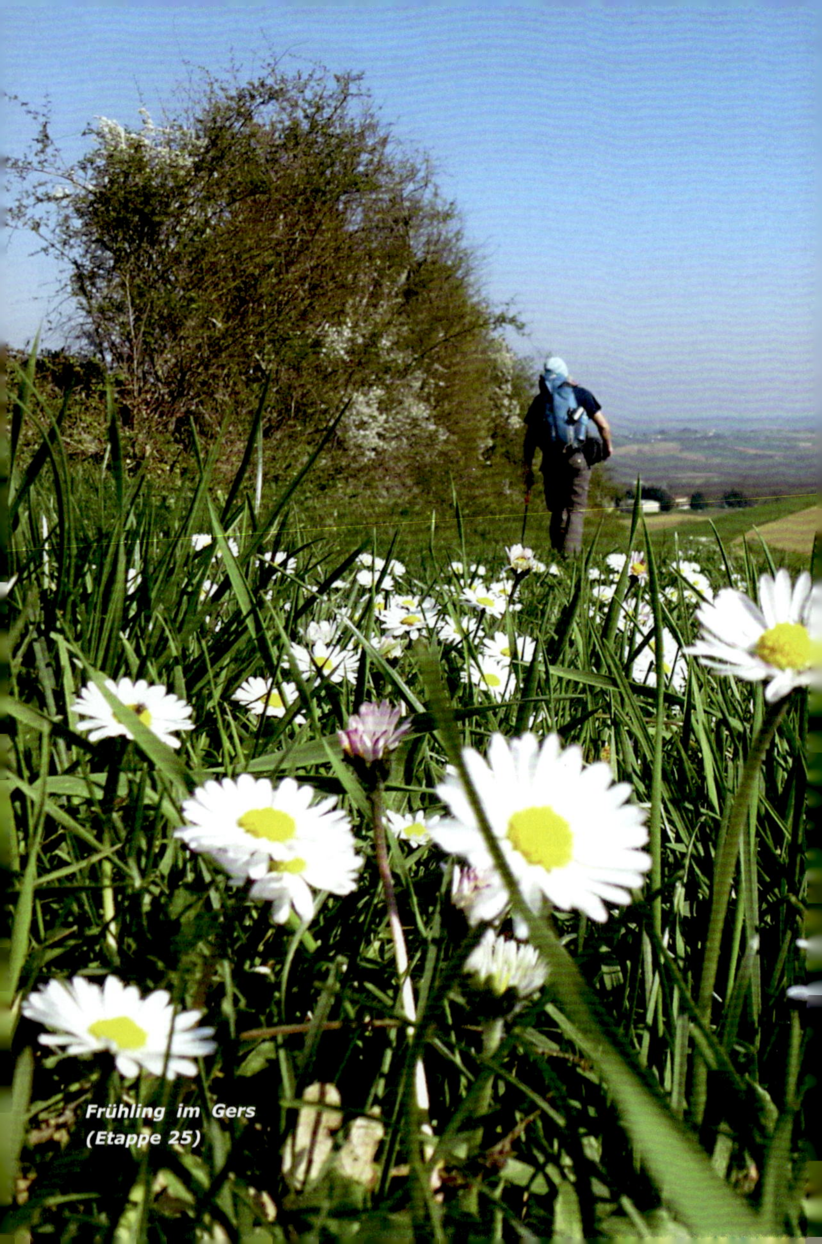
Frühling im Gers
(Etappe 25)

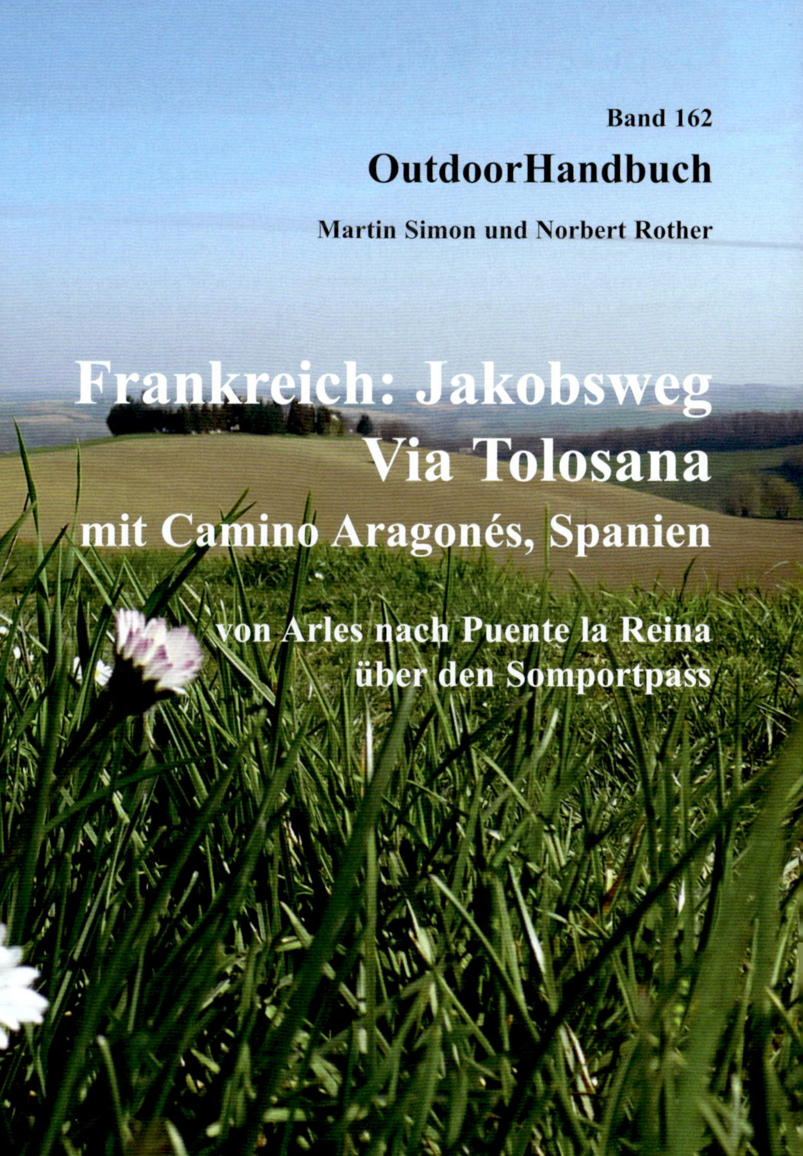
Band 162
OutdoorHandbuch
Martin Simon und Norbert Rother
Frankreich: Jakobsweg
Via Tolosana
mit Camino Aragonés, Spanien
von Arles nach Puente la Reina
über den Somportpass

Frankreich: Jakobsweg

Alle Informationen, schriftlich und zeichnerisch, wurden nach bestem Wissen zusammengestellt und überprüft. Sie waren korrekt zum Zeitpunkt der Recherche.

Eine Garantie für den Inhalt, z.B. die immerwährende Richtigkeit von Preisen, Adressen, Telefon- und Faxnummern sowie Internetadressen, Zeit- und sonstigen Angaben, kann naturgemäß von Verlag und Autor - auch im Sinne der Produkthaftung - nicht übernommen werden.

Der Autor und der Verlag sind für Lesertipps und Verbesserungen (besonders per E-Mail) unter Angabe der Auflagen- und Seitennummer dankbar.

Dieses OutdoorHandbuch hat 256 Seiten mit 73 farbigen Abbildungen sowie 54 farbigen Kartenskizzen im Maßstab 1:150.000, 57 farbigen Höhenprofilen, 9 Stadtplänen und einer farbigen, ausklappbaren Übersichtskarte. Es wurde auf chlorfrei gebleichtem, ©FSC-zertifiziertem Papier gedruckt, in Deutschland klimaneutral hergestellt und transportiert und wegen der größeren Strapazierfähigkeit mit PUR-Kleber gebunden.

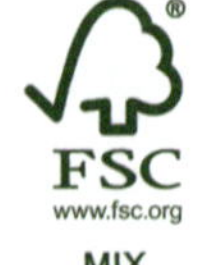

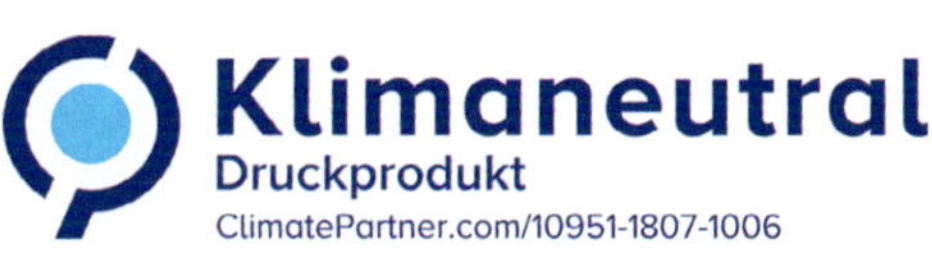

Dieses Buch ist im Buchhandel und in Outdoor-Läden erhältlich und kann im Internet oder direkt beim Verlag bestellt werden.

OutdoorHandbuch aus der Reihe „Der Weg ist das Ziel“, Band 162

ISBN 978-3-86686-597-6 1. Auflage 2018

Text: Martin Simon und Norbert Rother
Fotos: Martin Simon
Karten: Heide Schwinn
Lektorat: Amrei Risse
Layout: Anna-Lena Ebner

Gesamtherstellung: gutenberg beuys feindruckerei

Dieses OutdoorHandbuch wurde konzipiert und redaktionell erstellt vom:

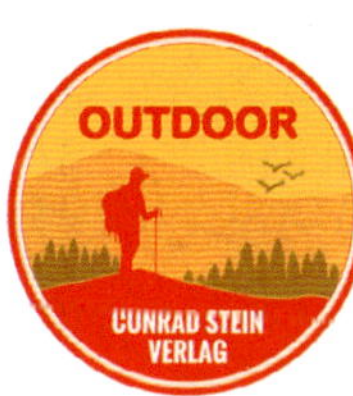

Conrad Stein Verlag GmbH, Kiefernstr. 6, 59514 Welver,
☎ 023 84/96 39 12, FAX 023 84/96 39 13,
info@conrad-stein-verlag.de,
www.conrad-stein-verlag.de

Besuchen Sie uns bei Facebook & Instagram:

 www.facebook.com/outdoorverlag

 www.instagram.com/outdoorverlag

Titelfoto: Abstieg in das Gravezontal (Etappe 9)

Inhalt

Haute-Languedoc

Lauragais

Gers/Béarn

Einleitung

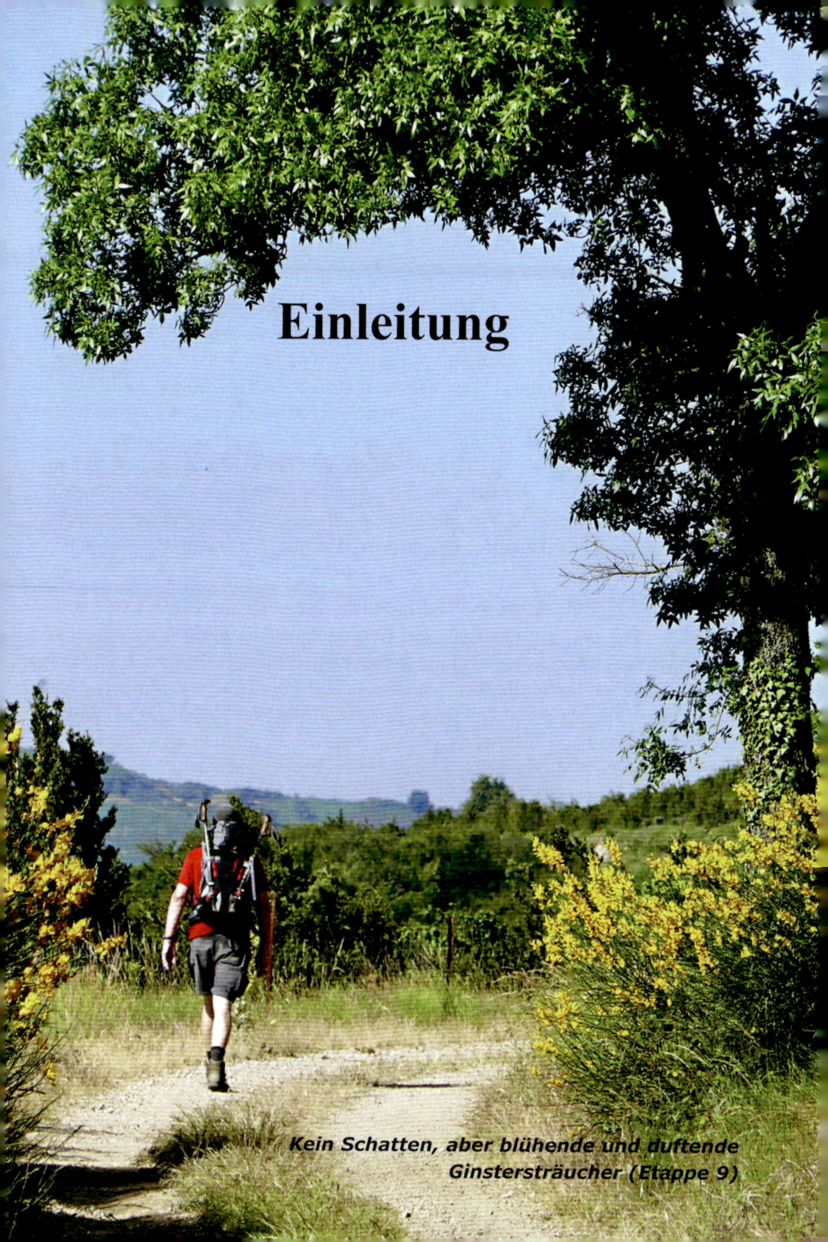

Kein Schatten, aber blühende und duftende Ginstersträucher (Etappe 9)

Im Reigen der wiederentdeckten europäischen Pilgerwege hat die Via Tolosana einen Sonderstatus. Historisch gesehen war sie nicht nur auf Santiago de Compostela ausgerichtet, sondern hatte eine Verbindungsfunktion zwischen zwei der bedeutendsten Wallfahrtsstätten des christlichen Mittelalters und wurde in beide Richtungen begangen. Die Römerstadt Arles am Ausgangspunkt des „Chemin d'Arles", wie er auch heißt, war Sammelpunkt der Rom- und der Jakobspilger.

Die Pilger von heute allerdings haben vor allem Santiago de Compostela und das Grab des Apostels Jakobus zum Ziel. Gegenverkehr ist eher selten zu erwarten. Aber immerhin ist die Via Tolosana (wie jeder ordentliche Wanderweg) zwischen Arles und dem Somportpass in beide Richtungen markiert und ab und an erfährt man doch das Vergnügen, mit einem Entgegenkommenden das „Woher und Wohin" zu diskutieren.

Franzosen bezeichnen den Weg manchmal auch einfach als „Voie du Sud", denn es ist der südlichste der vier großen Pilgerwege Frankreichs. Bereits im 12. Jh. werden sie in einem Pilgerführer, dem „Liber Sankti Jakobi", das auch „Codes Calixtinus" heißt und in den Archiven der Kathedrale von Santiago de Compostela lagert, beschrieben. „Vier Wege führen nach Santiago, die sich in einem einzigen in Puente la Reina in Spanien vereinen; einer geht über St-Gilles, Montpellier, Toulouse und den Somportpass ...", heißt es in einer Übersetzung („Der Jakobsweg", Reclam Universal-Bibliothek 18580, S. 50).

Die herausragende historische und kulturelle Bedeutung der Route würdigte die UNESCO 1998 mit dem Eintrag in die Weltkulturerbeliste. Geadelt wurden damit sowohl der Weg selbst als auch herausragende Kulturdenkmäler unterwegs – und die hat der Weg neben landschaftlichen Schönheiten reichlich zu bieten. Einige historische Baudenkmäler reichen bis in die Römerzeit zurück. Alte Pilgerstätten wie die Basilika Saint-Sernin in Toulouse, die Abtei Gellone in Saint-Guilhem-le-Désert sowie das ehemalige Priorat Saint-Michel de Grandmont bei Lodève stammen aus dem hohen Mittelalter. Im spanischen Teil des Weges setzt sich die Pilgerreise als Ausflug in die lebendige Bildsprache und Kunst der Romanik fort. Zu den ältesten Kirchendenkmälern Spaniens gehört z. B. die Kathedrale in Jaca am Fuße der Pyrenäen.

Neben den vielen sakralen Stätten hat der Weg auch herausragende profane Bauten wie die Teufelsbrücke bei Saint-Jean-de-Fos, das Hôtel-Dieu Saint-Jacques in Toulouse und den Canal du Midi zu bieten. Ich weiß nicht, ob der Pilger selbst auch Teil des Welterbes ist. Ohne ihn gäbe es den Weg und sicher auch so manche Pilgerstätte schließlich nicht. Gewürdigt wird er jedenfalls durch oftmals freien Eintritt oder einen zumindest reduzierten Eintrittspreis und durch ein dichtes Netz von preisgünstigen Herbergen, die das Reisen sehr erleichtern.

Von Arles führt der Weg durch das Rhôneschwemmland an Obstplantagen und Reisfeldern vorbei bis in die Universitätsstadt Montpellier, die noch ganz in Mittelmeernähe liegt. In vielen atemberaubenden Bergetappen durchkreuzt der Pilger dann die schroffen Ausläufer der Cevennen mit ihrer mediterranen Hartlaubvegetation und erreicht schließlich die in lieblichere Landschaftsräume (Lauragais und Gers) eingebet-

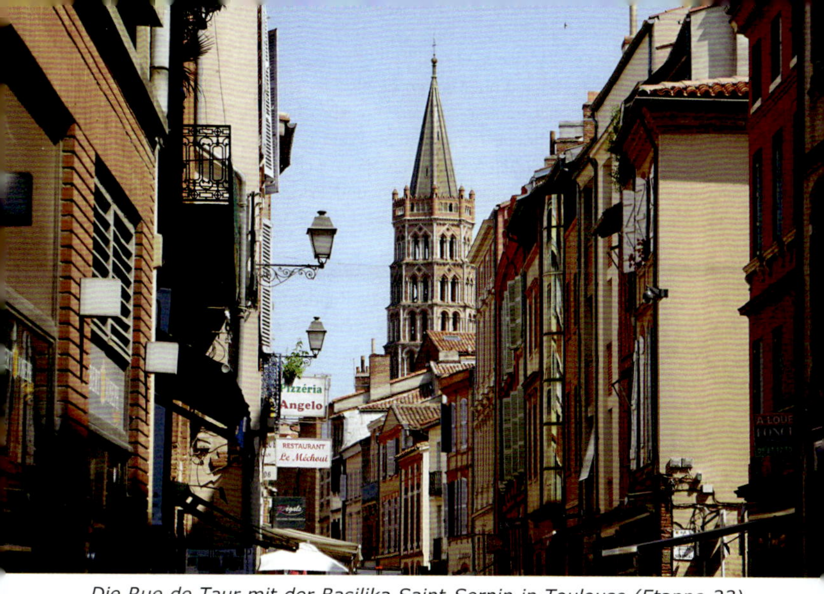

Die Rue de Taur mit der Basilika Saint-Sernin in Toulouse (Etappe 23)

tete „rosarote" Metropole Toulouse. Als Tolosa – die Römer bezeichneten sie so und auch die heute noch lebendige Sprache Okzitaniens nutzt den Begriff – wurde die Stadt namengebend für die Via Tolosana: der Weg, der über Toulouse führt.

Nach rund 450 km ist hier Halbzeit. Grund genug, die schöne Weltstadt an der Garonne mit ihren historischen und auch modernen Backsteinbauten – die größte romanische Kirche Frankreichs steht hier – durch den ein oder anderen Pausentag zu würdigen.

Weiter geht es durch die historische, für ihre kulinarischen Spezialitäten bekannte Region der Gascogne und mit dem Erreichen der ehemaligen Provinz Béarn sind Sie der imposanten Bergkette der Pyrenäen, die Sie seit vielen Tagen bereits vor Augen haben, nahe gekommen. Von Oloron-Sainte-Marie führt der Weg dann nur noch bergauf, bis Sie nach drei Tagen den 1.632 m hohen Somportpass erreicht haben und in das spanische Aragonien hineinwandern.

Rund 160 km verläuft der Weg durch Spanien, zwei Drittel davon im Tal des Río Aragón. Dieser Teil des Pilgerwegs ist deshalb auch als Camino Aragonés in die Geschichte eingegangen.

Die Via Tolosana ist vermutlich die am wenigsten begangene und von daher einsamste, die wildeste und die abwechslungsreichste der vier Hauptrouten Frankreichs – bei gleichzeitig guter bis sehr guter Infrastruktur. Für die Pilger wird gesorgt, mit Herbergen und immer wieder freundlicher Begrüßung. Bewohner hängen die Schalen der

Jakobsmuscheln in die Bäume oder heften sie als Zeichen der Verbundenheit an Mauern. Pilger sind hier willkommen, werden angesprochen für einen kurzen Plausch. Immer wieder heißt es „bonne route“ (guten Weg) oder „bonne continuation“ (gute Fortsetzung). Das wärmt das Herz, vor allem dann, wenn man im fremden Land alleine unterwegs ist. Viele Gemeindeverwaltungen und Privatleute bemühen sich um die Unterhaltung preisgünstiger Unterkünfte. Pilgern soll jedem möglich sein, unabhängig vom Einkommen.

Der speziell für Fußpilger und Wanderer ausgesuchte Weg ist als Teil der französischen Weitwanderwege, der Sentiers de Grande Randonnée, als GR 653 durchgehend im sogenannten französischen Markierungssystem gekennzeichnet (☞ Markierung und Wegweiser). Das setzt sich im spanischen Teil des Weges nur in der Theorie fort. Die weiß-rote Markierung des dortigen GR 65.3 ist an vielen Stellen verblasst und nicht erneuert. Überdeutlich allerdings zeigen die gelben Pfeile und Muschelmarkierungen hier in eindeutiger Weise die Wegführung.

Nach Santiago sind von Arles noch 1.603 km zu gehen, 944 km davon führen auf der Via Tolosana über Montpellier, Toulouse und den Somportpass bis Puente la Reina an den spanischen Hauptweg, den Camino Francés. In diesem Buch finden Sie eine detaillierte Beschreibung des Weges in 43 Etappen und 6 Wegalternativen bzw. Nebenwegen oder Varianten, eine GPS-genaue Auflistung der Wegkilometer und Höhendaten, Hinweise für Radpilger, ausführliche Angaben zu Übernachtungsmöglichkeiten mit dem Schwerpunkt auf den preisgünstigen Pilgerherbergen, Beschreibungen der wichtigsten Sehenswürdigkeiten und landschaftlichen Besonderheiten, Hinweise auf die öffentlichen Wasserstellen, Einkaufs- und Verpflegungsmöglichkeiten, Informationen zum öffentlichen Nahverkehr und Taxiunternehmen sowie viele andere Details, die Sie bei der Planung und Durchführung Ihrer Pilgerreise unterstützen werden. Gehen Sie den Weg gelassen an. Es gibt viel zu entdecken und zu genießen.

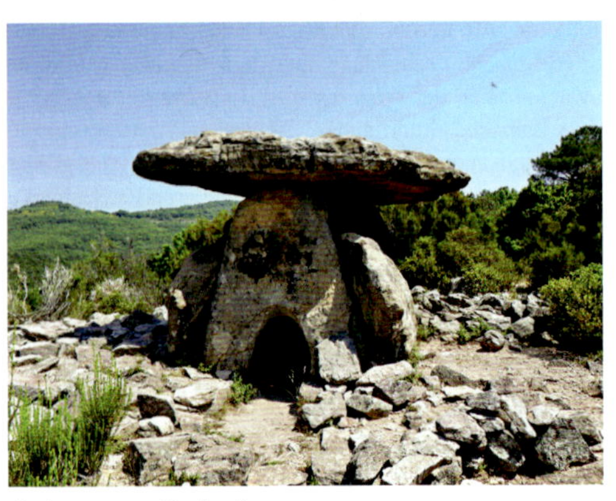

Dolmen von Coste-Rouge

Land und Leute

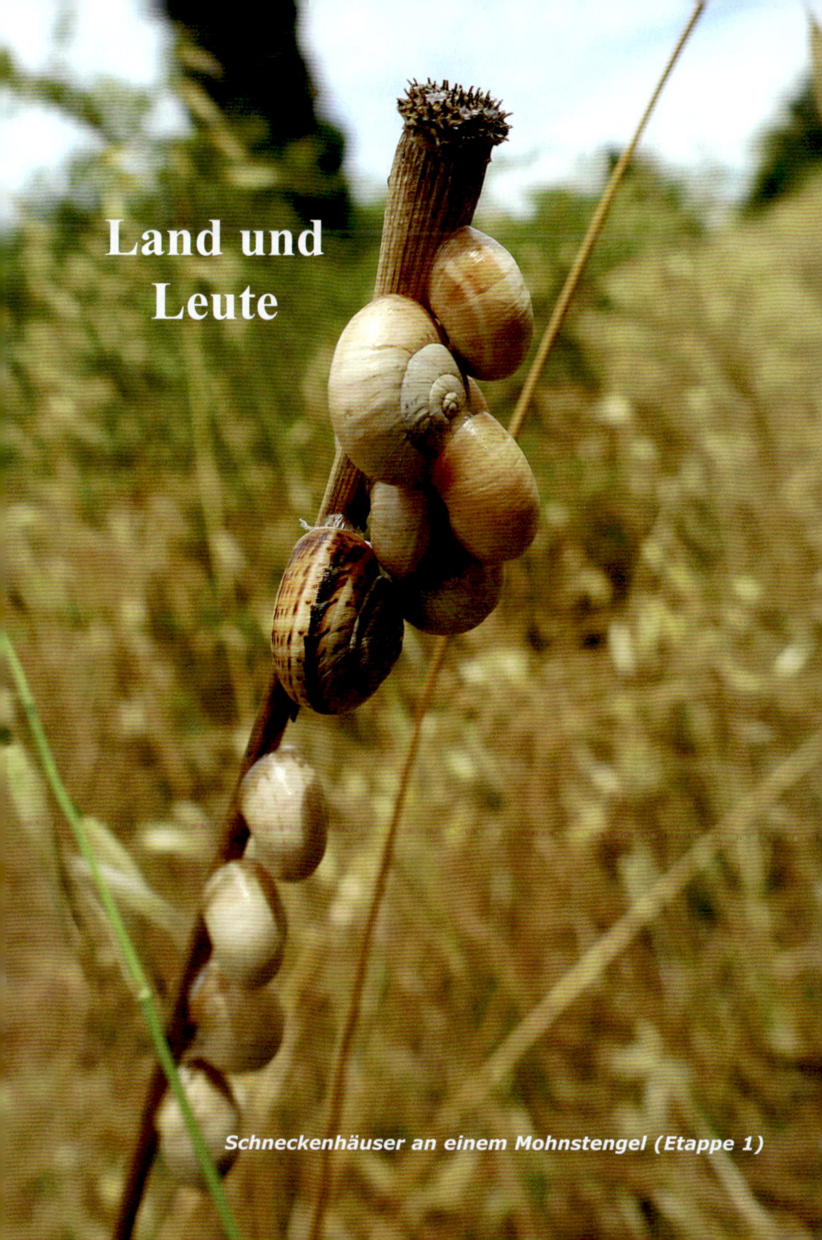

Schneckenhäuser an einem Mohnstengel (Etappe 1)

Das zentralistisch regierte Frankreich ist aufgrund einer Gebietsreform im Jahr 2016 in vielfach neu zusammengesetzte Verwaltungsregionen und Départements sowie kleinere administrative Einheiten gegliedert und so ist es auch auf Ihrem Weg, der das Land ganz im Süden, vom Mittelmeer bis in die Nähe des Atlantiks, von Ost nach West durchläuft. Arles gehört noch zur Region Provence-Alpes-Côte d'Azur. Nach einem halben Wandertag aber sind Sie bereits in der Region Okzitanien, das aus den ehemaligen Regionen Languedoc-Roussillon und Midi-Pyrénées entstand. Genau 30 der insgesamt 43 Etappen werden Sie in Okzitanien verbringen (Etappe 2 bis 31). Westlich von Maubourguet (Etappe 32) wandern Sie dann durch die Region Nouvelle-Aquitaine. Auch dies ist eine ganz junge Fusion aus den bisherigen Regionen Aquitaine, Poitou-Charentes und Limousin.

Erwähnt und für wichtig befunden habe ich diese Informationen, da Sie auf Ihrem Weg auf diese Begrifflichkeiten stoßen werden, und ich hoffe, dass Ihnen diese Ausführungen dabei helfen, sich besser zu orientieren. Dabei sind z. B. auf Informationstafeln die Gebietsreformen noch längst nicht übernommen. Auch tragen manche Buslinien noch Aufschriften der ehemaligen Regionen und, was ganz wichtig werden könnte: Der öffentliche Busverkehr wird oft nur innerhalb der jeweiligen Verwaltungsgrenzen geführt. Nach grenzüberschreitenden Verbindungen kann man meist lange suchen. Im Fall der Fälle können Sie sich dann hier Orientierung verschaffen. Für den besseren Überblick habe ich auch die jeweils berührten Départements der Regionen in den Etappenüberschriften mit aufgeführt.

In Spanien durchläuft der Weg die autonomen Gemeinschaften Aragonien und Navarra. In Aragonien berühren Sie die Provinzen Huesca und Zaragosa. Navarra ist nicht weiter in Provinzen unterteilt.

Neben der aktuell gültigen politischen Teilung werden Ihnen außerdem historische Landschaftsbezeichnungen begegnen, die auch Sprachraum- und Kulturgrenzen betreffen. Arles liegt noch am Rande der historischen Provinz Provence. Bis Toulouse wandern Sie im Languedoc. Weiter westlich hat sich der Name der historischen Provinz Gascogne im Sprachgebrauch erhalten und im Pyrenäenvorland treffen Sie auf das historische Béarn. In Spanien grenzt an den Westen Navarras die autonome Gemeinschaft Baskenland, doch auch in Navarra wohnen Menschen, die sich als Basken bezeichnen, was sich z. B. in der Zweisprachigkeit der Ortsschilder ausdrückt. Die historische Region der Basken erstreckt sich sogar auf den äußersten Südwesten Frankreichs, den Sie aber nicht berühren werden.

Alle Landesteile, die Sie erwandern werden, und einige Regionen darüber hinaus verband einmal ein gemeinsamer Sprachraum. Nur dem Baskenland wird eine eigenständige Entwicklung und Sprache zugeschrieben, die mit keiner anderen verwandt ist.

Um das Jahr 1000 n. Chr. herum entwickelte sich aus dem Lateinischen heraus im Süden Frankreichs die okzitanische Sprache. Zwar wurde sie in verschiedenen Dialekten gebraucht, aber aufgrund der gemeinsamen Wurzeln war bald von einem gemeinsamen Sprachraum die Rede. Westlich von Toulouse wurde Gascognisch gesprochen, die Côte d'Azur sprach wie die gesamte Provence Provenzalisch, selbst im nördlich angrenzenden Piemont entstand verwandtschaftlich das Piemontesisch. Auch das Katalan, das im Nordosten Spaniens heimisch ist, wird diesem Sprachraum zugeordnet. Zwischen Nizza und Bordeaux, dem italienischen Turin und dem Norden Spaniens bewirkte das gegenseitige Verstehen ein Zusammengehörigkeitsgefühl. Die Troubadoure, die Minnesänger des 12. und 13. Jh., die okzitanisch „Trobador" genannt wurden, transportierten diese Sprache.

In der heutigen Zeit findet eine Rückbesinnung auf diese gemeinsamen Wurzeln statt. Die alte Sprache erlebt eine Renaissance und wird auch wieder in Schulen gelehrt. In Toulouse sind die Straßenschilder zweisprachig gehalten: in Französisch und in Okzitan.

Das Wappen der Toulouser Grafen, das gleicharmige gelbe Kreuz auf rotem Grund mit jeweils 4x3 Kügelchen an den Kreuzarmspitzen, ist auch als okzitanisches Kreuz bekannt und hat sich in den Wappen der Départements der historischen Provinz Languedoc, die Sie auf rund 400 km durchkreuzen, erhalten (Gard, Hérault, Aude, Tarn und Haute-Garonne). Am Pilgerweg werden Sie das Wappen immer wieder sehen, wenn in französischer und okzitanischer Sprache informiert wird.

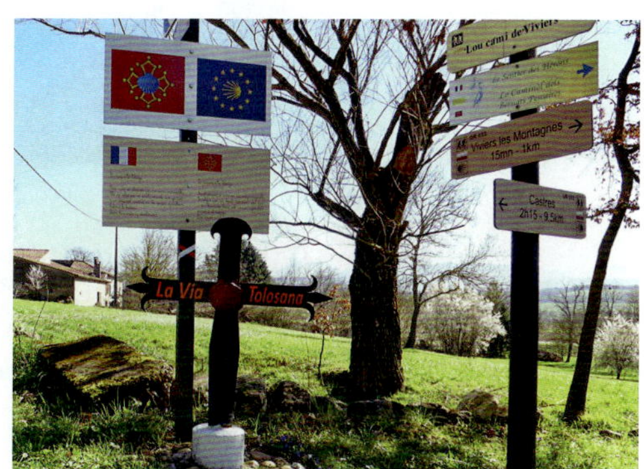

Wegweiser und Hinweise in französischer und okzitanischer Sprache, Santiagokreuz

Im Übrigen werden die historischen Gebietsbezeichnungen auch gerne für touristische Beschreibungen und für Werbung für regionale Produkte genutzt. Offenbar vermittelt das Alte Werte wie Tradition und Qualität. So werden Sie auf Wein aus der Gascogne stoßen, ein Gebiet, das mit den heutigen politischen Grenzen nicht beschrieben werden kann. Das Comté Armagnac war eine Grafschaft in der historischen Provinz Gascogne. Von hier stammt – früher wie heute – der berühmte gleichnamige Weinbrand. Die Sauce béarnaise, die Erfindung eines aus dem Béarn stammenden Kochs, wurde sogar weltweit bekannt.

Reise-Infos von A bis Z

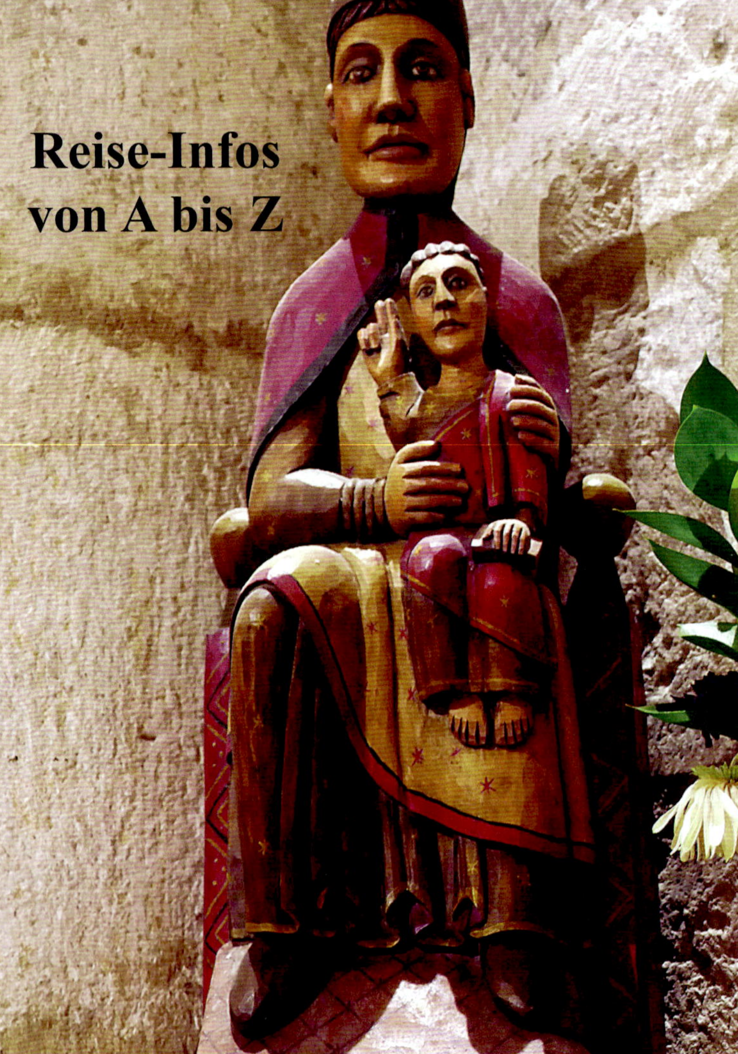

Figur in der Abteikirche St-Gilles (Etappe 1)

An- und Abreise

Mit dem Auto

Wer mit dem eigenen Auto anreist, findet in Arles ausreichend Parkraum. Die Stadt hat am fußläufig erreichbaren Rand der Altstadt kostenfreie Parkmöglichkeiten eingerichtet und diese auf dem touristischen Stadtplan in grüner Farbe gekennzeichnet. Eine Rückreise nach Arles mit öffentlichen Verkehrsmitteln ist von vielen Orten am Weg unkompliziert möglich. Hinweise dazu finden Sie in den einzelnen Etappenbeschreibungen sowie im Abschnitt „Bus und Bahn".

Mitfahrzentralen finden auch in Frankreich regen Zuspruch. Kontakte bekommen Sie europaweit über das Portal www.blablacar.de.

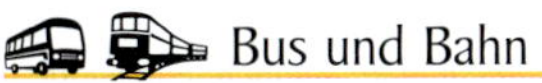

Bus und Bahn

Arles ist von nahezu allen Orten in Deutschland, Österreich und der Schweiz mit dem Zug an nur einem Tag zu erreichen. Nachtreisezüge mit Schlaf- und Liegewagen in und nach Frankreich gibt es meines Wissens nicht. Beachtenswert sind aber die günstigen Übernachtfahrten der Flixbusse, die sich oft ausgezeichnet mit den schnellen TGV-Verbindungen Frankreichs kombinieren lassen. Der Zug vom Pariser Bahnhof Gare de Lyon hält beispielsweise auf seiner rund 800 km weiten Fahrt nach Marseille unterwegs nur einmal: nach 2 Std. 40 Min. am TGV-Bahnhof von Avignon. Der Anschlussbus erreicht dann 40 Min. später die Innenstadt von Arles.

Aus dem Norden und der Mitte Deutschlands führen viele Verbindungen über Paris via Dortmund/Köln oder Amsterdam (unter Einbeziehung des belgischen Thalys). Als Teil des europäischen Ost-West-Eisenbahnkorridors Paris – Budapest ist die Strecke Stuttgart – Mannheim – Paris als Hochgeschwindigkeitstrasse ausgebaut.

Wer den in Paris immer nötigen Bahnhofswechsel vermeiden möchte (nur Mut, so schwierig ist das gar nicht), stellt in der Suchmaske unter der Rubrik „Zwischenhalte" Strasbourg, Bf. Frankreich ein. Dann werden auch die Verbindungen, die nicht über Paris führen, angezeigt.

Für Ihre individuelle Anreiseplanung stehen Ihnen die Buchungsportale der Bahnunternehmen der Länder, die Reisezentren der Bahn sowie viele Reisebüros zur Verfügung. Manchmal kann es günstiger sein, nicht die ganze Fahrstrecke bei einem Anbieter zu buchen, sondern die Angebote der ländereigenen Buchungsportale zu nutzen.

- ▷ Deutschland: reiseauskunft.bahn.de
- ▷ Österreich: fahrplan.oebb.at
- ▷ Schweiz: fahrplan.sbb.ch
- ▷ Frankreich: de.oui.sncf/de
- ▷ Spanien: www.renfe.com

Vom Endpunkt der Via Tolosana im spanischen Puente la Reina scheint es mir am praktikabelsten zu sein, mit dem Bus über San Sebastian nach Irún an die französische Grenze zu fahren (2x tägl.). Nach einer Fahrtzeit von 1 Std. 45 Min. steigen Sie an der Haltestelle Irún/Front Hendaya aus. Von hier laufen Sie nicht mehr als 5 Min. zum französischen TGV-Bahnhof Hendaye (auch Startpunkt des Camino del Norte). Fahrpläne bekommen Sie über das Oficina de Turismo in Puente la Reina oder auch in den Unterkünften oder über die Website des Betreibers (💻 laestellesa.com). Der Bus fährt vom Busplatz Richtung Pamplona, wo er aber nicht anhält. Der Busplatz ist auf dem touristischen Stadtplan eingezeichnet. Die Gegenrichtung wäre Logroño.

Eine weitere Möglichkeit ist es, mit dem Bus nach Pamplona und von dort mit dem Zug nach Barcelona-Sants (TGV-Bahnhof) zu fahren.

Paris ist von Puente la Reina oder Pamplona an nur einem Tag leicht zu erreichen, die Ziele in Deutschland, Östereich und der Schweiz allerdings nicht mehr. Eine schöne Möglichkeit ist es, in Montpellier, das Sie ja von der Pilgerreise bereits kennen, eine Zwischenübernachtung einzuplanen. In Paris erreichen Sie aber auch wieder einen der vielen Übernachtbusse, die Richtung Frankfurt, Berlin, Hamburg, München, Freiburg, Zürich und in viele andere Städte fahren.

♦ 💻 www.flixbus.de, www.ouibus.com

☺ Laden Sie sich die Apps der Verkehrsunternehmen auf Ihr Smartphone. Damit haben Sie immer den passenden Überblick und können auch von unterwegs aus Fahrten buchen. Das gilt auch für eventuelle Regionalbahnfahrten.

🚲 Radfahrer geben das mitgeführte Rad bei der Fahrkartenbuchung mit an und erhalten so die notwendigen Reservierungen automatisch angezeigt. In Paris wechseln Sie mithilfe eines Routenplaners den Bahnhof. In der Metro sind Fahrräder nicht zugelassen. In den französischen Nahverkehrszügen können Fahrräder kosten- und reservierungsfrei mitgeführt werden.

Zu Fuß

Für Fußpilger, die heute aus dem deutschsprachigen Raum auf kürzestem Weg Santiago de Compostela ansteuern, ist die Via Tolosana als Anschlussweg nicht die erste Wahl. Über Basel und Genf in Le Puy-en-Velay zur Via Podiensis oder über Trier und Vézelay zur Via Lemovicensis zu gehen, sind die üblichen Varianten.

Es gibt allerdings von Le Puy-en-Velay (Via Podiensis) einen markierten Verbindungsweg zur Via Tolosana. Er wird Voie Regordane (GR 700, 249 km) genannt und führt nach Saint-Gilles-du-Gard, dem Endpunkt der ersten Tagesetappe. Ein weiterer heranführender Weg ist der aus dem Piemont kommende GR 653D, auch Via Domitia genannt. Er verläuft entlang der ersten Römerstraße, die in Gallien gebaut wurde. Als GR 653A ist außerdem die Via Aurelia von Menton entlang der Côte d'Azur nach Arles markiert.

📖 „Frankreich: Jakobsweg Via Podiensis" von Hartmut Engel, Conrad Stein Verlag, ISBN 978-3-86686-614-0

♦ „Frankreich: Jakobsweg Via Lemovicensis" von Randolf Fügen, Conrad Stein Verlag, ISBN 978-3-86686-396-5

Mit dem Flugzeug

Das Flugzeug gehört mit großem Abstand zu den klimaschädlichsten Verkehrsmitteln und sollte deshalb nicht allzu leichtfertig und selbstverständlich das Transportmittel der ersten Wahl für Reisen innerhalb Europas sein. Häufig sind vermeintliche Zeiteinsparungen bei ehrlicher Rechnung unbedeutend oder gar nicht vorhanden.

Wer sich für eine Anreise mit dem Flugzeug entscheidet, kommt in der Regel mit der Suche über ein Suchportal wie 💻 www.momondo.de am besten zurecht. Nach Auswahl des Abflug- und Zielflughafens sowie des Zeitpunkts der Reise berechnet das Programm mögliche Verbindungen und leitet auf Wunsch auch zu dem jeweiligen Anbieter weiter.

Manchmal macht es Sinn, auf der Internetseite des Zielflughafens An- und Abflugziele auszuloten. Auch die Anbindung zum nächsten Bahnhof für die notwendige Weiterreise finden Sie dort. Direktflüge sind nicht nur schneller und billiger, sondern auch umweltgerechter als Umsteigeverbindungen. Über die Organisation 💻 www.atmosfair.de hat jeder die Möglichkeit, einen Beitrag zur Kompensation der Klimabelastung durch seine Reise zu leisten. Das gilt selbstverständlich auch für Bus-, Bahn- und Pkw-Reisende.

Infrage kommende Zielflughäfen in der Nähe von Arles sind Marseille und Montpellier und weiter westlich Toulouse-Blagnac, Pau und Tarbes/Lourdes. In Spanien stehen die Flughäfen Pamplona, Bilbao, Barcelona, Girona und Madrid zur Auswahl.

Ausrüstung

Meine Beobachtungen und Kontakte zu Pilgern haben mir gezeigt, dass keine andere Wandergruppe das Gebot zur Reduzierung des Gepäcks auf das Allernötigste so gut beherrscht wie die der erfahrenen Pilger. Vermutlich liegt das an einer Regel, die Teil und Zweck des modernen Pilgerns geworden ist, nämlich den Ballast des Alltags abzuwerfen. Was als mentale Übung, im Gehen und Voranschreiten Unbearbeitetes zu lösen, gedacht ist, manifestiert sich im Äußeren. Viele Pilger kommen ohne modisches Outdooroutfit und Ultralight-Hightech zurecht. Sie gehen mit so leichtem Gepäck wie möglich und nutzen das, was praktisch ist.

Aus Platzgründen beschränken sich meine Ausführungen zur Ausrüstung auf die wegspezifischen Erfordernisse, kommentiert anhand meiner persönlichen Packliste, die sich seit vielen Jahren als Gedächtnisstütze bewährt hat. Wenn das Ihre erste Pilgerwanderung ist, empfehle ich Ihnen einen Blick in folgende Bücher:

📖 „Pilgern auf den Jakobswegen – Packliste, Anfängertipps, Wegauswahl" von Raimund Joos, Conrad Stein Verlag, ISBN 978-3-86686-394-1

- „Ausrüstung I – von Kopf bis Fuß" von Markus Gründel und Johann Schinabeck, Conrad Stein Verlag, ISBN 978-3-86686-417-7
- „Trekking ultraleicht" von Stefan Dapprich, Conrad Stein Verlag, ISBN 978-3-86686-551-8

Packliste (inklusive der Kleidung/Schuhe, die Sie anziehen):

- ☐ Rucksack mit gutem Tragesystem (35 bis maximal 40 l). (Ein warmer Schlafsack und eine Isomatte zur Übernachtung werden nicht benötigt (☞ Übernachtung), es sei denn, Sie wollen campen. Dann ist ein etwas größeres Rucksackmodell vonnöten.) Die meisten Rucksackhersteller bieten Gewicht sparende Light-Modelle an.
- ☐ Regenhülle für den Rucksack
- ☐ leichter Herbergsschlafsack (Seide ist leichter als Baumwolle). In den Pilgerherbergen gibt es warme Decken, aber häufig keine Bettwäsche. Achten Sie bei einer Neuanschaffung darauf, dass der Schlafsack eine Einstecktasche für das Kopfkissen hat und an Ihre Körpergröße angepasst ist (eher zu groß als zu klein).
- ☐ Wanderstöcke sind bei passendem Wetter zwar verzichtbar, in Regenperioden jedoch können Wege derart aufweichen und glitschig werden, dass ein Vorrankommen ohne Unterstützung kaum möglich ist.
- ☐ leichte Wind- oder Regenjacke
- ☐ Eine Wanderhose mit wenigstens einer aufgesetzten Beintasche ist praktisch für alles, was man griffbereit haben will, wie zum Beispiel den Wanderführer oder die Karte. Es gibt aber auch passende Taschen, die sich am Hüftgurt des Rucksacks befestigen lassen.
- ☐ eine leichte Ersatzhose für abends, evtl. kurze Hose
- ☐ Wanderhemd oder Shirt, evtl. mit langem Arm zum Sonnenschutz
- ☐ Wanderschuhe. Der Weg erfordert nur einen leichten Wanderschuh; er muss nicht hochgebirgstauglich, aber gut eingelaufen sein.
- ☐ leichte Ersatzschuhe für abends
- ☐ ein (bis zwei) Hemden oder Shirts
- ☐ ein Pulli, der von Juni bis Mitte September dünn ausfallen kann
- ☐ zwei (bis drei) Garnituren Unterwäsche
- ☐ zwei bis drei Paar Wandersocken, davon einmal etwas dünnere
- ☐ dünner Schal für kühle, windige Tage (Feb bis Apr/Mai, Okt, Nov), Kopfbedeckung, vor allem als Sonnenschutz, in den Übergangsmonaten auch gegen Kälte
- ☐ Schlafanzug (bei Bedarf)
- ☐ Badehose, -anzug
- ☐ Stoffbeutel o. Ä. für kurze gepäckfreie Touren, z. B. Stadterkundungen, einkaufen etc.
- ☐ Geld, Geldkarten, Pass/Personalausweis, Schüler-/Studentenausweis, Pilgerausweis, Jugendherbergsausweis, Bahncard, Fahrkarten
- ☐ Wanderkarten, dieser Wanderführer
- ☐ Becher, Löffel (Nur wenn Sie vorhaben, sich unterwegs selbst zu verpflegen, z. B. um das Müsli anzumischen oder die Fisch- oder Erbsendose auszulöffeln.

Gewicht sparend sind die „to go"-Pappen (mit Tee, Kaffee oder Vorräten ausgestopft zerdrücken sie nicht so schnell). Die Küchen der Herbergen sich meist gut ausgestattet.)

- ☐ Taschenmesser für Apfel, Apfelsine, Brötchen etc. oder um einen Wanderstock abschneiden zu können
- ☐ Apotheke: Blasenpflaster (Compeed), Pflaster, Nagelschere, Nadel, Faden, Toilettenpapier (eine Portion für Notfälle), evtl. persönliche Medikamente, Insektenschutz, Papiertaschentücher
- ☐ Zahnbürste und Zahncreme, Kamm oder Haarbürste, Fußcreme, Sonnencreme!!, Shampoo (auch zum Waschen der Wäsche), portioniert in beschrifteten Filmdöschen oder kleinen Salbenbehältern aus der Apotheke oder Drogerie bzw. in kleinen Probepackungen. Wer in Hotels übernachtet, braucht keine Seifenprodukte mitzunehmen, da diese dort i. d. R. vorhanden sind.
- ☐ Handtuch, evtl. Waschlappen (In Pilgerunterkünften gibt es nur in seltenen Fällen keine Dusche.)
- ☐ Taschenlampe für Übernachtungen in Herbergen, wenn man nachts das Licht nicht anknipsen will. In der lichtarmen Zeit (Okt bis Feb) kann man auch schon mal von der Dunkelheit überrascht werden.
- ☐ Kompass (Ein einfacher Kompass hat mich schon so manches Mal vor der Orientierungslosigkeit bewahrt.)
- ☐ Fotoapparat, Ladegerät oder zweiter Akku
- ☐ Lesebuch, Tagebuch, Stift (nach Bedarf)
- ☐ Trekkingschirm, der auch bei Wind zu gebrauchen ist (gibt es auch sonnenschirmtauglich mit UV-Schutz, in Frankreich und Spanien zu manchen Zeiten wichtiger als der Regenschutz, 💻 www.euroschirm.com)
- ☐ Sonnenbrille, Brille
- ☐ Das Smartphone (+ Ladegerät) ist heute kaum noch wegzudenken, da es viele Funktionen vereint: Wecker, Kompass, Taschenlampe, Vorbestellung von Unterkünften von unterwegs aus, Offline und Online Wanderkarten, Navigation ...
- ☐ Verpflegung für die Anfahrt, Notverpflegung für unterwegs (Jun bis Sep keine Schokolade!), Teebeutel, Portion Kaffee (☞ Einkaufen)
- ☐ Wasserflasche (Auf manchen Wegabschnitten werden zu bestimmten Zeiten bis zu 2,5 l Wasservorrat benötigt.)

Diplomatische Vertretungen

Ⓓ Deutsche Botschaft in Paris, 24 Rue Marbeau, 75116 Paris, ☎ +33/1/53 64 76 70, ✉ allemagne@pari.diplo.de, 💻 www.paris.diplo.de

Ⓐ Österreichische Botschaft in Paris, 6 Rue Fabert, 75007 Paris, ☎ +33/1/40 63 30 63, ✉ paris-ob@bmeia.gv.at, 💻 www.aussenministerium.at/paris

(CH) Schweizer Botschaft in Paris, 142 Rue de Grenelle, 75007 Paris, ☎ +33/1/49 55 67 00, ✉ par.vertretung@eda.admin.ch, 💻 www.eda.admin.ch/paris

Einkaufen

In Frankreich gibt es bezüglich der Einkaufsmöglichkeiten keine auffälligen Besonderheiten. Die Supermärkte sind wie überall mal größer (*hypermarché*) und mal kleiner (*supermarché*). Sie liegen gut zugänglich für den Autofahrer an Hauptstraßen und auf der „grünen Wiese" vor den Ortschaften. Der Wanderer findet sie selten direkt am Weg. Größere Dörfer und kleinere Städtchen haben aber häufig noch kleinere Läden in den Zentren, im Verein mit *boulangerie* (Bäckerei), *pâtisserie* (Konditorei), *boucherie* (Metzgerei) oder *charcuterie* (Wurstwaren).

Die großen Läden haben an sechs Wochentagen ganztägig und sonntags meist bis mittags geöffnet, die kleinen häufig auch. Es gibt nur einen Unterschied: Letztere machen lange Mittagspausen (12:30 bis 16:30). Das Bäcker- und das Metzgerhandwerk gönnen sich zusätzlich auch einen freien Tag in der Woche. Das ist häufig der Montag. In kleineren Dörfern gibt es in vielen Fällen nicht einmal mehr eine Bäckerei.

Im Einzelnen finden Sie Hinweise zu Einkaufsmöglichkeiten – soweit bekannt – in den Etappenbeschreibungen.

Essen und Trinken

Eine wichtige Sorge in sonnenverwöhnten Ländern gilt dem Wasser. Das muss man wie in vielen zivilisierten Ländern nicht im Supermarkt kaufen, sondern kann es den Leitungen der Trinkwasserversorgung entnehmen. Selbstverständlich können Sie in den Übernachtungsbetrieben und Pilgerherbergen Ihre Flasche füllen. Sie finden aber auch in vielen Dörfern einen öffentlich zugänglichen Wasserhahn. Häufig sind sie in der Nähe der Gemeindeverwaltung (Mairie) oder an Container-, Boule- oder Spielplätzen angebracht, dann auch gerne im Verein mit öffentlichen Toiletten. Es gibt sie aber auch an Straßenparkplätzen und Picknickeinrichtungen und nahezu immer auf Friedhöfen.

Auch diese Einrichtungen sind – soweit bekannt – aufgeführt, damit Sie besser planen können.

Viele Pilger nutzen die oft praktischen und in aller Regel auch vorhandenen Kücheneinrichtungen der Herbergen, um das Abendessen sowie ein Frühstück selbst herzurichten. Aufwendiges Kochen entfällt aber in den allermeisten Fällen und irgendwann kann man keine Nudeln mehr sehen und muss essen gehen.

Am besten isst man in den privaten B&Bs, die in Frankreich Chambres d'hôtes heißen und häufig auch Abendessen anbieten. Auch in manchen Herbergen wird Abendessen und Frühstück in hoher Qualität angeboten. Dafür muss man in aller Regel dann auch dort übernachten.

Im Restaurant ist es ganz wichtig zu wissen, dass man sich nicht unaufgefordert an irgendeinen freien Tisch setzt. Immer wartet der Gast am Eingang auf den garçon (Kellner, Wirt), der dem Gast einen Platz zuweist. In vielen Restaurants werden preisgünstige Mittagsmenüs angeboten. Der Franzose teilt das Essen in Vorspeise(n), Hauptspeise und Nachspeise. Wasser wird obligatorisch gekühlt und aus der Leitung serviert. Ein Getränk wird zusätzlich bestellt. Die Speisekarten gibt es selten in englischer oder deutscher Übersetzung. Auf Überraschungen muss man sich u. U. also gefasst machen.

Auch so manches Ungewohnte steht in Frankreich auf dem Speiseplan. Nicht immer bekommt man mit, dass man gerade eine Delikatesse verzehrt hat. Die auf fragwürdige Art und Weise hergestellte Foie gras (Enten- bzw. Gänseleber) wird roh, gekocht oder z. B. zu Pâté de foie gras (Gänseleberpastete) verarbeitet verzehrt. Im Gers, westlich von Toulouse, werden Sie unweigerlich mit dieser Spezialität, die übrigens auch in Spanien und Deutschland viele Freunde hat, konfrontiert. Und dementsprechend häufig steht auch das Tier selbst auf der Speisekarte (canard – Ente)

Zum Glück bietet die Küche auch Unverfänglicheres und Gewohntes. Sie ist allerdings nicht wie beispielsweise in Italien vom Gemüse geprägt (kein Glück). Das Fleisch (oder Fisch) steht wie in Deutschland zumindest in den Restaurants im Vordergrund. Frankreich hat außerdem hervorragende Weine und feine Käsesorten zu bieten. Und ab spätestens Juni reifen die Früchte auf den Obstplantagen.

Die spanische Küche erschien mir unkomplizierter und bodenständiger. Nicht selten gab es Hülsenfrüchte und häufiger Salat und Gemüse. Der Schlager unter den Pilgern waren die Bocadillos, die man in jeder Bar frisch zubereitet kaufen konnte und auch für unterwegs eingepackt bekam. Es handelt sich dabei um äußerst einfallsreich belegte, handwarme spanische Baguettes.

Etappen

Die 943 Wegkilometer habe ich in 43 Tagesetappen eingeteilt. Das sind durchschnittlich 22 Tageskilometer. Zusätzlich werden 6 Wegalternativen bzw. Nebenwege oder Varianten beschrieben. Aufgrund der häufigen Übernachtungsmöglichkeiten zwischendurch können Sie die Etappenlänge in den allermeisten Fällen an Ihre persönlichen Bedürfnisse anpassen. Vor allem in den großstädtischen Ballungsräumen sind Abkürzungen sehr beliebt. Auch hierzu finden Sie an entsprechender Stelle Hinweise.

Wer nicht den ganzen Weg am Stück oder nach und nach erlaufen möchte, könnte sich die spektakulärsten und (meines Erachtens) schönsten Wegabschnitte heraussuchen. Zweifellos sind dies die Bergetappen 5 bis 16 im Haute-Languedoc und die Etappen 29 bis 43 beginnend in Auch. Den Ballungsraum Pau würde man wie beschrieben umfahren. Einen Besuch von Toulouse und Arles sollten Sie aber auch unbedingt mit einplanen.

Fahrradfahrer

Die Via Tolosana ist ein Wanderweg, der in manchen Fällen mit dem bepackten Tourenrad nur unter großen Mühen, in großen Teilen des Haute-Languedoc gar nicht befahren werden kann. Insbesondere innerhalb von Regenperioden können die Wege aufgeweicht und schlammig sein, da es sich sehr häufig um reine Naturwege handelt, die keine Schottergrundlage haben. Bei dem oft vorherrschenden trockenen, warmen Wetter sind sie jedoch fest.

Radfahrer können gut auf kleine, wenig befahrene Sträßchen, die oft ganz in der Nähe des Fußwegs bleiben, ausweichen, sodass Landschafts- und Kulturerlebnis ähnlich ausfallen. Hinweise sind den einzelnen Etappen vorangestellt. Für Radfahrer sollte das empfohlene Kartenwerk obligatorisch sein. Sie finden darin die perfekte Begleitung und Übersicht.

Feiertage und Ferien

- 1. Januar – Neujahr (Jour de l'An)
- Ostern – Sonntag und Montag (Pâques, Sonntag nach dem ersten Frühlingsvollmond)
- 1. Mai – Tag der Arbeit (Fête du Travail)
- 8. Mai – Waffenstillstand 1945 (Anniversaire 1945)
- Christi Himmelfahrt – Donnerstag (Ascension, 39 Tage nach Ostersonntag)
- Pfingsten – Sonntag und Montag (Pentecôte, 49 Tage nach Ostersonntag)
- 14. Juli – Nationalfeiertag
- 15. August – Mariä Himmelfahrt (Assomption)
- 1. November – Allerheiligen (Toussaint)
- 11. November – Waffenstillstand 1918 (Armistice)
- 25. Dezember – Weihnachten (Noël)
- Schulferien gibt es zu Weihnachten, zu Ostern und im Juli/August (Hochsaison) sowie im Februar und Anfang November für 10 bis 14 Tage. Im August schließen auch viele Geschäfte und Betriebe.

Geld

Frankreich und auch Spanien sind Euroländer. Mühsame Umrechnungen und der Umtausch von Devisen entfallen also. In Frankreich kann nahezu alles und überall mit der Kredit- oder auch der Girocard bezahlt werden. Trotzdem sollten Sie eine kleinere Summe Bargeld immer zusätzlich mitführen. Bargeld brauchen Sie in den Privatunterkünften und Pilgerherbergen sowie an vielen Automaten des Nahverkehrs, für Busfahrkarten und den Straßenverkauf (Markt).

Mit Bargeld können Sie sich relativ häufig versorgen. Wenn Automaten vorhanden sind, ist dies durch das Bankensymbol BANK in den Etappenbeschreibungen gekennzeichnet. Achten Sie beim Abheben darauf, eine kleine Stückelung einzustellen, denn die Beträge, die Sie bar brauchen, sind selten hoch.

Erkundigen Sie sich vor der Reise bei Ihrer Bank über eventuell anfallende Gebühren. Kostenfreie Bargeldversorgung auch im Ausland bieten viele Direktbanken wie die DKB, die Consorsbank, Comdirekt etc. an. Sich nicht von nur einer Bezahlkarte abhängig zu machen, hat sich vielfach bewährt. Wenn eine der Karten mal nicht funktioniert, nimmt man eine andere.

Informationen

Fremdenverkehrsämter

Allgemeine Informationen erhalten Sie über die Tourismusvertretungen der Länder:

- ▷ Atout France – Französische Zentrale für Tourismus, Postfach 100128, 60001 Frankfurt am Main, FAX +49/69/74 55 56, 💻 de.france.fr
- ▷ Atout France – Französische Zentrale für Tourismus, 1010 Wien, ☎ +43/1/503 28 92, 💻 at.france.fr
- ▷ Atout France – Französische Zentrale für Tourismus, Rennweg 42, 8021 Zürich, 💻 ch.france.fr, ☎ 41/44/217 46 00
- ▷ Spanisches Fremdenverkehrsamt, Myliusstr. 14, 60323 Frankfurt/Main, ☎ +49/69/72 50 33, 💻 www.spain.info/de
- ▷ Spanisches Fremdenverkehrsamt, Walfischgasse 8/14, 1010 Wien, ☎ +43/1/512 95 80 11, 💻 www.spain.info/at
- ▷ Spanisches Fremdenverkehrsamt, Seefeldstrasse 19, 8008 Zürich, ☎ +41/44/253 60 50, 💻 www.spain.info/ch

Office de Tourisme/Mairie/Oficina de Turismo

Vor Ort können Sie sich sehr gut in den örtlichen Touristenbüros mit Informationen zu Sehenswürdigkeiten und Übernachtungsmöglichkeiten versorgen. In Orten, in denen es kein spezielles Büro gibt, wenden Sie sich bei Bedarf an die Mairie (Rathaus). Manche Touristenbüros haben Listen mit den preisgünstigeren Pilgerunterkünften – ergänzt durch die privaten, besonders pilgerfreundlichen B&Bs – zusammengestellt und vergeben auch einen speziellen Pilgerstempel. In einigen Fällen werden auch Pilgerpässe für die Via Tolosana verkauft. Falls Sie Informationen zum öffentlichen Nahverkehr benötigen, werden Ihnen diese von den Fachkräften ebenfalls gerne mitgeteilt. In der Regel wird dort auch Englisch gesprochen.

Internet

- ▷ 💻 www.jakobus-info.de: Neben allgemeinen Informationen gibt es hier auch eine Beschreibung der Via Tolosana.
- ▷ 💻 www.jakobswege-europa.de: Übersicht über die europäischen Wege, GPS-Tracks
- ▷ 💻 www.fernwege.de ➔ Frankreich ➔ Via Tolosana: ausführliche Beschreibung und Infos in Deutsch
- ▷ 💻 viatolosana.free.fr: französische Seite mit Detailinformationen
- ▷ 💻 chemindarles.free.fr: Fotogalerie, Forum, Wegverlauf
- ▷ 💻 wernerkraeutlerblog.wordpress.com: schöner privater Blog zur Via Tolosana
- ▷ 💻 www.gronze.com: Die spanische Seite gibt Sachinformation zu den spanischen Wegen.

Jakobusgesellschaften

Die Jakobusvereine kümmern sich um alle Belange des Jakobuspilgerns. Sie können dort allgemeine Informationen bekommen und auch einen Pilgerausweis beantragen. Aufgeführt habe ich hier nur den jeweiligen Dachverband in den Ländern. Aktive Vereine gibt es in vielen anderen Städten, vielleicht ja auch vor Ihrer Haustür:

💻 www.jakobus-info.de/compostela/97c.htm.

- ▷ Deutsche St. Jakobus-Gesellschaft e.V., Tempelhofer Straße 21, 52068 Aachen, ☏ +49/241/510 00 62, ✉ info@deutsche-jakobus-gesellschaft.de, 💻 www.deutsche-jakobus-gesellschaft.de
- ▷ Sankt Jakobus Bruderschaft zur Förderung der Pilgerbewegung nach Santiago, Stangaustraße 7, 2392 Sulz im Wienerwald, ☏ +43/22 38/82 70-11, ✉ h.radolf@radolf.at, 💻 www.radolf.at
- ▷ Freunde des Jakobswegs der Schweiz, Les Amis du Chemin de Saint-Jacques, Association helvétique, Sekretariat deutsche Schweiz, Affolterstr. 24, 4542 Luterbach, ☏ +41/032/682 25 50, ✉ sekretariat@viajacobi4.ch, 💻 www.viajacobi4.ch

In Frankreich und in Spanien befinden sich diverse Organisationen direkt am Weg. Die vielleicht für Ihren Weg wichtigsten habe ich bei den Ortsbeschreibungen einsortiert (Arles und Toulouse).

In Spanien sitzt die Erzbruderschaft des Apostels Jakobus selbstverständlich in Santiago de Compostela unter folgender Adresse:

- ▷ Archicofradía Universal del Apóstol Santiago, Plaza de la Quintana s/n, S.A.M.I. Catedral, 15704 Santiago de Compostela, ☏ +34/981 577 686, 💻 archicofradia.org

Falls Sie einmal den Weg beenden sollten, bekommen Sie dort die Compostela ausgestellt (☞ Pilgerpass). Auch im spanischen Jaca gibt es ein Büro der Jakobusfreunde (☞ Jaca).

Wanderverbände

Für die Details der Wegführung und die Wegmarkierung sind die Ortsgruppen des französischen Wanderverbandes FFRP (**F**édération **f**rançaise de la **r**andonnée **p**édestre) mit ihren Hunderten ehrenamtlichen Helfern zuständig. Sollte es einmal gravierende Markierungsprobleme oder Ähnliches geben, könnten Sie sich an die jeweilige Ortsgruppe wenden. Auf den Internetseiten könnten Sie sich auch im Vorfeld über eventuelle Wegveränderungen informieren.

- ▷ **Gard**: 35 Route de Montpellier, 30540 Milhaud, ☏ 04 66 74 08 15, ✉ cdrp30@wanadoo.fr, 💻 gard.ffrandonnee.fr
- ▷ **Herault**: Maison des Sports, 200 Avenue du Pere Soulas, 34094 Montpellier Cedex 5, ☏ 04 67 41 78 59, ✉ contact@ffrandonnee34.fr, 💻 herault.ffrandonnee.fr
- ▷ **Tarn**: 6 Rue Saint-Clair, 81000 Albi, ☏ 05 63 47 33 70, ✉ secretariat@rando-tarn.com, 💻 www.randonnee-tarn.com
- ▷ **Haute-Garonne**: 5 Port Saint Sauveur, 31000 Toulouse, ☏ 05 34 31 58 31, ✉ comite@randopedestre31.fr, 💻 www.randopedestre31.fr
- ▷ **Gers**: Maison du tourisme, 3 Boulevard Roquelaure, BP 106, 32002 Auch, ☏ 05 62 05 87 41, ✉ cdrp32.asso@wanadoo.fr, 💻 www.randonnee.tourisme-gers.com
- ▷ **Hautes-Pyrenees**: 9 Rue André Fourcade, 65000 Tarbes, ☏ 05 62 34 44 13, ✉ ffrp-cdrp65@club-internet.fr, 💻 www.hautes-pyrenees-rando.com

Klima und Reisezeit

Das mediterran beeinflusste, milde Klima Südfrankreichs macht es grundsätzlich möglich, ganzjährig auf der Via Tolosana zu pilgern. Einschränkungen gibt es allenfalls durch die kurze Tageslichtzeit zwischen Mitte November und Mitte Februar. Manche Herbergen haben auch nur von April bis Oktober/November geöffnet. Von einer Überschreitung des Somportpasses muss wegen der möglichen, großen Schneemengen im Winter abgeraten werden. Die Wege sind dann nicht zu finden und in Teilen hochgefährlich.

Im Haute-Languedoc werden Höhen von 1.000 m überschritten. Die in der warmen Jahreszeit als angenehm kühlend empfundenen Temperaturen der Höhenlagen (Etappen 12 bis 16) können im Winter selbstverständlich auch frostig sein. Dagegen hilft aber passende Kleidung.

Die beliebtesten Reisezeiten sind Anfang April bis Mitte Juni und September/Oktober. Der Juli und August sind häufig zu heiß zum Wandern.

Meine Recherchetour 2017 habe ich in drei Etappen zu jeweils 15 Wandertagen eingeteilt. Bei der ersten Tour ab Anfang März habe ich bei zwar überwiegend schönem Wanderwetter die mediterrane Atmosphäre etwas vermisst. Die Luft ist dann noch kühl und lädt nicht zu längeren Pausen ein. Gleichzeitig ist der Körper aber leistungsbereit. Ab Mitte Juni gab es Tage mit Temperaturen, die schon am Vormittag auf über 30 °C anstiegen. Das kann schon sehr belastend sein. Als ideal habe ich die Zeit ab Mitte Oktober empfunden. Morgens herrschte kühles, in den Höhenlagen auch kaltes Wetter vor, aber am Nachmittag wärmte die Sonne die trockene Luft auf T-Shirt-Temperaturen auf.

Das Wetter ist und bleibt aber unvorhersehbar. Insbesondere auf den Etappen 5 bis 16 sowie bei der Überquerung der Pyrenäen ist auch immer etwas Weitsicht geboten. „Das Wetter kann hier manchmal sehr brutal sein“, erzählte eine Wirtin. Starkregen kann die Böden so aufweichen, dass sie unpassierbar sind. Kleine Bäche können zu unüberwindbaren Hindernissen anschwellen. Das wird auch von Pilgern immer wieder berichtet. Hitzeperioden können bereits im Juni und auch noch im September auftreten.

Manchmal hilft es, von den morastigen Wegen auf kleine Straßen auszuweichen. Scheuen Sie sich auch nicht, im Fall der Fälle das Gebirge zu umfahren und zunächst westlich von Castres Ihren Weg zu finden. Bei passendem Wetter kehren Sie dann einfach zurück. Hitzeperioden auszuweichen ist schon schwieriger. Gehen Sie früh los (kurz vor oder im Morgengrauen). Die heißeste Zeit des Tages liegt zwischen 14:00 und 18:00.

Informationen zum Wetter in Frankreich erhalten Sie unter:

💻 france.meteofrance.com.

Landkarten, GPS und Wegmarkierungen

Landkarten

Auf passende Wanderkarten sollte auf keiner Wanderung verzichtet werden. Für diesen gut markierten Weg brauchen Sie allerdings keine Detailkarten. Die topografischen Wander-/Radwanderkarten des IGN (Carte de Promenade) 1:100.000 reichen aus.

Der Pilgerweg ist eingetragen, aber nicht unbedingt in der neuesten Version. Für die Via Tolosana benötigen Sie die folgenden Kartenblätter:

- ▷ Blatt 171 Marseille, Avignon, ISBN 978-2-7585-4087-8, Etappe 1 (kann eingespart werden)
- ▷ Blatt 170 Montpellier, Nîmes, ISBN 978-2-7585-2702-2, Etappen 2 bis 9
- ▷ Blatt 169 Beziers, Castres, ISBN 978-2-7585-2701-5, Etappen 10 bis 17
- ▷ Blatt 168 Toulouse, Pamiers, ISBN 978-2-7585-2700-8, Etappen 18 bis 26
- ▷ Blatt 167 Pau, Tarbes, ISBN 978-2-7585-2699-5, Etappen 27 bis 34
- ▷ Blatt 159 Pau, Mont de Marsan, ISBN 978-2758-5269-19, Etappen 35 bis zum Somportpass

Die Karten können vor Reiseantritt in jeder Buchhandlung oder bei Kartenspezialisten wie der Geobuchhandlung Kiel (💻 www.geobuchhandlung.de) oder Mapfox (💻 www.mapfox.de) im Internet bestellt werden. Sie kosten zurzeit € 9,95. Im Buchhandel vor Ort lassen sich die Karten selbstverständlich auch erwerben.

Für den Wegabschnitt vom Somportpass über Jaca bis zum See Embalse de Yesa können Sie die Rando-Wanderkarte 25 „Anso – Hecho" (1:50.000, € 15,90) benutzen, dort sind auch GR-Wege verzeichnet. Die Kompass-Wanderkarte 133 „Spanischer Jakobsweg" (1:100.000, € 9,99) beinhaltet Streckenkarten für den Jakobsweg vom Somportpass bis Santiago. Die Streckenkarten 1 bis 5 decken die Strecke bis Puente la Reina ab. Die Karte ist preiswert, einfach lesbar und reicht aus, um sich einen Überblick zu verschaffen.

Auch diese Karten sind im Fachhandel erhältlich.

GPS

Ein aktueller GPS-Track zur Via Tolosana kann von der Verlagsseite 💻 www.conrad-stein-verlag.de → Via Tolosana heruntergeladen und auf dem Smartphone oder GPS-Gerät gespeichert werden. So bekommen Sie im Zweifel unterwegs immer die Detailauskunft zur Wegführung.

Wegmarkierungen

Die Via Tolosana wurde zwischen Arles und dem Somportpass von der französischen Wandervereinigung FFRP in das System der französischen Fernwanderwege aufgenommen und mit Wegzeichen versehen. Als GR 653 ist er durchweg eindeutig markiert. In Spanien wird der Weg als GR 65.3 weitergeführt.

Alle GR-Wege (*chemins des grandes randonnée* – große Wanderwege) sind mit zwei liegenden Balken gekennzeichnet, der obere weiß, der untere rot. Die zwei Balken bedeuten: „Es geht geradeaus weiter!" Ein Pfeil unter den Balken zeigt an, wenn man nach links oder rechts abbiegen muss, und ein X aus gekreuztem weißen und roten Balken signalisiert: „Hier nicht! Sie verlassen den Weg!"

Zusätzlich ist der Weg manchmal mit dem europäischen Pilgerwegssymbol, der gelben Muschel auf blauem Grund, oder auch kreativen, regional gültigen Pilgerzei-

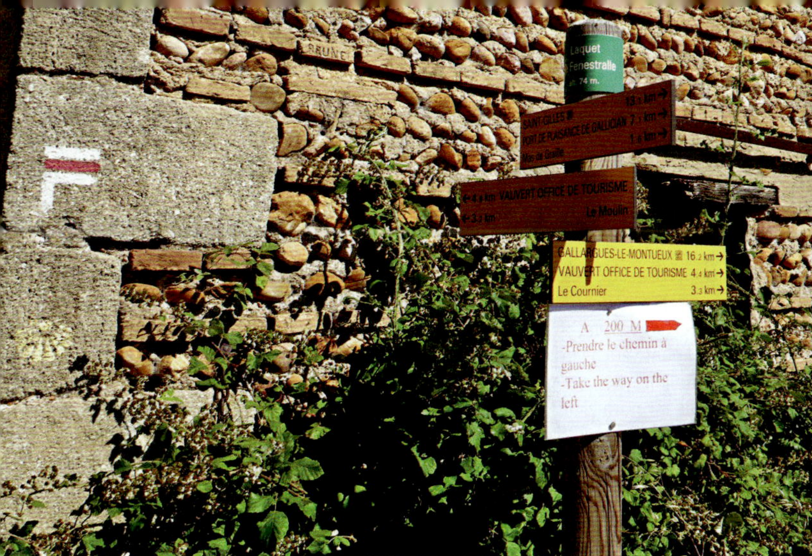

Wegweiser an der Scheune aus Terrassenschotter

chen versehen. Ein Beispiel sind die aufwendig hergestellten Santiagokreuze im Tarn. Auch gelbe Pfeile, die sich für die Markierung von Pilgerwegen etabliert haben, wurden mitunter ergänzt und zeigen (in sehr seltenen Fällen) Alternativen zum GR an. Im Text wird darauf hingewiesen.

Im spanischen Teil sind die weiß-roten Markierungen für die GR-Wege überwiegend verblasst oder gar nicht vorhanden. Das System aus gelben Pfeilen und Pilgerwegssymbolen gewährleistet aber auch dort eine in den allermeisten Fällen eindeutige Markierung.

Medizinische Versorgung

Wenn man die Zahl der Ärzte an der Häufigkeit der in nahezu allen Orten ansässigen Apotheken festmachen könnte, dann wären Frankreich und auch Spanien medizinisch sehr gut versorgt. In jedem noch so kleinen Dorf ist die auffällige Leuchtreklame der Apotheke zumeist das Erste, was ins Auge fällt. Hier finden Sie auch immer einen Ansprechpartner, falls Sie unterwegs einmal medizinische Hilfe benötigen sollten. Scheuen Sie sich auch nicht, bei Problemen Auskünfte zur ärztlichen Versorgung bei den Gemeindeverwaltungen oder Touristinformationen einzuholen. Wer detailierte Recherchen anstellen will, bekommt über die Internetseite 💻 www.ameli.fr Auskunft über die vorhandenen Ärzte vor Ort und erfährt auch, ob der Arzt ein Vertragsarzt ist (conventionné) und seine Tarife nach der gesetzlichen Versicherung festgesetzt sind oder ob es sich um einen Arzt mit freiem Honorar handelt.

Als Urlauber und Kassenpatient benötigen Sie für eine medizinische Behandlung in Frankreich oder Spanien Ihre Krankenversicherungskarte mit EU-Symbol, die in allen EU-Ländern gilt. Aber auch mit einer Versicherungskarte müssen Sie die Behandlungskosten zunächst selbst bezahlen (Frankreich). Zu Hause stellen Sie dann die Kosten Ihrer Krankenkasse in Rechnung. In Spanien ist die ärztliche Versorgung für EU-Bürger mit einer Krankenversicherungskarte kostenfrei, es sei denn, es handelt sich um Privatärzte oder ein privates Krankenhaus.

Bei größeren Summen können Sie mit Ihrer Krankenkasse Kontakt aufnehmen, die dann die Kostenübernahme für die Behandlung garantieren kann, ohne dass Sie etwas vorstrecken müssen.

Es könnte auch vorkommen, dass Ihre heimische Krankenkasse bestimmte Behandlungen nicht oder nur teilweise übernimmt. Auch die Rückführung nach einem Unfall ist nicht im normalen Versicherungsumfang enthalten. Um sich gegen diese Kosten abzusichern, können Sie eine zeitlich befristete Zusatzversicherung abschließen.

Auch in Frankreich und in Spanien gilt wie in ganz Europa die einheitliche Notrufnummer 112.

Pilgern mit Hund

Eigene Erfahrungen von einer Pilgerreise mit einem Vierbeiner kann ich nicht vorweisen. Die einzigen, die ich in tierischer Begleitung getroffen habe, hatten ein Begleitfahrzeug in Form eines Wohnmobils. Fest steht jedenfalls, dass eine ganze Reihe von Übernachtungsbetrieben keine Hunde dulden. Im Verzeichnis finden Sie diejenigen Unterkünfte mit einem Hundesymbol gekennzeichnet, welche das nicht kategorisch ausschließen. Freier ist da schon eher, wer mit dem Zelt unterwegs ist. In aller Regel sind Hunde auf einem Campingplatz gern gesehen.

Für die Mitnahme von Hunden nach Frankreich sowie in öffentlichen Verkehrsmitteln sind eine Reihe von Vorschriften zu beachten (Mikrochip, Impfungen, Fahrpreise etc.), die Sie auf der entsprechenden Seite der Fremdenverkehrsämter aufgelistet finden. Den besten Überblick gibt die hier angeführte Seite. Für Spanien gelten die Vorschriften in gleicher Weise.

💻 de.france.fr/de/info/mit-dem-hund-nach-frankreich

Pilgern ohne Gepäck

Auch mit eingeschränkter körperlicher Leistungsfähigkeit bzw. dem Wunsch nach mehr Bequemlichkeit lässt sich der Pilgerweg genießen. So traf ich z. B. eine Wandergruppe, welche die Fußreise mithilfe eines privaten Begleitfahrzeugs organisierte. In diesem Fall hatten jeweils zwei der Gruppe im Wechsel die Aufgabe, das Gepäck zu transportieren sowie, soweit möglich, an einem vorher vereinbarten Treffpunkt das Mittagessen zu servieren.

Von einigen Etappenorten ist es auch möglich, mit öffentlichen Verkehrsmitteln in ein festes Quartier zurückzufahren. Manchmal kann auch eine Taxifahrt weiterhelfen.

Für Gruppen ist der Gepäcktransport einfacher zu organisieren als für Einzelne, da ein akzeptabler Preis meist erst ab fünf Gepäckstücken erreicht werden kann. Folgende Taxiunternehmen entlang des Weges haben sich auf die Bedürfnisse der Pilger eingestellt:

- Allo TaxiCab, ☏ 06 09 38 78 78, ✉ yvan@allotaxicab.com, 💻 www.allotaxicab.com, Transport von Gepäck und Menschen zwischen **Montpellier** und **Lunas** (Montpellier, Montarnaud, La Boissière, Aniane, Saint-Guilhem-le-Désert, Saint-Jean-de-Fos, Montpeyroux, Arboras, Saint-Jean-de-la-Blaquière, Lodève, Lunas, **Etappen 5 bis 10**)
- ♦ Taxi Service **Gers und Gascogne** (**Etappen 25 bis 32**), ☏ 06 26 82 31 47, ✉ contact@taxi-services-gers.com, 💻 www.taxi-services-gers.com, Personentransport, kein reiner Gepäcktransfer
- ♦ Taxi Formel Marc, ☏ 06 10 45 31 64, ✉ taxiformelmarc@wanadoo.fr, Transport zwischen **Morlaàs**, **Pau** und **Oloron-Sainte-Marie** (Etappen 34 bis 37), auch für Gruppen bis zu 8 Pers., Anmeldung 48 Stunden im Voraus notwendig
- ♦ Taxi Access 64, ☏ 06 66 05 65 22, ✉ contacts@taxi-access64.fr, 💻 www.taxi-access64.fr, **alle Orte**, alle Entfernungen, Dienstleistungen aller Art

Weitere Hinweise auf Taxiunternehmen vor Ort finden Sie im Text und unter 💻 www.itaxis.fr.

Pilgerpass

Der Pilgerpass (auf Spanisch „Credencial", dies ist auch eine in das Französische und Deutsche übernommene Bezeichnung), oft verbunden mit einem Empfehlungs- oder Geleitschreiben, war das wichtigste Dokument für den Pilger des Mittelalters. Nur so konnte er in Herbergen und Hospitälern auf Aufnahme oder mit Hilfe in der Not rechnen. Das ist heute wieder ähnlich, zumindest im Norden Spaniens auf dem Hauptweg, dem Camino Francés, in den die Wege aus ganz Europa einmünden. Die Infrastruktur der preisgünstigen Herbergen, die dort seit den 1950er-Jahren wieder entstanden sind, ist allein denjenigen vorbehalten, die zu Fuß, mit dem Rad oder zu Pferd pilgern. Die Stempel im Pass dokumentieren den zurückgelegten Weg und belegen, dass man berechtigt ist, in einer Herberge zu übernachten. Einzelwanderer haben Vorrang vor Gruppen. Wer ein bestimmtes Reglement einhält, bekommt am Ziel im Pilgerbüro der Kathedrale von Santiago de Compostela eine Urkunde, die Compostela, ausgehändigt.

Das Prinzip ist auch auf die Via Tolosana übertragen worden, mit einem Unterschied: Es kann keine Urkunde erworben werden. Der Pilgerpass allerdings ist auch hier wichtiges Begleitdokument, das zur Übernachtung in manchmal nur Pilgern vorbehaltenen Herbergen berechtigt, und in einigen Fällen erhält man in privaten Unterkünften auch Rabatte. Es gibt in Frankreich aber auch Herbergen, die Wanderer ohne Ausweis aufnehmen.

Für alle, die vorhaben, bis Santiago zu pilgern, und in Santiago eine Urkunde haben wollen, empfiehlt es sich, vor Abreise einen offiziellen Pilgerpass zu erwerben, der nur von der Erzbruderschaft in Santiago de Compostela ausgestellt werden kann.

In Ihrem Heimatland bekommen Sie diesen allerdings auch bei vielen Jakobusgesellschaften, die ihrerseits die Pässe aus Spanien importiert haben. Bis zur Bearbeitung eines Antrags müssen Sie wenigstens drei Wochen Wartezeit einkalkulieren. Kümmern Sie sich also rechtzeitig darum. Ein Verfallsdatum haben die Ausweise nicht.

Wer ausschließlich oder vorerst auf den Wegen der Jakobspilger wandelt – das sind alle an den Camino Francés heranführenden Pilgerwege – braucht keinen offiziellen, in Santiago ausgestellten Pass. Praktikabel ist es, am Startpunkt der Via Tolosana den speziell für diesen Weg erstellten, sehr schönen und Gewicht sparenden Pass zu erbitten. Gegen eine Spende (€ 2-5) bekommt man ihn sofort und unkompliziert von der Kirchenaufsicht in der Kathedrale Saint-Trophime in Arles ausgestellt und gleich auch den ersten Stempel. Auch viele Touristenbüros unterwegs können diesen (oder einen?) Ausweis ausstellen. Entscheidend ist die Dokumentation, die Sammlung der mit Datum versehenen Stempel, anhand derer der Verlauf Ihrer Pilgerreise deutlich wird, und eher unwichtig, wie das Papier aussieht, auf dem Sie sammeln. Wichtig ist, dass Ihr Name und die Heimatadresse darauf zu finden sind.

Stempelstellen sind alle Pilgerunterkünfte sowie die oft von den Kommunen betriebenen, auch Wanderern offen stehenden Einrichtungen und die Touristenbüros. Aber auch Hotels, Pensionen sowie B&Bs haben Stempel, die zur Dokumentation taugen.

Sprache

Französisch ist eine schöne Sprache. Leider ist das für diejenigen, die sie erst noch erlernen müssen, kein wirklicher Trost. Da gibt es eine ganze Reihe von Regeln und, was schlimmer ist, viele Ausnahmen von diesen Regeln. So wie es geschrieben wird, wird es bei Weitem nicht ausgesprochen. Und hat man sich im Lauf der Pilgerreise ein wenig in die Sprache eingehört, kommt man nach Spanien und fängt wieder neu an zu lernen.

In der heutigen Zeit kommen Sie allerdings auch schon mit Englisch und manchmal auch mit Deutsch weit. Die häufig kolportierte Marotte der Franzosen, sie sprächen ungern oder nur unwillig eine fremde Sprache, entspricht nicht meiner Erfahrung. Aber erwarten Sie keine Wunder bei der französischen Bevölkerung in Sachen multilingualer Kommunikation und bedenken Sie, dass auch ein Franzose, der durch ein brandenburgisches Dorf wandert, seinerseits auf Personen treffen wird, die partout nicht Französisch sprechen.

Am besten und ein Akt der Höflichkeit gegenüber dem Gastland ist es, wenn man sich zumindest ein bisschen mit der Sprache beschäftigt und die wichtigsten Redewendungen auswendig lernt. Ein kleines Büchlein wie „Französisch Wort für Wort“ (Reise Know-How Verlag, Kauderwelsch Band 40, ISBN 978-3-89416-492-8) kann da weiterhelfen.

Sehr hilfreich können auch Übersetzungsapps für das Smartphone sein. Der Vorteil: Hier bekommen Sie gleich auch die richtige Aussprache mitgeliefert. Sehr gut gefallen haben mir „SayHi“ und „iTranslate“.

Im Kapitel "Kleiner Sprachführer" am Ende des Buches (☞ S. 249) habe ich außerdem einige wichtige Redewendungen und Begriffe zusammengestellt.

Stromspannung

Das französische und das spanische Stromnetz arbeiten wie das heimische Netz mit 230 Volt, 50 Hertz. Die heimischen Flachstecker passen auch in Frankreich, nur für die dicken Schukostecker braucht man Adapter.

Telefon und Internet

Für Gespräche aus Frankreich wählen Sie die +49 für Deutschland, +43 für Österreich und +41 für die Schweiz anstelle der ersten Null der Vorwahl. Wenn Sie aus dem Ausland bzw. mit einer nicht französischen SIM-Karte eine Telefonnummer in Frankreich wählen, dann müssen Sie die anführende Null durch +33 ersetzen. Die Auslandsvorwahl für Spanien ist die +34. Diese steht vor der 9-stelligen Telefonnummer.

Für die Nutzung des Handys innerhalb der EU fallen seit Juli 2017 keine Roaminggebühren mehr an. Die Kosten für Telefonate und Datenübertragungen sind somit einfacher kalkulierbar geworden und unterscheiden sich nicht mehr von der Nutzung im (EU-)Heimatland.

Internetzugang ohne eigenes Gerät bekommt man in vielen Poststellen, in Internetcafés oder in den Hotels. Viele Cafés, Hotels, Restaurants und sogar Pilgerherbergen bieten heute WLAN zum kostenlosen Gebrauch an. In größeren Städten gibt es kostenfreies WLAN an vielen öffentlichen Plätzen.

Unterkunft

Entlang der Via Tolosana finden Sie verschiedene Kategorien von Übernachtungsbetrieben:

Aus dem Begriff „Gîte", spanisch. „Albergue" (Herberge, Nachtlager oder Schlafstelle), können Sie schon ableiten, dass es sich bei einer **Gîte d'étape** um eine recht einfache Unterkunft handelt. In diesen schlichten Wanderherbergen übernachten Sie meist in Schlafsälen, die an der Via Tolosana oft nicht groß ausfallen. Für einen geringen Grundbetrag erhalten Sie ein Bett, Kissen und Decke, und in einigen Fällen können Sie gegen Aufpreis auch Frühstück, Abendessen und ein Lunchpaket für den Folgetag bekommen. Die Gîtes werden entweder privat (**Gîte privé**) oder von den Kommunen betrieben (**Gîte communal**), manche nehmen auch Pilger mit Pferden oder Eseln auf (**Gîte equestre**). Bei einer **Ferme-Auberge** handelt es sich um eine Wanderherberge auf einem Bauernhof. Manche Gîte d'étapes sind ausschließlich Pilgern vorbehalten (☞ Pilgerpass).

Manchmal können Sie Bettwäsche (*drap, ropa de cama*) ausleihen, aber normalerweise müssen Sie einen leichten Schlafsack (am besten Leinen oder Seide) oder Bettwäsche selbst mitbringen. Die Herbergen bieten häufig Kochgelegenheiten inkl.

Geschirr und gegen Gebühr Waschmaschine (*lave-linge, lavadora*) und Trockner (*sèche-linge, secadora*). Zusätzlich zum Übernachtungspreis müssen Sie manchmal noch eine geringe Übernachtungssteuer (*taxe de séjour*) bezahlen. Das gilt für alle Unterkünfte.

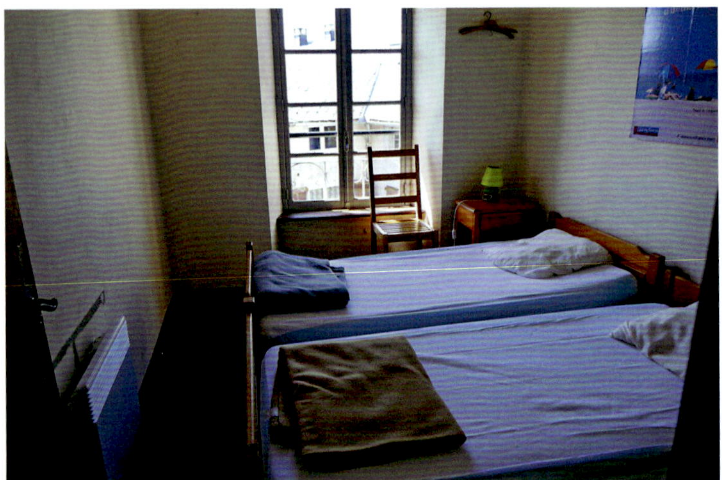

Pilgerzimmer in Salvetat-sur-Agoût

Viele Gîte d'étapes in Frankreich haben nur von April bis Oktober/November geöffnet, da in der übrigen Zeit das Pilgeraufkommen zu gering ist. Auch in Spanien müssen Sie außerhalb der Kernzeit eventuell mal auf ein Hotel ausweichen.

Manchmal finden Sie Hinweise auf eine Gîte rural (spanisch: Casa rural) oder eine Gîte de sejour. Das sind keine Wanderherbergen, sondern Ferienwohnungen, die nur langfristig vermietet werden. Auch die Begriffe Gîte de France und Rando-étape haben nichts mit Wanderherbergen zu tun, es sind Qualitätsbezeichnungen für Ferienwohnungen, Pensionen oder Hotels.

Mit der Gîte vergleichbar ist die Jugendherberge (**Auberge de jeunesse, Albergue juvenil**), mit dem Unterschied, dass man dort in der Regel Bettwäsche bekommt.

Ähnliche Qualität weisen die **Foyer de Jeunes Travailleurs** auf (Wohnheim für junge Arbeiter), in denen Pilger mit Pilgerausweis eine Nacht verbringen können. Junge Menschen unter 25 Jahren werden – wie der Name schon andeutet – bevorzugt aufgenommen.

Etwas mehr Luxus und Ausstattung bieten die **Chambres d'hôtes** (B&B). Das sind private Gästezimmer mit Frühstück, Bettwäsche und Handtuch.

Die häufig angebotene Halbpension (HP) enthält Abendessen (A) (*repas, cena),* Übernachtung (Ü) (*nuitée, pernoctación*) und Frühstück (F) (*petit-déjeuner, desayuno*). Und natürlich gibt es eine ganze Reihe von **Hotels** und Pensionen (spanisch: Hostal) am Weg.

In Frankreich ist das Frühstück normalerweise nicht im Übernachtungspreis enthalten. Es ist recht teuer und muss extra bestellt und bezahlt werden. Zumeist fällt es auch sehr klein (*petit*) aus.

Camping ist in Frankreich außerhalb von Campingplätzen dann erlaubt, wenn eine Genehmigung vom Eigentümer vorliegt. An öffentlichen Straßen, am Meeresufer, an Sehenswürdigkeiten, in Natur- oder Wasserschutzgebieten ist es dagegen generell verboten. Das Gleiche gilt für Spanien. Manche Campingplätze bieten kleine Hütten oder Wohnwagen an, die auch für nur eine Nacht an Reisende vermietet werden.

☺ Eine telefonische Reservierung für die folgende Nacht ist vor allem in der Hauptsaison empfehlenswert. Bedenken Sie, dass die Gastgeber sich gerne auf Besucher einstellen, insbesondere auch für das Abendessen einkaufen wollen. Die Herbergen der Kommunen können in manchen Fällen nur nach Anmeldung innerhalb der Rathausöffnungszeiten vorbestellt werden. In manchen Fällen muss auch der Schlüssel innerhalb dieser Zeiten abgeholt werden. Lassen Sie sich von Ihren Wirten oder anderen Gästen helfen, wenn Sie selbst kein Französisch sprechen. Ob die Herbergsbetreiber Deutsch oder Englisch (DE, EN) sprechen, ist jeweils bei der Beschreibung der Unterkunft vermerkt.

🕮 In Frankreich sehr beliebt sind die alle zwei Jahre aktualisierten Ausgaben des „Miam Miam Dodo". Neben Kartenskizzen enthält das Buch vor allem eine Auflistung der Übernachtungsbetriebe am Weg.

💻 www.levieuxcrayon.com ➔ Guides ➔ GR 653

☺ Die Organisation „Les Haltes Pelerins du chemin d'Arles a Compostelle" mit Sitz in Murat-sur-Vebre hat einige von Pilgern besonders positiv hervorgehobene Pilgerunterkünfte klassifiziert. Unter der Webadresse 💻 www.leshaltespelerins.org können Sie sich informieren, aber auch unterwegs wird vielfach darauf hingewiesen. Wenn Sie selbst eine Bewertung abgeben wollen, ist das unter folgender Emailadresse möglich: ✉ leshaltespelerinsinfos@orange.fr.

☺ Die ACIR (Agence de Coopération Interrégionale Résseau, Internationale Netzwerkkooperation der französischen Wege der Jakobspilger) stellt eine ständig aktualisierte Unterkunftsliste für Pilger bereit. Für die Via Tolosana finden Sie diese unter 💻 www.chemins-compostelle.com/hebergeur/voie/6.

✋ Nachdem es vereinzelt Fälle von Bettwanzen (punaises, chinches) in den Pilgerherbergen gegeben hat, versuchen einige Wirte einer Ausbreitung vorzubeugen, indem sie Rucksäcke auf den Zimmern nicht zulassen. Wundern Sie sich also nicht, wenn Sie diesen nach Entnahme dessen, was Sie für die Nacht benötigen, in einem eigens dafür vorgesehenen Behältnis deponieren müssen.

Updates

Es gibt immer wieder Änderungen auf dem Weg. Der Conrad Stein Verlag veröffentlicht deshalb Updates zu diesem Wanderführer, die von Lesern des Buches oder direkt vom Autor stammen. Sie finden diese auf der Verlagswebsite 💻 www.conrad-stein-verlag.de. Der links abgebildete QR-Code führt Sie direkt dorthin.

Verkehrsmittel unterwegs

Die größeren Städte und viele der kleineren Orte am Pilgerweg sind gut in das jeweilige Nah- und Fernverkehrsnetz eingebunden. So ergeben sich vielfältige Möglichkeiten zur Unterbrechung, An- und Abreise unterwegs. Den Etappenbeschreibungen habe ich Hinweise zu den jeweils vorhandenen Bus- und Bahnanbindungen hinzugefügt. Zusätzlich sind die Telefonnummern der örtlichen Taxiunternehmen mit aufgeführt.

☺ Für Fahrten mit Bus **und** Bahn innerhalb Frankreichs gibt es eine von den Verkehrsunternehmen unabhängige, landesweite Fahrplanauskunft, die allerdings nicht in jedem Falle alle Verbindungen anzeigt: 💻 www.itransports.fr/en.

✋ Ganz wichtig beim Busfahren in Frankreich: An den Unterwegshaltestellen müssen Sie sich deutlich durch Armheben bemerkbar machen, sonst fährt der Busfahrer einfach durch.

Die Via Tolosana von Arles nach Puente La Reina

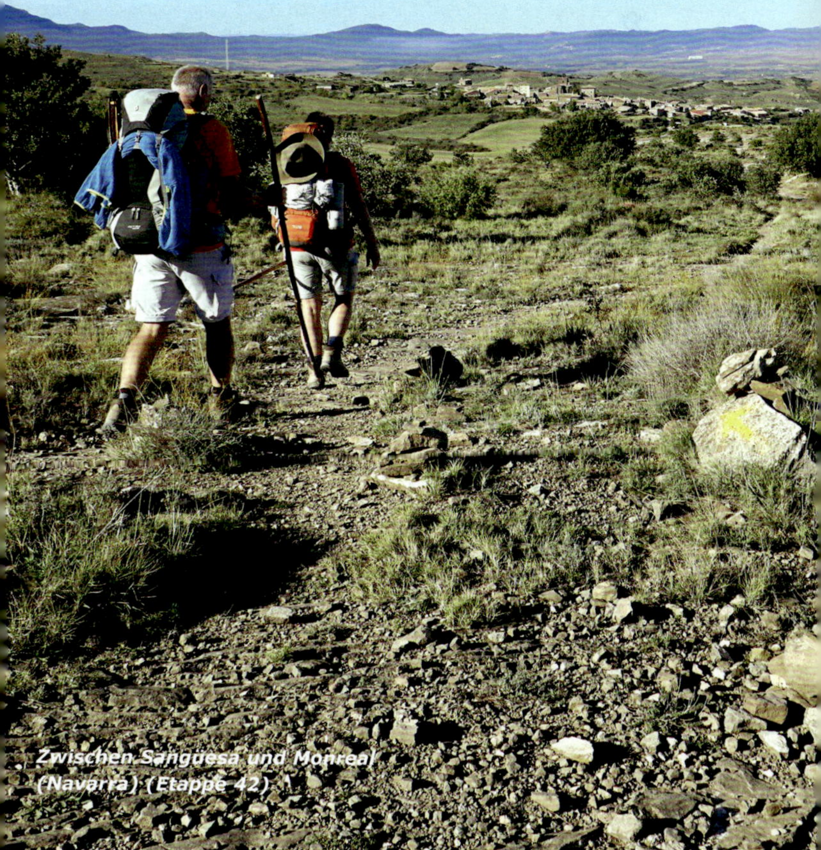

Zwischen Sangüesa und Monreal (Navarra) (Etappe 42)

Etappe 1: Arles, Alyscamps – Saint-Gilles (Bouches-du-Rhône, Gard)

22,3 km, 5 Std. 30 Min., ↑ 138 m, ↓ 129 m, ⇧ 1-29 m

0,0 km	⇧ 9 m	Arles, Alyscamps ⌘
1,3 km	⇧ 24 m	Arles, Saint-Trophime ⌘ ✞
17,9 km	⇧ 5 m	Eisenbahnbrücke über die Kleine Rhône
22,3 km	⇧ 26 m	Saint-Gilles ⌘ ✞

In Arles und Umgebung könnte man Tage verbringen. So viel Interessantes lässt sich hier erleben. Wer mittags ankommt, hat bis zum Abend allerdings auch schon einen schönen Überblick über die Kernzone. Für die Museen bleibt dann aber nicht genug Zeit. Es liegt an Ihnen, wie weit Sie sich auf diese alte Römerstadt einlassen.

Und dann begeben Sie sich auf den Weg, der mit einem sanften und ruhigen Auftakt beginnt. Zwei Drittel der Strecke führen fernab der Straßen über den Damm der Petit Rhône (Kleine Rhone), die durch den dichten Uferbewuchs immer mal wieder zu sehen ist. Linker Hand blicken Sie in die Weite des absolut flachen und dank der vielen Bewässerungskanäle fruchtbaren Hinterlandes auf Getreide- und Sonnenblumen-, Wein- und Obstplantagen und sogar Reisfelder.

Weg von der Bushaltestelle zum Startpunkt

Der Bus aus Avignon hält in Arles zum ersten Mal am **Place la Martine**, der an das Rhôneufer grenzt. Hier steigen Sie aus, wenn Sie nicht mit dem Zug angekommen sind oder zum Bahnhof weiterfahren. Vom Bahnhof führt die Avenue Paulin Talabot links zum Place la Martine.

☺ Fragen Sie am Bahnhofsschalter nach einem Stadtplan, so haben Sie von Anfang an die perfekte Orientierung.

Durch die **Porte de la Cavalerie** im Süden des großen Kreisverkehrs betreten Sie die Altstadt und wandern (an den Gabelungen halb links) über den kleinen Place Voltaire und die Rue Augustine Tardieu bis zum **römischen Amphitheater**, an dem Sie links entlang zum Place de la Major gehen. Hier biegen Sie links ein und erreichen die Kirche Notre-Dame-de-la-Major, von der es rechts durch die Rue de la Madelaine zum **Place de la Redoute** geht. Wenn Sie nun links durch das kleine Tor in der Stadtmauer zu den Stufen laufen, befinden Sie sich auf dem offiziellen, markierten Pilgerweg, allerdings in umgekehrter Richtung.

Die Stufen führen zum Boulevard Emile Combes. Rechts folgen Sie diesem über die Kreuzung hinweg. (Wenn Sie an der Kreuzung rechts gingen, kämen Sie nach 350 m zum Office de Tourisme.) Sie laufen die Avenue des Alyscamps hinab. Nach 150 m biegt diese nach links. Hier wechseln Sie links auf den Fußweg am parallel zur Straße verlaufenden Kanal, der Sie nach Alyscamps bringt.

Der **Ausgangspunkt der Via Tolosana** ist durch eine in der Erde verankerte, etwa 1 m^2 große Betonplatte mit dem offiziellen, eurapaweit gültigen Pilgerwegssymbol, der stilisierten gelben Muschel auf blauem Grund, und der vergleichsweise winzigen Aufschrift „le chemin d'Arles" gekennzeichnet. Er liegt am Eingang zur **Nekropole Alyscamps** (☞ S. 41), an der Sie nun (nach einer Besichtigung) starten können.

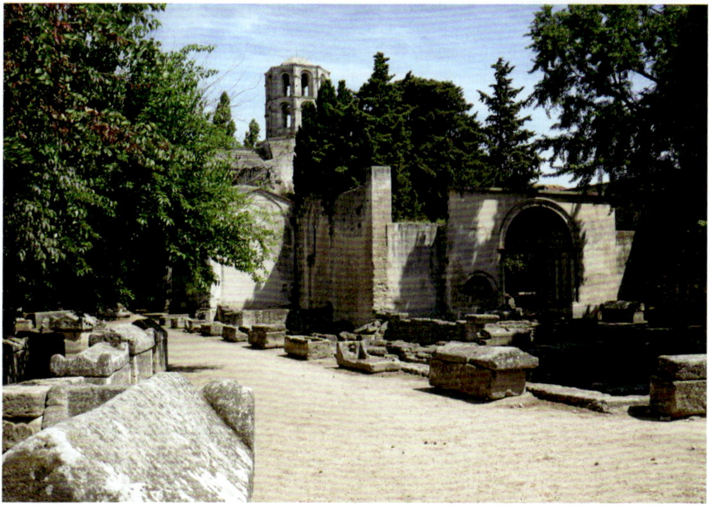

Nekropole Les Alyscamps und Saint-Honorat

Arles

🛈 Touristinformation, Boulevard des Lices, ☎ 04 90 18 41 20, ot-arles@arlestourisme.com, www.arlestourisme.com/de, Mrz-Sep, tägl. 9:00-18:45, im Winterhalbjahr reduziert

♦ Accueil Pelerin des Chemins d'Arles (APCA), 30 Avenue de Pskov, 06 83 26 13 16, chemindarles@laposte.net, aniguio@hotmail.fr, voiedarles.wix.com/stjacquescompostelle. Die Organisation vermittelt Privatunterkünfte in Arles. Auf der Internetseite finden Sie unter „du dormir" die aktuelle Liste sowie eine Auflistung weiterer Unterkünfte in Arles und am Weg, Informationen zum Weg und die Ausstellung eines Credencials (Pilgerausweises) gehören ebenfalls zu den Dienstleistungen.

La Maison du Pélerin et du Routard, Frédéric Jacquemin, 26 Place du Docteur Pomme, ☎ 04 90 18 88 66, 06 99 71 11 89, aubergepelerins@gmail.com, www.arles-pelerins.fr, Ü € 25, EN. Das Hostel befindet sich wenige Schritte südlich des

Amphitheaters direkt am Weg (☞ Wegbeschreibung). Die zentrale Lage macht die Einfachheit wett.

Auberge de Jeunesse, 20 Avenue Marechal Foch, ☏ 04 90 96 18 25, arles@hifrance.org, www.hifrance.org, ÜF € 20,20, EN, 7:00-10:00 u. 17:00-23:00, 800 m südöstlich der Touristeninformation, am Sportpark

Hôtel Voltaire, 1 Place Voltaire, ☏ 04 90 96 49 18, www.hotel-voltaire-arles.com, Ü EZ/DZ € 32, € 37 oder € 42 (je nach Komfortstufe), F € 6, 150 m nördlich des Amphitheaters

♦ Hôtel de Paris, 2 Rue Cavalerie, ☏ 04 90 96 05 88, 10 Zi, 33 Betten, Ü DZ € 36-45, F € 7, 170 m nördlich des Amphitheaters

Hotel Le Belvédère, 5 Place Voltaire, ☏ 04 90 91 45 94, info@hotellebelvedere-arles.com, www.hotellebelvedere-arles.com, 17 Zi, Ü EZ € 50, DZ ab € 57, 150 m nördlich des Amphitheaters

Camping City, Chantal Karkouz, 67 Route de Crau, ☏ 04 90 93 08 86, chantal.karkouz@sfr.fr, www.camping-city.com, Ü Zelt + 2 Pers. € 20, knapp 2 km südöstlich der Altstadt

ATS Taxi, ☏ 04 90 52 22 22; Arles Taxi Radio, ☏ 04 90 96 90 03

Informationen zum Busverkehr in Arles und Umgebung: www.ntecc.fr

Arles hat einen Nah- und Fernverkehrsbahnhof.

✞ Die **Kathedrale Saint-Trophime** stammt aus dem 12. bis 15. Jh. Sie ist dem heiligen Trophimus geweiht, der Gallien christianisierte und der erste Bischof in Arles war. Besonders sehenswert ist das 1988 bis 1995 restaurierte, zum Place de la Republique hin gelegene Westportal, das zwischen 1180 und 1190 entstand. Im Zentrum des Tympanons sehen Sie Jesus, umgeben von den vier Evangelisten bzw. ihren Symbolen (Löwe – Markus, Engel – Matthäus, Adler – Johannes, Stier – Lukas), darunter sitzen, direkt über der Tür, die zwölf Apostel.

Weiter rechts schmoren die armen Sünder aneinandergekettet auf ewig in den Flammen der Hölle, während links – also auf Jesu rechter Seite – die moralisch Sauberen in den Himmel wandern. Die Statuen unter dem Fries stellen Heilige dar, von links nach rechts: Bartholomäus, Jakobus der Ältere, Trophimus (mit dem Bischofsstab), Johannes, Petrus und rechts der Türe Paulus, Andreas, der Erzmärtyrer Stephan, dem die Vorgängerkirche geweiht war, Jakobus der Jüngere und Philippus. Vergessen Sie nicht, das Kloster gleich nebenan zu besichtigen. In der Kathedrale bekommen Sie gegen eine Spende einen Pilgerausweis.

Mo-Sa 8:00-12:00 u. 14:00-18:00, So 9:00-13:00 u. 14:00-18:00

⌘ Vor den Toren der Stadt lag der größte spätantike Friedhof Galliens, seit dem Mittelalter **Les Alyscamps** genannt. Der Name geht auf das Elysion, die paradiesische Insel der Seligen aus der griechischen Mythologie, zurück. Eine von Sarkophagen gesäumte Allee führt auf die Kirche **Saint-Honorat** zu, die im 12. Jh. errichtet wurde. Les Alyscamps ist offizieller Startpunkt der Via Tolosana und Weltkulturerbe.

⌘ Das erstaunlich gut erhaltene Amphitheater (frz. *amphithéâtre*) ist sicher das beeindruckendste Bauwerk der Stadt. Das 136 m lange Oval bot in römischer Zeit

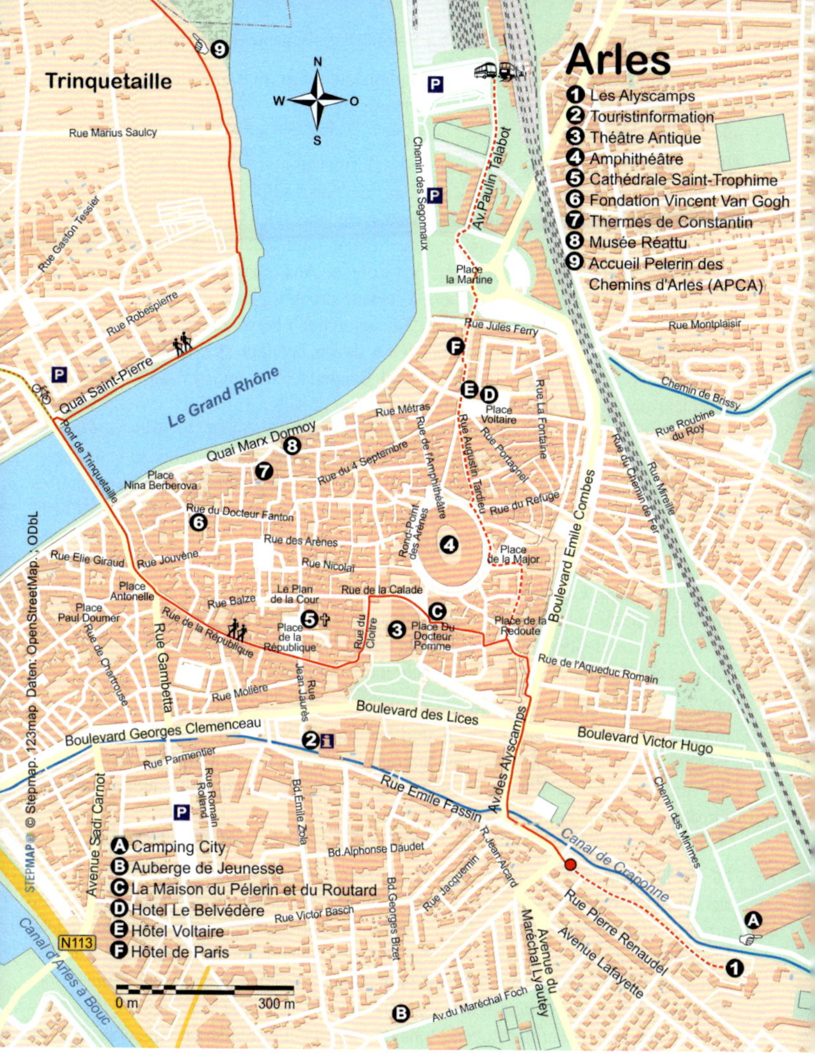

25.000 Zuschauern Platz und unterstreicht damit die damalige Bedeutung von Arles. Es wurde im Mittelalter zur Festung ausgebaut und beherbergte im Innenraum eine richtige kleine Stadt. Aus dieser Zeit, dem 12. Jh., stammen die drei Vierecktürme.

Seit der Mitte des 19. Jh. wurde das Amphitheater entkernt und restauriert. Heute finden hier Musikveranstaltungen und Stierkämpfe statt.

⌚ tägl., Mai-Sep 9:00-9:00, Nov-Feb 10:00-17:00, Mär, Apr u. Okt 9:00-18:00

⌘ Die eleganten und beängstigend selbstbewussten schwarzen Stiere sind die Herren der Camargue, und ihre Zucht und der Stierkampf sind ein wichtiger Teil der südfranzösischen Tradition. Seit 1701 werden in Frankreich Stierkämpfe durchgeführt, seit 1853 auch im Amphitheater in Arles. Dabei unterscheidet man zwei Arten: den spanischen Stierkampf (Corrida) und den Course Camarguaise oder Courses libre.

Bei der **Corrida** werden die Stiere in einem streng reglementierten, ca. eine Viertelstunde andauernden Kampf getötet. Die agierenden Personen werden lange in speziellen Stierkampfschulen ausgebildet (eine davon befindet sich in Arles), denn die Stierkämpfer – Matadores, Picadores und Banderilleros – müssen außergewöhnlich geschickt und mutig sein, einerseits, weil sie nicht selten vom Stier verletzt werden, andererseits, weil das Publikum jeden Fehler ungnädig auspfeift. In Arles werden die Stiere vor dem Kampf die Boulevards des Lices und Georges Clemenceau hinuntergetrieben, um sie dem Publikum vorzustellen, und den begleitenden Reitern gelingt es nicht immer, sie auf Linie zu halten. In Frankreich ist diese Form des Stierkampfes nicht unumstritten und es gibt Bestrebungen, ihn aus Tierschutzgründen gesetzlich zu verbieten.

Beim **Course Camarguaise** geht es darum, dem Stier eine Kokarde, eine Schleife mit Bändern, zu entreißen, die zuvor zwischen seinen Hörnern befestigt wurde. Auch für diese Art des Stierkampfes gibt es in Arles eine spezielle Schule. In den Monaten Juli und August finden diese Wettkämpfe jeden Mittwoch und Freitag um 17:30 statt.

⌘ Das Théâtre Antique wurde im 1. Jh. v. Chr. zur Zeit von Kaiser Augustus (63 v. Chr. bis 14 n. Chr.) erbaut und bot auf 33 Sitzreihen Platz für 10.000 bis 12.000 Zuschauer. Gegenüber den Sitzreihen erhob sich eine hohe Theaterwand, von der noch zwei aufrecht stehende Säulen zu sehen sind. Auch heute finden hier noch Theater- und Musikveranstaltungen statt.

⌚ tägl., Mai-Sep 9:00-9:00, Nov-Feb 10:00-17:00, Mär, Apr u. Okt 9:00-18:00

⌘ Der wohl berühmteste Bewohner Arles war **Vincent van Gogh** (1853-1890), der hier kurz (von Februar 1888 bis Mai 1889), aber dafür umso intensiver lebte und arbeitete. Eigentlich wollte der Niederländer von Paris aus nach Marseille übersiedeln, blieb aber auf seiner Reise nach Süden in Arles hängen. Im Oktober 1888 traf Paul Gauguin (1848-1903) ein, der mit van Gogh zusammen in einem "Atelier des Südens" leben und arbeiten wollte. Das Zusammenleben verlief alles andere als erfolgreich. Nach zwei unharmonischen Monaten und einem besonders heftigen Streit, nachdem sich van Gogh selbst ein Ohr oder ein Stück vom Ohr abgeschnitten oder Gauguin das Ohr van Goghs verkleinert oder entfernt hatte (das weiß niemand so genau), flüchtete Gauguin zurück nach Paris. Für van Gogh begann eine schwierige Zeit mit diversen Krankenhausaufenthalten, die im Mai 1889 zur Selbsteinweisung in die Nervenheilanstalt in Saint-Rémy-de-Provence führte. Während seiner Zeit in Arles war van Gogh ungeheuer produktiv, er schuf 300 Zeichnungen und Gemälde, darunter die Sonnenblumen. Die Fondation Vincent van Gogh zeigt neben den Arbeiten van Goghs wechselnde Ausstellungen zeitgenössischer Künstler.

♦ Fondation Vincent Van Gogh, 35 ter Rue du Docteur Fanton, ☏ 04 90 93 08 08, 💻 www.fondation-vincentvangogh-arles.org, 🚪 Apr bis Mitte Sep tägl. 11:00-19:00, in der übrigen Zeit reduziert

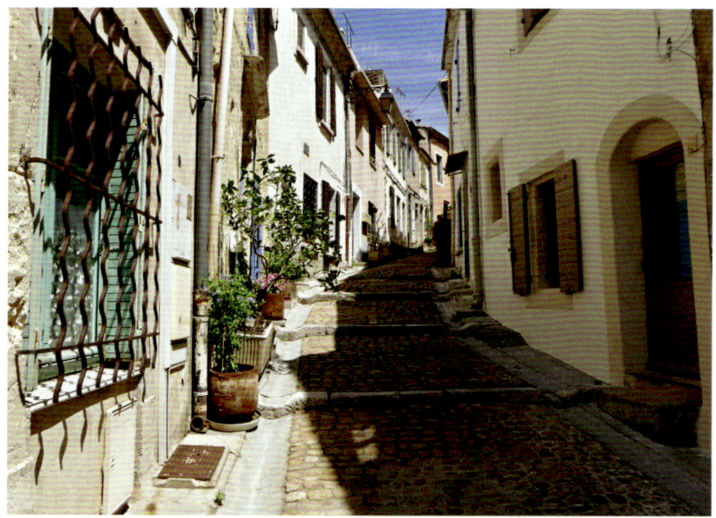

In den Gassen von Arles

⌘ Der aus Arles stammende Maler **Jean-Jacques Réattu** (1760-1833) kaufte und bewohnte nach der Französischen Revolution das heutige Gebäude des Musée Réattu, den einstigen Sitz des Großpriors (frz. grand prieur) des Malteserordens. Ausgestellt ist eine Sammlung von Werken Réattus, die um Gemälde französischer und italienischer Meister aus dem 16. bis 18. Jh. erweitert wurde. Außerdem gehören zwei Gemälde und 57 Zeichnungen zum Fundus des Museums, die Picasso 1971 während eines mehrwöchigen Aufenthaltes in Arles herstellte und der Stadt schenkte.

♦ Musée Réattu, Rue du Grand Prieuré, 💻 www.museereattu.arles.fr, 🚪 Okt-Jun 10:00-12:30 u. 14:00-18:30, Jul-Sep 10:00-19:00

⌘ Die **Konstantinthermen** stammen aus der Residenzzeit Konstantins des Großen (~272/285-337). Das Badehaus, das einen rund 200 m langen Komplex zwischen Rhône und Forum bildete, diente nicht nur der Hygiene, sondern war ein Zentrum privater und geschäftlicher Kommunikation. Im Bereich der Place de la Republique und am Boulevard de Lices fand man ebenfalls zu Bädern gehörende Grundmauern.

Mai-Sep 9:00-12:00 u. 14:00-19:00, Okt bis 18:00, Nov-Feb 10:00-12:00 u. 13:00-17:00

Das kleine, quirlige Arles (sprich: Arle, mit "e" wie in Schule) liegt am nördlichen Rand des Rhônedeltas, kurz hinter der Aufteilung der Rhône in Petit Rhône und Grand Rhône. Zwischen den beiden Flussarmen erstreckt sich eine ebene Schwemmlandschaft, die Camargue, die für ihre Stiere und Pferde, ihre Obstplantagen, Reisfelder, Meerwassersalinen und Flamingos bekannt ist. Die ursprünglich keltische Stadt erlebte ihren ersten Aufschwung durch Julius Caesar (100-44 v. Chr.), der hier seine 46. Legion stationierte. Alle römischen sowie die romanischen Bauten wurden 1981 in die Weltkulturerbeliste der UNESCO aufgenommen. Die Stadt gehört zu den 137 französischen Orten und Regionen, die die Bezeichnung "Villes et Pays d'art et d'histoire" tragen dürfen („Orte und Regionen der Kunst und Geschichte"). Der ehrenvolle Titel wird vom französischen Kultusministerium verliehen, wenn die Geschichte einer Stadt auf besonders eindrucksvolle Weise präsentiert wird, und das ist in Arles in der Tat der Fall. Keinesfalls sollten Sie sich die Gelegenheit eines Stadtrundgangs entgehen lassen. Pilger haben zu einigen Sehenswürdigkeiten nach Vorlage des Pilgerausweises (Credencial) freien Eintritt. Wer sich noch keinen zu Hause besorgt hat, bekommt diesen und auch gleich den ersten Stempel auf unkomplizierte Weise in der Kathedrale Saint-Trophime (gegen eine Spende).

Der Wanderweg über den Rhônedamm ist für Radfahrer nicht befahrbar, da er in dichten Abständen durchlasssicher beschrankt ist. Sie folgen einer älteren Wegführung. Von der Trinquetaillebrücke fahren Sie im großen Linksbogen entsprechend dem Straßenverlauf in die Avenue de la Camargue Richtung **Gimeaux** (C113). Achten Sie in Gimeaux darauf, nicht auf die C114 abzubiegen, sondern links und wieder rechts auf der C113 zu bleiben. Über die D37 (rechts) und die D572n (links) erreichen Sie St-Gilles mit der Hauptdurchgangsstraße. Auch dieser Weg ist noch markiert.

Vom 2.000 Jahre alten Friedhof gehen Sie zum **Place de la Redoute** zurück, biegen dort links ab und nach 50 m wieder rechts in die Gasse Rue de Grand Couvent. Gleich geht es wieder nach links durch die Rue de L'Agneau zum Place du docteur Pomme (Backpackerhostel).

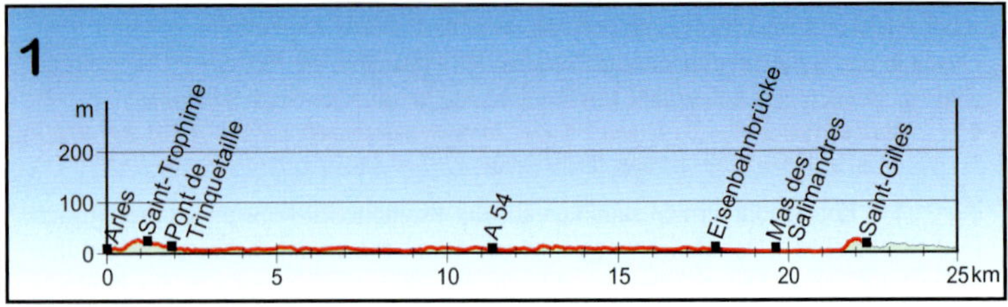

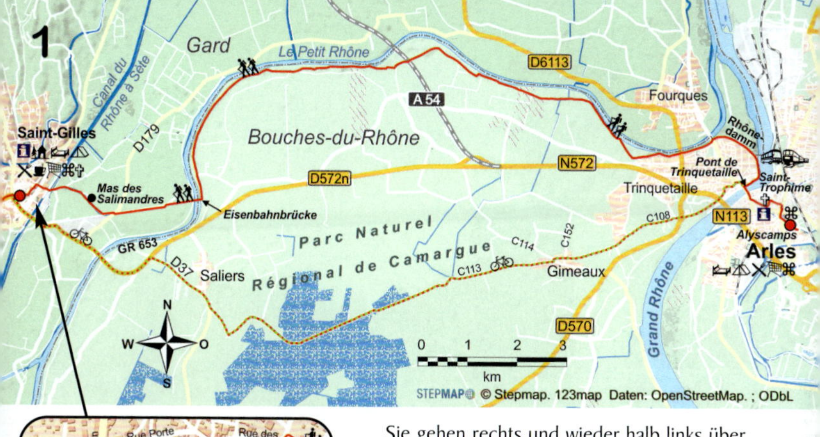

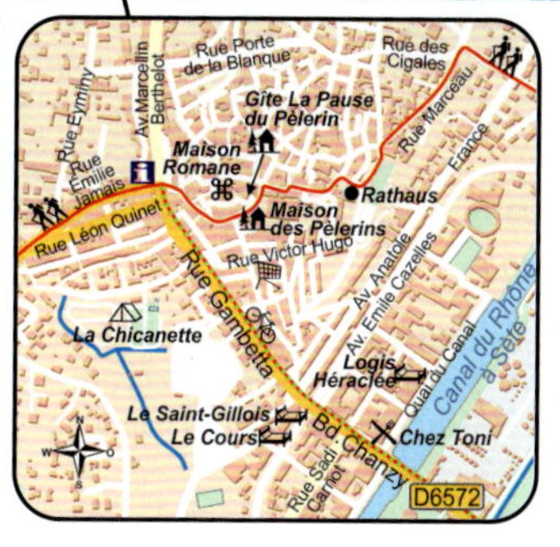

Sie gehen rechts und wieder halb links über den schönen Platz Calade zum **Théâtre Antique** und dort noch einmal links in die Rue de Cloitre, die Sie zum Place de la République mit dem Rathaus und der Kathedrale **Saint-Trophime** führt. Gleich links würde die Rue Jean Jaurès Sie zum Office de Tourisme bringen, der Pilgerweg folgt aber geradeaus der Einkaufsstraße und führt am Place Antonelle halb rechts zur **Trinquetaillebrücke** und auf die andere Rhôneseite. Ein gelber Pfeil leitet Sie nun an das Ufer hinunter und Muschelmarkierungen rhôneaufwärts.

Meine IGN-Karte und der eingezeichnete Pilgerweg auf dem Stadtplan zeigen noch eine andere, rein straßenbasierte Route an. Der hier beschriebene Weg wird als Variante ausgewiesen. Die nachfolgenden, aufgrund der eindeutigen Wegführung zwar etwas spärlichen weiß-roten Markierungszeichen und die eindeutigen Hinweise auf den GR 653 bestätigen aber diese frühere Variante als den heutigen offiziellen Weg.

In Höhe der Reste der alten Römerbrücke, am Friedhof von Arles (Stadtteil Trinquetaille), treffen Sie auf den Rhônedamm, der Sie von der Grand Rhône im Bogen an das Ufer der Petit Rhône führt. Noch im Siedlungsbereich versperren die Leitplanken einer querenden Straße den Weg. Verlassen Sie hier den Damm nach rechts, unterqueren Sie die Straße an der Brücke und steigen Sie jenseits wieder hinauf. Nach etwa 11 km unterqueren Sie eine Autobahn und bei km 17,9 ist die Bahnbrücke einer stillgelegten Strecke erreicht.

Hier biegen Sie vom geradeaus führenden GR 653 ab und folgen dem gelben Pfeil über die Kleine Rhône und dann dem sich anschließenden Bahndamm, bald auf einer Straße parallel zum Damm.

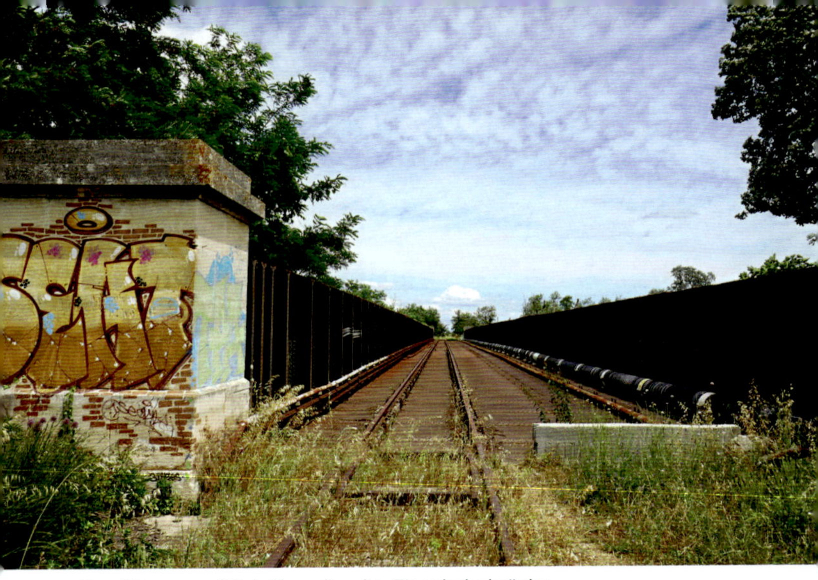

Der Pilgerweg führt über die alte Eisenbahnbrücke

Nach 1,75 km ist der GR 653, der einen Bogen von 4,3 km zu einer Straßenbrücke vollzogen hat, wieder erreicht (Wegweiser). Sie queren mit ihm rechts den Bahndamm und biegen gleich wieder links in den Schotterweg ab. Der Wasserturm von St-Gilles liegt nun wegweisend voraus.

Sie überqueren noch zwei Gräben und den Canal du Rhône Á Sète und steigen dann einen Treppenweg hinauf. Noch nicht am Wasserturm folgen Sie links der Rue Marceau und an der Kreuzung gehen Sie wieder links zur Parkterrasse.

Vor dem Rathaus zeigt die Markierung rechts durch die Rue de la Tour, an der Querstraße links in die Ortsmitte hinunter und links zum Place de la République. Zur Fortsetzung des Weges gehen Sie geradeaus am Maison des Pèlerins vorbei durch die vom Platz wegführende Gasse Rue des Maréchaux und gelangen schließlich durch die Porte des Maréchaux an die Hauptdurchgangs- und Geschäftsstraße **i**.

Saint-Gilles 30800

i Office de Tourisme, 1 Place Frédéric Mistral, ☏ 04 66 87 33 75, contact@ot-saint-gilles.fr, tourisme.saint-gilles.fr, EN, Apr-Sep Mo-Sa 9:30-12:30 u. 14:00-18:00, Jul/Aug auch So 9:30-13:00, Okt-Mrz nur bis 17:30 u. Sa geschlossen, an der Hauptstraße, am Weg, Pilgerausweis erhältlich

Maison des Pèlerins, 3 Impasse du Cloître, ☏ 06 10 39 87 07, stgillespelerins@gmail.com, www.wix.com/stgillespelerin/accueil, 13 Plätze, Ü € 12, F auf Wunsch, EN, Mrz-Nov ab 15:00, nur für Pilger mit Pilgerausweis, Eingang am Place de la République mit Türcode, den Sie nach telefonischer Anmeldung oder direkt beim Vermieter (um das Haus herumgehen) bekommen

♦ Gîte La Pause du Pèlerin, 8 Place de la République, 06 41 91 03 26, tapedupelerin@outlook.fr, 5 Zi, 15 Plätze, Ü € 17, F u. A möglich, EN, , gegenüber der Basilika, für Pilger und Wanderer

Hôtel-Restaurant Le Cours**, 10 Avenue François Griffeuille, 04 66 87 31 93, contact@hotel-le-cours.com, www.hotel-le-cours.com, Ü DZ € 55-130, F € 9, EN, , nahe der Hauptstraße Rue Gambetta, im Süden, 200 m vor dem Kanal

♦ Hôtel-Restaurant Le Saint-Gillois, 1, Rue Neuve, 04 66 87 33 69, mariejo30800@gmail.com, www.lesaintgillois.fr, 7 Zi, Ü € 45, F € 6, nahe der Hauptstraße Rue Gambetta im Süden, 200 m vor dem Kanal

Logis Héraclée***, 30, Quai du Canal, 04 66 87 44 10, contact@hotel-heraclee.com, www.hotel-heraclee.com, 20 Zi, Ü € 58-78, F € 9, EN, DE, , am Kanal

Camping La Chicanette, Rue de la Chicanette, 04 66 87 28 32, lachicanette@aliceadsl.fr, www.campinglachicanette.fr, Ü 2 Pers. im eigenen Zelt € 15-21 (saisonabhängig), Mobilhome DZ € 38, VBZ € 47, bis zu 6 Pers. € 58, im Jul/Aug wird nur wochenweise vermietet, EN, , Ostern bis Okt, der N572 geradeaus in den Ort folgen und links auf die Rue de la Chicanette einbiegen

Taxi Crumière, 04 66 87 08 70; Taxi Favier, 06 80 23 32 03

✞ Die seit 1998 zum Weltkulturerbe der UNESCO zählende Abteikirche Saint-Gilles wurde in den Jahren 1125 bis 1150 erbaut. Sie hat wie die Kathedrale Saint-Trophime in Arles vor allem ein herausragend gestaltetes Portal aufzuweisen.

⌘ Maison Romane, Museum, Sammlungen zur regionalen Archäologie, Ornithologie und Ethnographie. Auch wenn Sie es nicht zu den Öffnungszeiten des Museums schaffen, ist das im 19. Jh. restaurierte Wohnhaus aus dem 12. Jh. für sich sehenswert.

♦ Place de la Maison Romane, 04 66 87 40 42, maisonromane@ville-saint-gilles.fr, Di, Do, Fr 14:00-17:30, Zugang vom Place de la République (50 m)

Etappe 2: Saint-Gilles – Gallargues-le-Montueux (Gard)

30,7 km, 8 Std., 237 m, 200 m, 4-79 m

0,0 km	26 m	Saint-Gilles ⌘ ✞
17,0 km	50 m	Vauvert
25,7 km	21 m	Codognan : Vergèze
30,7 km	55 m	Gallargues-le-Montueux

Anfangs wandern Sie durch intensiv genutzte Obstbaulandschaften. Aprikosen, Pfirsiche, Nektarinen, Wein und auch Oliven stehen in Reih und Glied. Das nötige Wasser leitet der Canal Philippe Lamour (oder Bas-Rhône Languedoc) von der Rhône hierher.

Dreimal werden Sie ihm begegnen, ein Stück wandern Sie sogar an ihm entlang. Gen Norden wechseln Getreidefelder mit Wein, Wald und Wiesen. Die lange Etappe lässt sich in Vauvert teilen oder mit einer Übernachtung in Vergèze um 3,5 km verkürzen.

An der querenden Hauptdurchgangs- und Geschäftsstraße laufen drei weiß-rot markierte Wanderwege zusammen (Wegweiser). Sie gehen geradeaus durch die **Rue Émilie Jamais** Richtung Vauvert. An einer versetzten Straßenkreuzung biegen Sie links ab und an der nächsten Kreuzung geht es geradeaus bis über die schon bekannte Bahntrasse hinüber und danach nach rechts. Durch Aprikosenhaine wandern Sie bis zu einer T-Kreuzung, folgen dem Sträßchen rechts bis an die Hauptstraße und gehen dort nach links. Nach 300 m biegen Sie rechts in ein Nebensträßchen (Richtung Weingut Château St Cyrgues), an der Gabelung aber wieder links ab. Sie kommen an einem anderen Weingut vorbei, halten sich noch einmal halb links und erreichen schließlich den **Canal Philippe Lamour**, dem Sie diesseits links 3,5 km folgen.

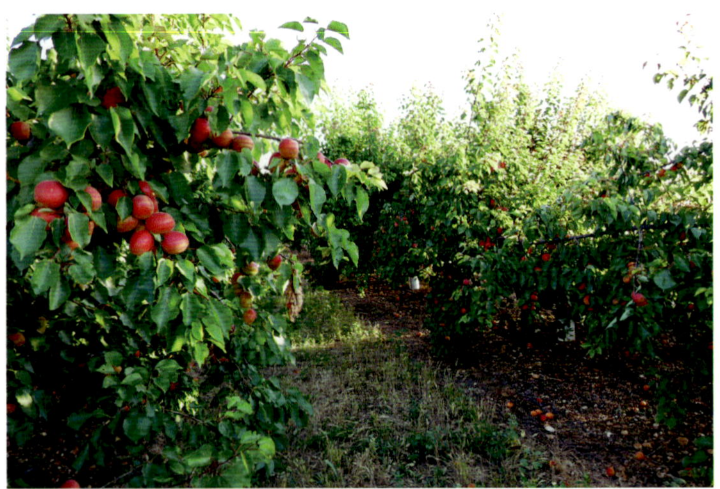

Der Weg führt durch Obstplantagen

Sicher werden Ihnen die dicht mit runden Steinen (Kiesel) übersäten Böden auffallen. Für den Ackerbau wären sie eher lästig. Für die Dauerkulturen sind sie optimal. Die Steine schützen den Boden vor Austrocknung und sorgen für ein ausgeglichenes, mildes Kleinklima, wenn sie des Nachts die am Tage gespeicherte Wärme wieder abgeben. Die weit gerollten Steine sind eine Hinterlassenschaft der Kaltzeiten (Eiszeiten). In den Alpen und im Zentralmassiv wurde in dieser Zeit durch Frostsprengung sehr viel Gesteinschutt produziert, der bei Hochwasser während der jährlichen Schneeschmelze über Bäche und Flüsse in die Rhône transportiert und dann in einer weiten Schwemmebene abgelagert wurde (Terrassenschotter).

Solchen Schotter werden Sie auch noch im Vorland der Pyrenäenkette finden (☞ S. 183).

Etwa 800 m nachdem Sie eine Straße gekreuzt haben, überqueren Sie den Kanal am Wegweiser **Beau Bois**, gehen 180 m rechts zurück und dann links auf einem Feldweg mit Teerresten sanft aufwärts. Am Wegweiser **Le Valladas** biegen Sie links ab, wandern durch Obstplantagen, gehen von einer Pumpstation (außerhalb der Bewässerungszeit ist nur ein Betonring zu sehen) auf der Höhe geradeaus in eine Senke hinab und nehmen dort rechts (**Mas de Graille**) den abzweigenden, lehmigen Weg, der Sie aus der Intensivzone des Obstbaugebiets hinausführt.

Wieder auf der Höhe geht es geradeaus auf einem Sträßchen weiter bis zu einem dem Verfall preisgegebenen Haus mit Esche (**Laquet de Fenestralle**). Der Wegweiser zeigt rechts in die Weinfelder. 200 m weiter biegen Sie links ab (keine Markierung) und laufen bis an eine Straße, die Sie geradeaus, zu einem Hohlweg hin, überqueren.

Der nun folgende, schöne Wald- und Wiesenweg erreicht nach 1,7 km an einer markanten Zwillingseiche wieder eine Straße. Ihr folgen Sie links nach Vauvert.

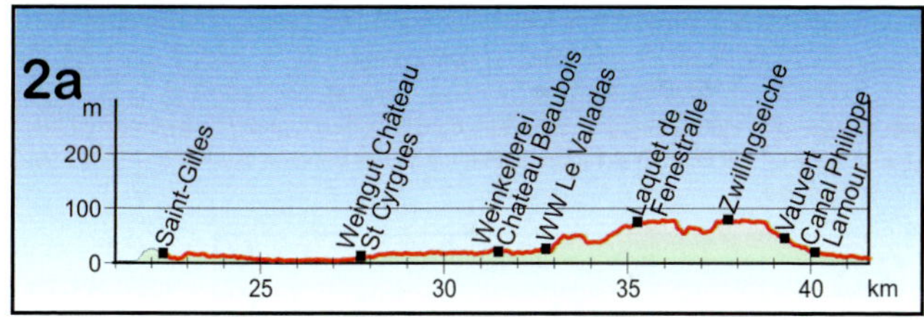

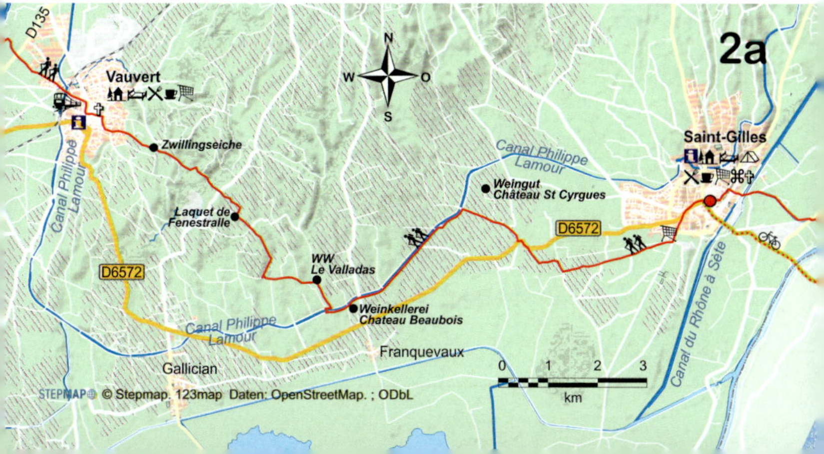

© Stepmap. 123map Daten: OpenStreetMap. ; ODbL

Vom Ortseingang kommen Sie über die Rue de la Barre (anfangs auf einem Parallelweg unter Bäumen) und rechts abbiegend über die **Rue de Milan** zum **Place du Jeu Ballon**. Sie gehen links zur Kirche am Place Gambetta ☕, geradeaus in die Rue Gambetta und dann gleich links durch die Avenue Victor Hugo zum Markt.

Vauvert 30600

- Office du Tourisme, Place Ernest Renan, ☎ 04 66 88 28 52, ✉ accueil@otpetitcamargue.fr, 💻 www.camarguecostieres-tourisme.fr, Mrz-Okt Di-Fr 9:00-12:30 u. 14:00-18:00, Mo u. Sa 9:00-12:30, übrige Zeit wie angegeben, nachmittags aber 13:30-17:30, ➲ 300 m, am Ende des Marktplatzes links und die dritte Straße (Rue Voltaire) wieder rechts
- Gîte Le Relais de Pélerins, M. Eric Nicolas, 147 Avenue Jean Jaurès, 📱 06 23 75 39 93, 06 77 17 68 68, ✉ nicolas@nicolas.wf, 3 DZ, 8 Plätze im Schlafsaal, Ü € 10, DZ € 40, HP € 35, gegenüber dem Bf.
- Hôtel Le Lys d'Or**, 399 Rue de la République, ☎ 04 66 88 20 65, 📱 06 17 85 28 59, ✉ hotel-le-lys-dor@hotmail.com, 💻 www.hotel-vauvert.com, 12 Zi, Ü EZ/DZ € 65, F € 7, am Weg
- ♦ Chambres d'hôtes Couleurs du sud, 242 Rue des Capitaines, ☎ 04 30 67 04 31, 📱 06 23 45 67 73, ✉ mariedasse@sfr.fr, 💻 www.camarguechambresdhotes-vauvert.com, 1 DZ, 1 VBZ, ÜF € 25, HP € 35, EN
- ♦ Chambres d'hôtes Le Mas Tolosan, Cille u. Thiery Fabert, 166 Rue de Milan, ☎ 04 66 88 85 29, ✉ info@mastolosan.net, 4 Zi, ÜF EZ € 60-65, DZ € 70-80, A € 18, EN, DE, Mrz-Dez, am Weg
- Taxi de Petite Camargue, ☎ 04 66 88 21 46; Taxi Lopez, ☎ 04 66 88 31 10
- Vauvert hat einen Nahverkehrsbahnhof an der Bahnstrecke Nîmes – Le-Grau-du-Roi (Mittelmeer).

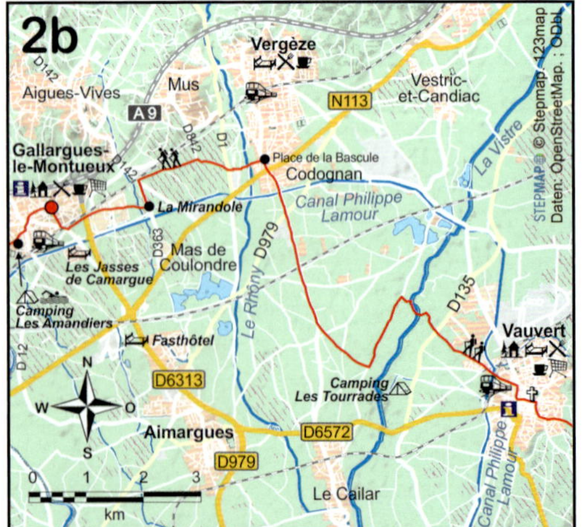

Am Ende des Marktplatzes gehen Sie rechts durch die Rue de la République (am Hôtel Le Lys d'Orbis vorbei) zur querenden Rue du Moulin d'Etienne und dort links. Über die Bahnstrecke (links ist der Bahnhof zu sehen) und den Canal Philippe Lamour hinweg wandern Sie weiter geradeaus durch Neubaugebiete.

Nach dem Überqueren der D135 führt

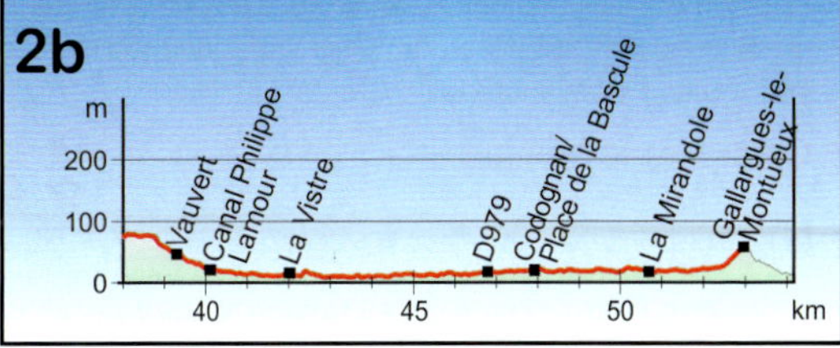

Sie ein Schotterweg weiter quer durch das Tal des Flüsschens La Vistre bis an ein Sträßchen, auf dem es links weitergeht.

1,3 km weiter, nach einem Wohnhaus, biegen Sie rechts in einen Feldweg ab (Hinweis: Mas St-Louis), überqueren zwei Teerwege geradeaus und erreichen eine Straße, der Sie rechts bis Codognan folgen.

Am kleinen, schattigen Platanenplatz (Place de la Bascule) 4,2 km weiter zeigt der Wegweiser links Richtung Gallargues-le-Montueux. Würden Sie hier weitere 1,5 km nach Norden (geradeaus) gehen, kämen Sie am Bahnhof vorbei in das sich nahtlos anschließende Vergèze.

Vergèze BANK 30310

La Passiflore Hôtel**, 1 Rue Neuve, ☎ 04 66 35 00 00, 06 84 11 44 39, bienvenue@lapassiflore.com, www.lapassiflore.com, 10 Zi, Ü EZ/DZ € 65-75, F € 8, , 1,5 km vom Weg, zentral

Le Chateau de Lili, 18 bis Rue d'Entrevignes, ☎ 04 66 35 55 45, 06 66 73 09 13, 2 Zi, ÜF EZ € 50, DZ € 55, 1,5 km vom Weg, zentral

Codo Taxi, 06 08 54 44 68

Ihr Weg erreicht 500 m weiter eine Parkanlage mit Pausenbänken und einer Wasserstelle am Spielplatz auf dem Hügel. Sie lassen den Park rechts liegen, überqueren die D1 (Pizzeria) und folgen geradeaus der D842 Richtung Mus. Wenn die Straße nach rechts biegt (**La Monnaie**), gehen Sie geradeaus in einen Feldweg.

An der dann erreichten D142 (vor der Bahnlinie) wenden Sie sich nach links, biegen aber sofort halb rechts in die D363 ab. Nach 400 m (**La Mirandole**) zweigen Sie rechts an das Kopfende eines Weinfeldes ab, überqueren einen Bach und gehen geradeaus durch Brachland in das Gewerbegebiet. Hier setzen Sie ohne Richtungswechsel Ihren Weg über einen Kreisel hinweg und unter einem Autobahnzubringer hindurch fort, bis Sie rechts mithilfe einer Brücke die zweigleisige Bahnstrecke queren können.

Falls Sie zu einem der Hotels wollen, überqueren Sie nicht die Bahnlinie, sondern folgen an der Brücke links der Straße. Das Les Jasses de Camargue erreichen Sie nach 500 m, das Fasthôtel nach 2,5 km.

An der Apotheke gehen Sie links zur Bushaltestelle „Pharmacie“ und dort rechts in die Ortsmitte. An der Querstraße geht es links und am Place des Halles wieder rechts aufwärts (historische Pilgerherberge Hôpital St-Jacques) zum zentralen

Platz am Rathaus (Mairie). Gleich nach dem Rathaus laufen Sie rechts durch die Rue de la Poste bis an die Querstraße und dort wieder rechts zur angenehmen Gîte d'étape municipal.

Gallargues-le-Montueux

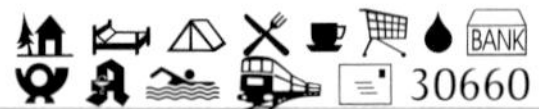

30660

Point Info Tourisme, Place des Halles, 04 66 77 07 08, tourisme.gallargues@gmail.com, www.mairie-gallargues.fr, 03.07.-15.09. Mo-Fr 9:30-12:30 u. 15:30-18:30, Sa 16:00-19:00, am Weg

Gîte d'étape municipale, 5 Rue Marcel-Dublet, Mairie: 07 82 42 81 40, pelerinsgallargues@yahoo.fr, 7 Plätze, Ü € 10, EN, Terrasse, hinter dem Rathaus

Les Jasses de Camargue, Route des Plages, 04 66 80 64 00, contact@jasses-de-camargue.com, www.jassesdecamargue.com, Ü EZ/DZ ab € 69, € 5, EN, Lage Wegbeschreibung

♦ Fasthôtel Nîmes Ouest Lunel, 114 Avenue de la Petit Camargue, 30470 Aimargues, 04 66 51 77 34, aimargues@fasthotel.com, www.fasthotel.com/de/fasthotel-nimes-ouest-lunel,3,61, 40 Zi, Ü EZ/DZ € 48-56, F € 6,50, EN, Lage Wegbeschreibung

Camping Les Amandiers, Rue des Stades, 06 09 41 67 05, camping-lesamandiers@orange.fr, www.camping-lesamandiers.fr, Ü Zelt + 2 Pers. € 15,50-20,50, im Bungalow € 21,60/Pers., Lage Wegbeschreibung Etappe 3

Winbike, 110 Rue Levant in Lunel, 04 67 71 49 27, ca. 5 km entfernt

Jef Taxi, 06 85 85 36 72; Fred Taxi, 07 61 53 78 58

Gallargues hat einen Nahverkehrsbahnhof an der Bahnstrecke Nîmes – Montpellier.

Gallargues-le-Montueux liegt mit vielen anderen kleinen Städtchen im Hang der am Rande des Rhôneschwemmlandes aufsteigenden Berge zwischen Nîmes und Montpellier. Bereits die Römer hatten hier eine Straße angelegt, wie die Reste einer Brücke am Fluss Le Vidourle aus dem 1. Jh. n. Chr. belegen. Heute sind es Autobahn, TGV- und Bahnstrecke sowie die Nationalstraße N113, die für den Erhalt und die weitere Entwicklung der Gemeinden sorgen.

Etappe 3: Gallargues-le-Montueux – Baillargues (Gard, Hérault)

25,7 km, 7 Std., ↑ 289 m, ↓ 303 m, ⇧ 11-79 m

0,0 km	⇧ 55 m	Gallargues-le-Montueux
5,2 km	⇧ 25 m	Villetelle
13,7 km	⇧ 77 m	Saint-Christol
20,1 km	⇧ 66 m	Saint-Geniès-des Mourgues
25,7 km	⇧ 43 m	Baillargues: Fasthôtel BANK (2,6 km)

Sie wandern zunächst am Flusstal des Vidourle orientiert in nördliche Richtung. Dann biegt der Weg nach Westen und berührt die bereits zum Hérault gehörenden Weinbaudörfer Saturargues, Verargues und schließlich St-Christol, wo er Richtung Südwesten schwenkt und an die Peripherie von Montpellier führt.

Den Rathausplatz verlassen Sie nach links (Westen) durch die **Rue du Portail Martin** und gehen im Folgenden weiter geradeaus, über einen Minikreisverkehr und an der Bushaltestelle „Bascule“ vorbei. Danach biegen Sie rechts in die **Rue des Stades** ab und passieren Campingplatz und Schwimmbad. Nach 240 m erreichen Sie ein Verkehrsinselchen an einer 5-Wege-Kreuzung vor den Mauern des Campingplatzes.

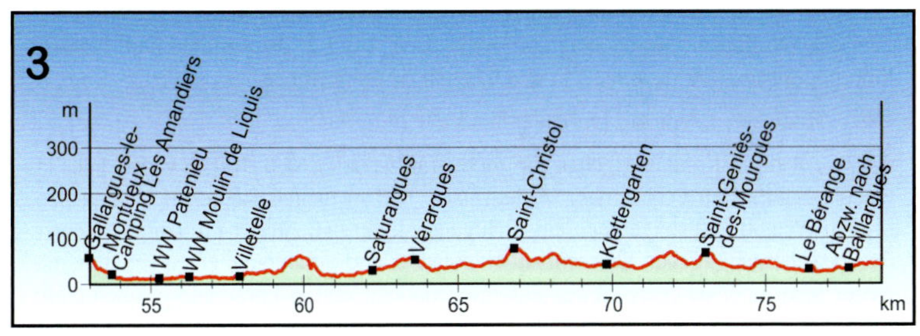

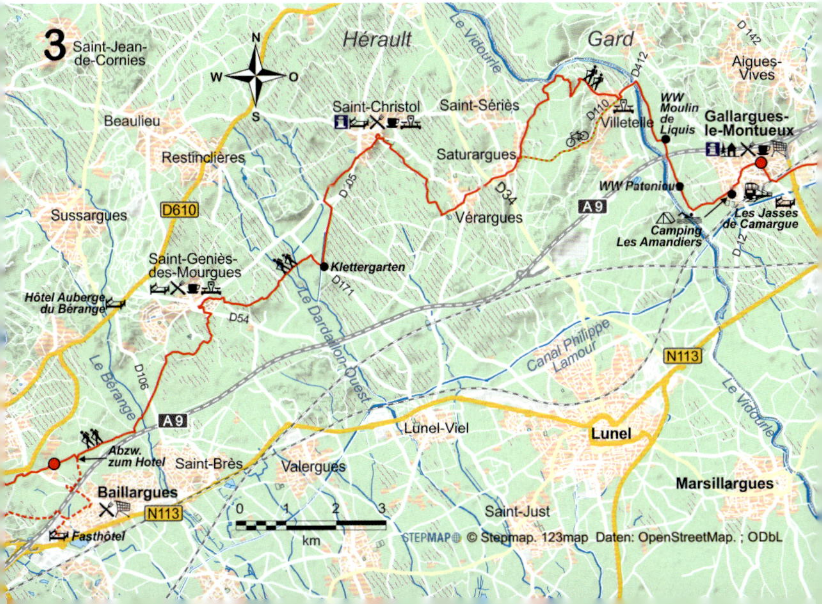

Sie biegen in die zweite Straße von rechts gezählt ein (Wegweiser Richtung Pont Romain). Vor dem Deich des Flusses Vidourle angekommen gehen Sie rechts weiter. Ein Abstecher am Wegweiser „Patenieu" könnte zu den Resten der Römerbrücke inmitten des Flusses führen (Wegweiser). Zu sehen ist der Mauerrest aber nur, wenn Sie am dicht bewaldeten Steilufer mühsam abwärts klettern. So gehen Sie besser gleich geradeaus unter der Autobahn hindurch, am Wegweiser „Moulin de Liquis" links und 100 m weiter wieder rechts entlang der Uferwiesen zur D412/D110. Hier überqueren Sie den Fluss und erreichen **Villetelle**, das bereits zum Département Hérault gehört.

Am Ortseingang biegen Sie rechts hinter die Häuser, gehen halb links zur Kirche, umrunden diese linksherum und laufen am Kirchplatz mit dem Rathaus rechts weiter zum Dorfladen. Danach zeigt die Markierung rechts in die aus dem Dorf herausführende Straße und dann links in den **Chemin de Saint-Sériès**.

Radfahrer folgen am Dorfladen links der D110.

An der T-Kreuzung gehen Sie rechts und wenden sich 400 m weiter links in einen beschrankten Schotterweg. Schon nach 100 m biegen Sie scharf links in den breiten Weg ab und steigen nun einen Hügel sanft bergan. An der Kreuzung, an einer Art Passübergang, gehen Sie rechts noch aufwärts und geraten auf einen Felssteig mit weiter Sicht über das Flusstal des Vidourle. Markant ragt in Form einer großen Nase das Profil des Gipfels Pic-Saint-Loup aus den anderen Hügeln hervor.

Unter einer Stromleitung angekommen steigen Sie zu einem breiten Weg hinab und gehen dann links unter der Leitung hindurch. Der Feldweg führt an den Rand einer Siedlung und auf Teer daran entlang. Kurz vor dem Erreichen der D110 biegen Sie rechts zwischen Mauern hindurch zum Dorfplatz von **Saturargues** ab, gehen links wieder zur D110 und folgen ihr zum Dorf hinaus und noch bis **Vérargues**.

Am Kreisverkehr im Ort bleiben Sie noch links auf der Straße, biegen an der folgenden Kreuzung aber rechts in den **Chemin des Brus** ab. Vor einem Privatschlösschen geht es dann bei deutlicher Markierung rechts weiter und an einem Quersträßchen links auf das nun vor Ihnen liegende **St-Christol** zu.

Schon fast am Ortsrand zeigt die Markierung vor einem Tennisplatz rechts zu einem weiteren Sportplatz und dann links durch die Parkanlage in das Dorf hinauf. An der ersten Querstraße gehen Sie rechts und dann wieder links zum Dorfplatz. Am Dorfladen laufen Sie nach links und an der Bäckerei wieder links im Bogen durch das Dorf.

Saint-Christol 34400

Mairie, 60 Avenue de la Bouvine, 04 67 86 01 09, 06 40 12 72 89, 06 83 45 14 70, mairie@village-stchristol.com, www.saint-christol.com, Mo, Di, Do, Fr 16:00-19:00, Mi 9:00-12:00

Marie France Maisonneuve atelier de Sculpture sur Bois, 137 Rue de l'Église, 04 67 86 04 77, 2 DZ, ÜF € 30

♦ Mme Nadine Guinand , 96 Rue des Chardonnerets, ☏ 04 67 86 08 05, 📱 06 31 61 21 63, ✉ gigananou@orange.fr, 2 Zi, 5 Plätze, ÜHP € 35, 🚪 Mo-Fr, ⛺ Camping am Haus möglich

An der Kirche St-Christophe (St. Christophorus) vorbei geht es wieder zum Dorf hinaus. Sie erreichen die D105, gehen 50 m nach links und dann rechts unter einem Bahndamm hindurch auf einen Schotterweg. Dahinter folgen Sie links einem Teersträßchen.

Sie erreichen die D105 wieder, gehen nach links, biegen aber sofort halb rechts in eine Nebenstraße ab. An einer Kreuzung nehmen Sie rechts den Chemin Rural du Canal.

An einem Klettergarten treffen Sie auf die D171, der Sie nach rechts folgen. Nach 300 m (vor den Teichanlagen) biegen Sie links in einen Schotterweg ab. Am Parkplatz führt dieser als Fußweg weiter durch Feld und Wald und 2 km weiter, an einem einsamen, noch im Wald stehenden Wohnhaus, rechts zu einer Straße, der Sie rechts nach Saint-Geniès-des-Mourgues folgen.

Am Friedhof vorbei 💧 steigen Sie zur Höhe in die Dorfmitte.

Saint-Geniès-des-Mourgues 🛏 ✕ ☕ 🏪 💧 ✚

ℹ Mairie, Place de l'Abbaye, ☏ 04 67 86 21 22, ✉ stgenies@stgenies.org, 💻 www.saintgeniesdesmourgues.fr, 🚪 Mo-Fr 9:00-12:00 u. 15:30-17:30, Sa 10:00-12:00

🛏 ✕ Hôtel Auberge du Bérange**, Route de Sommières, OT Fontmagne, ☏ 04 67 87 75 00, ✉ contact@hotel-auberge-berange.com, 💻 www.hotel-berange.com, 38 Zi, Ü EZ/DZ € 45, DBZ € 50, VBZ € 55, F € 6, ÜHP € 40, EN, 1,8 km westlich vom Weg an der D610

🛏 Chambres d'hôtes La Ferme du Château, 79 Avenue de St-Christol, Mme und M. Reysz, ☏ 04 67 86 26 03, 📱 06 84 80 10 17, ✉ dominique.reysz@free.fr, 3 Zi, ÜF EZ € 50, DZ € 70, DBZ € 90, VBZ € 110, EN, DE, 🚪 Dez geschlossen, zentral

An der Bar zeigt die Markierung rechts zur Kirche, dort links die Treppen hinunter und an der Querstraße wieder nach links. Der nächsten Straße rechts (Rue de Promenade) folgen Sie zur D54 und gehen dort links bis an den Beginn der Platanenallee. Hier wenden Sie sich rechts in ein Sträßchen, das durch die Felder führt.

An einer Straßenverzweigung biegen Sie links in einen weiteren Teerweg ab, von dem es in einer Linkskurve geradeaus in einen Feldweg entlang einer Obstplantage (Äpfel) abgeht (✋ schnell zu übersehen). Am Plantagenende wandern Sie halb rechts in den Kiefernwald und an einer Verzweigung links bis zu einer Straße, der Sie nun links konsequent bis an die querende D106 folgen. Gerade darüber hinweg schließt sich ein Schotterweg an, der bald durch ein Wäldchen mit Bachlauf führt.

Wieder im Feld treffen Sie – nun nahe an der Autobahn – auf ein Haus, das Sie links umrunden, bevor Sie dahinter rechts in einen Feldweg kommen. Dieser wird bald zum Pfad und führt durch botanisch sehr abwechslungsreiches Buschwerk (Strauchheidenvegetation) in der Nähe der Autobahn nach Südwesten.

An einer breiten Schneise (nach 1,3 km) biegt der Weg nach rechts und 80 m weiter wieder nach links in die alte Richtung.

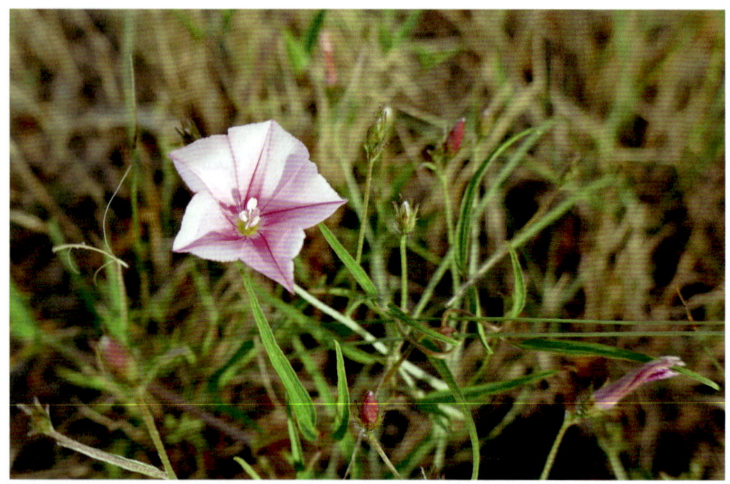

Detail der Strauchheidenvegetation vor Montpellier

↳ Um in **Baillargues** zu übernachten, können Sie an der Schneise links an die Autobahn herangehen und dort rechts auf Teer eine Brücke erreichen, mit der Sie die Autobahn überqueren. Sie folgen der Straße auf der anderen Seite noch bis zum zweiten Kreisel (auf der Höhe) und biegen dort rechts in eine Nebenstraße ab, die wieder in die Nähe der Autobahn führt. Bevor das Sträßchen rechts unter der Autobahn durchführt (Tunnel), gehen Sie halb links durch das Gewerbegebiet bis an eine Querstraße und links zum 🛏 ✕ Fasthôtel, das gegenüber einem großen Supermarkt 🛒 BANK ⚕ steht.

🛏 ✕ Fasthôtel Montpellier Baillargues, 26 Avenue de La Biste, 34670 Baillargues, ☎ 04 67 91 93 93, ✉ baillargues@fasthotel.com, 💻 baillargues.fasthotel.com, 48 Zi, Ü EZ/DZ € 48, DBZ € 66, VBZ 84, F € 7, 🐕. Zwar fehlt dem Standort im Gewerbegebiet jede Romantik, dafür ist die Versorgung in jeder Hinsicht gesichert.

Etappe 4: Baillargues – Montpellier, Via Domitia (Hérault)

⮌ 7,2 km, ⧗ 2 Std., ↑ 62 m, ↓ 48 m, ⇧ 41-72 m

0,0 km	⇧ 43 m	Baillargues ↳: Fasthôtel 🛏 ✕ 🛒 ⚕ BANK (⮌ 2,6 km)
3,3 km	⇧ 44 m	Vendargues D610/D65 🚌 ↳: 🛏
7,2 km	⇧ 58 m	Montpellier, Via Domitia 🚋

Nur noch ein „Katzensprung“ ist es von Baillargues nach Montpellier, und auch wenn Sie in Saint-Geniès-des-Mourgues übernachtet haben, können Sie leicht bereits am

Mittag in der Innenstadt ankommen – zumindest dann, wenn Sie dem Vorschlag des Wanderverbandes zustimmen und an der Haltestelle Via Domitia in die Straßenbahn einsteigen. Die rund 7 km lange Fahrt in der klimatisierten Tram wird sicher auch diejenigen, die eigentlich jeden Schritt zu Fuß gehen wollten, davon überzeugen, dass an dieser Seite der Großstadt wirklich gar nichts Schönes dran ist, das einen Fußweg lohnt. Sparen Sie Ihre Energie lieber für einen ausgiebigen Altstadtrundgang.

Vom Fasthôtel gehen Sie zunächst wieder zurück zum Wanderweg, es sei denn, Sie bevorzugen eine Abkürzung: Beim Hinweg haben Sie am Rand des Gewerbegebiets den Tunnel gesehen, der unter der Autobahn hindurchführt. Dahinter beginnt ein Sträßchen, das entlang des **Bois de Saint Antoine**, eines Waldgebiets, über den Bach **Cadoule** nach Vendargue führt. Sie durchqueren das Siedlungsgebiet von Vendargue geradeaus auf der Rue de la Cadoule und erreichen an der Avenue de la Gare den markierten Weg. Biegen Sie hier nach links ein.

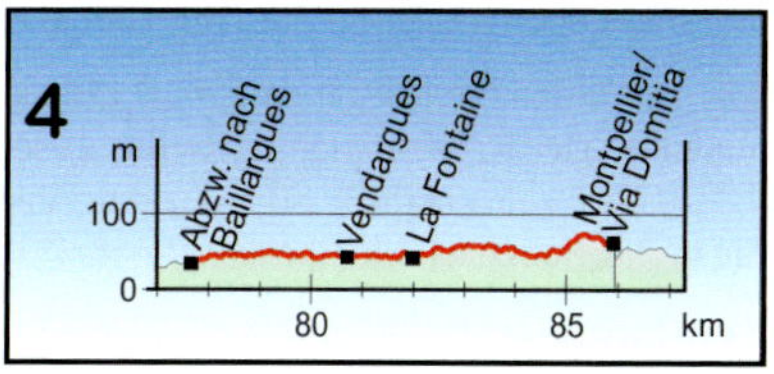

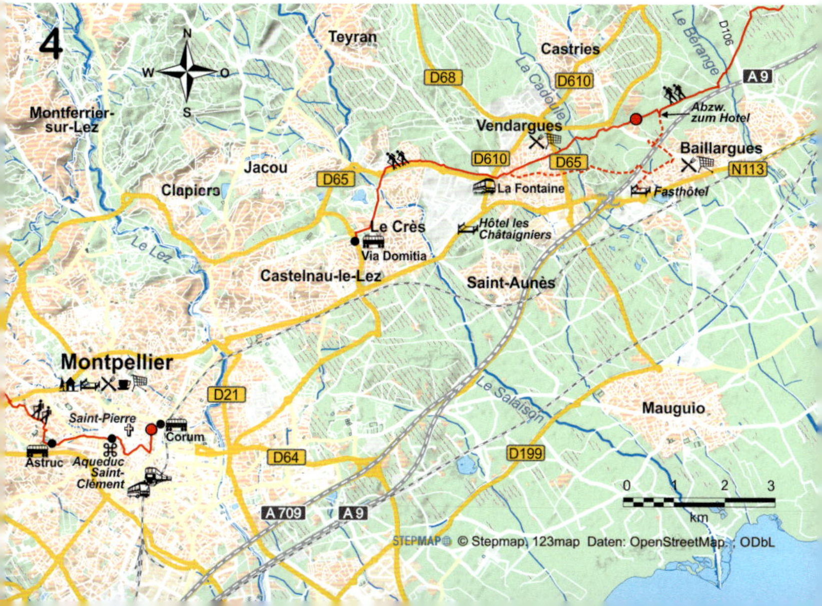

Wenn Sie an das gestern verlassene Wegstück zurückgelaufen sind, durchwandern Sie noch eine Weile das schöne Buschwaldgelände, das nun durch Heideflächen aufgelockert ist, und erreichen die Straße, die links nach Baillargue führt. Sie gehen hier rechts, biegen aber nach etwa 50 m links wieder davon ab. Der Weg führt an eine breite Schotterpiste, der Sie links zu einer Gärtnerei folgen. Hier wechseln Sie geradeaus in einen schmaleren Weg und kommen bald links zum Bach **Cadoule**, der auf großen Steinen sicher überquert werden kann (🚲 das müsste auch für Radfahrer möglich sein).

Pilger berichteten von der Unpassierbarkeit der Furt nach starken Regenfällen. Sollten Sie in einer solchen Extremwetterlage unterwegs sein, wählen Sie besser gleich die eingangs erwähnte Abkürzung oder gehen – im seltenen Fall der Fälle – zurück zur Gärtnerei, folgen dort weiter dem breiten Weg bis an den Wald **Bois de Saint Antoine** und queren dort rechts auf dem Chemin de la Cadoule auf einer Brücke den Bach.

Sie erreichen die D65, die Sie geradeaus überqueren, bevor Sie das Siedlungsgebiet von Vendargue auf der Rue de la Monnaie durchwandern. Am jenseitigen Siedlungsrand quert die D610. Ihr Weg führt geradeaus, jetzt entlang der D65 (Radweg).

Würden Sie links in die D610 einbiegen, kämen Sie an die Bushaltestelle **„La Fontaine"** gleich rechter Hand. Der Bus 21 fährt hier stündlich (nur vor 9:00 und nach 17:00 auch halbstündlich, So reduzierte Abfahrten) Richtung Castelnau. Dort steigen Sie in die Tram nach Montpellier.

Vendargues 34740

Hôtel les Châtaigniers, Route Départementale 613/ Avenue de Montpellier, 34740 Vendargue, ☏ 04 67 70 37 94, 04 67 70 20 16, leschataigniers34@orange.fr, www.hotel-leschataigniers.fr/plan, Ü EZ € 49, DZ € 59, DBZ € 69, VBZ € 79, F € 8, € 8, 1 km vom Weg, links entlang der D610 und dann rechts an die D613.

Der Bus 21 fährt auch dort vorbei (eine Haltestelle).

Wil Taxi, ☏ 04 67 72 67 49; Amirat Taxi, ☏ 09 62 61 89 53

Am dritten Kreisverkehr biegen Sie links in die Avenue de Mistral. Die Straße führt an einer Parkanlage entlang aufwärts. Nachdem die Höhe überschritten ist, biegen Sie an einem Kreisverkehr rechts Richtung Parking Tramway ab. Vor dem nächsten großen Kreisel zeigt die Markierung links in eine Nebenstraße zum P&R-Parkplatz. Sie gehen hier rechts über die Fußgängerbrücke zur Straßenbahnhaltestelle „**Via Domitia**". Alle weiterführenden Wege sind mit dem gekreuzten Wanderzeichen versehen. Die Trambahnfahrt ist somit vom FFRP (Wanderverband) so vorgesehen. Sie fahren mit der **Linie 2 Richtung Saint-Jean de Védas** bis zur zentralen Stadthaltestelle **Corum**. (☞ Montpellier).

Radfahrer folgen den Bahnschienen auf dem Radweg, der sie begleitet.

Auffällig ist die Fassade des Opern- und Kongresszentrums Le Corum. Sie gehen rechts daran vorbei die Freitreppen hinauf und schlendern 500 m weiter geradeaus durch die Parkanlage (**Esplanade Charles de Gaulle**) bis zu einem Brunnen vor der großen Querfläche. Linker Hand sehen Sie nun das Office de Tourisme, rechts könnten Sie weiter zum Opernhaus am **Place de la Comédie** laufen. Westlich dieser Linie breitet sich die Altstadt aus.

Montpellier 34000

- **i** Office de Tourisme, 30 Allée de Lattre de Tassigny, Esplanade de la Comédie, ☏ 04 67 60 60 60, contact@ot-montpellier.fr, www.ot-montpellier.fr, Mo-Sa 9:30-19:30, So 10:00-17:00, Tram 1 u. 2 „Comédie"
- Pilgerbetten der Saint-Rochus-Gemeinde, 4 Rue de Vallat, ☏ 04 67 52 74 87, 9 Plätze, 15.03.-15.11., tägl. 16:30-19:00, Reservierung und Pilgerausweis erforderlich, Verkauf von Credencials, das große Gebäude am Chor der Saint-Rochus-Kirche
- ♦ Auberge de Jeunesse, Rue des Ecoles Laïques, 2 impasse petite Corraterie, ☏ 04 67 60 32 22, direction.montpellier@hifrance.org, www.hifrance.org, 2- bis 7-Bett-Zimmer, ÜF € 17, , 8:00-12:00 u. 14:00-24:00, 200 m westlich vom Corum

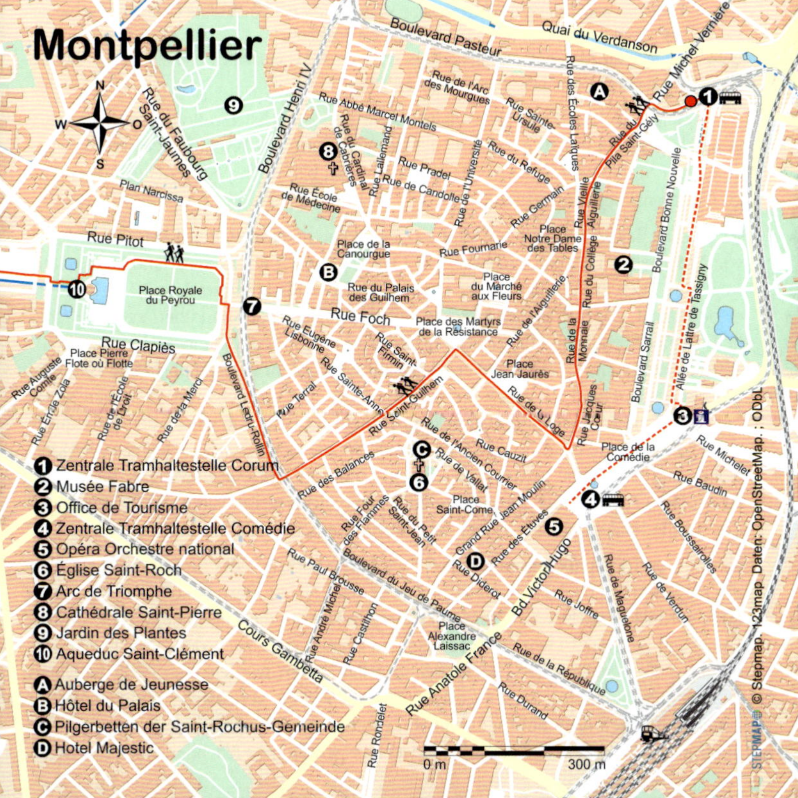

Hôtel du Palais, 3 Rue du Palais des Guilhem, ☏ 04 67 60 47 38, hoteldupalais2@wanadoo.fr, www.hoteldupalais-montpellier.fr, 26 Zi, Ü EZ € 75, DZ ab € 95, F € 12, schöne Lage Nähe Triumphbogen, feines Altstadtambiente ohne Trubel

♦ Hotel Majestic, 4 Rue du Cheval Blanc, ☏ 04 67 66 26 85, reservation@hotel-majestic-montpellier.fr, www.hotel-majestic-montpellier.fr, 23 Zi, Ü DZ € 65, günstige MBZ, ruhige Lage 250 m vom Place de la Comédie, Nähe Bf.

Cycles Bernabeu, 29 Rue Faubourg Figuerolles, ☏ 04 67 92 71 75; On Avance, 7 quai Tanneurs, ☏ 04 67 10 07 77; Cycles Perez, 85 Avenue Palavas, ☏ 04 67 65 06 23

Taxi Tram, ☏ 04 67 58 10 10; Taxi Bleu du Midi, ☏ 04 67 03 20 00

Das wichtigste innerstädtische Verkehrsmittel ist die moderne, klimatisierte Straßenbahn, die zurzeit in vier Linien, erkennbar an ihrer jeweils unterschiedlichen Farbgebung, verkehrt. Achten Sie darauf, passendes Kleingeld bereitzuhalten. Die Fahrkartenautomaten an den Haltestellen wechseln nicht, nehmen keine Scheine und keine Bankkarten. Dafür "sprechen" sie aber Deutsch. Die Einzelfahrt kostete 2017 € 1,60. Weitere Details finden Sie auf der Website des Betreibers: www.tam-voyages.com.

Montpellier hat einen modernen Nah- und Fernverkehrsbahnhof und eignet sich deshalb auch gut zur Unterbrechung, An- oder Abreise.

✞ Die 1364 erbaute Kirche **Saint-Pierre** war zunächst die Kollegiatskirche einer Benediktinerabtei. 1536 wurde sie, mit der Verlegung des Bischofssitzes von Maguelone nach Montpellier, zur Kathedrale geweiht. Sie blieb während der Hugenottenkriege (Religionskriege) unzerstört.

✞ Der heilige Rochus (1295-1327), der nach seinem Geburtsort auch Rochus von Montpellier genannt wird, war 1317 als Pilger nach Rom gereist und hatte unterwegs und auch in Rom Pestkranke gepflegt. Auf der Rückreise im Jahr 1322 infizierte er sich selbst, zog sich in eine einsame Hütte im Wald zurück und überlebte die Krankheit. Die notwendigen Lebensmittel übersandte man ihm durch einen Hund.

Als Heiligenfigur wird er daher häufig mit entblößtem Oberschenkel und Pestwunde und einem Hund zu seinen Füßen dargestellt, und meistens wird er wegen seiner Pilgerreise mit Muschel und Stab gekennzeichnet. Er ist Schutzpatron der Pestkranken und Haustiere und einer der in Südfrankreich am meisten verehrten Heiligen. In Montpellier steht die ihm geweihte Kirche im Zentrum des Ausgehviertels Saint-Roch (Mo-Fr 17:00-19:00, Sa 14:00-18:00; (möglicherweise waren die Zeiten wegen der stattfindenden, umfangreichen Renovierungsarbeiten 2017 stark reduziert).

⌘ Der **Triumphbogen** wurde 1693 zu Ehren Ludwigs XIV. und dessen Sieg über die Hugenotten errichtet. Interessanterweise hatte er zu diesem Zeitpunkt den Krieg noch gar nicht gewonnen. 1703 schickte er ein Heer in die Cevennen, das die protestantischen Aufständischen, die sogenannten Kamisarden, nach dem Prinzip der verbrannten Erde bekämpfte. Die letzten Aufständischen wurden erst 1705 in Nîmes hingerichtet. Der Erfolg dieses Cevennenkrieges war ein verwüsteter und entvölkerter Landstrich. Auch nicht aufständische Hugenotten aus Montpellier und anderen Teilen Südfrankreichs flohen zu Tausenden in weniger gewalttätige Nachbarländer. Als weitere Großtaten werden der Bau des Canal du Midi (☞ S. 120) und der Kampf gegen das Heilige Römische Reich Deutscher Nation (durch einen Adler dargestellt) und gegen England (durch einen Löwen symbolisiert) gefeiert.

⌘ Das Musée Fabre wurde 1825 von François-Xavier Fabre (1766-1837), einem in Montpellier gebürtigen Maler und Kunstsammler, gegründet. Viele seiner eigenen Werke, aber auch die anderer Künstler des 17. bis 20. Jh. sind in dem 2007 renovierten Museum zu besichtigen. Zu der umfangreichen Dauerausstellung zeigt das Museum wechselnde Sonderausstellungen.

♦ Musée Fabre, 33 Boulevard Bonne-Nouvelle, 💻 museefabre.fr, 🚪 tägl. außer Mo 10:00-18:00

⌘ Ein von der medizinischen Fakultät 1593 gegründeter Pflanzengarten (Jardin des Plantes) kann heute noch besichtigt werden (100 m westlich der Kathedrale Saint-Pierre).

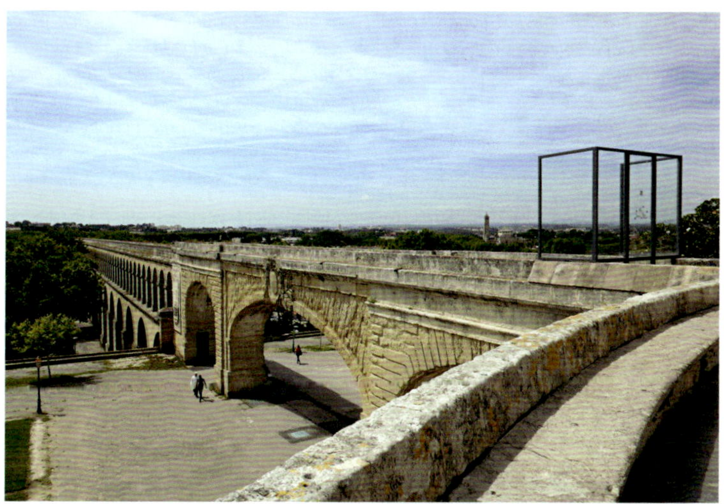

Das Aquädukt Saint-Clément in Montpellier

Die 275.000 Einwohner zählende Großstadt Montpellier hat anders als die meisten südfranzösischen Städte keine römischen Wurzeln. Im 10. Jh. wurde das Gebiet, in dem sich Montpellier entwickeln sollte, erstmals urkundlich erwähnt und kurze Zeit später wurde eine Burg erbaut. Die günstige Lage an einer Fernverkehrsstraße, der Via Domitia, und in der Nähe des Hafens Lattes begünstigte die Entwicklung einer Handelsstadt.

Bereits 1220 (oder 1180, je nach Quelle) wurde eine medizinische Schule gegründet, die 1289 den Status einer Universität erhielt und damit knapp hinter Paris, Oxford und Cambridge eine der ältesten Universitäten überhaupt ist.

Heute ist Montpellier eine Studentenstadt mit 60.000 eingeschriebenen Studenten in drei Universitäten sowie als achtgrößte Stadt Frankreichs ein Industriezentrum der Region Okzitanien und des Départements Hérault.

Etappe 5: Montpellier – Montarnaud (Hérault)

20,5 km, 6 Std., ↑ 280 m, ↓ 205 m, ⇧ 37-157 m

0,0 km	⇧ 37 m	Montpellier, Corum
8,0 km	⇧ 60 m	Montpellier, Euromédecine
11,0 km	⇧ 64 m	Grabels, Saint-Julien
20,5 km	⇧ 112 m	Montarnaud

Der Weg aus Montpellier heraus vergeht wie im Flug, so abwechslungsreich ist er gestaltet. Dabei folgt er einer Trasse, die auf das 18. Jh. zurückgeht. Vom 14 km entfernten Brunnen Saint-Clément wurde eine Wasserleitung in Form einer Rinne nach Montpellier gelegt (Aquädukt oder frz. aqueduc). Das heute stillgelegte Bauwerk ist zu einem schattigen Heckenweg ausgebaut, der bequem durch die Peripherie leitet. Hinter Grabels bekommen Sie einen ersten Eindruck von der Bergwelt, in die Sie nun nach und nach hineinwandern. Der Weg ist auch innerstädtisch als GR 653 markiert.

Für Radfahrer ist der Wanderweg in Teilen nicht geeignet, da z. B. die zu durchquerenden Parkanlagen radfahrsicher versperrt sind. Möglich ist es aber, den Straßenbahnen, die überwiegend von Radwegen begleitet werden, zu folgen. Sie könnten vom Corum entlang der Linie 1 in nordwestliche Richtung fahren und an der Haltestelle „**Euromédecine**" geradeaus die Route de Montpellier nach Grabels nehmen. Hinter Grabels biegen Sie links in die D102, fahren auf der Höhe rechts (D111, Bel Air) und dann links auf der D27E1 immer nah am Pilgerweg nach Montarnaud.

Knapp 200 m westlich des Corum beginnt der im Stadtplan eingezeichnete, historische Teil der Pilgerroute durch die Straßen Rue du Pila Saint-Gély, Rue de la

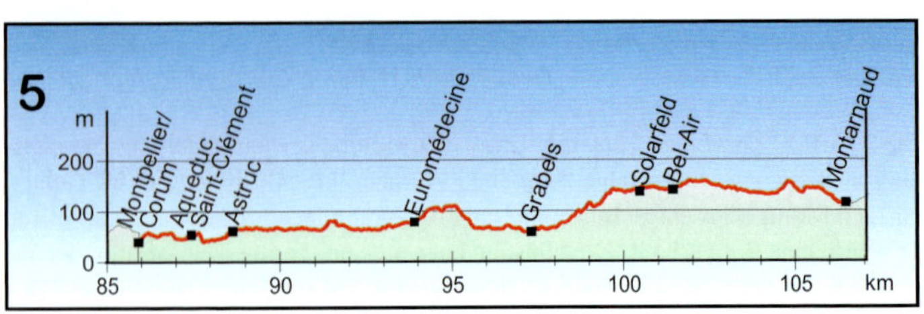

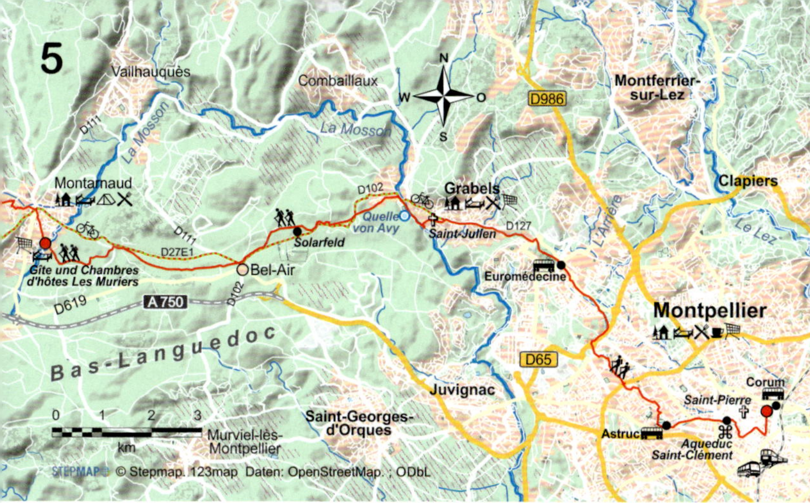

Vieille, Rue de l'Aiguillerie, Place Notre Dame des Tables (Pilgerkirche), Rue du Collège, Rue de la Monnaie, Rue Jacques Cœur, Rue de la Loge, Place Jean Jaurès und Rue Saint-Guilhem und dann rechts über den Boulevard Ledru-Rollin zum Arc de Triomphe und zur Promenade de Peyrou. Die für die Pilger des Mittelalters wichtigen Stationen werden dabei berührt und erläutert. In jedem Fall ist es ein schöner Weg, den man nachvollziehen kann.

Sie können aber auch erst am **Arc de Triomphe** starten (1,5 km weniger) und nach Westen über die **Promenade de Peyrou** am **Place Royale** bis zum Wasserturm (**Chateau d'Eau**) spazieren (🚪 das Areal ist eingezäunt, die Tore sind von 7:00 bis 21:30 geöffnet). An dieser Aussichtsterrasse mündet die 1772 erbaute, aufgelassene Wasserleitung mit dem **Aqueduc Saint-Clément**.

Treppen führen hinunter an den **Boulevard Arceaux**. Sie wandern geradeaus daran entlang, immer unter den Arkaden des Aquädukts. Manchmal wird hier Boule gespielt. Dienstag und Samstag allerdings findet hier der größte und vielfältigste Lebensmittelmarkt der ganzen Region statt.

An der Gabelung folgen Sie halb links dem **Boulevard Benjamin Milhaud** zur Avenue de Lodève, in die Sie ohne Richtungswechsel einbiegen.

🚋 An der Haltestelle (Astruc) könnten Sie in die Linie 3 der Straßenbahn (Richtung Mosson/Juvignac) einsteigen und die Strecke so abkürzen. Mosson ist auch die Endhaltestelle der Linie 1 (blaue Wagen), in die Sie umsteigen und mit der Sie bis zur Haltestelle „**Euromédecine**" fahren.

Nach der Straßenbahnhaltestelle biegen Sie halb rechts (Wegweiser, Markierung) in einen schattigen Fußweg. Die Markierung zeigt bald rechts durch eine Parkanlage und geradeaus durch die Rue de Coronilles zur Höhe. Sie gehen bis auf den Parkplatz und dort links. In der Ecke setzt sich der Wanderweg am Aqueduc Saint-Clemént fort.

An einer Schule ist der Weg unterbrochen. Sie folgen rechts der Avenue Saint-Clément. An einer querenden Hauptverkehrsstraße setzt sich der Weg schräg rechts gegenüber, direkt neben der Tankstelle, fort.

Wieder ist es eine Schule, an der der Weg unterbrochen ist. Sie gehen vor der Teichanlage links durch das Drehtor und die Treppen hinauf Richtung Avenue des Moulins. Oben laufen Sie an der kreisrunden Brunnenanlage halb rechts durch das Drehtor hinaus und an der Wassertreppe entlang die Stufen aufwärts. Mithilfe der Brücken überqueren Sie den großen Kreisel und gehen dahinter rechts auf dem Radweg an der Avenue des Moulins entlang. Sie können schon auf den lehmigen Pfad in der Straßenböschung wechseln. Er führt dann automatisch in den links von der Straße abweichenden Aquäduktweg.

Sie landen an der Rue Ernest Hemingway, an der auch die Straßenbahn fährt. Links daran entlang wandern Sie 1,1 km bis zur Haltestelle „**Euromédecine**" an einer großen Straßenkreuzung. Geradeaus ist der Weg weiter entlang der Route de Montpellier markiert (☞ Radweg). Sie können aber viel schöner nach 100 m dem halb links beginnenden Pfad durch das Gebüsch folgen und landen so ebenfalls am großen, mit Pinien bewachsenen Kreisverkehr. Hier biegen Sie in die von links gezählt zweite Straße ein.

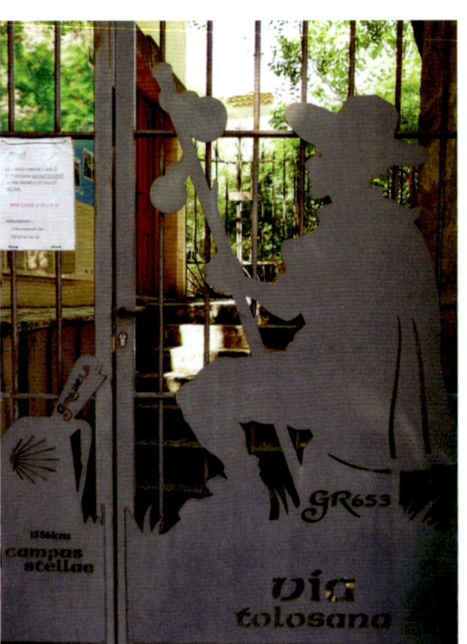

Tor zum Presbyterium in Grabels

Die Straße wird zum Fußweg und mündet in eine Siedlungsstraße, die Sie halb rechts wieder zur Route de Montpellier führt. Sie folgen dieser nach links. Nach etwa 1 km biegen Sie links in das historische Zentrum von Grabels (Rue du Calvaire), das Sie an der Kirche Saint-Julien erreichen 💧.

Grabels

34760

Gîte d'Étape Communal, Mme Anne Fourcadier, 5 Rue du Presbytère, 06 16 90 84 37, gite@ville-grabels.fr, 13 Betten, Ü € 15, Bettwäsche (bei Bedarf) € 5, EN,

01.04.-31.10., Anmeldung Mo-Fr 10:00-12:00 (oder per E-Mail), Einlass 16:00-18:00, gegenüber der Kirche

⊙ Einen schönen Pilgerstempel bekommen Sie im Presbyterium neben der Kirche (Point Information) oder in der Metzgerei Bessières (rechts durch die Gasse zur Hauptstraße und dort wenige Schritte nach links).

Die Straße biegt links zum Fluss Mosson ab, den Sie wenige Schritte links herunter überqueren können, bevor Sie dann rechts an ihm entlangwandern. Von besonderer Schönheit ist die schnell erreichte **Quelle von Avy**, die Sie an einem Picknickareal passieren. Wenig weiter wird die D102 erreicht. Sie wechseln nicht die Richtung und biegen nach 100 m links in eine Siedlungsstraße ab. An der Gabelung folgen Sie links der Rue de la Bruyére. Diese wird zum Feldweg, der nun durch Garriguegebüsch weiter ansteigt.

Die Garrigue (oder Garigue) ist eine typische Vegetationsform des Mittelmeerraumes. Sie ist schön und artenreich. Ursprünglich herrschte Eichenwald vor, der durch Holzentnahme, Beweidung oder Brand zunächst zur Macchie und bei weiterer, andauernder Nutzung als Viehweide zur Garrigue degeneriert ist. Besonders im Frühjahr ist die Garrigue sehr blütenreich. Sie finden als typische Staudenpflanzen Zwerg-Iris, Milchstern, Orchideen und viele Strauch- und Zwergstraucharten, besonders die der dornigen Art, aber auch Zistrosen, Wermuth, Rosmarin und Lavendel.

Insbesondere an den Wegrändern sind aber auch noch Eichen zu sehen, die allerdings den im Norden beheimateten Stiel- und Traubeneichen auf den ersten Blick überhaupt nicht ähnlich sind. Es handelt sich um eine immergrüne Quercus-Art mit dem Beinamen „ilex“. Die deutsche Bezeichnung ist Steineiche. Der Franzose nennt sie „Chêne vert“.

Der gut markierte Weg bleibt immer in der Nähe der D102, überquert sie, erreicht sie fast und weicht ihr aus. Ein großes Solarfeld wird umgangen und etwas weiter eine andere Straße überquert. Nun führt der Weg durch Landwirtschaftsflächen in ein Tal hinab und erreicht einen Pferdehof. An einer Kreuzung gehen Sie noch geradeaus, dann aber links über ein Teersträßchen hinweg auf schottrigem Weg einen Hügel bergan, unter der Stromleitung hindurch und dann wieder abwärts auf Montarnaud zu.

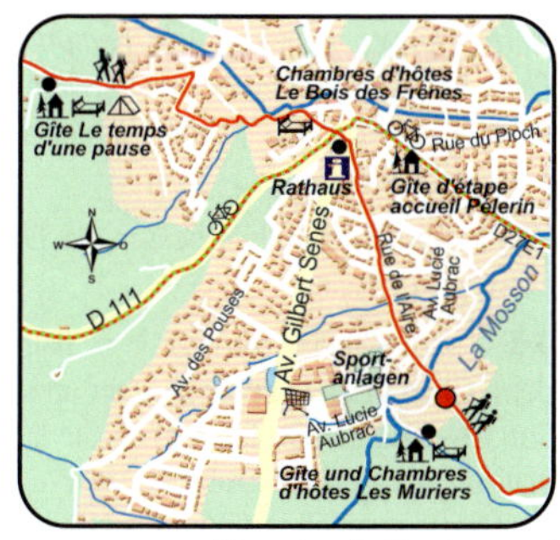

Weg durch Montarnaud

Geradeaus steigen Sie im Ort durch Siedlungsgebiet aufwärts. Hinter dem Rathaus biegen Sie links in die Rue de Barry ab.

Montarnaud 34570

Mairie, 80 Avenue Gilbert-Sénes, 04 67 55 40 84, www.montarnaud.com, Mo 8:30-12:00 u. 16:00-19:00, Di/Mi nur vormittags, Do/Fr nachmittags nur bis 18:00

Gîte Le temps d'une pause, Mme Cathy Daurenjou-Frogé, La Roque et Pétrou, 04 67 92 30 64, 06 26 04 32 21, cathyfroge@orange.fr, gite-le-temps-dune-pause.com, 12 Plätze, ÜF im VBZ € 28, Chambres d'hôtes: ÜF DZ € 70-80, Camping am Haus € 8/Pers., F € 7, EN, , A auf Anfrage, Pilger mit Pilgerausweis werden bevorzugt, Reservierung erwünscht, am Ortsausgang (1,2 km vom Zentrum) direkt am Weg (Etappe 6)

Gîte d'étape accueil Pélerin, Mme Marie-Thérèse Gallière, 194 Avenue de Montpellier, 04 67 55 48 10, 06 75 18 18 78, 5 Plätze, Ü € 15, , Empfang 16:00-19:00, zentral

Gîte und Chambres d'hôtes Les Muriers, Mme Donate Günther, 741 Avenue Lucie Aubrac, 09 51 97 57 90, contact@mas-les-muriers.com, ÜHP € 38, DE, EN, , € 5, am Ortseingang, noch vor der ersten Siedlungsstraße, führt ein Weg nach links, gegenüber den Sportanlagen

♦ Chambres d'hôtes Le Bois des Frênes, 8 Rue de Château, 04 67 55 50 84, 06 17 96 43 37, patjullian@yahoo.fr, 3 Zi, ÜF DZ € 70, A € 15, EN, zentral

Taxi de Montarnaud, 04 67 55 43 76

Etappe 6: Montarnaud – Saint-Guihelm-le-Désert (Hérault)

22,2 km, 6 Std., 377 m, 378 m, 54-267 m

0,0 km	112 m	Montarnaud
14,0 km	73 m	Aniane
18,6 km	62 m	Pont de Diable
22,2 km	115 m	Saint-Guilhem-le-Désert

Gleich hinter Montarnaud erwartet Sie ein kräftiger Anstieg durch den Wald von Rouvière. Danach geht es recht gemütlich nach Aniane in das Héraulttal hinunter. Den Fluss bekommen Sie aber erst später zu sehen, nämlich dort, wo er die von der Teufelsbrücke (Pont du Diable) überspannte Talschlucht verlässt und einen herrlichen Badesee bildet.

Radfahrer folgen besser der D111 bis Boissière. Dort können Sie auf den Pilgerweg wechseln.

Am Glockenturm geht es halb rechts die Stufen hinunter und dann links auf dem **Chemin des Ecoliers** über eine Bachbrücke zu den Sportanlagen. Zwischen Squash- und Tennisplatz gehen Sie links zu einer Siedlungsstraße und über den Parkplatz in die Rue de Érables. Am Wegweiser „**Font de la Mosson**“ biegen Sie links in die Siedlungsstraße, die nun auf die bewaldete Höhe (Bois de la Rouvière) zuführt. An der Gabelung laufen Sie halb rechts in die Sackgasse, passieren die Gîte Le temps d'une pause und steigen weiter auf nun steinigem Weg bergan. Auf der Höhe steht der Wegweiser „**Croix de Pélisse**". Im Wesentlichen folgt der Weg nun der D111 überwiegend auf markierten Parallelwegen durch ein Bachtal nach **Boissière**.

Über die Rue de la Poste kommen Sie zum Dorfplatz. Der Wegweiser zeigt links nach Aniane. Noch einmal links gehend folgen Sie dem Chemin des Moulières über die D27 hinweg in einen breiten, geschotterten Weg, der in sanfter Neigung durch ein schönes Gelände abwärtsführt (ehemalige Bahntrasse).

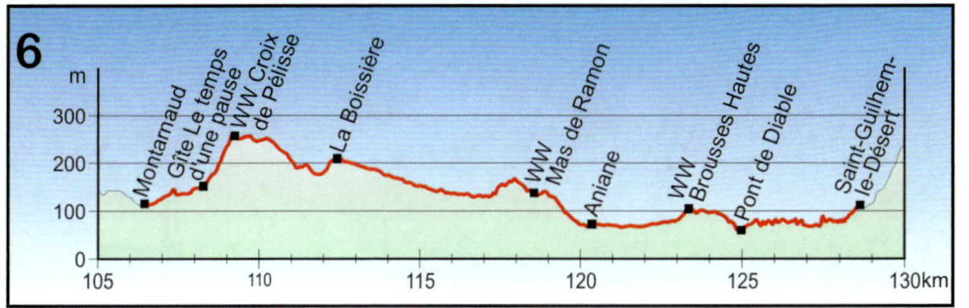

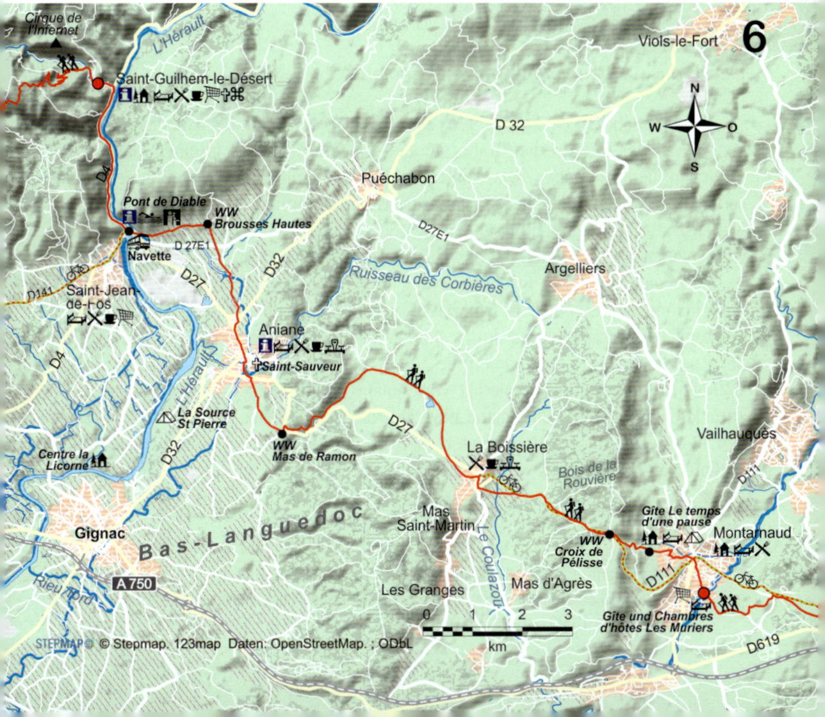

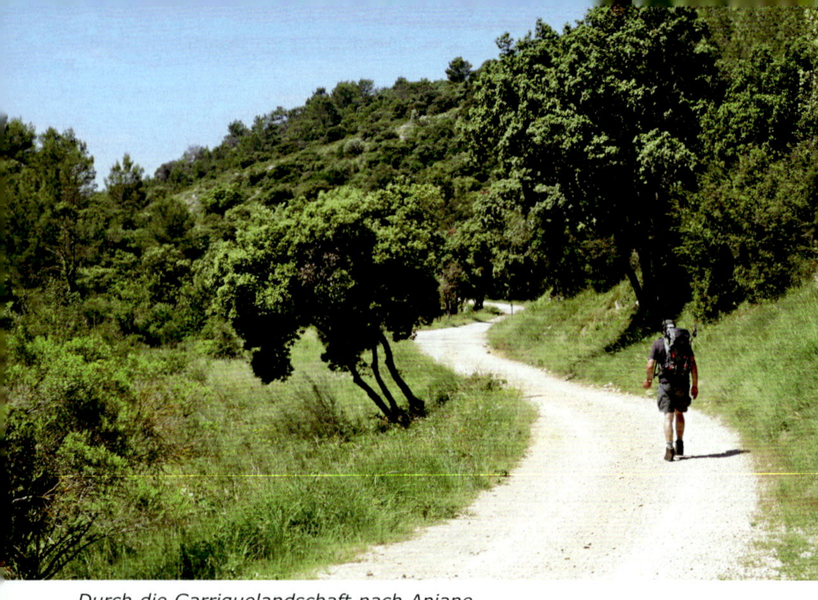

Durch die Garriquelandschaft nach Aniane

1,4 km nachdem ein kleiner See passiert ist, gehen Sie an der Gabelung links, und kurz bevor der Weg in die Straße mündet, biegen Sie rechts in einen Hangweg ab, erreichen die Straße aber etwas später trotzdem. Sie folgen ihr links auf einem parallel verlaufenden Weg zu einem Wegweiser (**Mas de Ramon**) und biegen dort rechts in die Nebenstraße ab. Achtung! Es geht noch einmal nach rechts, nun auf die Kirche von Aniane, das im breiten Tal des Flusses Hérault liegt, zu.

Nach einer weiteren Straßenquerung folgen Sie dem **Chemin de Jougarel**. Am Ortseingang gibt es einen Trinkwasserbrunnen. Sie gehen weiter zur **Chapelle des Pénitents** (Büßerkapelle) und dort rechts. Würden Sie an der nächsten Ecke halb rechts der Rue du Mazel folgen, kämen Sie zu der Église **Abbatiale Saint-Sauveur** (Erlöserkirche), die auf das von Benedikt von Aniane Ende des 8. Jh. gegründete Kloster zurückgeht. Benedikt von Aniane bewirkte, dass alle Klöster des fränkischen Reiches den Regeln der Benediktiner folgten. Sonst gehen Sie nach links und treffen auf das Rathaus, an dem es links vorbei zur Straßenkreuzung am Rand der Altstadt geht.

Aniane

BANK 34150

Mairie Aniane, Place de l'Hôtel de Ville BP 11, 04 67 57 01 40, accueil.aniane@gmail.com, www.ville-aniane.com, Mo-Fr 9:00-12:00 u. 14:00-17:00, Fr bis 16:00

Hostellerie Saint-Benoit, Charlotte Roche/Solenn Philippon, Route de St Guilhem, 04 67 57 71 63, info@hostellerie-saint-benoit.com, www.hostellerie-saint-benoit.com, Ü EZ/DZ ab € 68, VBZ € 105, , am Weg

Le Clos Du Figuir, Patricia Bon, Chemin des Prés de la Ville, 06 19 15 34 21, bonpatricia@hotmail.fr, 2 Zi, ÜF EZ/DZ € 65, DBZ € 75, von der (zentralen) Straßenkreuzung links über die D32 und die zweite Straße wieder rechts

Camping Naturiste, 1, Route de Gignac, 04 67 57 76 95, campingstpierre@hotmail.com, www.campingstpierre.com, Ü Zelt + 2 Pers. € 19-34

Sie folgen geradeaus der Avenue de Saint-Guilhem (D32) Richtung Saint-Jean-de-Fos, passieren die Hostellerie Saint-Benoit und gehen an der folgenden Verzweigung rechts, entlang eines Gewerbegebiets . 250 m weiter biegen Sie in die nach links führende Straße ab, von der es aber gleich rechts in einen Wirtschaftsweg abgeht.

Ziel ist der Talhang voraus. Achten Sie an einem auffällig mit weißen Kieseln übersäten Olivenhain darauf, halb links in den Feldweg abzubiegen. Sie überqueren geradeaus eine Straße und erreichen nach kurzem Anstieg den Wegweiser „**Brousses Hautes**". Links folgen Sie dem bequemen Weg im Talhang durch die Weinfelder bis zur **Pont du Diable** (Teufelsbrücke) am Fluss Hérault.

⌘ Über den Hérault führen hier gleich drei Brücken, von denen die vordere, zweibogige als Teufelsbrücke bezeichnet wird. Sie stammt aus dem 11. Jh. und sollte den Weg zwischen dem Kloster in Aniane und dem Grab des Schutzheiligen Wilhelm von Gellone im damals Gellone genannten Saint-Guilhem-le-Désert vereinfachen. Sie wurde 1998 als Teil der Jakobswege in Frankreich in die UNESCO-Welkulturerbeliste aufgenommen.

☺ An Wochenenden und Feiertagen (Jul/Aug tägl.) fährt zwischen 11:00 und 19:00 ein kostenloser Bus („Navette") halbstündlich nach Saint-Guilhem. Die Haltestelle befindet sich direkt an der Teufelsbrücke. Nutzen Sie die gewonnene Zeit für ein ausgiebiges Bad im Fluss direkt unter der Brücke.

Auf der mittleren Brücke überqueren Sie den Hérault, der dem hiesigen Département den Namen gab, und laufen rechts entlang der engen Talschlucht auf der D4 aufwärts Richtung Saint-Guilhem. Nach 3 km biegen Sie links in das Nebental ab und wandern im Dorf aufwärts.

Saint-Guilhem-le-Désert ⌘ 34150

Office de Tourisme, 2 Place de la Liberté, 04 67 56 41 97, oti@saintguilhem-valleeherault.fr, www.saintguilhem-valleeherault.fr, Apr-Jun u. Sep 9:30-13:00 u. 14:00-18:00, Jul/Aug durchgehend bis 19:00, im Winter erst ab 10:00

Carmel Saint-Joseph, Abbaye de Gellone, 2 Grand Chemin du Val de Gellone, 04 67 57 75 80, 06 62 93 11 74, accueil.csj@orange.fr, 13 Plätze, Ü € 15, , Pilgeraufnahme in der Maison Saint Elie (Pfarrei), 16 Rue Bout du Monde, 16:00-17:30, Jul/Aug ab 15:00, Notfalltelefon 04 99 06 86 48

Gîte de la Tour, 38 Rue Font du Portal, ☏ 04 67 57 34 00, gitedelatour@free.fr, www.gitedelatour.net, 17 Betten in 2 Räumen, Ü € 15, Pilger € 12, Bettwäsche € 3, F € 6, vom Office de Tourisme 150 m talaufwärts

Gîte du Club Alpin Français, 5 Rue Cor de Nostra Dona, ☏ 04 67 29 39 98, 06 89 77 17 59, st.guilhem.cafmontpellier@orange.fr, 18 Plätze in 3 Räumen, Ü € 14,90, mit Alpenvereinsausweis € 7,45, Schlüssel in der Crêperie direkt neben der Eingangstür

Hôtel Le Guilhaume d'Orange, 2 Avenue Guillaume d'Orange, ☏ 04 67 57 24 53, hotelguilhaumedorange@orange.fr, www.guilhaumedorange.com, 10 Zi, DZ ab € 72, F € 7,80, EN, am Ortseingang

♦ Hôtel La Taverne de l'Escuelle, Place de la Liberté, ☏ 04 67 57 72 05, lataverne@orange.fr, www.hotel-lataverne.fr, 6 Zi, Ü EZ/DZ € 72, F € 7,50, EN, an der Abtei

Die Trinkwasserbrunnen im Ort sind mit einer Muschel und dem Schriftzug “Eau potable” gekennzeichnet.

✞ Die Krypta der Abtei stammt noch aus dem 9. Jh., das Langhaus aus dem 11. Jh. und das Portal mit Vorhalle geht auf das 12. Jh. zurück. Ein Teil des Kreuzganges wurde von dem privaten Sammler Georges Grey Barnard aufgekauft, nach New York verschifft und dort mit anderen Originalen europäischer Klöster in einem Privatmuseum wieder aufgebaut. 1922 wurde die gesamte Sammlung mithilfe einer Rockefellerspende dem Metropolitan Museum of Art zugeschlagen.

✞ Seit 1978 ist die Gemeinschaft Carmel Saint-Joseph im Kloster ansässig. An den Gebeten und der Eucharistiefeier der Gemeinschaft kann teilgenommen werden.

⌘ Das Museum der Abtei im ehemaligen Refektorium zeigt Skulpturen und sakrale Gegenstände.

Mai-Sep tägl. 11:00-12:00 u. 13:00-18:00, Okt-Apr Sa-So 13:00-17:00

⌘ Grotte du Clamouse (Tropfsteinhöhle von Clamouse)

♦ www.clamouse.com, tägl., ganzjährig 10:30-16:30, Jun/Sep bis 17:30, Jul/Aug bis 18:30, geführte Touren von ca. 1 Std. 20 Min. Dauer

Wilhelm von Aquitanien (754-812), ein Enkel Karl Martells und Cousin Karls des Großen, zog sich nach Eroberungszügen gegen die Mauren 804 in das Kloster von Aniane zurück und gründete zwei Jahre später mit einigen anderen Mönchen ein neues Kloster namens Gellone im heutigen Saint-Guilhem-le-Désert. Als Geschenk erhielt er von Karl dem Großen eine Kreuzreliquie, nach der das Kloster zunächst Saint-Crucis genannt wurde. Wilhelm (frz. Guilhem) wurde 1066 heiliggesprochen. Seine Gebeine sollen zum größten Teil in Toulouse ruhen, ein Armreliquiar ist in Saint-Guilhem-le-Désert geblieben.

Der mittelalterlich anmutende, im Laufe der Jahrhunderte nahezu unverändert gebliebene Ort ist als Teil der französischen Jakobswege in die Weltkulturerbeliste der UNESCO aufgenommen worden und als touristischer Anziehungspunkt auch bei

Nichtpilgern sehr beliebt. Saint-Guilhem-le-Désert darf sich mit dem Label "Les plus beaux villages de France" ("Die schönsten Dörfer Frankreichs") schmücken.

Würden Sie nach der Héraultüberquerung der D4 nach links folgen, kämen Sie nach 800 m im Zentrum von Saint-Jean-de-Fos an.

Saint-Jean-de-Fos 34150

Office de Tourisme, Pont de Diable, 04 67 56 41 97, EN, Apr-Okt tägl. 10:00-18:00, Jul/Aug bis 19:30

Gîte d'étape, Hébergement collectiv Centre la Licorne, Le Rieusselat, contact@centrelalicorne.fr, www.centrelalicorne.fr, 04 67 57 11 15, 06 49 99 16 14, 2-6 Pers., ÜHP € 23, EN, DE, Bettwäsche, Abholservice von der Teufelsbrücke, , die Verpflegung ist vegetarisch. Das Seminarhaus liegt 4 km südlich des Ortes.

Chambres d'hôtes Les Balcons de l'Hérault, M. u. Mme Jacque Langlois, 390 Route de Aniane, 04 67 57 45 29, jacques.langlois10@wanadoo.fr, www.lesbalconsdelherault.fr, 2 Zi, ÜF EZ/DZ € 65, EN, , Schwimmbecken, 200 m von der Teufelsbrücke

♦ Chambres d'hôtes Au Pays, Au Pays des Orjouliers, Jocelyne Kusniak, 112 Route d'Aniane, 04 67 57 36 00, les.orjouliers@wanadoo.fr, 3 Zi, ÜF EZ/DZ € 60, VBZ € 75, EN, , 600 m von der Teufelsbrücke

Allo Taxi, 06 09 38 78 78

Etappe 7: Saint-Guilhem-le-Désert – Saint-Jean-de-la-Blaquière (Hérault)

21,8 km, 7 Std., ↑ 848 m, ↓ 789 m, 108-529 m

0,0 km	115 m	Saint-Guilhem-le-Désert
13,1 km	248 m	Arboras
21,8 km	172 m	Saint-Jean-de-la-Blaquière

Heute steht die erste richtige Bergetappe an, die insbesondere bei heißem Wetter eine große Herausforderung darstellt. Ein früher Aufbruch (6:00) empfiehlt sich, sodass zumindest der erste Aufstieg in der Morgenkühle stattfinden und die landschaftliche Schönheit unbeschwert genossen werden kann.

Für Radfahrer ist der GR 653 zwischen Saint-Guilhem-le-Désert und Murat-sur-Vèbre ungeeignet bis unbefahrbar. Zum Glück gibt es kleine Teerstraßen, die eine schöne Radtour durch eine beeindruckende Landschaft ermöglichen. Zunächst fahren Sie von Saint-Guilhem-le-Désert auf der D4 zurück zur Teufelsbrücke und von dort nach Saint-Jean-de-Fos. Von dort können Sie über die D141 nach Montpeyroux und weiter über die D9 nach Arboras fahren, dann weiter über die D9 und die D153 nach

Les Salces, Saint-Privat und schließlich Lodève. Durch Saint-Jean-de-la-Blaquière kommen Sie auf diesem Weg nicht.

Den Place de la Liberté vor der Klosterkirche verlassen Sie durch die **Rue du Bout du Monde** talaufwärts. Am Dorfausgang stößt von rechts der GR 74 dazu. Wenig weiter überqueren Sie auf einem Betonsteg den Bach Verdus und folgen dem gut ausgebauten, meist schattigen Pfad links, der in Schleifen an der Südflanke des Cirque de l'Infernet bergaufführt. Am Wegweiser "**Roc de Bissonne**" weicht der GR 74 rechts wieder vom GR 653 ab. Sie gehen links Richtung Max Nègre. An der Passhöhe stoßen Sie auf einen breiten, aussichtsreichen Hangweg, dem Sie etwa 1,3 km folgen.

Achtung! An einer durch Steinmännchen zusätzlich markierten Stelle biegen Sie dann rechts in einen schmalen Steig ab und laufen nun über eine flache Kuppe hinüber und wieder bergab an einen (anderen) Schotterweg. Sie gehen rechts bis zum Wegweiser "**Pioch Canis**" (Hinweistafel zu einem Aufforstungsprojekt sowie einer neolithischen Steinmauer) und biegen dort links in einen Pfad ab, der zur Ruine des **Kastells von Montpeyroux** hinunterführt. Achten Sie an einem angekündigten Abzweig rechts darauf, nicht sofort, sondern erst einige Meter später in den ordentlichen, weiter regelmäßig markierten Weg abzubiegen.

Vom Kastell führt ein breiter Weg nach Le Barry hinab. Am Place de l'hôpital (Kirche) nehmen Sie rechts eine kleine Straße, gehen am Friedhof ● vorbei und weiter auf schönem Weg bis an den Ortsrand von Montpeyroux an der D9. Würden Sie der Straße nach links folgen, kämen Sie in die Ortsmitte (➲ 1 km).

Chambres d'hôtes La Grange, Mme Romy Comas, 3 Avenue du Rosaire, 34150 Montpeyroux, ☏ 04 67 88 04 29, 📱 06 62 12 22 93, ✉ romy.comas@dbmail.com, 💻 www.lagrangemontpeyroux.com, 4 Zi, ÜF EZ € 55, DZ € 60, Gastronomie und Einkaufsmöglichkeiten vor Ort, im Zentrum

Sie gehen aber nach rechts und verlassen die Straße gleich wieder nach rechts. Durch Buschwerk und Haken durch Weinfelder schlagend führt Ihr Weg wieder zur D9 zurück. Sie gehen nach rechts und biegen nach 100 m links wieder ab. Eine kleine Talschlucht überqueren Sie auf einer historischen Brücke und steigen die D130 querend nach Arboras hinauf ✕ ●.

An der Dorfstraße gehen Sie nach links und verlassen Sie dann wieder nach links. Es geht nach Süden in die Weinberge zurück. Sie biegen an der D130 rechts ein, kürzen geradeaus eine Serpentine ab, überqueren den Bach und verlassen die Straße danach nach rechts.

Der Weg steigt wieder an und verzweigt sich. Sie gehen hier links zum Wegweiser „**Lagamas**" und dort halb rechts in Serpentinen auf breitem Weg zur Höhe. Am Wegweiser „**Grand Serre**" biegen Sie rechts in einen schmaleren Weg ab und erreichen bald eine Straße, die Sie zu einem Picknickareal führt. Am Straßenende nehmen Sie den oberen der weiterführenden Wege zum **Bois des Félibres**. Es beginnt ein

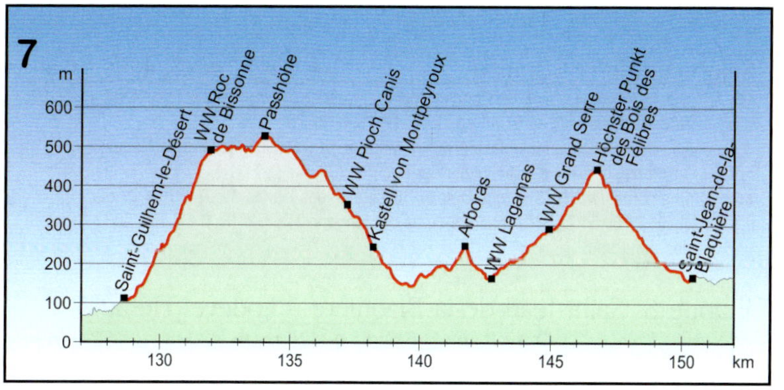

schattiger Steig, der nur noch sanft bis zur letzten Höhe ansteigt und an der Gabelung rechts bis an einen Picknickplatz hinabführt. Rechts herüber folgen Sie dem breiten Weg, kürzen Serpentinen ab, erreichen ihn wieder und biegen dann endgültig rechts ab.

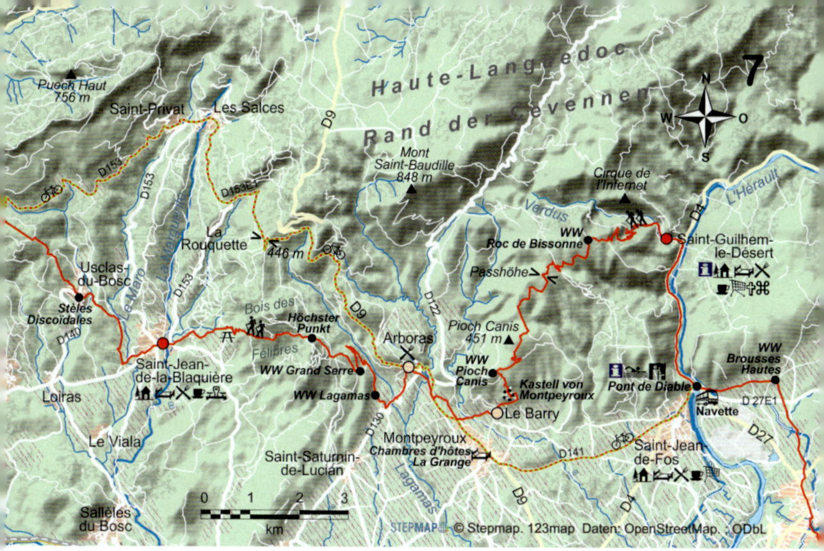

Saint-Jean-de-la-Blaquière wird nach der Bachbrücke erreicht. Sie steigen geradeaus zum Place de la République hinauf ✕ 💧. Zur Fortsetzung des Weges geht es geradeaus wieder zum Dorf hinaus.

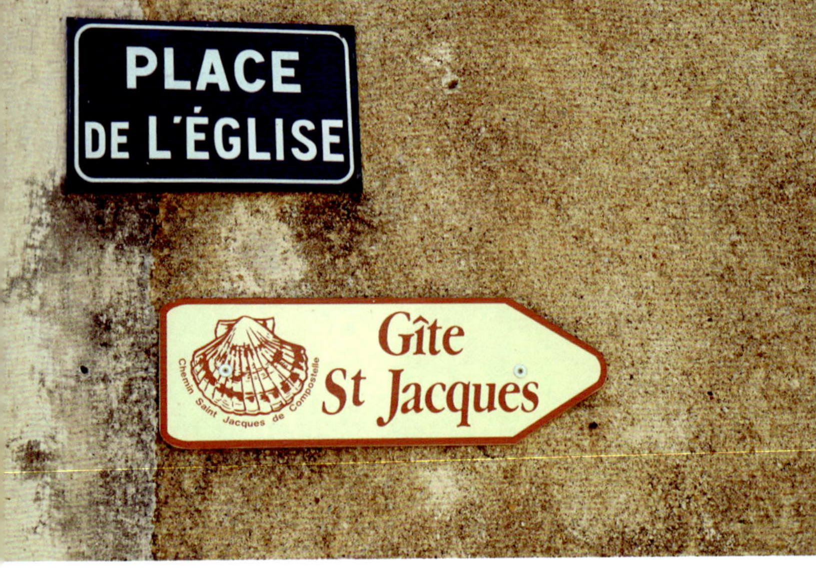

Wegweiser in Saint-Jean-de-la-Blaquière

Saint-Jean-de-la-Blaquière 34700

Gîte St. Jacques, Rue du Portalet, Mairie (Place de la République), ☏ 04 67 44 73 67, Nathalie Aubin: ☏ 04 67 44 45 74, 06 26 44 69 75, mairiesaintjeandelablaquiere@wanadoo.fr, www.saint-jean-de-la-blaquiere.com, 14 Plätze, Ü € 16, hinter der Kirche

Chambres d'hôtes, Charlotte Dumay, 16 Chemin des Hortes, ☏ 04 67 44 77 52, 06 77 39 51 71, charlotte-dumay@orange.fr, 2 Zi, Ü € 18, € 5, EN, 500 m nördlich des Zentrums

Etappe 8: Saint-Jean-de-la-Blaquière – Lodève (Hérault)

14,8 km, 5 Std., ↑ 425 m, ↓ 420 m, ⇧ 152-446 m

0,0 km	⇧ 172 m	Saint-Jean-de-la-Blaquière
7,0 km	⇧ 430 m	Prieuré de Saint-Michel de Grandmont ⌘
14,8 km	⇧ 177 m	Lodève BANK ⌘

Manche siedeln sie in der keltischen Kultur an. Forscher bringen sie aber auch mit den Gräbern auf dem Weg verstorbener Pilger des 11. bis 14. Jh. in Verbindung. Markante Zeichen der großen Klosterorden will man entziffert haben. In Usclas-du-Bosc können Sie sich ein Bild dieser rätselhaften Scheibenkreuze machen. Rätsel geben auch die Hinterlassenschaften der Jungsteinzeit rund um das ehemalige Priorat Saint-Michel de

Grandmont auf. Gab es hier bereits 2500 v. Chr. eine Kultstätte der Menschheit? Ein Spaziergang rund um das letzte, weitgehend unverändert erhaltene Grammonteserkloster des 12. Jh. erlaubt eine Zeitreise in recht unterschiedliche Welten – und das in einer einzigartigen Landschaft.

Sie überqueren den Bach Maro ⛩ und folgen danach rechts einem Teersträßchen bis an das Ende eines Weinfeldes. Hier biegen Sie links in einen Bergpfad ab, der schnell eine Höhe mit ⛩ Pausenbank und Aussicht auf das Bergdorf Usclas-du-Bosc erreicht. Geradeaus steigen Sie über einen Querweg hinweg in ein Zwischental ab und wieder aufwärts in das Dorf.

An der Teerstraße gehen Sie nach links, biegen noch einmal links ab und laufen dann rechts durch die Rue du Puits. Vielleicht schauen Sie einmal auf den Friedhof ♦, denn dort sind einige der rätselhaften, in Frankreich „**Stèles Discoïdales**“ genannten Scheibenkreuze zu sehen. Weitere Exemplare befinden sich im Stadtmuseum von Lodève.

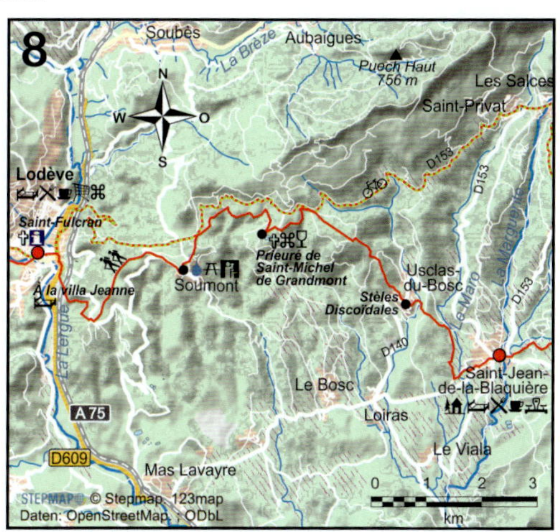

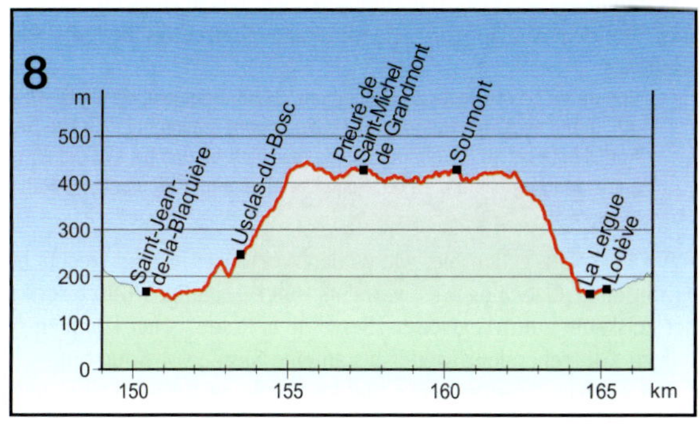

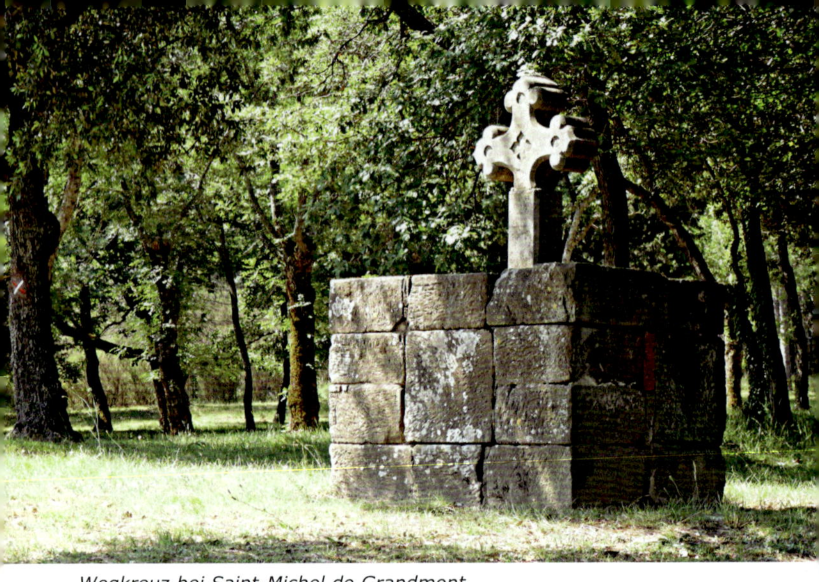

Wegkreuz bei Saint-Michel de Grandmont

An der Kreuzung mit der D140 gehen Sie geradeaus und bis ganz auf den Bergrücken und folgen dort links einem Schotterweg weiter bergauf. Auf der Höhe biegen Sie links in den breiten Waldweg und nach 100 m wieder rechts ab. Sie stoßen an eine Straße, die nicht betreten wird. Vorher gehen Sie links auf dem anfangs parallel verlaufenden Weg bis an eine Schotterwegkreuzung und dort rechts und weiter geradeaus an den Parkplatz vor dem **Prieuré de Saint-Michel de Grandmont.**

⌘ Das ehemalige Priorat stammt aus dem 12. Jh. und ist das letzte von ehemals 160 Grammonteserklöstern in Südfrankreich, das in Ursprung und Form so gut erhalten ist. Auf dem weitläufigen Gelände sind auch neolithische Kultstätten und Urdolmen zu sehen.

♦ Prieuré de Saint-Michel de Grandmont, 34700 Soumont, ☏ 04 67 44 09 31, grandmont2@wanadoo.fr, www.prieure-grandmont.fr, Mai-Sep tägl. 10:00-19:00, Apr/Okt nur bis 18:00, übrige Zeit Mo geschlossen und bis 17:00, Führungen nur nach Voranmeldung jeweils um 15:00, Pilger erhalten einen Stempel und Rabatt auf den Eintrittspreis,

Am Parkplatz gehen Sie, wie es der Wegweiser anzeigt, rechts hinab in den Feldweg, an einer Gabelung wieder rechts durch schattiges Buschwerk und bald entlang einer Felskante zum Wegweiser „Serre de la Prade“. Hier kommen der GR 7 und GR 71 dazu. Sie gehen links weiter bis an eine Straße vor Soumont.

Nur ein paar Schritte folgen Sie der Straße nach links. Dann steigen Sie rechts am Wasserspeicher vorbei zu einem herrlichen Aussichtspunkt auf.

Weiter geht es an eine Straße und dort nach rechts. An der Straßengabelung halten Sie sich rechts und biegen 300 m weiter links in eine Nebenstraße ab, die zum Schotterweg wird. Wieder wird eine Straße erreicht, auf der es nur 60 m nach rechts geht. Links weichen Sie in den Pfad ab, der nach Lodève hinabführt. Der erreichten Talstraße folgen Sie ohne Richtungswechsel und biegen an der ersten Möglichkeit links über den Fluss **La Lergue** Richtung Centre-Ville ab. Geradeaus folgen Sie der Rue de Lergue und weiter der Grand Rue. An der querenden **Rue de la République** kämen Sie rechts zum Office de Tourisme, links setzen Sie Ihren Weg fort. Geradeaus erreichen Sie die Kirche **St-Fulcran**.

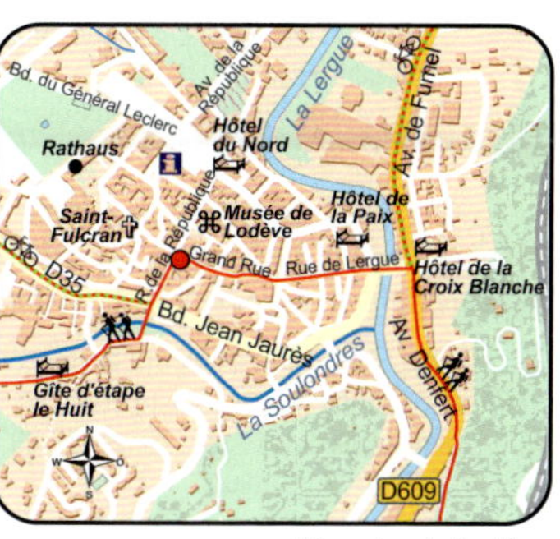

Weg durch Lodève

Lassen Sie sich durch die weiß-rote Markierung, die an St-Fulcran vorbei zum Rathaus und durch den dahinterliegenden Park nach Westen führt, nicht beirren. Sie gehört zum GR 71.

Lodève 34700

Office de Tourisme, 7 Place de la République, 04 67 88 86 44, tourisme@lodevoisetlarzac.fr, www.tourisme-lodevois-larzac.fr, www.lodeve.com, Mo-Sa 10:00-13:00 u. 14:00-18:00, Jun-Sep auch So, Jan-Mrz u. Nov/Dez nur Mi-Fr u. Sa vormittags

Hôtel Restaurant de la Croix Blanche, 6 Avenue de Fumel, 04 67 44 10 87, contact@croix-blanche-hotel.com, www.croix-blanche-hotel.com, Ü EZ € 48, DZ € 52, DBZ € 62, VBZ € 64, vor der Flussüberquerung 100 m weiter entlang der Talstraße

Hôtel du Nord, 18 Boulevard de la Liberté, 04 67 44 10 08, hoteldunord.lodeve@wanadoo.fr, www.hoteldunord-lodeve.fr, Ü EZ/DZ ab € 55, DBZ ab € 65, VBZ ab € 75, gegenüber der Touristinfo

♦ Hôtel de la Paix, 11 Boulevard Montalangue, 04 67 44 07 46, hotel-de-la-paix@wanadoo.fr, www.hotel-dela-paix.com, Ü EZ € 50, DZ € 70, DBZ € 80, VBZ € 90, nach der Flussüberquerung rechts

♦ Gîte d'étape le Huit, M. u. Mme Jean-Luc Ducaruge, 8 Rue Mégisserie, 06 70 20 33 39, spulidori@gmail.com, www.leshaltespelerins.org/la-megisserie, bis zu 12 Plätze, ÜF € 18, EN, Bettwäsche, direkt am Weg (Wegbeschreibung Etappe 9)

♦ Chambres d'hôtes L'Amourier, Chemin de Belbezet, 09 52 34 23 49, 06 84 19 58 51, 07 50 41 09 14, amourier34@gmail.com, 4 Zi, ÜF EZ € 55, DZ € 80, A € 18, EN, Abholservice aus Lodève, luxuriöse Ausstattung, hervorragende Küche und sehr sympathische Menschen, 2 km von Lodève, 1,2 km zum Weg

🛏 À la villa Jeanne, Nadine Rouillon, 648 Avenue Paul Teisserenc, ☏ 04 30 40 32 25, 📱 06 45 41 09 50, ✉ villajeanne34@gmail.com, 💻 villa-jeanne.fr, ÜF EZ € 35, DZ € 55, DBZ € 65, EN. Beim Eintreffen auf die Talstraße gehen Sie links etwas zurück und überqueren dort den Fluss La Lergue. An der anderen Seite gehen Sie links flussabwärts, noch hinter dem Friedhof.

🚲 Cycles Almes, Place du Grand Soleil, ☏ 04 67 88 14 64

🚗 A.D.E.L. Taxi, ☏ 04 67 96 97 98

✞ Die Kirche Saint-Fulcran geht auf einen sehr frühen Kirchenbau aus der Zeit der Bistumsgründung Ende des 4. Jh. zurück. Der heilige Fulcran, dessen Reliquien hier verwahrt werden, war von 949 bis 1006 Bischof von Lodève.

⌘ Das Städtische Museum zeigt geologische und paläontologische Sammlungen, Funde der Antike sowie Kunstwerke aus Mittelalter bis Neuzeit.

♦ Square Georges Auric, ☏ 04 67 88 86 10, 💻 www.museedelodeve.fr, 🚪 Di-So 10:00-12:30 u. 13:30-18:00

Etappe 9: Lodève – Joncels (Hérault)

➲ 21,7 km, ⏳ 7 Std., ↑ 773 m, ↓ 558 m, ⇧ 164-705 m

0,0 km	⇧ 177 m	Lodève 🛏 ✕ ☕ 🛒 BANK 📯 ⚕ 🚲 ✞ ⌘
3,6 km	⇧ 365 m	Pass D157 💧
12,1 km	⇧ 610 m	Col de la Baraque de Bal, D35
21,7 km	⇧ 396 m	Joncels 🏠 🛏 💧 🚌

Weite Teile des Weges führen über breite Forstwege, die zwar wenig Schatten, aber weite Aussichten bieten. Es blüht und duftet vielfältig aus allen Ecken der weitgehend wilden Busch- und Graslandschaft. Erst bei Joncels weicht die Garrigue dem Nadelbaumforst. An warmen, sonnigen Tagen erfordern die langen, schweißtreibenden Aufstiege einen Wasservorrat von mindestens 2,5 l.

🚲 Für Fahrradfahrer empfiehlt es sich, über die D35 nach Lunas zu fahren. Am Pass kreuzt der GR 653. Wer ein paar Höhenmeter mehr und etwas unebene Wegstrecken nicht scheut, kann am Col de la Baraque de Bal auf den GR 653 wechseln.

🚶 Die **Rue de la République** führt zu einer Brücke am Nebenfluss La Soulondres. Sie gehen auf der anderen Seite rechts im Flusstal auf schattigem Weg entlang der Häuserreihen gemütlich aufwärts. Ein links abzweigender, sehr steiler Weg wird ignoriert. Danach befindet sich rechter Hand die 🛏 Gîte d'étape le Huit am Weg. Der anfangs geteerte Weg wird zum Schotterweg und biegt am Ende nach links. Hier führt ein Waldweg geradeaus jetzt steiler zur Höhe und erreicht nach knapp 2 km einen breiten Schotterweg.Diesem folgen Sie nach rechts bis an eine Straße (D157), auf der Sie links 140 m zu einem Pass laufen 💧. Sie biegen nun rechts wieder in einen Schotterweg, der in langen Serpentinen zur Höhe am Wegweiser

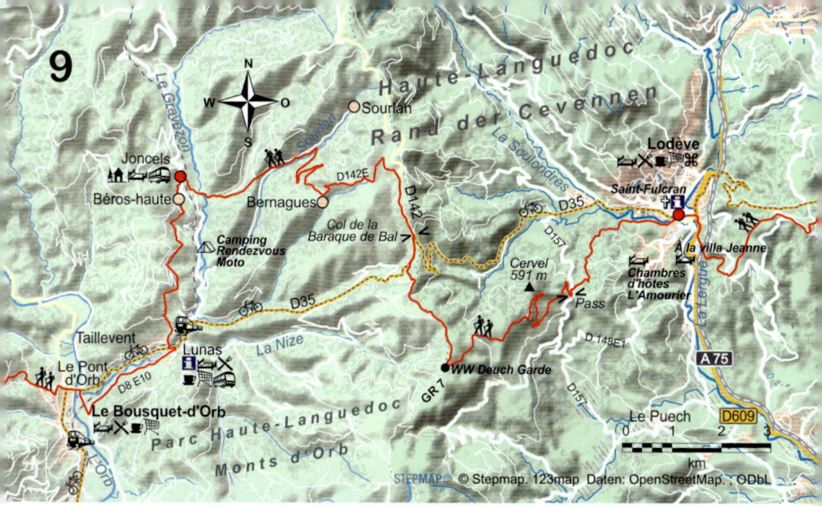

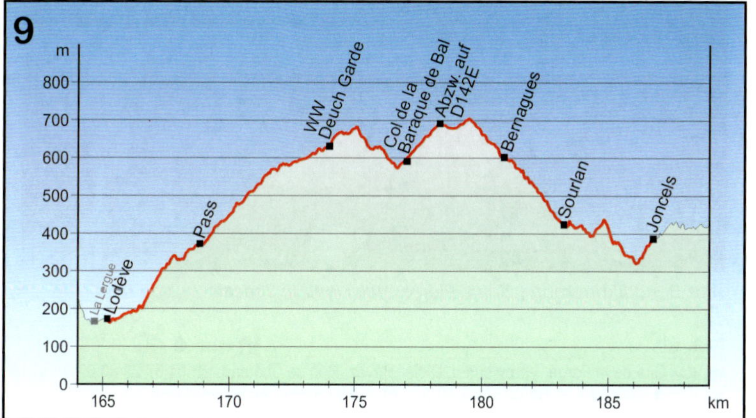

„**Deuch Garde**“ führt. Hier zweigt geradeaus der GR 7 ab. Sie gehen scharf rechts weiter bergan.

Bevor der Weg an einem Gatter endet, zeigt die Markierung halb rechts in einen schattigen Pfad, der wieder in einen breiten Weg mündet. Rechts führt dieser nun an die D35, auf der Sie rechts nach 500 m den Col de la Baraque de Bral erreichen.

Sie biegen hier links in die D142 ab und haben nun ein unbequem steigendes, 1,2 km langes Straßenstück vor sich. Bequemer läuft es sich über die dann links abzweigende D142E nach Bernagues.

Vom Ortsrand führt halb rechts ein Schotterweg in langen Kehren in ein Bachtal hinunter. An der vierten Kehre gehen Sie geradeaus in einen schattigen Weg. Sie überqueren den Bach und werden im Talhang bis an ein Sträßchen geleitet. Von diesem biegen Sie noch einmal rechts in einen Schotterweg ab und steigen, die letzten Kräfte mobilisierend, über einen Höhenrücken hinüber in das Hauptal mit dem Bach **Gravezon**. Sie überqueren den Bach und müssen noch einmal 60 Höhenmeter von der Straßenzufahrt geradeaus über einen steinigen Pfad überwinden, um in das stille und schöne Bergdorf Joncels zu gelangen.

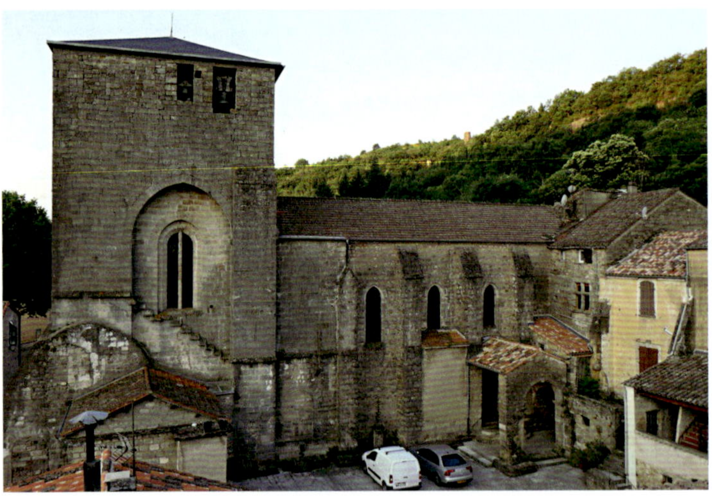

Alte Benediktinerabtei Saint-Pierre-aux-Liens in Joncels

Joncels 34650

Gîte de la Forge, Véronique u. Didier Hayez, Rue de Château, 04 67 23 80 09, 06 43 69 29 50, 06 75 03 80 50, hayez.diedier.vero@gmail.com, www.leshaltespelerins.org/la-forge, 15 Plätze, Ü € 15, HP € 32, , Apr-Nov, Unterbringung direkt neben der alten Benediktinerabtei Saint-Pierre-aux-Liens, gespeist wird sehr romantisch in der alten Schmiede (Forge)

Villa Issiates, Chambres d'hôtes, Rue de Plô, Alain u. Giédre Ivinskas, 04 67 23 87 32, 06 76 24 12 29, ivinskas@wanadoo.fr, villa.issiates.free.fr, 5 Zi, HP € 60, kann auch über booking.com gebucht werden, EN, DE

Von Joncels fahren Busse der Linie 480 von Mo bis Fr um 7:05, 8:10 und 13:30 über Lunas nach Le Bousquet-d'Orb (Ziel der Etappe 10), Sa um 8:10 und 13:30, So nie, www.herault-transport.fr. Die Haltestelle ist gleich neben der Gîte de la Forge, am Weg (Etappe 10).

Etappe 10: Joncels – Le Bousquet-d'Orb, OT Séguinerie (Hérault)

8,6 km, 2 Std. 30 Min., ↑ 115 m, ↓ 211 m, ⇧ 248-434 m

0,0 km	⇧ 396 m	Joncels
4,3 km	⇧ 277 m	Lunas
8,6 km	⇧ 345 m	Le Bousquet-d'Orb, OT Séguinerie

Nach den anstrengenden Bergetappen ist ein Pausentag mit nur leichtem Weg durchaus angemessen, zumal weitere anstrengende Etappen noch bevorstehen. Günstigster Ausgangspunkt für die Etappe 11 ist das Dörfchen La Séguinerie, ein Ortsteil von Le Bousquet-d'Orb, rund 80 Höhenmeter über dem Fluss Orb gelegen. Wer gleich in die Etappe 11 einsteigen will, könnte auch abkürzend mit dem Bus nach Le Bousquet-d'Orb fahren (☞ Joncels), in Pont d'Orb aussteigen und dort den Weg beginnen.

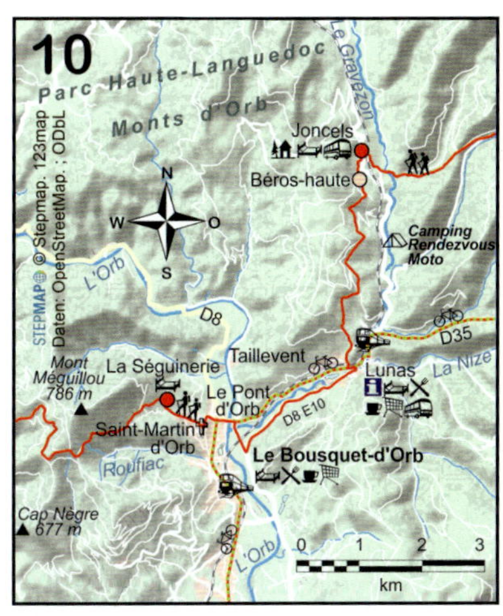

Der GR 653 erlaubt sich einen kleinen Dorfrundgang, bevor er in südlicher Richtung das Dorf verlässt. Vor der Gîte de la Forge angekommen weisen die Zeichen rechts zur Bushaltestelle. Dort geht es nach links zur Dorfquelle und durch einen Tunnel zum Kirchplatz. Am Ehrenmal für die Gefallenen gehen Sie nach rechts und an der Mairie und der Schule folgen Sie dem Sträßchen weiter bergan.

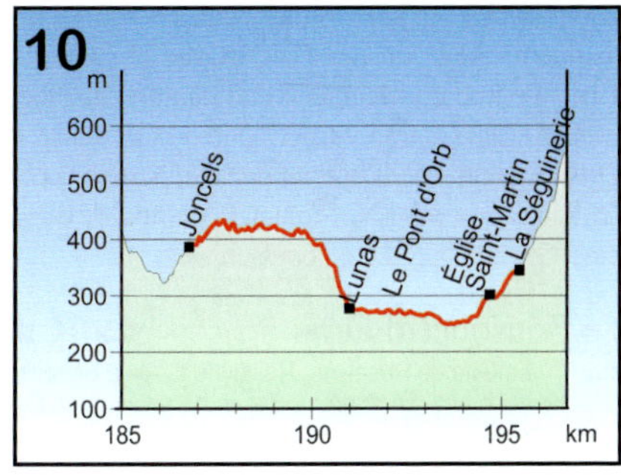

Am Abzweig Béros-bas halten Sie sich rechts, gehen 100 m weiter aber links in den Hang Richtung Béros-haute. Ihr Weg führt weiter durch herrlichen Eichen- und Kastanienwald, zuletzt nach Lunas hinab. Nach dem Unterqueren der Bahnlinie wandern Sie auf der Straße links zur Gravezonbrücke und überqueren den hier angestauten Bach.

Lunas 34650

Office de Tourisme, Place Mathieu Ciffre, 04 67 23 81 42, mairie-lunas@wanadoo.fr, Mo-Fr 9:00-12:00 u. 14:00-17:00, Mi nachmittags geschlossen, neben der Kirche

Hôtel L'Auberge Gourmande, 52 Grand Rue, 06 38 78 68 12 und 09 53 90 33 01, aubergelunas@free.fr, 8 Zi, Ü EZ € 35, DZ € 45, DBZ/VBZ € 55, F € 5, Rabatt für Pilger mit Pilgerausweis

♦ Hôtel Manoir De Gravezon, 5 Route Bédarieux, 04 67 23 89 79, pinchon.jp@wanadoo.fr, www.hotel-manoir-gravezon-lunas.fr, HP EZ € 57, DZ € 87, EN,

♦ Chambres d'hôtes, Bernadette u. Michel Martinez, 10 Chemin du Bouis, 06 84 07 83 92, 1 Zi, Ü € 20, F € 5, A € 15, 200 m vom Weg, bevor Sie die Bahnlinie unterqueren, gehen Sie auf dem erreichten Sträßchen rechts

Camping Rendezvous Moto, Route de Joncels, 04 67 23 49 12, 06 58 20 06 51, contact@camping-rendezvous-moto.com, www.camping-rendezvous-moto.com, Ü im Leihzelt oder in der Blockhütte EZ ab € 21, DZ ab € 30, Ü im eig. Zelt € 10,70/Pers., Mai bis Ende Aug, im Gravezontal zwischen Joncels und Lunas

Joncels

Lunas hat einen Bahnhof an der Regionalbahnstrecke zwischen St-Chely-d'Apcher und Béziers. Béziers liegt an der Fernverkehrsstrecke Toulouse – Montpellier, somit eignet sich Lunas auch zur Unterbrechung der Wanderung bzw. zur An- oder Abreise. Einzige Einschränkung: Der Zug hält hier nur zweimal am Tag, Sa dreimal, So einmal pro Richtung.

Lunas liegt sehr schön am Zusammenfluss der Bäche Nize und Saint-Georges mit dem Gravezon. Dieser mündet bei Le Bousquet-d'Orb in den Fluss Orb.

Auf der anderen Seite biegen Sie rechts in das Sträßchen, passieren Kirche und Office de Tourisme und wandern am Fluss abwärts zur querenden D8. Sie folgen ihr rechts über die Bahnlinie und den Gravezon zur D35 und gehen dort links über die Brücke des Flusses Orb in den Ortsteil **Le Pont d'Orb**. In der folgenden Straßenkurve kämen Sie links in das Zentrum von Le Bousquet-d'Orb, geradeaus weicht der markierte Weg von der Hauptstraße ab und steigt zur Kirche St-Martin d'Orb auf. Über die Rue du Meguillou und dann rechts über Stufen erreichen Sie die Kirche und wandern links daran vorbei. Durch eine Senke (Rue de la Saute, Wasserstelle am Ortsausgangsschild) und an der Querstraße rechts gehen Sie bis an den Ortsrand von La Séguinerie (in 1,6 km und 120 Höhenmeter Entfernung) und dort links eine Gasse hinauf zu einem Bergweg.

Le Bousquet-d'Orb 34260

Le Gîte de Roselyne, Roselyne u. Alain Schenk, 8 Chemin de Saint Martin, 04 67 23 77 93, 06 46 04 58 41, 06 07 97 85 52, roselyne.schenk@sfr.fr, www.leshaltespelerins.org/le-gte-de-roselyne, Ü € 21, jede weitere Person € 13,

Terrasse, ≋, 🐕, etwas unterhalb der Kirche St-Martin d'Orb gelegenes Ferienhaus für 2 bis max. 4 Pers, Pilger werden herzlich aufgenommen, ✕, 🛒 in der Nähe

- ♦ Chambres d'hôtes La Séguinerie, Yamina u. Alain Panseri, 8b La Séguinerie, ☎ 04 67 23 09 52, 📱 06 83 30 86 18, ✉ yap.panseri@sfr.fr, 💻 www.leshaltespelerins.org/la-seguinerie, 2 Zi, ÜF € 25, ÜHP € 35
- ♦ Chambres d'hôtes Le Clos de la Source, Mme Janine Viallet-Declerck, 23 **La Séguinerie,** ☎ 04 30 40 11 96, 📱 06 19 31 01 75, 06 18 18 60 31, ✉ lumiere.7.source@gmail.com, 2 Zi, ÜF EZ € 50, DZ € 60, A € 15, 🐕 ≋, Massageangebot

🚆 ☞ Lunas. Der Zug hält allerdings Mo bis Sa dreimal, So zweimal pro Richtung.

Etappe 11: Le Bousquet-d'Orb – Saint-Gervais-sur-Mare (Hérault)

➲ 23 km, ⧗ 8 Std., ↑ 882 m, ↓ 907 m, ⇧ 321-949 m

0,0 km	⇧ 345 m	Le Bousquet-d'Orb, OT Séguinerie 🛏
10,5 km	⇧ 838 m	Col de Serviès ↳: 🏠
19,8 km	⇧ 419 m	Mècle 🏠 🛏 💧
23,0 km	⇧ 325 m	Saint-Gervais-sur-Mare ℹ 🏠 🛏 ⛺ ✕ ☕ 🛒 BANK ⚕ 📯

Ein schöner Bergweg führt Sie zunächst auf eine Höhe von 700 m. Im Weiteren leiten Sie breite, bequeme und schattige Waldwirtschaftswege durch Nadelforst, aber mit zunehmender Höhe auch durch urwaldartige Mischwälder aus Eichen, Kastanien,

Der Weg führt in der Nähe der Burgruine Neyran entlang

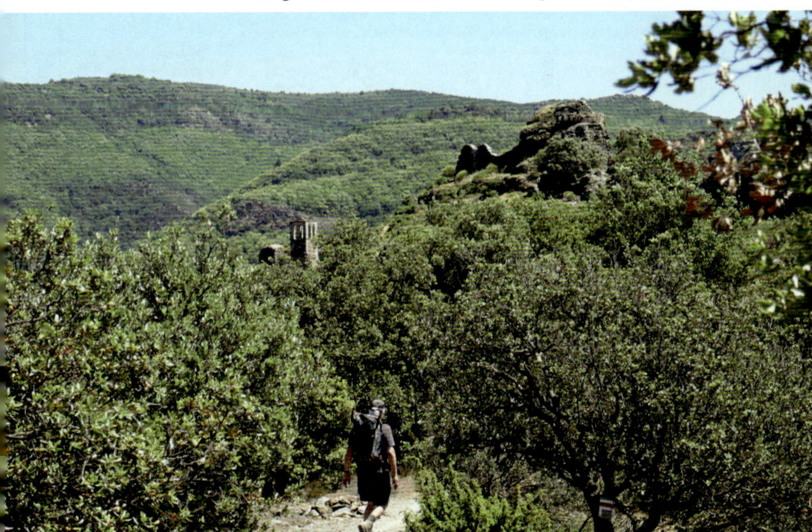

Kiefernarten und Buchen bis auf eine Höhe von fast 950 m. Nun besticht der Weg durch herrliche Weitsichten und Einsichten in die steilen, bis in den Talgrund bewaldeten Hänge.

Radfahrer folgen weiter der D35 durch Le Bousquet-d'Orb bis nach La Tour-sur-Orb. Dort wechseln Sie auf die D23, überqueren einen Bergrücken und stoßen auf die D922, auf der Sie entspannt im Tal der Mare nach Saint-Gervais-sur-Mare radeln.

In schattigem Eichen-Kastanien-Wald steigen Sie auf dem schmalen Bergpfad länger bergan, bis Sie an einen breiten Schotterweg gelangen. Diesem leicht abwärts gerichteten Hangweg folgen Sie längere Zeit nach links zum **Col des Clares ou gare du Paulhan**, einer 6-Wege-Kreuzung mit Pausenbänken.

Einen Weg lassen Sie links liegen und gehen geradeaus nun sanft aufwärts zum **Col des Vignères**. Hier biegen Sie rechts ab und gelangen zum **Col de Peyremale**. Weiter geht es geradeaus auf breitem Weg zum **Col du Liourel**, einer weiteren Wegspinne. Hier lassen Sie zwei Wege links liegen und erreichen geradeaus nach 300 m einen geräumigen, überdachten Rastplatz mit Balkon.

In Schleifen geht es weiter bergauf auf eine Zwischenhöhe und dort links leicht abwärts zum **Col de Serviès**. Hier führt rechts ein Weg in das Tal hinunter zur Gîte d'étape im Dorf Serviès.

Mme Marie-Claude Théron, 34260 Avène, OT Serviès, ☏ 04 67 23 42 25, 19 Plätze, Ü € 12, F € 3, A € 13. Die Gîte liegt 3,5 km vom Weg entfernt und 240 Höhenmeter tiefer.

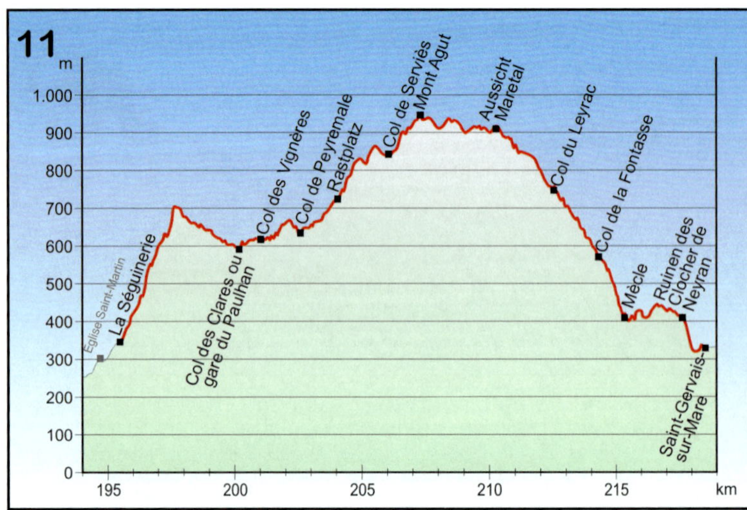

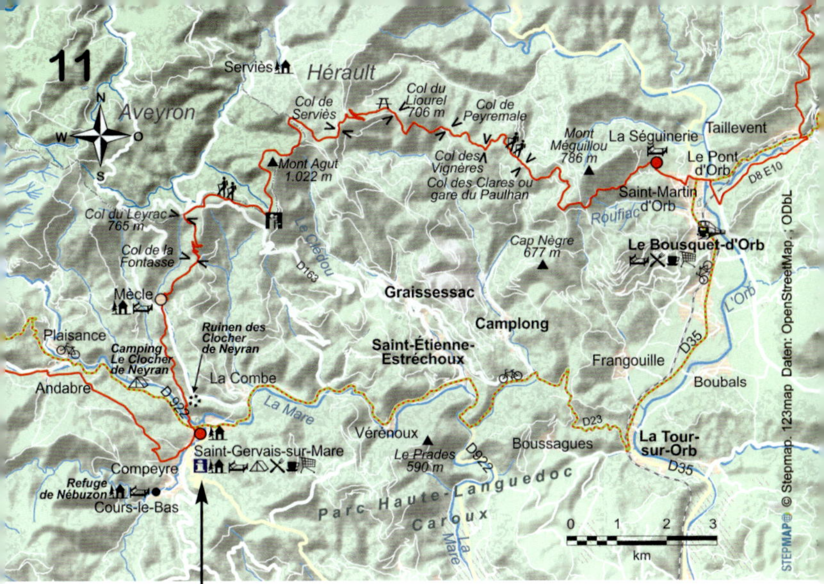

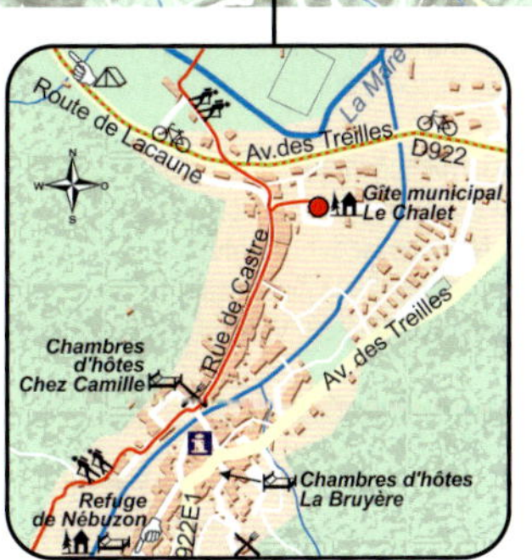

Der höchste Punkt am Weg wird etwa 1 km weiter erreicht. Dann laufen Sie im Hang des 1.022 m hohen Mont Agut durch offenes, aussichtsreiches Gelände weiter. Achten Sie nach der Umrundung des Berges auf den markierten Abzweig links vom breiten Weg, der Sie an eine besonders schöne Aussicht über das Maretal führt. Zwei Eisenkreuze kennzeichnen diese Stelle.

Der Weg führt nun stetig bergab. Eine Straße wird überquert und am **Col du Layrac** (Wegweiser) erneut erreicht. Sie folgen dem breiten Weg links und landen nach längerem Abstieg an einer Kreuzung mit Zisterne am **Col de la Fontasse**. Hier nehmen Sie den Weg rechts nach **Mècle** (☞ Saint-Gervais-sur-Mare).Vorbei am Dorfbrunnen und an der Kirche führt Ihr Weg weiter die Dorfstraße hinunter zur Bachbrücke und weicht danach von der Straße in einen schattigen Waldweg ab. Nach 600 m wandern Sie auf dem Pfad links weiter und nach 1 km nehmen Sie den Pfad rechts hinab ins Tal, unweit der Burgruine **Neyran**. Auf einer Steinbrücke überqueren Sie den Fluss Mare, dann die D922, und gelangen über die **Rue de Castres** zum Platanenplatz von Saint-Gervais-sur-Mare.

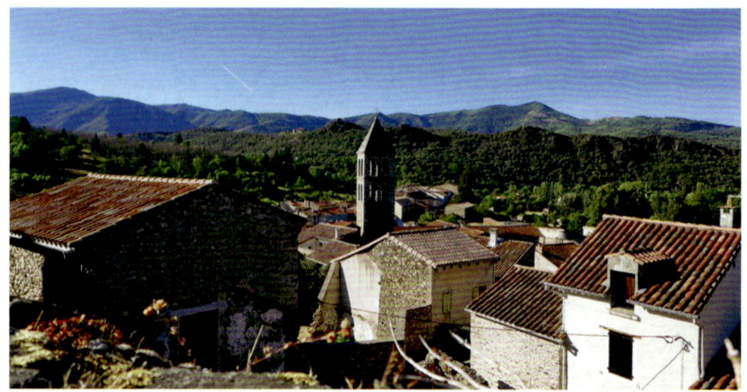

Saint-Gervais-sur-Mare

Saint-Gervais-sur-Mare 34610

- Office de Tourisme, 12 Rue du Pont, ☏ 04 67 23 68 88, mc.stgervais@free.fr, 9:00-12:00 u. 14:00-18:00
- Mairie, 26 Rue de Castres, ☏ 04 67 23 60 65, mairie.stgervaissurmare@wanadoo.fr, www.stgervaissurmare.fr, Mo-Fr 9:30-12:00 u. 13:30-16:00, Fr bis 17:00, Do nachmittags geschlossen
- Gîte municipal Le Chalet, über die Mairie oder (am Wochenende) ☏ 06 84 82 33 51, 14 Plätze, Ü € 15, Reservierung erforderlich, zentral
- Gîte d'étape Les Amoureux du Chemin, Michel u. Nathalie Hager, **OT Mècle**, ☏ 04 67 95 06 87, 06 08 76 28 51, michelnathalie2008@hotmail.fr, www.leshaltespelerins.org/les-amoureux-du-chemin, ÜHP € 32, Verkauf von Lebensmitteln, Getränken
- Gîte und Chambres d'hôtes Refuge de Nébuzon, Hameau de Course, ☏ 04 67 23 69 26, 06 76 50 02 86, gitenebuzon@aol.com, www.gitenebuzon.com, Gîte: 5 Zi, 20 Betten, Ü € 14, F € 5,50, A € 14, Ü EZ € 35, DZ € 47, **OT Cours-du-Bas**, 1,3 km südlich von Saint-Gervais an der D22E
- Chambres d'hôtes La Bruyère, 5 Rue de la Marianne, Brigitte Trapp, ☏ 04 67 23 97 91, 06 35 25 27 65, labruyeretrapp@yahoo.fr, labruyere34.wordpress.com, 4 Zi, ÜF EZ € 25-35, DZ € 50-55, DE, 15. März bis Ende Nov, im Zentrum in der Nähe der Kirche
- Chambres d'hôtes Chez Camille, 8 Place du Quai, Bruno Bousquet, ☏ 04 67 23 07 22, 06 71 37 96 55, bruno.bousquet@free.fr, camille.stgervais.free.fr, 4 Zi, ÜF EZ € 48, DZ € 65, A € 20, EN, zentral
- Camping Le Clocher de Neyran, ☏ 04 67 23 64 16, leclocher.neyran@wanadoo.fr, Ü im eig. Zelt € 10,70-13,30/Pers. (saisonabhängig), im Bungalow € 20/Pers., 1,5 km nordwestlich von Saint-Gervais entlang der D922 Richtung Andabre
- Taxis Christophe, ☏ 04 67 23 60 57

Etappe 12: Saint-Gervais-sur-Mare – Murat-sur-Vèbre (Hérault, Tarn)

23,4 km, 7 Std., ↑ 914 m, ↓ 392 m, ⇧ 327-1.023 m

0,0 km	⇧ 327 m	Saint-Gervais-sur-Mare
12,7 km	⇧ 860 m	Le-Prat-de-Zèbe
18,9 km	⇧ 887 m	Les Senausses
23,4 km	⇧ 849 m	Murat-sur-Vèbre

Vom Maretal wandern Sie heute in das obere Tal der Vèbre. Am Pass bei Ginestet ergibt sich ein völlig anderes Landschaftsbild. Das zurückliegende, von den Flüssen stark eingeschnittene, schroffe und wilde Gelände weicht eher lieblichen Höhen, auf denen Ackerbau, Wald- und Wiesenwirtschaft betrieben wird. Murat-sur-Vèbre gehört bereits zum Département Tarn, das Sie aber noch einmal verlassen werden.

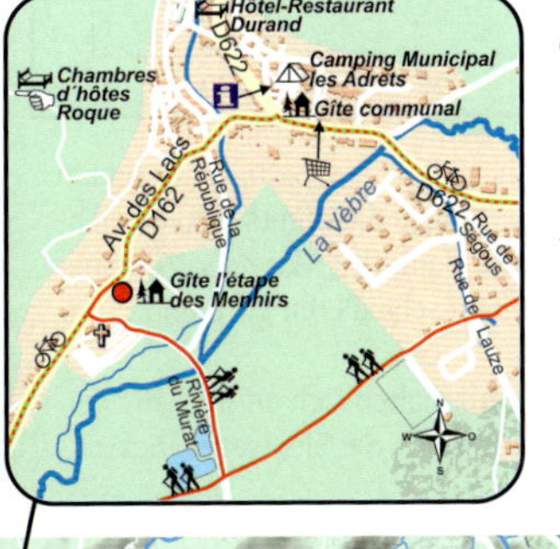

Radfahrer fahren auf der D922, die im Département Tarn zur D622 wird, nach Murat-sur-Vèbre. Sie überqueren dabei u. a. den Pass am Croix de Mounis mit 809 m Höhe.

Am Platanenplatz (Wegweiser) gehen Sie geradeaus weiter Richtung Andabre.

Auch nach links über die Bachbrücke ist der GR 787 mit dem Muschelsymbol markiert. Das ist nicht Ihre Richtung.

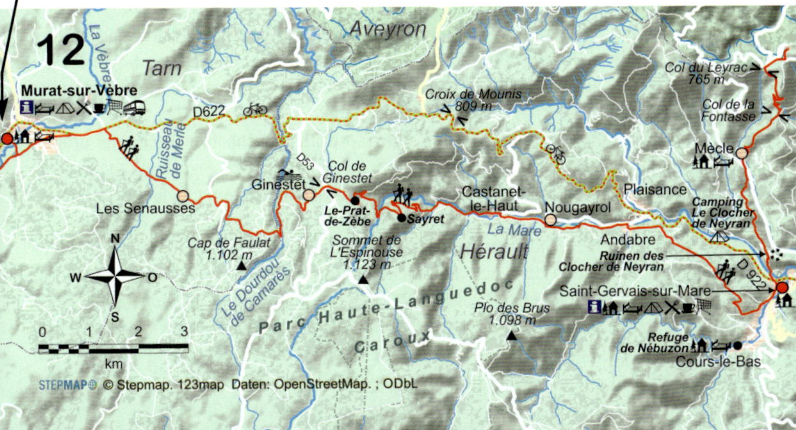

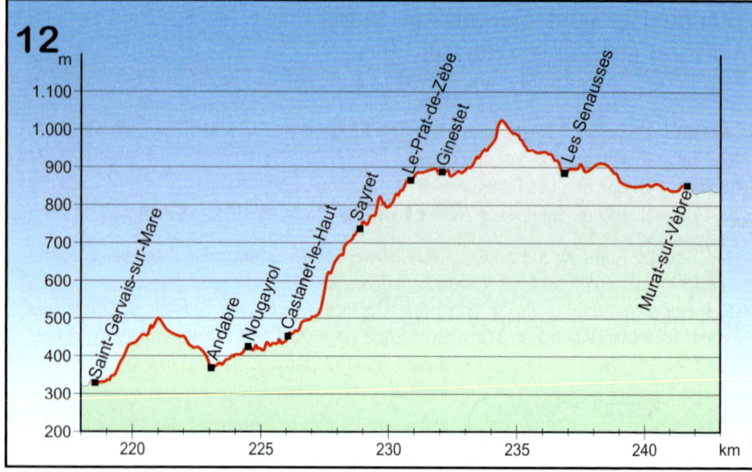

Zwischen hohen Mauern und auf dem sich anschließenden, schattigen Bergpfad wandern Sie zum Dorf hinaus bis auf eine Anhöhe. Hier folgen Sie rechts dem erreichten Schotterweg durch schattigen Kastanienwald in den Hang des Maretals. An einer gut gekennzeichneten Stelle gehen Sie geradeaus in einen schmaleren Weg und erreichen etwas später Andabre im Maretal.

Vor der Flussbrücke biegen Sie links in den Talweg ab, halten sich an der Verzweigung links und erreichen am Weiler **Nougayrol** eine Straße ⩱, die Sie, weiter diesseits der Mare, nach **Castanet-le-Haute** führt.

Hier überqueren Sie die Mare und gehen links durch das Dorf. Von der Rue de Porche biegen Sie fast am Ortsrand links in die **Rue de Chateau** ab und wandern nun im schluchtartigen Tal des Bergbaches steiler bergan. Über eine Steinbogenbrücke wechseln Sie die Bachseite, erreichen einen breiten Weg und steigen in Serpentinen aus dem Tal hinaus.

Am Anwesen **Sayret**, 2,4 km weiter, stehen private Pausenbänke unter einer uralten Buche, und nach weiteren 1,8 km finden Sie, nun im Talschluss angelangt, an der Hofstelle **Le-Prat-de-Zèbe** erfrischend kaltes Quellwasser 💧 in einem Quellhäuschen (Hinweisschild: La Source).

Geradeaus folgen Sie dem beginnenden Sträßchen zum Col de Ginestet (hier kreuzt der GR 71) und dem sich anschließenden Chemin de Moulin nach Ginestet.

Am Ortseingang biegen Sie halb links (Picknickbank) von der Straße in einen Feldweg ab, durchkreuzen bald herrlichen Buchenwald und erreichen den Oberlauf eines kräftigen Baches, der hier eine perfekte 🏊 Badelandschaft geschaffen hat. In vielen Felswannen wird das glasklare Nass aufgefangen.

Im Gegenhang steigen Sie noch einmal kurz und kräftig an und erreichen einen Sattel, von dem es nun stetig abwärts und aus dem Wald hinaus geht. Ein Schotterweg führt schließlich an eine Teerstraße, der Sie ohne Richtungswechsel – an einer Gabelung halb links – zunächst in den Weiler **Les Senausses** 💧 folgen.

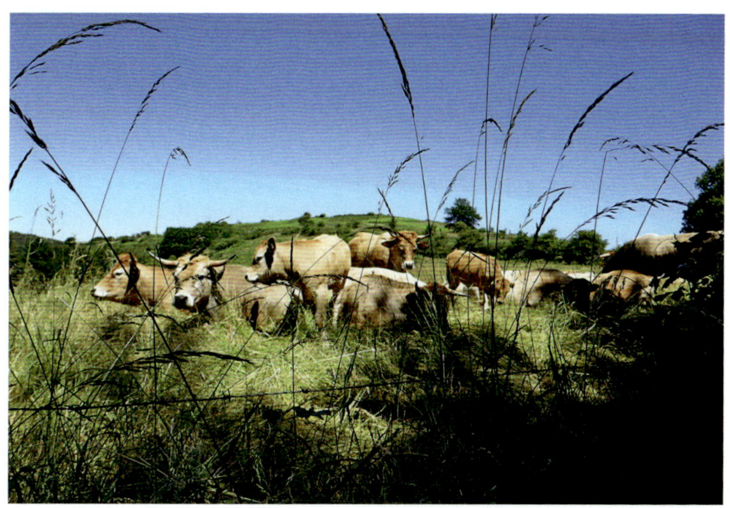

Zufriedene Rinder auf Augenhöhe

An der Dorfkreuzung biegen Sie links in das heckengesäumte Sträßchen ab, das bis zur D622 führt. Sie gehen links nach **Murat-sur-Vèbre** weiter. Am Ortseingang zweigt der GR 653 halb links von der Straße ab und führt auf schattigem Heckenweg am Dorf vorbei. Wenn Sie in die Ortsmitte (🛏 🛒 ☕ ℹ Mairie) wollen, bleiben Sie auf der Straße. Zur 🏠 🛏 Gîte l'étape des Menhirs folgen Sie dem Wanderweg weitere 1,2 km und biegen an den Fischteichen rechts ab (Wegweiser zur Gîte), passieren die Kirche und gehen an der D162 rechts knapp 100 m Richtung Ortsmitte.

Murat-sur-Vèbre ℹ 🏠 🛏 ⛺ ✕ ☕ 🛒 BANK 📯 ⚕ 🚌 ✉ 81320

ℹ Office de Tourisme, Rue de la Salle des Fêtes, ☎ 05 63 37 47 47, ✉ murat@tml81.fr, 🚪 tägl. außer So 9:15-12:15, Mo erst ab 10:00

♦ Mairie, 25 Avenue du Languedoc, ☎ 05 63 37 41 16, ✉ contact.murat@orange.fr, mairie.murat81@wanadoo.fr, 💻 www.murat-sur-vebre.fr, 🚪 Mo-Fr 8:30-12:30 u. 13:30-17:30, Mo erst ab 9:00, Fr nur bis 16:00

🏠 Gîte communal, Rue de la Salle des Fêtes, 8 Betten, Ü € 12, 🍳, 🐕, im Erdgeschoss des Dorfgemeinschaftshauses, Schlüssel über die Mairie zu den Öffnungszeiten oder im Hotel Durand

Gîte l'étape des Menhirs u. Chambres d´hôtes, Avenue des Lacs, Isabelle u. Jean-Luc Chazalet, 05 63 37 51 20, 06 41 49 50 08, 06 70 72 99 27, jean-luc.chazalet@orange.fr, www.leshaltespelerins.org/ltape-des-menhirs, 2 Zi u. ein Schlafsaal für 10 Pers., ÜF € 17, EZ € 35, DZ € 60, DBZ € 75, A € 15, EN, Gepäcktransport kann organisiert werden, , Mitte Mrz bis Ende Dez, Reservierung erbeten, wenn HP gewünscht, bei Pilgern sehr beliebt, in einem ehemaligen Klostergebäude

Hôtel-Restaurant Durand, 211 Avenue de l'Albigeois, 05 63 37 41 91, hoteldurand@free.fr, www.pageloisirs.com/durand, EZ € 52, DZ € 57, F € 8, EN,

Chambres d´hôtes, Andre u. Christiane Roque, Félines, 05 63 37 43 17, andre.roque265@orange.fr, 5 Zi, ÜF EZ € 30, DZ € 45, , Abholung auch aus Les Senausses. Der Hof Félines liegt 1,7 km nordwestlich von der Ortsmitte entfernt.

Camping Municipal les Adrets, 2 Hütten mit je 4 Plätzen, Ü Zelt + 2 Pers. € 8, Mai-Okt, über die Marie

Taxi Bernard Viala, 05 63 37 06 10; Taxi Lacaune, 05 63 37 02 79

Zweimal täglich verkehrt der Bus 763 zwischen Murat-sur-Vèbre und Castres (tarnbus.tarn.fr). Durch den Bahnanschluss in Castres ergäbe sich so auch hier eine Möglichkeit zum Ein- oder Ausstieg in bzw. aus dem Weg.

Etappe 13: Murat-sur-Vèbre – La Salvetat-sur-Agoût (Tarn, Hérault)

20,9 km, 6 Std., 378 m, 511 m, 697-959 m

0,0 km	849 m	Murat-sur-Vèbre
12,1 km	816 m	Villelongue
20,9 km	715 m	La Salvetat-sur-Agoût

In der wärmeren Jahreszeit wirkt das kühlere Klima der Höhenlagen, die Sie heute und auch am folgenden Tag nicht verlassen, spürbar erfrischend. Zudem halten sich die zu bewältigenden Höhenmeter in Grenzen, sodass Sie es an beiden Tagen mit verhältnismäßig leichten Wegen zu tun haben. Sie folgen dem Tal des Flusses Vèbre zunächst bis Villelongue am Lac du Laouzas und steigen dann über eine von Buchenurwald und Tannenforst geprägte Höhe zur Mündung der Vèbre in den Agoût am Städchen La Salvetat-sur-Agoût hinunter.

Der GR 653 von Murat-sur-Vébre bis zum Lac du Laouzas ist fahrbar, aber die D162 ist sehr viel angenehmer. Von Villelongue bis La Salvetat-sur-Agoût ist der GR 653 als Radweg recht unerquicklich, besser ist die Weiterfahrt auf der D150.

Aus der Ortsmitte von Murat-sur-Vèbre biegen Sie links in die D162 und folgen ihr bis zur Kirche (500 m). Hier wenden Sie sich links in einen Teerweg, überqueren die Vèbre und biegen nach den Fischteichen rechts in den Chemin de Saint-Jacques ab.

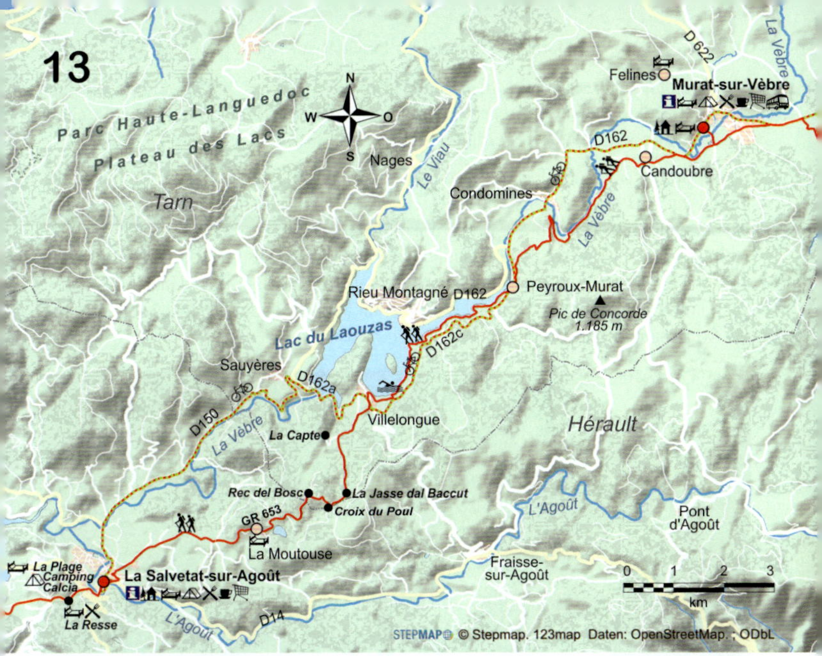

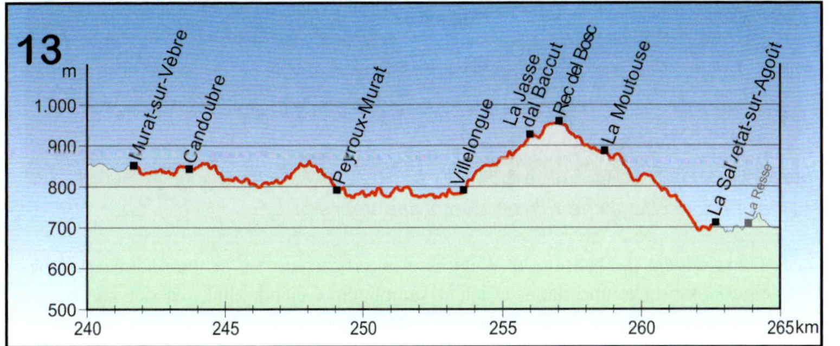

Hinter Murat-sur-Vébre ist der Weg außer mit den GR-Zeichen auch noch zusätzlich aufwendig mit metallenen Santiagokreuzen gekennzeichnet. Diese Zeichen begleiten Sie im Département Tarn.

Das Santiagokreuz ist ein Symbol für den Santiagoorden, einen Ritterorden, der im 12. Jh. entstand und die Pilger auf dem Weg nach Santiago de Compostela beschützen sollte. Der Orden widmete sich außerdem der Spitalpflege und kämpfte gegen die

Mauren in Spanien, er wurde daher auch "Jakob vom Schwert" genannt. Sein Zeichen, das Santiagokreuz, ist ein breites rotes Schwert mit lilienförmigen Armen und einem Herzen am oberen Ende des Griffes.

Sie stoßen auf einen Teerweg und biegen rechts ab. Dann treffen Sie auf die D162, folgen ihr 100 m geradeaus und zweigen wieder links auf einen Feldweg ab. Im Örtchen **Candoubre** weichen Sie der großen Halle links aus, biegen aber gleich wieder rechts in den Schotterweg ab und laufen am Hallenende links über die Bachbrücke und 150 m weiter rechts in einen Heckenweg parallel zum Tal. An der Gabelung geht es nach links und an der Kreuzung geradeaus nun auf sehr altem Landweg weiter, wovon die Stützmauern und Bruchsteinbrücken zeugen.

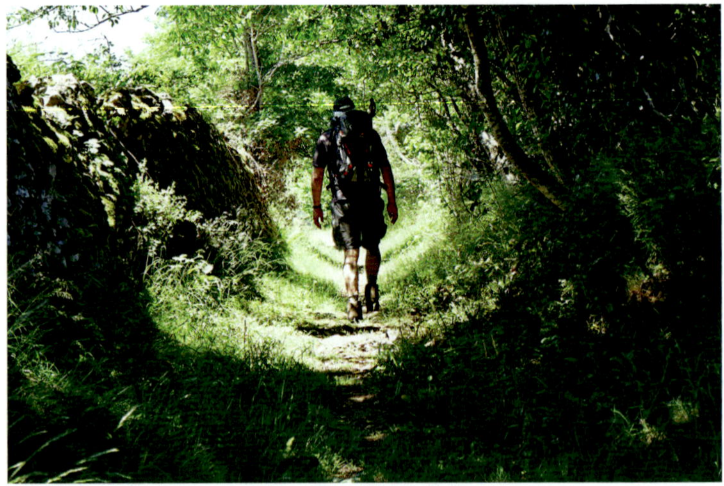

Alte, historische Wege führen durch das Vèbretal

Dann scheint die historische Wegtrasse unterbrochen. Sie gehen rechtsherum bis an eine Flussbrücke und dann, in leicht sumpfigem Gelände, links wieder zur Hangterrasse hinauf. Wenig weiter biegt der Weg scharf nach links und führt zu einem Schotterweg, mit dem Sie zu einem Wegweiser aufsteigen. Hier geht es rechts über eine Bergflanke hinüber bis zum Waldrand und dort wieder nach rechts, jetzt abwärts, zuletzt zu einer Straße am Dorf **Peyroux-Murat**.

Sie überqueren die Straße und gehen gleich wieder links auf der parallel verlaufenden Dorfstraße, die zurück zur Hauptstraße führt. 50 m weiter biegen Sie rechts in den Uferweg ein, der nun 3,6 km am See der gestauten Vèbre (Lac de Laouzas) entlangführt.

Sie passieren einen Rastplatz mit Feuerstelle sowie einen Angelplatz und erreichen schließlich einen Badestrand. Danach führt der Weg links zu einem Sträßchen, dem Sie rechts an einem Campingplatz vorbei in das Kirchdorf **Villelongue** folgen.

Sie gehen links zur Kirche hinauf und daran vorbei zur Straße (D162a), dort knapp 100 m nach links und dann rechts über Wald- und Mauerwege zu einem Sträßchen auf der Höhe. Links folgen Sie diesem zu einer Gabelung und gehen hier rechts Richtung La Capte. An der Verzweigung im Wald laufen Sie links und biegen nach weiteren 500 m links in einen Waldweg ab.

Dieser steigt langsam zu einem steinernen Schutzhaus (La Jasse dal Baccut) an, das man aber wirklich nur im Notfall betreten möchte. Sie folgen dem Weg noch bis an den Rand des großartigen Bergbuchenwaldes am Croix du Poul. Hier geht es rechts auf breitem Forstweg durch den bei warmer Mittagssonne betörend süßen Duft des Tannenforstes zum Wendeplatz Rec del Bosc (höchster Punkt der Etappe). Der Waldweg links führt nun in Bögen abwärts, vorbei an einem kleinen Speichersee (Privatbesitz) zur Siedlung La Moutouse (, ☞ La Salvetat-sur-Agoût).

Sie folgen geradeaus dem Sträßchen, weichen kurz auf einen Parallelweg ab und erreichen einen Sattel, an dem ein rechts und ein links abzweigender Weg ignoriert werden. An der nachfolgenden Verzweigung gehen Sie nach rechts, auf aussichtsreichem Weg nach Salvetat-sur-Agoût hinunter. An einer Hofstelle folgen Sie der Markierung links in einen Hohlweg, wandern am Ortsrand geradeaus und bald links zwischen die Häuser, nochmals durch eine Senke und dann aufwärts in ein wirtschaftliches Zentrum BANK. Die Markierung zeigt nun nach rechts entlang der Esplanade des Troubadours zur Kirche und dort links aufwärts in das historische Zentrum.

La Salvetat-sur-Agoût BANK 34330

Office de Tourisme, Place des Archers, ☏ 04 11 95 08 07, salvetat.tourisme@orange.fr, www.salvetat-tourisme.fr, Mo-Fr 9:00-12:00 u. 14:00-18:00, Sa/So ab 10:00 u. bis 17:00, Altstadt

Gîte d'etape communal, Anmeldung über das Office de Tourisme, 7 Betten, Ü € 10, in einem historischen, etwas feuchten Gemäuer in der Altstadt, die Küche ist schlecht zu lüften, die Zimmer aber hell und trocken

La Pergola, Esplanade des Troubadours, ☏ 04 67 23 63 50, Ü € 45/Pers, im wirtschaftlichen Zentrum

♦ Hôtel-Restaurant La Plage**, Les Bouldouïres, ☏ 04 67 97 69 87, laplage.lac@wanadoo.fr, www.pageloisirs.com/hotel-la-plage, 12 Zi, Ü EZ € 47, DZ € 62, DBZ € 78, F € 9, EN, 2 km, westlich von Salvetat (☞ Wegbeschreibung Etappe 14)

Hôtel Auberge la Resse, Route d'Anglès, ☏ 04 67 97 53 97, 07 86 71 28 61, contact@aubergelaresse.fr, www.aubergelaresse.fr, Ü DZ € 50, F € 8, EN, DE, am Weg, 1 km hinter Salvetat (☞ Wegbeschreibung Etappe 14)

♦ Chambres d'hôtes Les Trefles, Gisèle u. Bernhard Petit, OT La Moutouse, ☏ 04 67 97 61 69, gisele.lestrefles@orange.fr, www.trefleslamoutouse.mirimix.fr, 8 Betten,

ÜHP € 40, Rabatt für 2 und mehr Pers., Mrz-Okt, , Gepäcktransport für die folgende Etappe

Chambres d'hôtes L'Oustal, Mme Magali Cazal, OT La Moutouse, 06 32 27 18 45, cazals.magali@neuf.fr, www.loustalderame-lasalvetat.fr, ÜF DZ € 50, A € 15

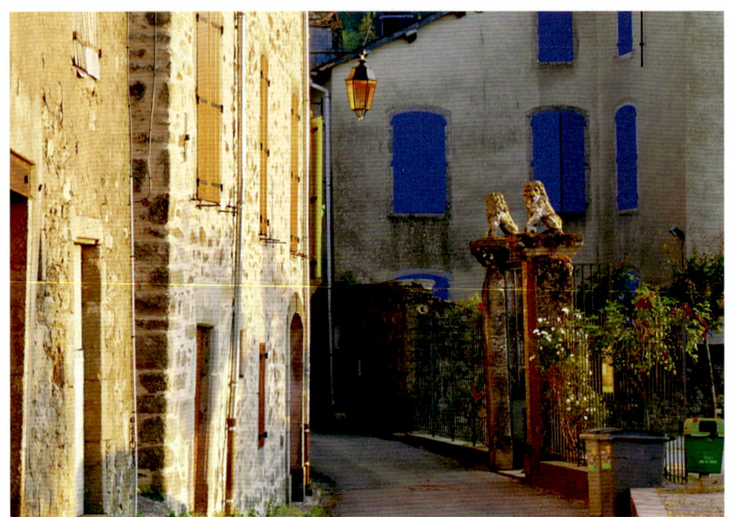

Abendsonne in La Salvetat-sur-Agoût

Camping Calcia, Les Bouldouïres, 04 67 97 63 45, camping.ccecalcia@wanadoo.fr, www.camping-des-cepes.com, Übernachtung auch in Hütten, EN, DE, , 2 km, am Lac de la Raviège (Wegbeschreibung Etappe 14)

Etappe 14: La Salvetat-sur-Agoût – Anglès (Hérault, Tarn)

18,2 km, 5 Std. 30 Min., ↑ 426 m, ↓ 379 m, ⇧ 686-867 m

0,0 km	⇧ 715 m	La Salvetat-sur-Agoût BANK
11,9 km	⇧ 800 m	beheizbare Waldhütte und Quelle
18,2 km	⇧ 763 m	Anglès BANK

Nach einem etwas ermüdenden Auftakt von fast 6 km über Straßen und Nebenstraßen wandern Sie in leichtem Auf und Ab durch Buchenwald, der von Wiesen mit kleinen Bachläufen und Kahlschlägen unterbrochen wird. Ein Sträßchen führt bei schöner Aussicht weiter nach Anglès.

Für Fahrradfahrer bietet es sich an, von La Salvetat-sur-Agoût aus der D14E1 zu folgen, die im Département Tarn zur D52 wird und Sie am Lac de la Raviège entlang nach Anglès bringt.

Aus der Altstadt von La Salvetat-sur-Agoût steigen Sie Richtung Süden hinunter, überqueren den Agoût und folgen dann rechts der D14E1. Nach der Tankstelle bleiben Sie links auf der Straße. Rechts kämen Sie zum Hotel La Plage und zum Campingplatz. Sie passieren das Hotel Auberge La Resse und erreichen einen Kreisverkehr. Geradeaus unterqueren Sie die Pont de la Lune und folgen der Straße für weitere 1,4 km. Dann biegen Sie links in eine Nebenstraße ab (Richtung La Gruasse u. a.). An der Gabelung bleiben Sie rechts auf dem Sträßchen.

An einem Wohnhaus beginnt der Weg zu steigen. Noch nicht auf der Höhe biegen Sie rechts in einen Waldweg ab. Er fällt bald in ein Bachtal ab und steigt zu einem breiten Forstwirtschaftsweg hinauf. Links gehen Sie weiter aufwärts und an

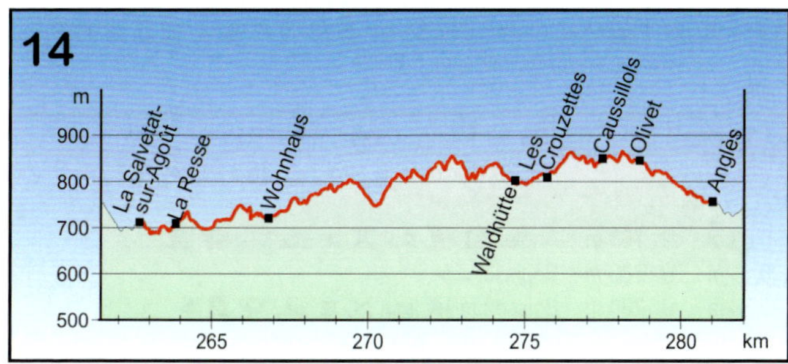

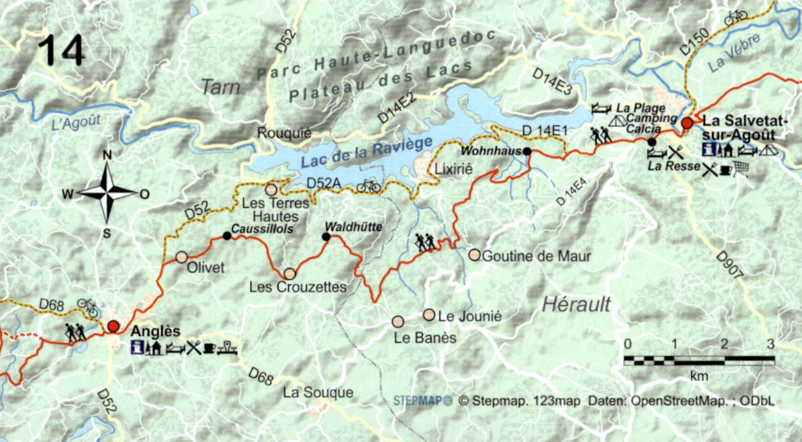

einem Holzplatz wieder rechts in einen angenehmen Waldweg. Erneut wird ein Forstweg erreicht. Hier gehen Sie aufwärts, biegen aber, nachdem die Höhe überschritten ist, rechts in einen Waldweg, der gleich links zu einem Sträßchen führt. Hier steht eine Schutzhütte mit Picknickbänken, Feuerholz, Töpfen und Wasserstelle.

Sie folgen dem Sträßchen links nach **Les Crouzettes** und gehen an der Dorfkreuzung rechts Richtung Anglès. Sie erreichen die D52 und folgen ihr links in das Dorf.

Anglès

81260

Mairie, Place de la Mairie, 05 63 70 97 19, mairie.angles.81@wanadoo.fr, www.angles-du-tarn.fr, Mo-Fr 9:00-12:00, Mi, Do u. Fr auch 14:00-17:00

Office de Tourisme, Place de la Poste, 05 63 72 47 95, www.tourisme-montsdelacaune.com, Mo-Sa 9:00-12:00, Jul/Aug auch nachmittags und Sa

Gîte communal, Place de la Poste, 6 Betten, Ü € 10, nur für Pilger mit Pilgerausweis, Reservierung über die Mairie oder das Office de Tourisme zu den Öffnungszeiten, den Schlüssel bekommen Sie aber auch in der Bar im Zentrum

Robert Passeport, Chemin d'Herbe, 05 63 50 47 95, 06 25 53 35 27, maison.angles@gmail.com, 6 Plätze

Etappe 15: Anglès – Boissezon (Tarn)

20,3 km, 5 Std., 288 m, 771 m, 280-814 m

0,0 km	763 m	Anglès
8,1 km	783 m	Bouisset
20,3 km	280 m	Boissezon

Von Anglès führen überwiegend schöne Heckenwege mit altem Baumbestand Richtung Boisset. Deutlich hinter diesem Dörfchen beginnt dann ein langsamer und gemütlicher Abstieg durch von Kastanien geprägte Mischwälder und über blütenreiche Wiesen. Der Blick geht weit voraus in das Becken von Castres. Das leichte und wenig anstrengende Wegstück erlaubt ausgiebige Picknickpausen, die an vielen schönen Stellen möglich sind.

Ich habe allerdings keine Möglichkeit gefunden, unterwegs Wasser nachzufüllen. Bevorraten Sie sich der Witterung entsprechend.

Radfahrer, die auf Départementstraßen ausweichen, können über die D68 knapp an **Le Bez** vorbei zur D93 fahren. Über **Boissezon** führt diese nach **Noailhac**.

Den Place de la Mairie lassen Sie rechts liegen und folgen der Hauptstraße weiter geradeaus Richtung Brassac. Etwa 100 m nach der Kirche zweigen Sie links in ein Nebensträßchen ab und folgen diesem für 700 m. Hier biegen Sie rechts (durch ein Wegkreuz deutlich markiert) in einen steinigen Waldweg ab. Dieser führt zu einem Forstwirtschaftsweg, auf dem es links bequemer weitergeht.

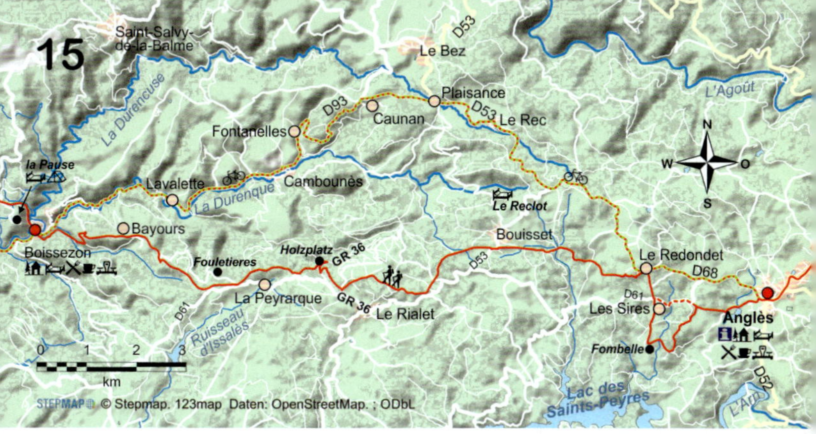

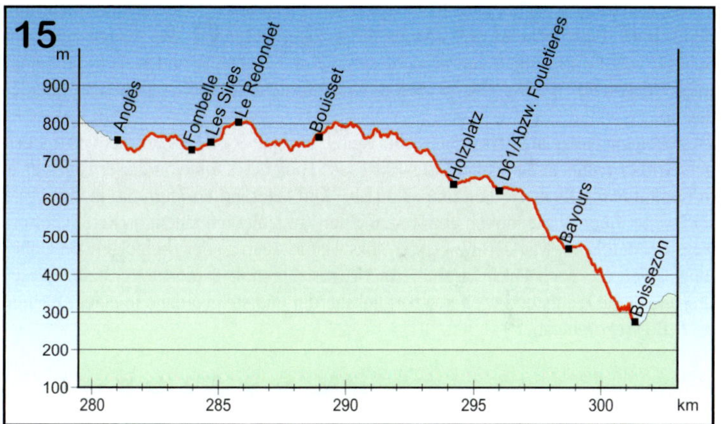

➪ Wer es eilig hat, könnte die nachfolgende Schleife von 2,7 km, die der Weg auf sehr schönen alten Wegen vollzieht, durch ein nur 900 m langes Straßenstück verkürzen. Gehen Sie dazu an dieser Stelle rechts zur Straße (D61) und folgen Sie ihr links bis zu der Siedlung, an welcher der markierte Weg quert. Folgen Sie dem Weg nach rechts.

An einer Wegkreuzung biegen Sie rechts in einen Waldweg ab (Wegweiser Richtung Boisson und Castres), durchqueren ein Bachtal und biegen am dann erreichten breiteren Weg wieder rechts ab. An einer Siedlung kommen Sie zur D61, die Sie geradeaus queren, bevor Sie dem Waldweg folgen. Vor einem nicht ganz erreichten

Haus biegt der Weg nach links, verläuft eine Weile im Böschungshang der D68 und führt an einem Wiesenplatz links durch den Wald abwärts, zuletzt zu einem Sträßchen (ehemalige Militärlager), dem Sie folgen.

An zwei Gabelungen gehen Sie jeweils links weiter. An der zweiten Gabelung steht der Hinweis auf die Übernachtungsmöglichkeit, die von hier noch 2,2 km entfernt liegt.

Chambres d'hôtes Le Reclot, Chez Sabrina Rousset, 81260 Le Bez, OT Bouisset, 05 63 70 36 23, rousset.sabrina@hotmail.fr, www.leshaltespelerins.org/le-reclot, ÜHP EZ € 48, DZ € 80

Am Friedhof von Boisset erreichen Sie die D53, folgen ihr links für 150 m, biegen dort rechts ab und gleich wieder links in einen Höhenweg. Sämtliche Abzweige und Kreuzungen ignorieren Sie, bis es an einem Querweg unterhalb eines Sendemasts (nach 3,7 km) geradeaus nicht mehr weitergeht. Von links kommend gesellt sich hier der GR 36 dazu.

Sie gehen nach rechts und 40 m weiter nach halb links. Das Gelände bricht nun deutlich ab. Entsprechend weit können Sie es überblicken. Sie steigen auf einen Schotterweg hinab, folgen ihm abwärts durch eine Serpentine und biegen dann links wieder davon ab. Der GR 36 zweigt in der Serpentinenkurve rechts bzw. geradeaus ab.

An einem Holzplatz gehen Sie rechts weiter, bis eine Straße fast erreicht ist, biegen aber vorher rechts in die Zufahrt des Anwesens Fouletieres und von dieser gleich links in den Grasweg Richtung Le Rampaillou ab. Vom Feldrand wandern Sie in den Wald und weiter über Wiesenhöhen abwärts zu einer Kreuzung mit einem breiten Schotterweg. Bei deutlicher Markierung geht es links weiter. Auch an der nachfolgenden Gabelung laufen Sie nach links, bis sich ein Bruchsteingehöft in den Weg stellt. Dieses umrunden Sie rechts und wieder scharf linksherum und steigen dann in einem Bachtal nach Boissezon hinab.

Boissezon 81490

Mairie de Boissezon, Rue du Fort, 05 63 50 52 59, commune.boissezon@wanadoo.fr, www.boissezon.fr, Mo-Fr 10:00-18:00

Gîte le Saint-Jacques, 18 Rue des Filtres, 06 79 20 29 34 (Agnés), thomazeagnes.wixsite.com, 3 Zi, 14 Betten, Ü € 18, EN, Aufenthaltsraum, 4 Badezimmer, Bettwäsche, Kissen u. Decken, ganzjährig, Rezeption 13:00-20:00, direkt am Weg noch vor der Ortsmitte (violette Fensterläden und Türen)

Gîte, Mme Anni Amirault, 4 Rue de Pont Rodier, 05 63 73 45 66, Zimmerchen mit Dachboden für max. 4 Pers., Ü € 17, neben der Mairie am Weg

- M. u. Mme Claude Aussilou, Rue du Planiol, 05 63 50 52 79, 06 72 65 89 23, claude.aussilou@wanadoo.fr, 2 Betten, ÜF € EZ 35, DZ € 55, am Ortsausgang über die Flussbrücke und dann links
- Chantal u. Benoît Milhet, 10 Avenue Lasbordes, 05 63 50 52 62, 1 Zi, ÜHP € 35, am Rathaus rechts der Hauptstraße folgen

Chambres d'hôtes la Pause, Martine u. Serge Vigouroux, Le Suc de la Borie, 06 80 98 45 38, la-pause@live.fr, 3 Zi, Ü EZ € 40, DZ € 50, DBZ € 65, F € 5, A € 16, Camping am Haus, 600 m vom Weg, 1,1 km hinter Boissezon (Wegbeschreibung Etappe 16)

Für ein Dorf mit nur gut 400 Einwohnern ist der Ort mit einer erstaunlich guten Infrastruktur ausgestattet. Metzgerei, Wursterei, Bäckerei, Lebensmittelladen, Bar und Restaurant sowie die obligatorische Apotheke reihen sich entlang der Durchfahrtsstraße aneinander. Das alte Dorf schart sich um den Kirchhügel, der vom Fluss La Durenque fast ganz umschlungen ist. Besuchen Sie auch die Künstlergalerie oben im Ort unterhalb der Kirche. Informationen dazu finden Sie an der zentralen Straßenkreuzung vor der Mairie in einer überdachten Wartehalle mit Pausenbänken. Eine Wasserstelle und Toiletten gibt es rechter Hand, kurz bevor Sie die D93 am Rathausplatz betreten.

Etappe 16: Boissezon – Castres (Tarn)

16,1 km, 4 Std. 30 Min., ↑ 315 m, ↓ 422 m, ⇧171-370 m

0,0 km	⇧ 280 m	Boissezon
7,4 km	⇧ 318 m	Doulatgès
16,1 km	⇧ 173 m	Castres BANK

Zwei kleine Höhenrücken gilt es heute noch zu erklimmen. Dann leitet ein bereits besiedelter Ausläufer des Bergmassivs Sidobre Sie bis in die Stadt Castres hinein.

Sie laufen geradeaus über den Rathausplatz und wandern zum Bach hinunter, überqueren ihn und steigen rechts bachaufwärts und schließlich steiler durch ein Nebental bis zu einem Sattel mit querender Straße an. Noch vor der Straße führt der Schotterweg hier links zur Hofstelle und Chambres d'hôtes la Pause (Wegweiser). Sie überqueren die Straße und folgen auf der anderen Seite dem Höhenweg Richtung Galinie und Viallèle bis an eine Kreuzung. Hier gehen Sie halb links abwärts (zuletzt über die Route de Malacan) nach **Noailhac**.

An der Mairie (, Toiletten,) folgen Sie der Hauptstraße rechts bis an den Ortsausgang. Hier verlassen Sie sie geradeaus (oder halb rechts) und biegen 130 m weiter rechts in den **Chemin de Diolo**. Am Siedlungsende weist die Markierung rechts in eine Hauszufahrt und dort halb links in einen Feldweg, der zu einer renovierten Hofstelle mit Namen **La Terrisse** führt. Eine Tafel weist darauf hin, dass Sie sich zur Gîte de la Truie qui file abholen lassen könnten. Sie können, falls Sie dort übernachten, aber auch dem Weg weiter folgen, bis ein weiterer Hinweis einen weiteren Treffpunkt am Weg anzeigt (unten).

Gîte de la Truie qui file (Gîte des Schweins, das Schlange steht), Dominique Fistie, Ferme de Lavergne, 05 63 50 59 82, 06 72 48 10 97, dominique.fistie@wanadoo.fr, www.leshaltespelerins.org/la-truie-qui-file, 7 Betten in einer Ferienwohnung, ÜHP € 32, EN, , herrlich gelegene Hofstelle etwa 2 Wegstunden vor Castres, beherbergt eine Baumschule, 600 m vom Weg, Abholmöglichkeit in La Terrisse (Wegbeschreibung)

Sie biegen nach der Hofstelle halb links in einen Heckenweg ab und schlendern gemütlich über den Höhenrücken aufwärts. Längst haben Sie die Höhe erreicht, wenn Sie auf einen zweiten Hinweis auf die Gîte de la Truie qui file treffen. Bezeichnet wird hier ein Treffpunkt, der von der Farm nur 10 Gehminuten entfernt liegt. Sie können sich (zu Fuß) abholen lassen oder dem Pfad rechts im Wald abwärts in ein Wiesental folgen und entlang der Baumreihen wieder aufwärts zur Farm gehen.

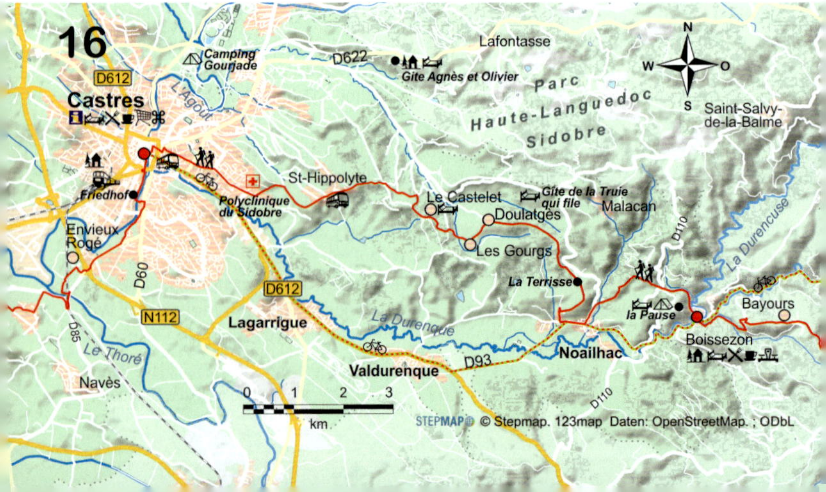

Der markierte Weg erreicht die Ansiedlung **Doulatgès** und biegt am Ortseingang links in den Grasweg ab. An einer weiteren Siedlung folgen Sie rechts der Dorfstraße,

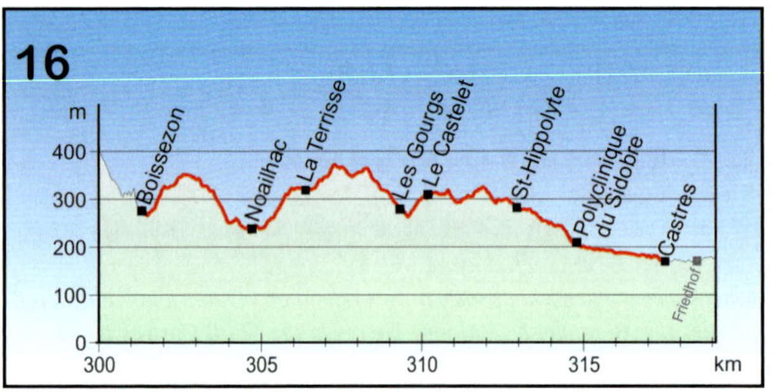

die an eine Fahrstraße führt. Sie folgen ihr links aufwärts nach Le Castelet 🛏 (teure Privatzimmer und FW, 💻 www.lecastelet.fr).

Bevor Sie eine weitere Höhe ganz erklimmen, zweigt der Weg rechts von der Straße ab. Ein Sträßchen führt aber bald links wieder zurück zur verlassenen Straße. Sie gehen nun geradeaus darüber hinweg und folgen der dann beginnenden Straße etwa 2 km durch **St-Hippolyte** (🚌 stündlich fährt ein Bus nach Castres). Etwa 500 m nach dem Ortsausgang biegen Sie in einer scharfen Linkskurve des Straßenverlaufs geradeaus in einen Nebenweg (Route des Crêtes) ab.

Wenn das Sträßchen zu steigen beginnt, wenden Sie sich halb links in einen Heckenweg und folgen dem sich anschließenden Sträßchen durch die Siedlung. An der Polyclinique du Sidobre laufen Sie rechts entlang der Hauptstraße bis an ihr Ende vor dem Straßentunnel, gehen links und an der nächsten Ecke rechts zur Straßenkreuzung am Villégiale Saint-Jacques, einem Gesundheitszentrum im Zeichen der Muschel. Hier überqueren Sie geradeaus den Boulevard Carnot.

Die bronzene Jakobusfigur vor dem Haus scheint hier richtungsweisend mit wehendem Mantel vorauszustürmen. Folgen Sie ihr in die gegenüber beginnende Rue Fuziès, biegen Sie aber nach 120 m links zur Jakobuskirche am Place Saint-Jacques ab. Kirche und Hospital in der alten Vorstadt Villegoudou dienten den Pilgern früher als Anlaufstelle. Die heutige Kirche ist 1640 erbaut worden. Nur der Turm stammt noch aus gotischer Zeit. Die Vorgängerbauten wurden während der Religionskriege zerstört.

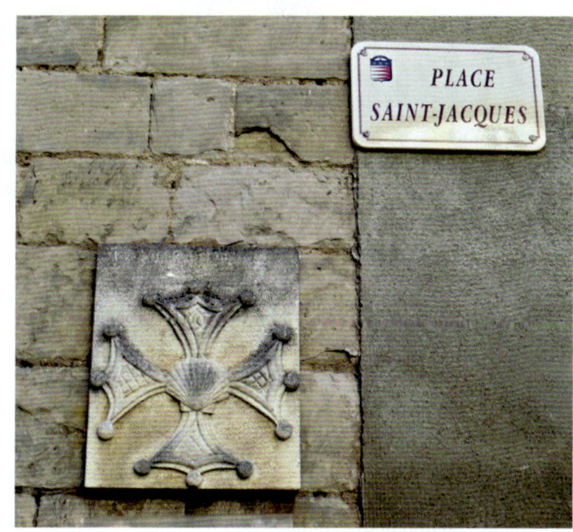

Das okzitanische Kreuz mit Muschelsymbol am Place Saint-Jacques in Castres

Gehen Sie an der Kirche vorbei, am Straßenende wenige Meter nach rechts zum feinen Brunnenplatz und dann links und wieder rechts bis zur Pont Neuf (Neue Brücke) und dort in den Stadtteil auf der anderen Flussseite. Rechts kämen Sie zum Marktplatz. Der Pilgerweg führt links durch die Rue de la Libération vorbei an einer Buchhandlung nun 1 km am Ufer des Agoût entlang.

Castres 81100

Office de tourisme, 2 Place de la République, 05 63 62 63 62, accueil@tourisme-castres.fr, www.tourisme-castres.fr, Mo-Sa 9:30-12:00 u. 14:00-18:00, Jul/Aug durchgehend + So, zentral, am Theater, Verkauf von Credenciales

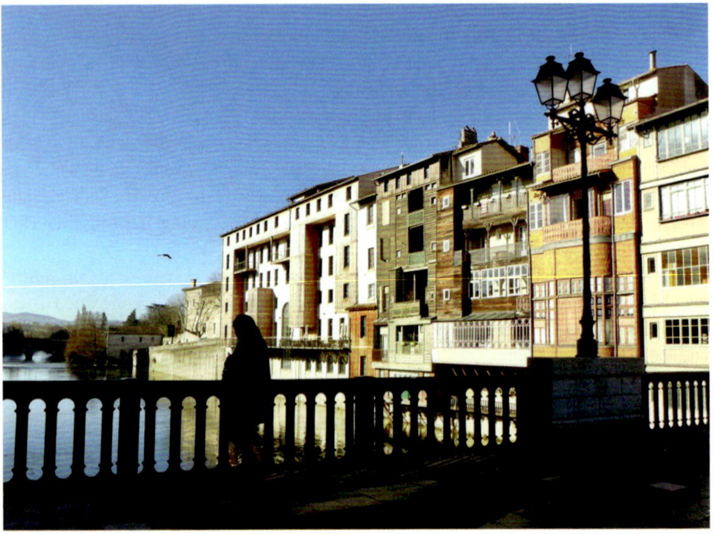

Gerberhäuser am Agoût in Castres

Auberge de Jeunesse de castres 7-9 Rue Pasteur Hubac, 05 63 62 58 10, accueil.fjt@foyerprotestant-castres.fr, www.habitat-jeunes-castres.fr, ÜF € 23, 05 63 62 58 10, 800 m westlich des Zentrums, Nähe Bf.

Gîte Castres bei Agnès u. Olivier, 5 Avenue de la Bourdarié, OT Burlats, 06 31 85 87 73, www.leshaltespelerins.org/blank, 10 Betten, Ü für Pilger mit Pilgerausweis: € 18, ÜF € 23, ÜHP € 35, für Wanderer ohne Pilgerausweis etwas teurer. Das Quartier liegt etwa 4 km außerhalb und hat keinen Busanschluss, daher werden Sie abgeholt, wahlweise am zentralen Platz Jean Jaurès oder an der Touristinformation.

Hôtel de l'Europe, 5 Rue Victor Hugo, 05 63 59 00 33, hoteleurope.castres@wanadoo.fr, www.europe-hotel-castres.fr, Ü EZ ab € 59, DZ ab € 65, F € 7, zentral

Hôtel Rivière**, 10 quai Tourcaudière, 05 63 59 04 53, hotelriviere@orange.fr, perso.orange.fr/hotelriviere, 15 Zi, Ü DZ ab € 60, F € 7, 1 Pilgerzimmer als EZ € 21, DZ € 30, EN, DE, , Mitte bis Ende Dez geschlossen, im Zentrum, am Agoût

♦ Hotel B&B, 26 Rue Gambetta, 08 90 64 97 06, www.hotelbb.com, Ü EZ/DZ € 52, DBZ € 57, VBZ € 67, F € 6,15, Angebote über die Website buchbar, EN

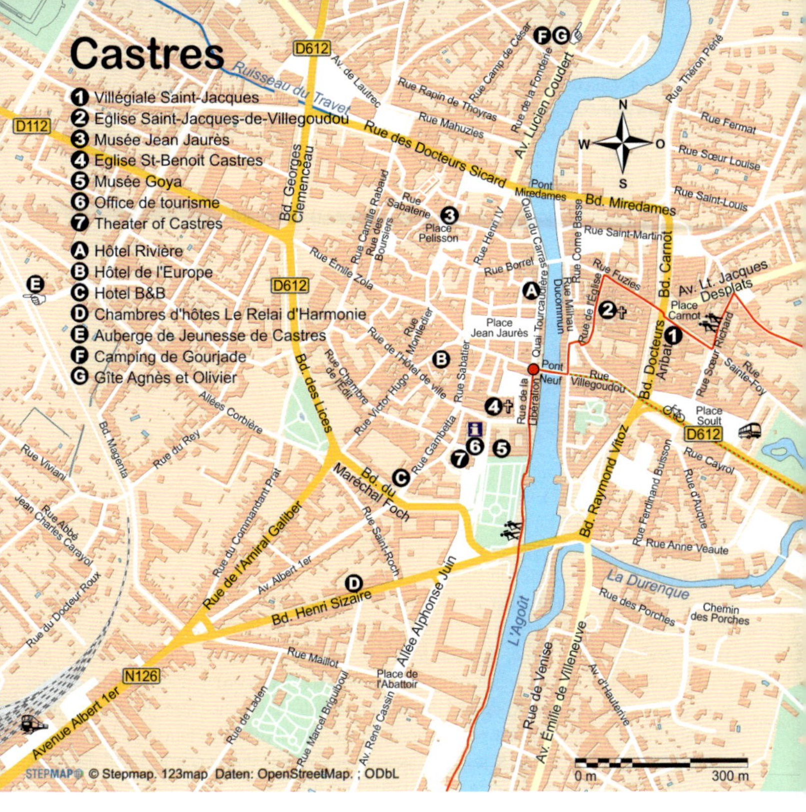

♦ Chambres d'hôtes Le Relai d'Harmonie, 30 Boulevard Henri Sizaire, ☎ 05 63 59 19 60, 06 15 23 34 43, serra.mariejosephe@sfr.fr, 5 Plätze, 2 Zi, ÜF EZ € 40, DZ € 50, Mai-Okt, zentral

Camping de Gourjade, Route de Roquecourbe, ☎ 05 63 59 33 51, Ü Zelt + 2 Pers. € 12,50, Apr-Sep, im Freizeitpark Gourjade nordöstlich des Zentrums in einer Schleife des Agoût

Culture Vélo, 49 Route Toulouse zi Mélou und 19 Rue Henry le Chatelier, ☎ 05 63 50 14 14

Taxi Castres, ☎ 05 63 59 99 25; Taxi Libellus, ☎ 05 63 71 80 80 (für Fahrten in die Umgebung)

Vom Busbahnhof (Gare Routière) fahren mehrmals täglich Busse nach Toulouse. Einige fahren nur an die Peripherie, haben aber Anschluss an die Metro, andere fahren bis zum Hbf. Toulouse-Matabiau.

Zwischen Castres und Revel (Etappe 17 u. 18) fährt der Bus 761 auf der D85 über En Calzat, Dourgne, Cahuzac und Sorèze Mo bis Fr bis zu achtmal am Tag und ist damit immer in der Nähe des Pilgerwegs. Sa/So eingeschränkte Abfahrten, tarnbus.tarn.fr, www.libellus.org (☞ Murat-sur-Vèbre)

Castres hat einen Bahnhof (Gare SNCF) an der Regionalbahnstrecke Masamet – Toulouse. Alle 2 Std. fahren Züge zum Hbf. Toulouse-Matabiau. (Ein Bus zum Bahnhof aus dem Zentrum ist gratis, 1 km.) de.oui.sncf/de

Die Kirche Saint-Benoît (heiliger Benedikt) geht auf eine Bischofskirche aus dem 14. Jh. zurück, die aber während der Hugenottenkriege zerstört und in neuem Stil wiederaufgebaut wurde. Castres war 1317 zum Bischofssitz ernannt worden. Während der Französischen Revolution wurde dieser wieder aufgelöst.

☞ Goyamuseum

⌘ Das Goyamuseum ist im ehemaligen Bischofspalast untergebracht. Es beherbergt eine beeindruckende Sammlung spanischer Malerei, u. a. mit Werken von Velásquez, Goya und Picasso.

10:00-12:00 u. 14:00-18:00, Mo geschlossen (außer Jul/Aug), im Winter abends eine Stunde eher zu

⌘ Das Jean-Jaurès-Museum am Place Pélisson beherbergt eine Dauerausstellung über den in Castres geborenen Jean Jaurès (1859-1914), die große Vaterfigur des französischen Sozialismus. Der Lehrer und Dozent für Philosophie war zunächst republikanischer Abgeordneter im französischen Parlament, engagierte sich aber – nach einem Streik der Bergarbeiter im Jahr 1882 – mehr und mehr für soziale Belange und gründete die Französische Sozialistische Partei und deren Parteizeitung L'Humanité. Der Pazifist trat für eine deutsch-französische Verständigung ein und wurde am 31.07.1914 von Raoul Villain, einem Nationalisten, ermordet. Der Mörder Villain wurde, nachdem er den Krieg in Untersuchungshaft verbracht hatte, freigesprochen. Er habe, hieß es, Frankreich einen Dienst erwiesen, denn hätte Jaurès sich durchgesetzt, hätte Frankreich den Krieg nicht gewinnen können. Villain wurde 1936 ebenfalls ermordet. Heute ist Jaurès allerdings ein hochgeehrter Mann, nach dem viele Straßen und Plätze benannt sind, und sein Leichnam wurde als besondere Ehre ins Panthéon in Paris überführt.

☞ Goyamuseum

Nach den vielen Bergetappen und der meist eingeschränkten Infrastruktur der kleinen Dörfer lassen sich die Annehmlichkeiten der Kleinstadt Castres mit ihren Cafés, Restaurants, Einkaufsmöglichkeiten und Museen so richtig genießen. Ein ausgeschilderter Spazierweg führt an den historisch bedeutsamen Orten entlang und zu den alten Gerberhäusern am Agoût.

Die Siedlung geht auf eine Benediktinerabtei zurück, um die sich ein befestigtes Dorf (lat. castrum) entwickelte. Sie wurde schnell zu einem wichtigen Etappenort am Jakobsweg.

Castres wurde vor allem durch seine Webereien und Gerbereien reich und berühmt, und auch heute noch ist es ein Zentrum der Textilindustrie.

Etappe 17: Castres – Dourgne (Tarn)

22,2 km, 6 Std., 349 m, 254 m, 162-272 m

0,0 km	191 m	Castres
11,4 km	210 m	Viviers-lès-Montagnes
17,9 km	241 m	Abzweig Moulin Bas, Verdalle
22,2 km	264 m	Dourgne, Place des Promenades

In Castres haben Sie die Bergwelt des Haut-Languedoc hinter sich gelassen. Sie ziehen heute durch das von Bächen und kleinen Flüssen durchzogene, flach gewellte und karge, von Wiesen und Weiden dominierte vorgelagerte Hügelland. Die im Süden aufragenden Montagne Noire (Schwarze Berge), die westlichsten Ausläufer des Zentralmassivs, begleiten Sie noch eine Weile. Dourgne am Tagesziel liegt mit seinen beiden Benediktinerklöstern am Fuß der Schwarzen Berge.

Sie passieren den alten **Bischofspalast** mit dem Rathaus und dem Goyamuseum. Der angrenzende Bischofsgarten wurde im 17. Jh. nach den Plänen von Andre Le Notre (1613-1700, oberster Gartenarchitekt Ludwigs XIV.) angelegt. Gegenüber steht die (ehemalige) **Kathedrale Saint-Benoît**. Das Office de Tourisme befindet sich hinter dem Rathaus am Place de la République, vis-à-vis dem städtischen Theater.

Wenig weiter liegt der Rochusbrunnen (Fontaine Saint Roch) am Weg. Leider spendet er kein Trinkwasser.

Am Friedhof überqueren Sie den Fluss auf der neuen Fußgängerbrücke, gehen am anderen Ufer links um das Gebäude herum, zur Straße hoch und dort rechts. Nach wenigen Schritten biegen Sie halb rechts in eine Nebenstraße ab und folgen ihr bis an die Fahrstraße, an der entlang es nun ohne Richtungswechsel bis zum Kreisverkehr geht. Sie gehen rechtsherum Richtung Mazamet zu einem zweiten Kreisel, den Sie dann rechts Richtung Envieux Rogé verlassen.

Das Sträßchen führt zu einer Kreuzung hinunter. Dort biegen Sie links ab, überqueren bald die Bahnlinie Castres – Mazamet, halten sich an der Verzweigung vor dem Hof links und erreichen einen Nebenfluss des Agoût. Sie steigen hier zur Fahrstraße (D85) hinauf und gehen über die Brücke.

Nach gut 300 m biegen Sie rechts in die D50b ab (Richtung Saïx), in **Fongledou** dann links in eine Siedlungsstraße (Richtung Barginac, C5). Auf der Höhe geht es rechts nach **Barginac** hinein. Am Dorfplatz stehen Pausenbänke. Ein Willkommensgruß richtet sich an die Pilger.

Sie gehen links hinunter in ein Zwischental und an der T-Kreuzung rechts und wandern dann an der nächsten Ecke links den Feldweg aufwärts durch Wiesenland (Richtung Puech-Bertou). Nach 500 m gibt es noch eine Verzweigung. Hier gehen Sie bei eindeutiger Markierung links (nicht nach Saïx) weiter aufwärts, bis Sie über eine

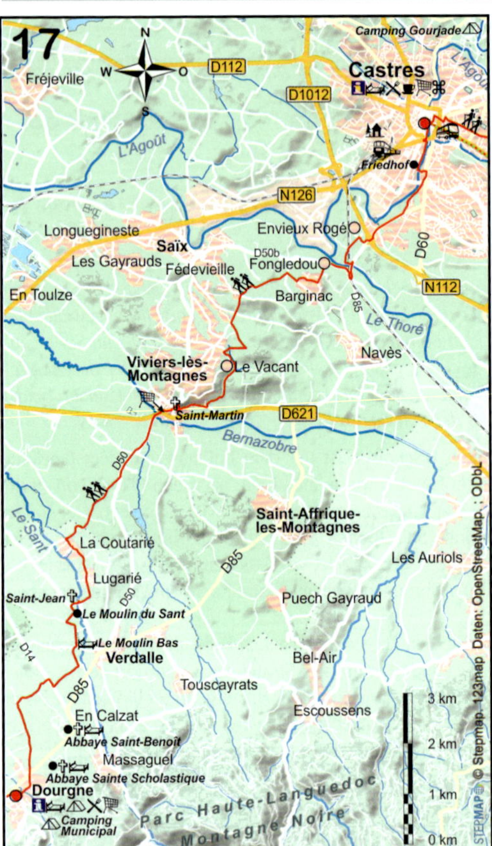

Einfahrt links an ein Sträßchen gelangen, dem Sie rechts abwärts folgen.

Aus der Senke geht es geradeaus wieder ein Stück hinauf und dann links in einen Feldweg. Nach einem kleinen, mit einer Art Buchsbaum unterwachsenen Eichenwäldchen biegen Sie bei deutlicher Markierung rechts ab. Wieder wird ein Dorf – diesmal nur am Rande – berührt. Sie gehen am querenden Teersträßchen links in ein Tal hinunter. Nach dem Überqueren des Bächleins biegen Sie links ein und folgen dann rechts dem Bach durch einen Wald. Am Waldrand schwenkt der Weg in den Hang und erreicht ein Teersträßchen. Diesem folgen Sie rechts nach Viviers-lès-Montagnes .

Am Ortseingang könnten Sie der Straße geradeaus an der Mairie vorbei bis zum Bouleplatz mit Pausenbänken unter Platanen folgen (, Toiletten und Trinkwasser bei den Müllcontainern). Markiert ist allerdings ein kleiner, empfehlenswerter Rundkurs über den Grasweg entlang der noch erhaltenen Mauer einer Befestigungsanlage (Château) rechts. Am höchsten Punkt steht die Kirche Saint-Martin, die auf eine Benediktinerabtei des 12. Jh. zurückgeht. Am Portal gehen Sie links auf das Rathaus zu und dann rechts bis vor den Bouleplatz.

Von hier führt Ihr Weg links über die Rue de la Maréchale aus dem stillen Bergdorf hinab in das Bernazobretal. Unten gehen Sie nach rechts und an der Apotheke wieder

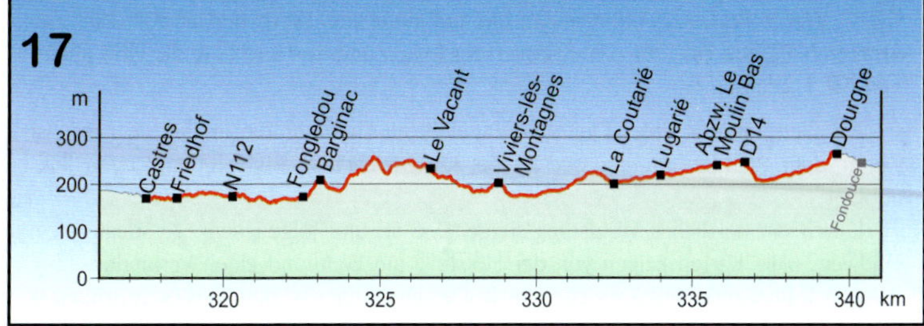

nach links. Sie passieren einen kleinen Lebensmittelladen (Mo-Sa 7:30-12:30 u. 14:30-19:30, So nur vormittags). Der dann erreichten Durchgangsstraße D621 folgen Sie Richtung Toulouse über die Flussbrücke (Bernazobre) und biegen danach links in die D50 Richtung Verdalle ab.

Sie durchqueren nun den breiten, fruchtbaren Talboden. An einer Gabelung bleiben Sie rechts auf der Straße, überqueren eine Kreuzung geradeaus und biegen 500 m weiter dann halb rechts von der Fahrstraße in ein Sträßchen ab. Ihr Weg steigt nun deutlich an. Beim Blick zurück bleibt die Kirchenburg von Viviers-lès-Montagnes noch lange eine sichtbare Landmarke. Sie folgen dem Sträßchen über die Höhe und wieder hinab in das besonders schöne, durch alte, allein stehende Eichen und Hecken gegliederte Wiesenland im Tal des Flüsschens Le Sant.

Erst nachdem ein Nebenbach überschritten ist, verlassen Sie links zum Dorf La Coutarié hin die bisherige Richtung. Ihr Weg schlängelt sich durch das Dorf und folgt dann dem Talsträßchen durch eine zweite Ansiedlung (Lugarié) mit der Kirche Saint-Jean, die vor allem wegen des alten Baumbestands sehenswert ist.

Sie überqueren hier das Flüsschen Le Sant und gehen geradeaus an der Kirche vorbei. Nach 180 m biegen Sie mit dem Sträßchen linksherum und an einer Höfesiedlung wieder rechts ab. Sie folgen weiter konsequent dem Sträßchen in südliche Richtung.

An einer Querstraße zeigen die Markierungen nach rechts, doch gleich darauf biegen Sie wieder links ab.

Würden Sie an der Querstraße links und nach 50 m noch einmal links gehen, kämen Sie zu einer direkt am Fluss Le Sant gelegenen Unterkunft (170 m).

Le Moulin Bas, 81110 Verdalle, 05 63 98 60 76, 06 85 77 99 72, contact@moulin-bas.com, www.moulin-bas.com, ÜF EZ € 45, DZ € 55, Pilger mit Herbergsschlafsack € 20, Appartements für 2-4 Pers.und B&B (Chambres d'hôtes), Kühlschrank, Wasserkocher, möglich,

In einer Linkskurve der Straße biegen Sie rechts in einen Feldweg ein, der zum Grasweg wird, und folgen diesem bis an die stark befahrene D14.

☺ Wer in En Calzat übernachten und auf kürzestem Wege dorthin will, kann der Straße abkürzend links bis zum Kreisverkehr folgen und dort rechts in die D85 abbiegen (➲ 1,3 km).

Zu allen anderen unter Dourgne aufgeführten Unterkünften folgen Sie zunächst weiter dem Wanderweg, der der Straße 180 m nach rechts folgt und dann links abbiegt.

Durch ein herrliches Waldstück steigen Sie ab und folgen dann geradeaus dem Feldweg. (Alle Karten zeigen von der Hofstelle am Waldrand einen Verbindungsweg links nach En Calzat. Diesen gibt es auch. Der Durchgang ist aber verboten.) An einer T-Kreuzung biegen Sie links ein und gehen dann bei schönem Blick zu den Klöstern am Fuß der Schwarzen Berge unbeirrt geradeaus bis zur D85.

Wenn Sie nach En Lanet oder zur Übernachtung zum Reiterhof wollen, biegen Sie in den ersten rechts abgehenden Weg ab. Er führt direkt zum Reiterhof in En Gout. Über die dortige Querstraße erreichen Sie rechts den Ortsteil En Lanet.

Chambres d'hôtes En Azémar, M. Berard Lionel, Route de St Avit, OT En Lanet, ☏ 05 63 50 12 97, 07 81 63 76 35, contact@azemar-gites.com, 2 Zi, 8 Betten, ÜF EZ € 50, DZ € 60, A € 20, EN, Camping am Haus bei Nutzung der Sanitäranlagen und F € 10/Pers., ➲ 1,1 km (Wegbeschreibung)

♦ Chambres d'hôtes En Lanet, Mme Corinne Séguier, OT En Lanet, ☏ 05 63 74 15 12, 06 30 60 55 32, relaisdenlanet@orange.fr, ÜF EZ € 40, DZ € 50, A € 20, EN, ➲ 1,1 km (Wegbeschreibung)

♦ M. u. Mme Jean-Luc Hervé, OT En Gout, Reiterhof mit MBZ für 12 Pers., ☏ 05 63 50 13 23, ferme.engout@orange.fr, ÜHP € 32, EN, ➲ 500 m (Wegbeschreibung)

Links entlang der D85 führt ein Rad-/Fußweg nach En Calcat (1 km) und auch zum Benediktinerinnenkloster (500 m).

Zur Fortsetzung des Jakobsweges gehen Sie geradeaus über die Straße hinweg Richtung Dourgne und Sorèze. An der folgenden Gabelung befinden sich ein Wasserspender über einer Muschelschale und eine Pausenbank. Sie gehen noch 80 m geradeaus zur Straßenkreuzung und dort rechts. Unterhalb der Kirche geht es links zu ihr hinauf (Toiletten, Trinkwasser) und rechts den platanengesäumten Place des Promenades hinunter.

Dourgne

BANK 81110

Bureau d'Information touristique de Dourgne, 1 Avenue du Maquis, ☏ 08 00 74 64 81, accueil.tourisme@communautesoragout.fr, cocagne.tourisme-tarn.com, 04.04.-12.06. sowie 19.09.-31.03. Di-Fr 10:00-12:00, 13.06.-16.09. Di-Sa 10:00-12:30, an Fei 15:00-17:30, aber nicht im Winter, eine Sitzecke mit kostenlosen WLAN ist eingerichtet

Hôtel-Restaurant de la Montagne Noire, 15 Place des Promenades, ☏ 05 63 50 31 12, hmn@hoteldourgne.fr, www.hotelmontagnenoire.net, Ü EZ € 56, DZ € 65, F € 8,

Restaurant: 12:00-14:00 u. 19:30-21:00, So abends u. Mo geschlossen, Nov-Apr auch Di geschlossen, Ortsmitte

Chambres d'hôtes, Mme Reboul, Domaine de Béthanie, Avenue Dom Romain Banquet, OT En Calcat, 05 63 50 15 92, accueil.bethanie@lapost.net, domainedebéthaniedourgne.com, ÜF EZ € 25, DZ € 36-40, A € 15, EN, Dez-Febr geschlossen, an der D85

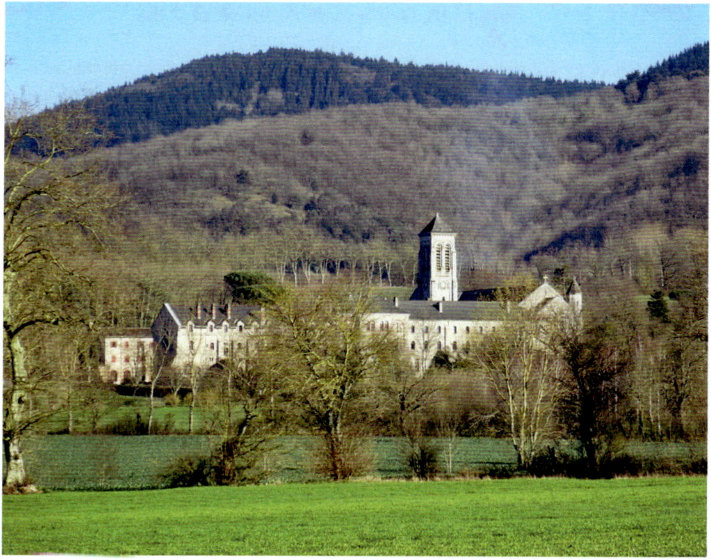

Benediktinerkloster Saint Benoît in En Calcat

- Abbaye Saint-Benoît d'En Calcat, OT En Calcat, 05 63 50 84 10, hotel@encalcat.com, www.encalcat.com, HP, das Kloster verfügt über Hotelzimmer mit Du/WC sowie MBZ (Gîte) zur preiswerten Übernachtung, Preise auf Anfrage, EN, Sep geschlossen
- Abbaye Sainte Scholastique, 05 63 50 75 70 (Mo-Sa 10:30-12:00 u. 15:00-17:45), hotellerie@benedictines-dourgne.org, benedictines-dourgne.org, Gîte du Gazel, HP, Preise auf Anfrage, EN, DE, im Jan geschlossen, Benediktinerinnenkloster, Teilnahme an den Gebeten wird erwartet, 600 m vom Weg

Camping municipal, Travers de Saint-Stapin, 05 63 50 31 20, mairie-dourgne@wanadoo.fr, www.dourgne-mairie.fr, Ü: Zelt € 2, € 2/Pers., 15.06.-15.09.

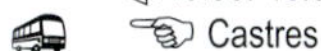
Castres

Etappe 18: Dourgne – Revel (Tarn, Haute-Garonne)

17,2 km, 4 Std. 30 Min., ↑ 169 m, ↓ 218 m, ⇧ 218-285 m

0,0 km	⇧ 264 m	Dourgne, Place des Promenades
7,2 km	⇧ 262 m	Cahuzac
10,4 km	⇧ 283 m	Sorèze
17,2 km	⇧ 231 m	Revel

Geübte Wanderer können die Etappen 18 und 19 ohne große Schwierigkeiten auch an nur einem Tag bewältigen, da weder nennenswerte Höhenunterschiede noch auf andere Weise schwierige Wegverhältnisse anstehen. Es geht aber auch auf die gemütliche Art!

Zwischen Dourgne und Revel pilgern Sie auf überwiegend geteerten Nebenstraßen. Landschaftlich bleibt es abwechslungsreich. Die vielen Bäche, die dem Gebirge entspringen, das den Weg begleitet, gliedern das sonst flache Wiesen- und Ackerland in eine sanfte Berg- und Tallandschaft. Eine Perle am Weg ist das Dorf Sorèze, das sich mit seinen engen Gassen und vorkragenden Fachwerk- und Ziegelbauten zu einem touristischen Anziehungspunkt entwickelt hat. Ursprung ist eine im Jahr 754 gegründete Benediktinerabtei.

Am unteren Ende des Place des Promenades gehen Sie links weiter. Nach 300 m biegen Sie rechts in die D12 ab. Am Ortsausgang, gegenüber dem Friedhof, folgen Sie der links abzweigenden Nebenstraße durch **Fondouce** und landen auf einem heckengesäumten Landwirtschaftsweg, auf dem es links weitergeht. Sie laufen geradeaus, bis Sie die D85 erreichen.

Auf ihr geht es nun rechts weiter. Rechter Hand ist bald ein parallel verlaufender Fußweg durch die Böschungsvegetation markiert, der sich langsam von der Straße entfernt. Wenn es an einem Quersträßchen geradeaus nicht mehr weitergeht, biegen Sie rechts ein.

Nach fast 1 km führt das Sträßchen nach links, über einen Bach und danach über einen Höhenrücken. An einer T-Kreuzung gehen Sie links, an der folgenden Verzweigung wieder links und durch die Siedlungen **La Janadarié** und **La Borie Grande** schließlich in das Kirchdorf **Cahuzac** hinauf.

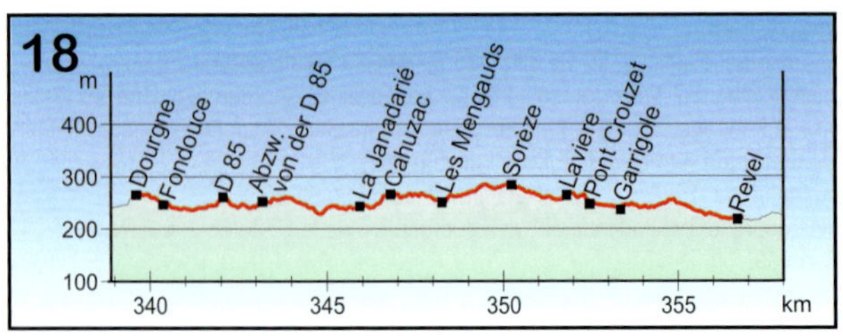

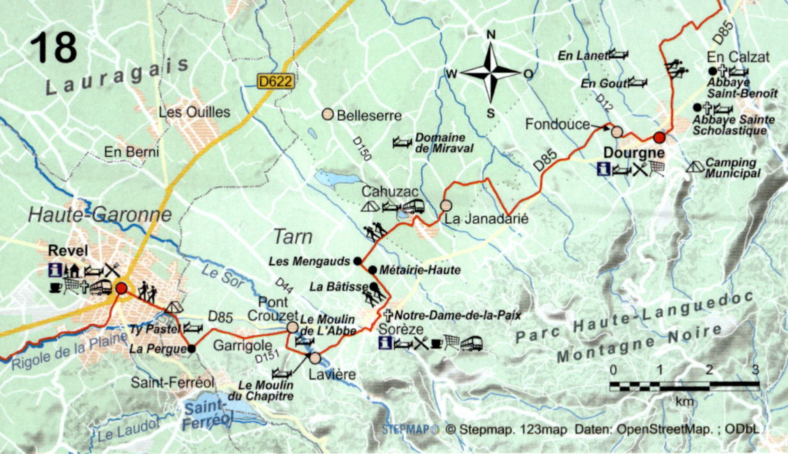

Auf der Höhe biegen Sie links in die D150 (Friedhof) ein, gehen zwischen Kirche und Rathaus (⛩ überdachte Pausenbänke) hindurch und danach rechts steiler abwärts in ein Bachtal.

↳ 🛏 ✕ Domaine de Miraval, M. u. Mme Claude Fossé, 81540 Belleserre, ☎ 05 63 73 13 61, ✉ contact@domaine-de-miraval.com, 💻 www.domaine-de-miraval.com, Ferienpark mit Schwimmbad, neben Bungalows werden auch Übernachtungen in MBZ angeboten, Ü € 15, A € 20, EN, 🐕, 2,1 km nördlich von Cahuzac, 🚗 Abholservice von Cahuzac. Gehen Sie beim Eintreffen auf der D150 nicht zur Kirche, sondern geradeaus, folgen Sie nach 150 m rechts der Nebenstraße 1,7 km (Richtung Lagardiolle) und biegen Sie dann links in die Straße La Pêche ab. 300 m weiter ist der Park erreicht.

Das Sträßchen steigt wieder an (an einer Kreuzung geradeaus) und erreicht nach 1,4 km eine Hofstelle (Les Mengauds), an der Sie links Richtung **Métairie-Haute** und **La Bâtisse** abbiegen (Wegweiser, Markierung). Voraus liegen nun die Kirchtürme von Sorèze, das Sie 1,3 km weiter am Platz der Kirche Notre-Dame-de-la-Paix erreichen. Gehen Sie links zur Kirche und dort rechts durch die **Porte de Castres** in die engen Gassen der Altstadt.

↳ Vom Glockenturm St-Martin kämen Sie rechts zum zentralen Platz (Place Dom Devic 💧). Würden Sie weiter durch die Rue Ferlus gehen, kämen Sie zu den Toilettenhäuschen.

Markiert ist der Weg vom Glockenturm ohne Richtungswechsel geradeaus durch die Rue Saint-Martin. Am Ortsrand vor den Parkplätzen (linker Hand befindet sich die ℹ Touristeninformation) gehen Sie rechts zur Ortsdurchgangsstraße (D85) und links an ihr entlang.

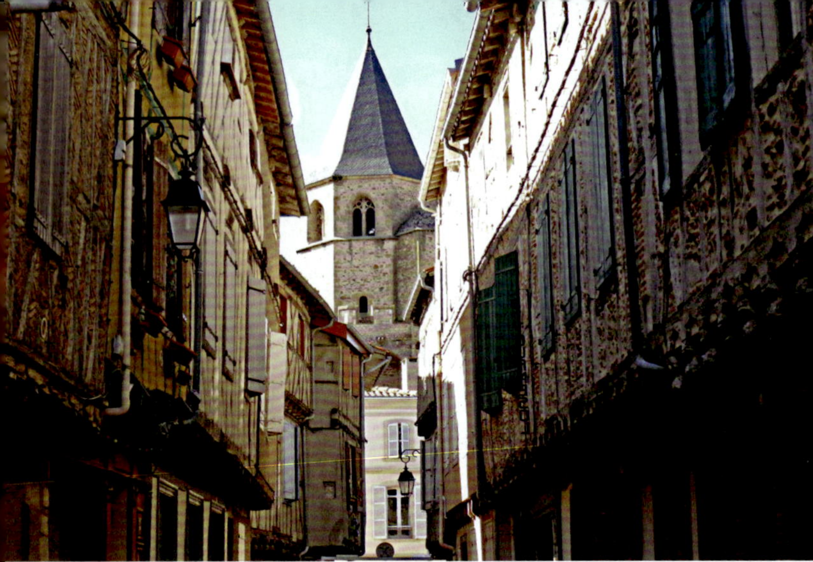

In Sorèze – durch enge Gässchen geht es zum Glockenturm St. Martin

Sorèze 81540

- Office de Tourisme, Rue Saint-Martin, ☏ 05 63 74 16 28, documentation@auxsourcesducanaldumidi.com, www.ville-soreze.fr, tägl. ganztägig, Ausnahmen: Apr-Jun u. Sep/Okt Sa u. So vormittags geschlossen, Nov-Mrz So geschlossen
- Hôtel de L'Abbaye-École**, 18 Rue Lacordaire, ☏ 05 63 74 44 80, contact.soreze@hotels-patrimoine.fr, www.abbaye-soreze.fr, 72 Zi, Ü DZ € 59-149, F € 14,
- ♦ Chambres d'hôtes Le Moulin du Chapitre, M. u. Mme Gally-Fajou, Route de Durfort, OT Lavière, ☏ 05 63 74 18 18, moulin.chapitre@wanadoo.fr, www.moulinduchapitre.com, 3 Zi, ÜF EZ € 42-50, DZ € 48-56, EN, DE, , am Weg (☞ Wegbeschreibung)
- ♦ Chambres d'hôtes Le Moulin de L'Abbe, Route de Durfort, OT Lavière, ☏ 05 63 74 25 57, eliane.pinel@wanadoo.fr, moulindelabbe.free.fr, ÜF EZ € 45-50, DZ € 50-59, A € 22, EN, , am Weg (☞ Wegbeschreibung)
- Ty Pastel, Mme Roué, 7 Chemin de la Pergue, ☏ 05 81 43 01 61, 06 24 97 24 22, rouejeanmarc@neuf.fr, www.ty-pastel.fr, 2 Zi, ÜF EZ € 54-64, DZ € 60-70, A € 25, EN, , am Weg, Ortsrand von Revel (☞ Wegbeschreibung)
- Camping Saint Martin, Rue du 19 Mars 1962, ☏ 05 63 50 20 19, campingsaintmartin@gmail.com, www.campingsaintmartin.com, Ü im eigenen Zelt für € 15/2 Pers., Jul/Aug € 20, eine Pers. € 8 (11), Unterbringung in Hütten, Wohnwagen für 2 bis 4 Pers € 61-72, im Jul/Aug nur wochenweise zu mieten, EN, , ganzjährig, am Weg, Ortseingang

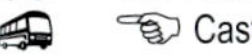

Taxi Vilotte, ☏ 05 63 74 11 16
☞ Castres

Am Kreisverkehr steht ein größerer Supermarkt (8:00-20:00, So 8:30-12:30). Sie folgen weiter der D85 auf einem Fußweg und biegen dann in die zweite links abzweigende Straße (Richtung Lavière) ein.

An der querenden D44 (Route de Durfort) kämen Sie rechts zu den oben erwähnten Privatquartieren. Der erste Abzweig links führt zur Moulin du Chapitre, der zweite zur Moulin de L'Abbe.

Ihr Weg führt gerade über die Kreuzung in den Dorfkern von **Lavière**. Hier biegen Sie mit dem Sträßchen rechts in den Talhang und erreichen 600 m weiter die D151, der Sie rechts abwärts nach **Pont Crouzet** folgen. Noch bevor die D85 wieder erreicht ist, biegen Sie links in eine Nebenstraße ab, die Sie nach **Garrigole** führt. In einem zweiten Siedlungskern zeigt die Markierung an einer Bushaltestelle mit überdachter Sitzbank links in einen Feldweg. An der folgenden Verzweigung folgen Sie rechts dem Heckenweg.

Nach knapp 600 m kommen Sie an ein größeres Anwesen (La Pergue), von dem Sie rechts die Zufahrt (Chemin de la Pergue) hinunter Richtung Hauptstraße wandern. Nach 380 m befindet sich rechter Hand in der kleinen Siedlung das Gästehaus Ty Pastel (☞ Sorèze). Vor dem Erreichen der Hauptstraße führt Ihr Weg nach links. Die idyllisch wirkenden Wasserbecken, an denen Tische und Bänke aufgestellt sind, gehören bereits zur **Rigole de la Plaine.** Auch der Campingplatz, der rechter Hand auftaucht, passt zu diesem Ensemble.

Im Französischen bedeutet Rigole „kleiner Kanal" oder auch „Wasserrinne". Auch Drainagen werden mitunter als Rigolen bezeichnet. Die Rigole de la Plaine, der Sie hinter Revel rund 39 km bis Naurouze folgen werden, ist ein künstlicher Graben mit der Aufgabe, Regenwasser zum Canal du Midi (☞ S. 120) zu leiten. Jeder Kanal verliert durch Versickerung, Verdunstung und das Schleusen der Boote ständig Wasser, das ersetzt werden muss. Die Wasserzulieferung ist also ein elementarer Teil der Kanalplanung. Ein Teil des Wassers wird vom Fluss Sor in die Rigole de la Plaine geleitet, ein anderer stammt aus dem Speicherbecken Saint-Ferréol bei Revel, das extra für diesen Zweck angelegt wurde. Es fließt über die Rigole de la Montagne bei Les Thoumazes (am Weg) hinzu. Durch die Einleitung an der Wasserscheide zwischen Atlantik und Mittelmeer (Seuil de Naurouze), der höchsten Stelle des Canal du Midi wird die Wasserversorgung über die gesamte Länge des Kanals möglich.

An einem schattigen Nadelwäldchen gehen Sie links und wieder rechts durch die Avenue Roquefort (verlängert durch die **Rue Georges Sabo**,) bis in das historische Zentrum von Revel (öffentliche Toiletten kurz vor dem Marktplatz direkt am Weg und in der Markthalle). Zur Fortsetzung des Weges gehen Sie am Markt geradeaus unter den Arkaden entlang und biegen an der folgenden Ecke links in die **Rue de Dreuilhe**.

Revel 31250

Office de Tourisme, Place Philippe VI de Valois, in der alten Markthalle, 05 34 66 67 68, www.revel-lauragais.com, in der HS tägl. u. ganztägig geöffnet, übrige Zeit Mo geschlossen

Gîte d'étape communal,18 Rue Georges Sabo, Kontakt: Apr-Okt ab 15:00 über 05 34 43 54 16, Mrz u. Nov über das Office de Tourisme, 6 Betten, ÜF € 15, Dez-Feb geschlossen, nur mit Pilgerausweis, am Weg

Hôtel-Restaurant du Midi, 34 Boulevard Gambetta, 05 61 83 50 50, contact@hotelrestaurantdumidi.com, www.hotelrestaurantdumidi.com, 17 Zi, Ü DZ € 55-75, 170 m, am Markt rechts bis zur Ringstraße

♦ Hôtel-Restaurant La Commanderie, 7 Rue du Taur, 05 34 66 11 24, hotelcommanderie@orange.fr, hotel-commanderie.pagesperso-orange.fr, Ü EZ € 51, DZ € 56, VBZ € 73, 100 m, am Markt rechts

Camping municipal du Moulin du Roy, Chemin de la Pergue, 05 61 83 32 47, camping-moulin-du-roy@mairie-revel.fr, Ü: Zelt € 2,70, Pers. € 3,20, Mitte Jun bis Mitte Sep, am Weg vor Revel (Wegbeschreibung)

Taxi Redon, 05 61 83 50 64

Castres und Saint-Félix-Lauragais

Rund 400 sogenannte Bastiden entstanden im 13. u. 14. Jh. in der historischen Region Okzitanien mit dem Hintergrund, der Bevölkerung mehr Schutz zu bieten. Diese planmäßig angelegten Dorf- oder Stadtanlagen haben alle ein rechtwinkliges Straßennetz sowie einen zentralen Marktplatz, der von arkadengesäumten Häusern umgeben ist. Revel wurde 1342 als königliche Bastide gegründet. Die überdachte Markthalle mit dem Glockenturm stammt noch aus den Gründertagen.

In Revel haben Sie auch die historische Region des Lauragais erreicht. Viele Orte östlich von Toulouse, entlang und nördlich der Hauptverkehrsachse (Canal du Midi, Autoroute A61, Route Nationale 113, Bahnlinie Bordeaux (Atlantik) – Sète (Mittelmeer)) tragen die Landschaftsbezeichnung im (Bei-)Namen. Hauptort ist Castelnaudary. Besondere internationale Bedeutung und großen Reichtum erlangte die Region im späten Mittelalter durch den Anbau von Färberwaid (Pastel), einer Pflanze, die einen begehrten blauen Farbstoff für Textilien lieferte. Durch die zunehmende Einfuhr von asiatischem Indigo wurde der Anbau wieder verdrängt. Auf den guten Böden wachsen heute Weizen, Mais, Sonnenblumen, Raps und stellenweise auch Wein und Gemüse. Großflächiger, ergänzender Futtererbsen- und Ackerbohnenanbau liefert Bodenstickstoff und eiweißreiches Futter.

Etappe 19: Revel – Lac de Lenclas (Haute-Garonne)

13,6 km, 3 Std. 30 Min., ↑ 65 m, ↓ 73 m, ⇧ 209-232 m

0,0 km	⇧ 231 m	Revel
13,6 km	⇧ 209 m	Lac de Lenclas : Saint-Félix-Lauragais (3 km)

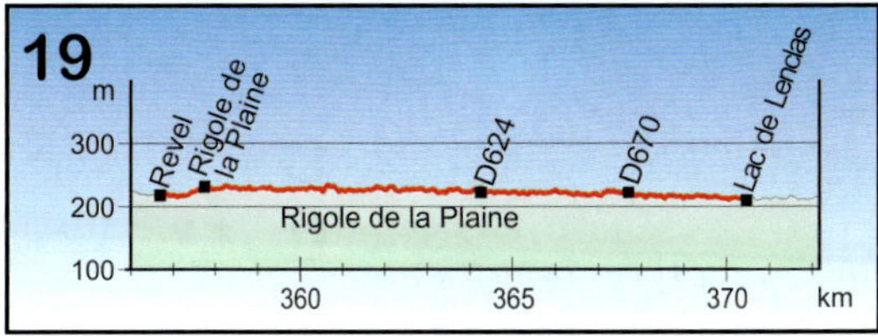

Knapp 1 km südlich von Revel treffen Sie wieder auf die Rigole de la Plaine, der Sie zunächst bis zum kleinen See Lac Lenclas folgen. Zur Übernachtung können Sie entweder die einfache Unterkunft für Wanderer und Pilger in Les Cassés ansteuern oder zum herrlich gelegenen Bergdorf Saint-Félix-Lauragais aufsteigen.

Sie folgen der **Rue de Dreuilhe** in südliche Richtung, schauen linker Hand über den großen Platz (Toiletten) hinüber zur sehenswerten **Kirche Notre-Dame des Grâces**, die im Ursprung aus dem 14. Jh. stammt und im 18. Jh. dann ihr heutiges Aussehen erhielt, überqueren geradeaus zwei Kreisel Richtung Vaudreuille und stoßen nach 900 m auf die Rigole de la Plaine.

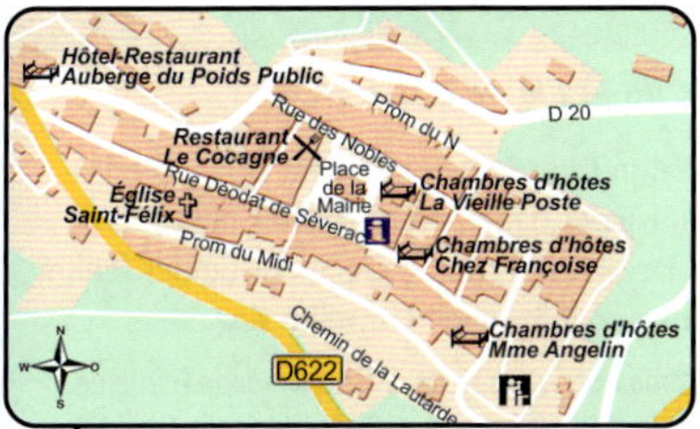

Der GR 7 kommt hier von links dazu. Sie folgen nun der Rigole Richtung Lenclas und Seuil de Naurouze (bachabwärts). Den feinschottrigen, von großen, alten Bäumen gesäumten Weg teilen Sie sich mit Spaziergängern, Radfahrern und Joggern.

Zunächst laufen Sie in westlicher Richtung in Sichtweite der D622, dann biegt

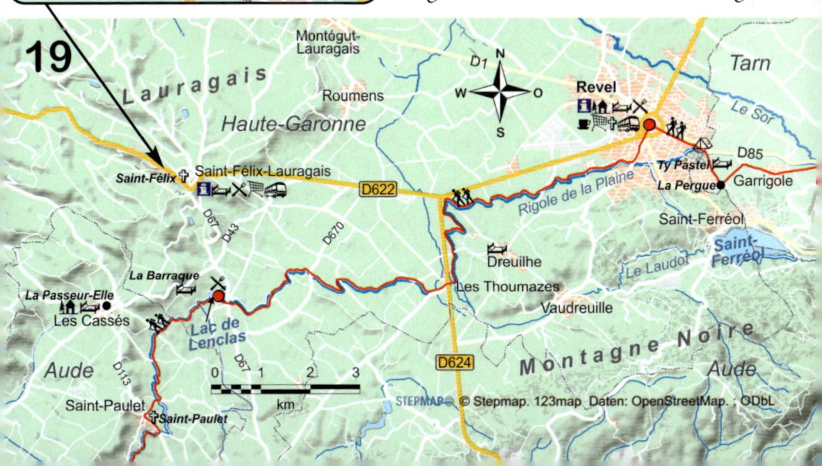

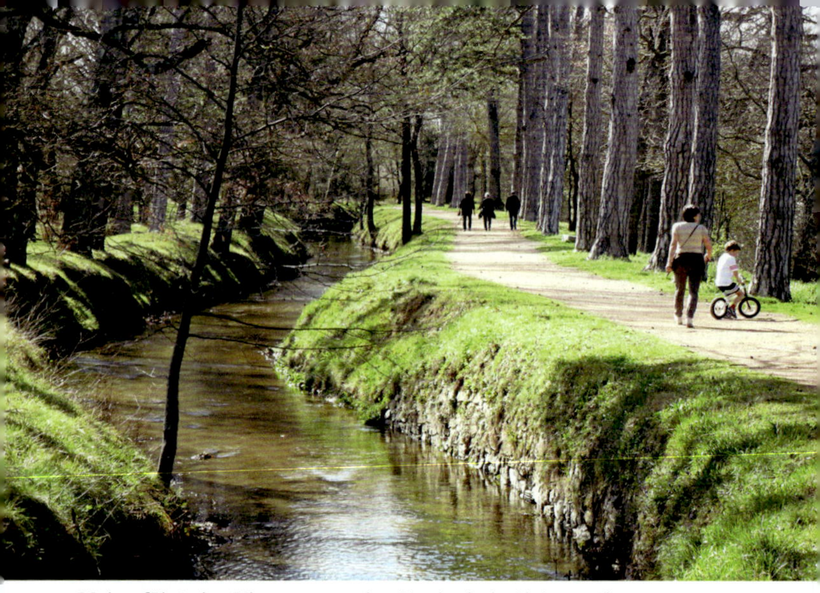

39 km führt der Pilgerweg an der Rigole de la Plaine entlang

Ihr Weg nach Süden ab. Nun verläuft die D624 in Ihrer Nähe. In einem Bogen verlieren Sie den Sichtkontakt und kommen ihr dann wieder näher. Wenig weiter überqueren Sie an einer Bogenbrücke aus Bruchstein und Beton mit grünem Geländer (leider fehlt das Straßenschild) eine Nebenstraße. Hier ginge es links nach **Dreuilhe** 🛏.

🛏 Chambres d'hôtes La Métairie de Dreuilhe, Mme Augustine Bolle, 7 Chemin de la Fontaine, **OT Dreuilhe**, ☏ 05 62 18 02 24, ✉ augustinebolle@orange.fr, 3 Zi, Pilgerpreis mit Pilgerausweis: HP € 40. Das Chambres d'hôtes liegt 4 Straßenkilometer südwestlich von Revel. Vom Abzweig nach Dreuilhe sind es noch 1,1 km.

700 m weiter südlich erreichen Sie den Zufluss der Rigole de la Montagne bei **Les Thoumazes**. Auch hier ist links ein Fußweg nach Dreuilhe ausgeschildert. Sie überqueren die D624 und folgen der Rigole. An einer historischen Steinbogenbrücke werden die Radfahrer auf die andere Kanalseite geschickt. Fußgänger können sich über den Grasweg diesseits freuen. An einer Hofstelle vereinigen sich die beiden Wege wieder. Hier taucht auch die Bergkette der Pyrenäen das erste Mal am Horizont auf.

Direkt vor dem Erreichen des Lac Lenclas überqueren Sie eine Straße. Diese führt rechts in das 3 km entfernte Saint-Félix-Lauragais (eine Serpentine kürzen Sie geradeaus über einen Feldweg ab). Hier oder im ebenfalls 3 km entfernten Les Cassés befinden sich die letzten Übernachtungsmöglichkeiten vor der etwa 20 km entfernten Seuil de Naurouze. Nach Les Cassés folgen Sie der Wegbeschreibung im nächsten Abschnitt (☞ Etappe 20).

Am See **Lac Lenclas** gibt es ein Restaurant (Di und Mi geschlossen, außer Jul/Aug) sowie Tische und Bänke für ein Picknick und Trinkwasser.

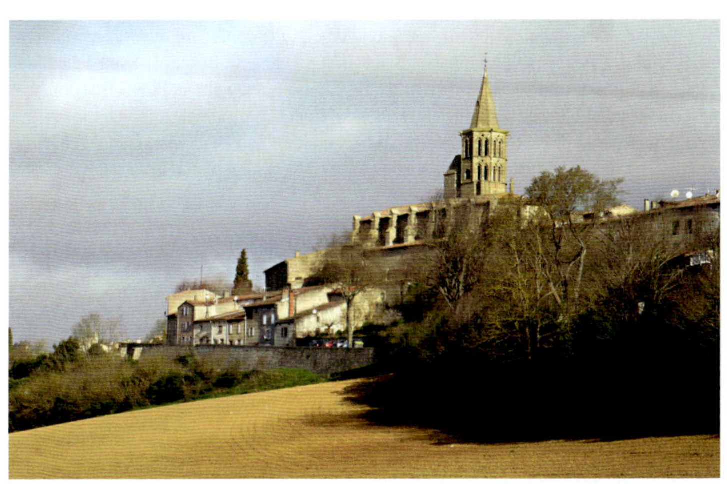

Saint-Félix-Lauragais

Saint-Félix-Lauragais 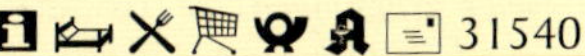 31540

Office de Tourisme, Place de la Mairie, 05 62 18 96 99, documentation@auxsourcesducanaldumidi.com, Apr-Dez tägl. ganztägig

Hôtel-Restaurant Auberge du Poids Public***, Route de Toulouse, 05 62 18 85 00, poidspublic@wanadoo.fr, www.auberge-du-poids-public.fr, 10 Zi, Ü EZ/DZ ab € 75, F € 11, EN, DE,

♦ Chambres d'hôtes Chez Françoise, 45 Rue Déodat de Séverac, Mme und M. Cloarec, 05 34 66 35 87, dessause.fran@orange.fr, www.couleur-lauragais.fr/chambre-hote-cloarec/index.htm, 3 Zi, ÜF EZ € 40, DZ € 50, DBZ € 70, VBZ € 80, EN

♦ Chambres d'hôtes, 2 promenade Faubourg du Midi, Mme Angelini, 05 61 83 02 47, 06 88 76 23 87, jaangelini@laposte.net, 3 Zi, ÜF EZ € 55, DZ € 63, A € 24, EN

♦ Chambres d'hôtes La Vieille Poste, Mme Marie Ange Brouste, 05 61 83 46 25, merlin1218@yahoo.com, 2 Zi, ÜF EZ € 28, HP € 40, EN, Apr-Sep. Das Ehepaar hat die alte Post des Ortes am mittelalterlichen Markplatz renoviert und künstlerisch umgestaltet.

♦ Chambres d'hôtes, La Barraques, 05 34 66 33 39, 06 79 28 67 61, ploysance@hotmail.com, 3 Zi, ÜF EZ € 50, DZ € 60, EN, Abholservice vom Lac Lenclas, vom See 1,6 km, auf der Straße Richtung Saint-Félix-Lauragais und an der ersten Kreuzung links, nach 740 m Einfahrt linker Hand

Taxi Alibert Thierry, 06 08 78 62 39

Mehrmals täglich verkehren Busse zwischen Revel und Saint-Felix-Lauragais, www.itransports.fr/en.

Als einen Ort, den man jedem Pilger, und einen Ort, dem man tolle Pilger wünscht, beschreibt ein Pilger das traumhaft aussichtsreich gelegene Bergdorf Saint-Félix-Lauragais. Burgreste und die alles überragende Kirche Saint-Félix haben Sie schon von Weitem gesehen. Endlich oben angekommen treffen Sie auf eine im Ursprung gut erhaltene Bastide mit sehr viel Charme und Charakter. Saint-Félix-Lauragais gehört zu den sehenswertesten Orten des Lauragais.

Etappe 20: Lac Lenclas – Seuil de Naurouze/Montferrand (Aude/Haute-Garonne)

22 km, 6 Std., ↑ 204 m, ↓ 130 m, 189-286 m

0,0 km	208 m	Lac de Lenclas: Saint-Félix-Lauragais (3 km)
1,8 km	207 m	Abzweig Les Cassés: (1,3 km)
17,9 km	195 m	D6113: Labastide-d'Anjou
20,0 km	189 m	Seuil de Naurouze
22,0 km	286 m	Montferrand

In vielen Windungen, die das Gelände vorgibt, spazieren Sie heute gut 20 km an der Rigole de la Plaine entlang. Wie von einem schattig unter Bäumen gelegenen Balkon geht der Blick in die hügelige Weite des Lauragais. Ziel ist die Mündung der Rigole de la Plaine in den Canal du Midi an der Seuil de Naurouze.

Die Rigole führt um den kleinen See herum. Sie können abkürzend geradeaus über den Damm laufen. 1,7 km weiter wird eine geteerte Hauszufahrt erreicht, mit der Sie geradeaus zu einer Kreuzung mit markanter Eiche gelangen. Ein Holzschild weist hier rechts über den Kanal hinüber den Weg nach **Les Cassés**.

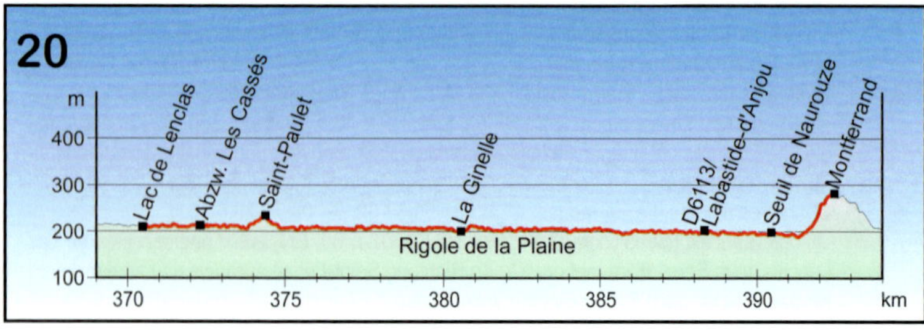

Gîte d'étape La Passeur-Elle, Mme Christiane Lambin, 3 Rue de l'Ancien Café, 11320 Les Casses, ☏ 04 68 23 17 71, lambchris@orange.fr, 6 Betten, ÜF € 14, HP € 26-29, Apr-Okt, Reservierung empfehlenswert, 1,3 km, der Weg ist ausgeschildert

1,5 km weiter quert ein Sträßchen.

Rechts herauf ist der Glockenturm der Kirche von **Saint-Paulet** zu sehen. Wenige Schritte unterhalb der Mairie befindet sich ein Toilettenhäuschen mit Trinkwasser. Gingen Sie am Toilettenhäuschen wieder abwärts (D113), kämen Sie an den Wanderweg zurück, ohne einen Umweg gemacht zu haben.

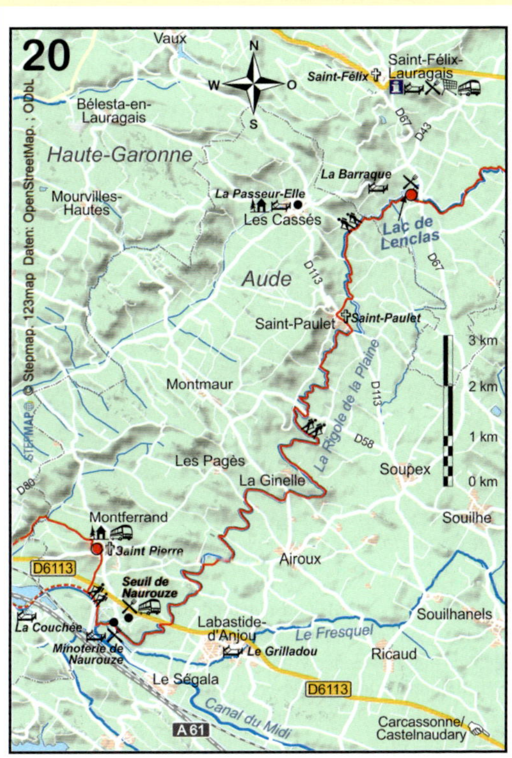

Unterwegs gibt es zweimal einen Hinweis auf eine abkürzende Wegvariante, die über Les Pagès auf kleinen Sträßchen nach Montferrand führt. Empfehlenswert ist dies nur, falls Sie aus irgendeinem Grund in Zeitnot geraten sollten.

Schließlich wird an einer historischen Brücke eine Fernverkehrsstraße erreicht (Route Nationale 113 oder D6113, historisch: Voie D'Aquitaine oder Via Aquitania, im Ursprung eine Römerstraße zwischen Bordeaux und Narbonne).

Hôtellerie Le Grilladou, 11130 Labastide d'Anjou, ☏ 04 68 60 11 63, hotellerie@legrilladou.com, 9 Zi, Ü EZ/DZ € 39 (Pilgerpreis), F € 6, EN, Okt bis 15. Apr, sonntags geschlossen, 1,3 km, links entlang der D6113

Sie überqueren die Straße, gehen wenige Schritte nach rechts und biegen dann wieder links auf den Weg entlang der Rigole. An der Minoterie de Naurouze (ehemalige

Mühle, 🛏 ✕) wird an einem Wasserspeicher, über den der Zulauf in den Canal du Midi gesteuert wird, die **Seuil de Naurouze** erreicht.

🛏 ✕ La Minoterie de Naurouze, Annie Spark, 285 Route de Ségala, 11320 Montferrand, 📱 06 22 49 57 15, ✉ lemoulindenaurouze@wanadoo.fr, 💻 minoteriedenaurouze.blogspot.de/p/blog-page.html, 🚪 Restaurant: Mrz-Jun u. Sep/Okt 12:00-14:00, Fr/Sa auch 19:00-21:00, Jul/Aug tägl. 12:00-21:00, Nov-Feb geschlossen, direkt am Weg, unbedingt anmelden

♦ Es gibt auch eine ✕ Gaststätte nördlich des Ringgrabens (Le Pas de Naurouze, 🚪 So abends und Mo geschlossen), einen Kiosk und einen Obelisken (Obélisque de Riquet), der dem Konstrukteur des Kanalsystems, Pierre-Paul Riquet, gewidmet ist.

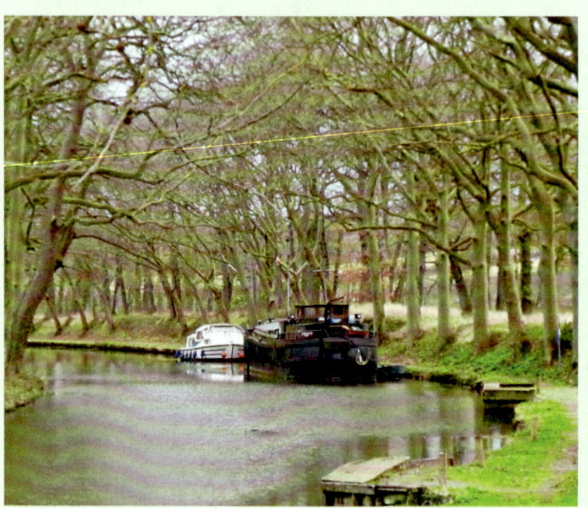

Am Canal du Midi

Der Canal du Midi ist eine 240 km lange Verbindung zwischen Toulouse und dem Mittelmeer. Von Toulouse aus konnten die Schiffe dann weiter auf der Garonne oder später auf dem Canal latéral à la Garonne und über die Gironde zum Atlantik fahren, sodass durch den Kanalbau eine Verbindung zwischen Atlantik und Mittelmeer geschaffen wurde.

Das schwierigste Problem, das zu lösen war, war die Wasserzuleitung (☞ S. 113), und nur unter der Voraussetzung, dass dieses Problem gelöst werden kann, genehmigte König Ludwig XIV. 1666 den Kanalbau. Mit dem Bau des Rigolen- und Speichersystems mit dem Zweck, Wasser aus den Montagne Noir zum Scheitelpunkt des Kanals, der Wasserscheide von Naurouze, zu leiten, war es geschafft. Der Kanalbau konnte 1667 beginnen. Der erste Teil zwischen Toulouse und Naurouze, ca. 52 km, war bereits vier Jahre später fertiggestellt. 1681 wurde der gesamte Kanal feierlich eröffnet und kurze Zeit später im Triumphbogen in Montpellier als eine von vier Großtaten Ludwigs XIV. verewigt (☞ S. 60).

Der Kanalbau soll die größte Baustelle des 17. Jh. gewesen sein, auf der bis zu 12.000 Arbeiter tätig waren. Trotz der enormen Kosten war der Kanalbau sehr rentabel, denn der Kanal generierte als Südfrankreichs wichtigster Verkehrsweg über 200 Jahre lang laufende Einnahmen. Mit dem Aufkommen der Eisenbahn und später mit dem Bau der parallel verlaufenden Autobahn verlor der Kanal als Transportweg an Bedeutung, aber als touristischer Kanal erfreut er sich großer Beliebtheit. 1996 wurde er in die Weltkulturerbeliste der UNESCO aufgenommen.

Radfahrer nehmen an der Minoterie de Naurouze geradeaus den Dammweg mitten durch das historische Speicher(ring)becken und erreichen so auf bequeme Weise den Radweg entlang des Canal du Midi.

Fußgänger biegen an der Minoterie de Naurouze entsprechend den Markierungen links ein und erreichen den Kanal am eigentlichen Zulauf des Rigolenwassers. Ein schmaler Pfad führt hier rechts unter besonders alten Platanen zum Radweg. An einer ersten Schleusenbrücke geht es noch geradeaus, 230 m weiter allerdings biegt der Pilgerweg rechts durch eine kleine Ansiedlung Richtung **Montferrand** vom Kanalweg ab.

Ganz in der Nähe gibt es am neuen Jachthafen ein funktionales Hotel mit angrenzender Gaststätte und – etwas romantischer und kaum weiter entfernt – eine Privatunterkunft, die auf Pilger eingestellt ist. Bleiben Sie am Canal du Midi, gehen Sie unter der Eisenbahn- und Autobahnbrücke hindurch bis zur nachfolgenden Brücke und wechseln Sie dort die Kanalseite. Zum Hotel (am Jachthafen) gehen Sie links wieder 700 m zurück (➲ 2,7 km). Zur Pilgerunterkunft La Goutille folgen Sie dem Sträßchen geradeaus noch 1,3 km.

Anderntags könnten Sie den GR 653 abkürzend über Avignonet-Lauragais wieder erreichen. Sie überqueren den Kanal an derselben Brücke, folgen dann aber geradeaus der D80a. An der D6113 angekommen wandern Sie 50 m nach rechts und dann links in die Rue de Barry. An der zweiten Kreuzung biegen Sie links in den Pilgerweg. Die morgige Etappe würde sich um etwa 4 km verkürzen.

Relais Fast Hôtel la Couchée, Aire de Port Lauragais, 31290 Avignonet-Lauragais, ☏ 05 61 27 17 12, lacouchee@wanadoo.fr, 42 Zi, Ü EZ € 48, DZ € 59, DBZ € 67, VBZ € 99, F € 8, EN, DE, ✕ Restaurant La Dinee, Aire de Port Lauragais, gleich nebenan

♦ Mme Danielle Leguevaques, La Goutille, 31290 Avignonet-Lauragais, ☏ 05 61 27 10 65, 06 61 67 59 30, accueillagoutille.avignonet31@gmail.com, www.leshaltespelerins.org/la-goutille, 2 Zi, Pilgerpreis: Ü € 19, HP € 30, EN, Abholservice, Übernachtung in einem renovierten historischen Farmhaus

Nach Montferrand gehen Sie über die Hauptstraße hinüber und auf einem Grasweg den Berg hinauf. Auch im Ort ist weiter die geradeausführende Straße markiert. Rechts kämen Sie zur Mairie. Am Scheitelpunkt der Straße gehen Sie rechts noch zum höchsten Punkt und finden dort die schöne Gîte d'étape innerhalb historischer Mauern bei der romanischen **Kirche Saint-Pierre**.

Gîte Porte de Mairie, 4 Place Aéropostale, 11320 Montferrand, Estrade, ☏ 04 68 60 18 80, Apr-Okt, Anmeldung erforderlich, der Vermieter wohnt zwar direkt neben der Gîte, ist aber nicht immer zu Hause

Etappe 21: Montferrand – Baziège (Aude, Haute-Garonne)

29,7 km, 8 Std., 462 m, 583 m, 164-286 m

0,0 km	286 m	Montferrand
2,8 km	198 m	Avignonet-Lauragais BANK
13,6 km	184 m	Villefranche-de-Lauragais BANK
23,3 km	177 m	Villenouvelle D11: Villenouvelle (800 m)
29,7 km	165 m	Baziège BANK :

Das kleine Bergdorf Montferrand liegt auf einem Hügel über dem vom Fluss L'Hers durchflossenen, breiten Tal, das sich von Naurouze aus Richtung Nordwesten bis Toulouse erstreckt. Die größeren Orte reihen sich entlang der historischen Via Aquitania und heutigen Route Nationale 113 im unteren Talhang aneinander. Ihr Weg führt durch die angrenzende, von vielen Bächen zerfurchte Lauragais-Hochfläche, berührt dabei aber auch die kleinen Städtchen Avignonet-Lauragais, Villefranche-de-Lauragais, Villenouvelle und Baziège. Sie können sich also sicher vorstellen, dass nicht nur mit prächtigen Ausblicken, sondern auch mit häufigen (aber leichten) An- und Abstiegen zu rechnen ist. Die Etappe lässt sich auf verschiedene Weise teilen, durch die gute Bus- und Bahnanbindung im Tal auch (spontan) abkürzen.

Von der Unterkunft gehen Sie zurück an die T-Kreuzung, dort rechts und dann links über den Bergrücken. Nach und nach fällt der Weg in ein Bachtal ab. Diesem folgen Sie links bis **Avignonet-Lauragais**. Am Ortsrand treffen Sie auf eine von links kommende Straße und folgen ihr rechts zu einer Kreuzung.

Der Wanderweg berührt das Dorf nur ganz am Rande. Eine Bäckerei mit Café (ab 6:00, Mo geschlossen) ließe sich erreichen, wenn Sie an der Kreuzung links (Rue du Barry) zur Ortsdurchgangsstraße und dort wenige Schritte nach rechts gingen (250 m).

Zur Bushaltestelle und zum Office de Tourisme in der Mairie (05 61 81 63 67, tourisme.avignonet@laposte.net, Mo-Fr 9:00-12:00 u. 14:00-17:00) müssten Sie der Durchgangsstraße weitere 500 m folgen.

Geradeaus gehend kommen Sie bald wieder auf einen Feldweg, der rechts um ein Pappelwäldchen herum zu einem Bach und dort links im Talhang aufwärtsführt.

An der folgenden Kreuzung könnte ein Abstecher links zur Kirche **Notre-Dame des Miracles** führen. Sie steht weithin sichtbar auf einem Hügel. Ihre Anfänge gehen auf das Jahr 1385 zurück (Tolosaner Backsteingotik). Der Weg führt aber geradeaus zu einer Höhe mit Windrad und erreicht ein Sträßchen, auf dem es rechts weitergeht. Nach 250 m biegen Sie in einer Rechtskurve geradeaus auf einen Feldweg ab.

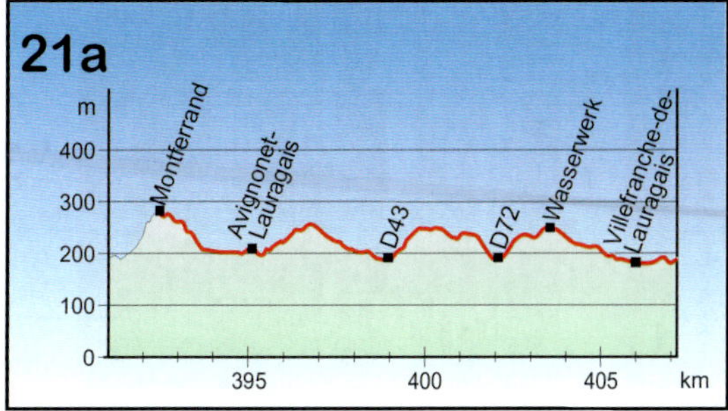

Nach weiteren 1,4 km gehen Sie an der T-Kreuzung mitten in den Feldern links und an der folgenden Verzweigung rechts in ein Tal hinunter. Sie folgen der Talstraße 180 m nach links und biegen dann rechts in eine Hofzufahrt. Vor dem Hof steigen Sie mit dem rechts beginnenden Feldweg wieder zur Höhe auf.

Oben biegen Sie an der Kreuzung rechts und nach 250 m wieder links ab. An einem Eichenwäldchen gehen Sie dann links entlang und genießen den schönen Blick zur kleinen Kapelle Saint-Brice, die auf dem Höhenzug gegenüber steht.

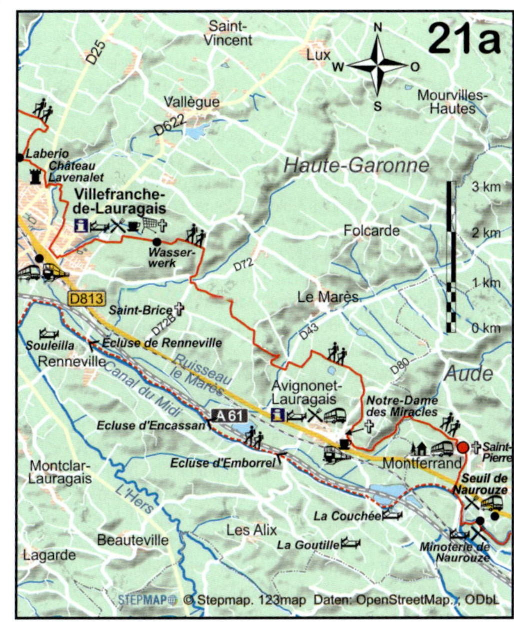

Sie erreichen die D72, gehen nach links und an der T-Kreuzung rechts. Nach dem Überqueren der Bachbrücke biegen Sie rechts in die Nebenstraße ab, steigen wieder an, wechseln aber noch vor Erreichen der letzten Höhe links in einen Schotterweg.

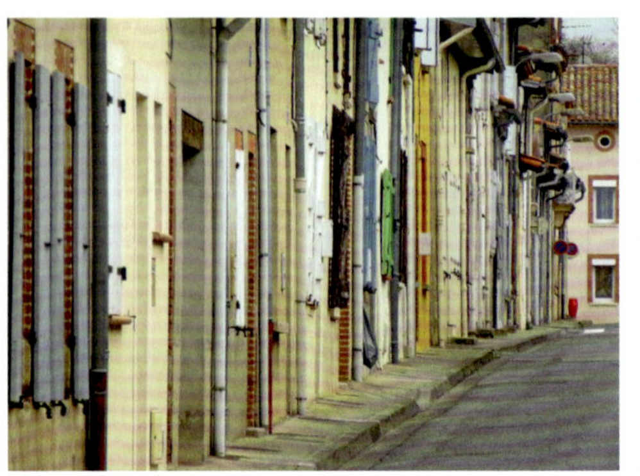

Häuserzeile in Villefranche-de-Lauragais

Dieser führt zum Wasserwerk hinauf und dann nach Villefranche-de-Lauragais hinunter. An einem Quersträßchen gehen Sie links und an dem Motocrossgelände wieder rechts. Zuletzt spazieren Sie auf einem schmalen Pfad am Bach entlang in den **Chemin Fontaine de Barriau**, mit dem Sie rechts abbiegen und dann links zum **Place Gambetta** gelangen.

Villefranche-de-Lauragais

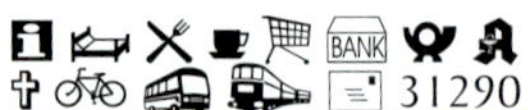

31290

Syndicat de Initiative de Tourisme, Place du Général de Gaulle, 05 61 27 20 94, contact@otvillefranche31.fr, www.otvillefranche31.fr, Di 10:00-12:00 u. 14:00-16:00, Mi+Do 10:00-12:00 u. 14:00-17:00, Fr 9:00-12:00 u. 14:00-17:00, Sa 9:00-12:00, Jul/Aug Mo-Sa 9:00-12:00 u. 14:00-18:00

Auberge de la Pradelle, 20 Place Gambetta, 05 61 83 33 18, auberge-la-pradelle@orange.fr, www.hotel-auberge-villefranche-lauragais.fr, Zimmer mit 2 Einzelbetten € 42, Zimmer mit Doppelbett € 49-55, F € 6, direkt am Weg, inhabergeführtes kleines Hotel/Restaurant am ruhigen Dorfplatz

♦ Hôtel du Lauragais, 15 Rue de la République, 05 61 27 00 76, hoteldulauragais@wanadoo.fr, www.hoteldulauragais.com, 20 Zi, Ü EZ € 58, DZ € 64, DBZ € 74, VBZ € 84, F € 8, EN, , Restaurant Mo geschlossen

Chambres d'Hôtes Fontaine de Barreau, 1 Chemin Fontaine de Barreau, 05 61 81 56 86, 2 Zi, ÜF EZ/DZ € 65, direkt am Weg

☺ Falls Sie in Villefranche eine Zwischenübernachtung planen, könnten Sie auch die in Etappe 21a erwähnte, zu Renneville gehörige Gîte d'étape und Chambres d'hôtes Refuge Viola 2000 mit in die Auswahl einbeziehen (Etappe 21a).

Cycles Desportes, 36 Rue Carnot, 05 61 81 59 27

Taxi Manzato, 06 09 33 54 00; Taxi du Lauragais, 06 07 72 60 63

Entlang der historischen Via Aquitania und heutigen Nationalstraße 113 fahren die Busse 50 und 86 über Avignonet-Lauragais, Villefranche-de-Lauragais, Villenouvelle und Baziège Richtung Toulouse. Ab Baziège, unterstützt ab Montgiscard durch die Linie 83, folgt der Bus 50 weiter der Nationalstraße auf die andere Talseite. An der Université Paul Sabatier gibt es dann Anschluss an die Metro. Der Bus 86 nimmt eine etwas andere Route und beendet seine Fahrt am Hbf. Toulouse-Matabiau. www.itransports.fr/en

Avignonet-Lauragais, Villefranche-de-Lauragais, Villenouvelle und Baziège haben Bahnhöfe an der Bahnstrecke Toulouse-Narbonne. de.oui.sncf/de

Villefranche wurde 1252 als Bastide gegründet, ist aber bereits im Oktober 1355 am Beginn des 100-jährigen Krieges abgebrannt. Erhalten ist die Backsteinkirche **Notre Dame de L'Assomption** (Mariä Himmelfahrt), die ab 1263 erbaut wurde und eine eindrucksvolle, von zwei achteckigen Türmen begrenzte Glockenarkade (frz. *clocher-mur* oder *campenard*) trägt. Villefranche ist eine lebendige Stadt, die sich im Einzugsbereich von Toulouse offenbar rasant entwickelt. Davon jedenfalls zeugen die vielen Neubaugebiete.

Am Place Gambetta führt Ihr Weg nach rechts und weiter entlang der **Rue Pasteur**. Diese trifft nach 150 m auf die querende **Rue Armand Barbès**, an der es rechts weitergeht. In der Verlängerung heißt die Straße dann Chemin de la Cave. Am Ende der Neubausiedlung folgen Sie geradeaus einem Grasweg, der sich Haken schlagend durch die Felder schlängelt. Er mündet in eine geteerte Nebenstraße. Hier gehen Sie links über den Bach hinüber und gleich (nach 20 m) rechts einen schmalen Fußweg steiler aufwärts.

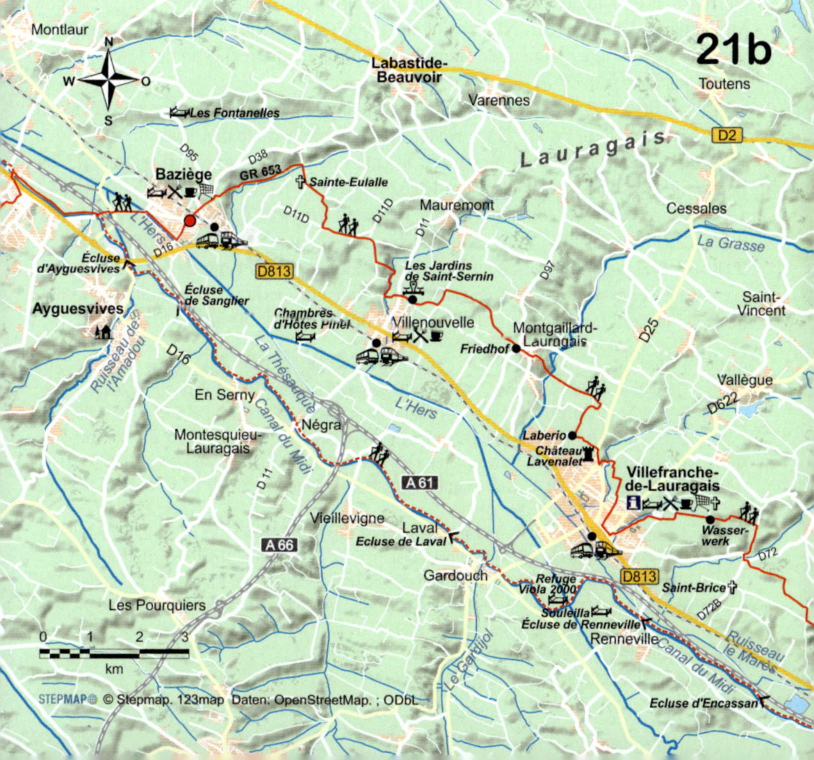

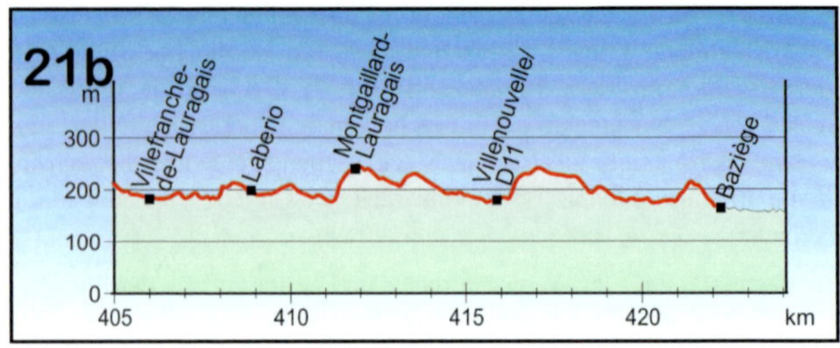

Auf der Höhe wandern Sie links zur D25 und rechts an ihr entlang. Am Château **Lavenalet** (nach 320 m) biegen Sie links in eine Nebenstraße ab und direkt vor der Farm **Laberio** folgen Sie rechts dem Feldweg. Der Grasweg geht in einen Teerweg über, dem Sie geradeaus folgen.

Nach einer Rechts-links-Kurve biegt der Teerweg rechts zur D25. Sie aber laufen hier links in den abzweigenden Feldweg, nun direkt auf das auf einem Berg gelegene **Montgaillard-Lauragais** zu. Nur ein Tal liegt noch dazwischen. Schon im Ort geht es vor dem weißen, quer stehenden Haus links zur Mairie und rechts an der Kirche vorbei durch das Dorf zur D97.

Etwa 100 m folgen Sie ihr am Friedhof entlang abwärts und biegen dann rechts in den Chemin de l'Enclos ab. Nach weiteren 70 m nehmen Sie den links abzweigenden Feldweg. Er führt zuletzt als Teerstraße an einen geteerten Querweg (Kreuzung). Hier gehen Sie links und an der nächsten Kreuzung wieder rechts.

An einer Gärtnerei mit kleinem Hofladen für Obst und Gemüse (Mai-Okt: 8:00-12:00 u. 16:00-19:30, Mo geschlossen, Nov-Apr: Di-Fr 14:00-18:00, Sa 9:00-12:00) folgen Sie geradeaus oder halb rechts dem **Chemin de Saint-Sernin**.

Wenig weiter wird die D11 erreicht und geradeaus überquert. (Wenn Sie nach Villenouvelle wollen, folgen Sie der D11 links in den Ort (➲ 800 m)).

Villenouvelle 31290

- Chambres d'Hôtes Maison Joséphine, Gwenaëlle u. Paul Reid, 1 Rue de Ecoles, ☏ 05 34 66 20 13, paul.reid@wanadoo.fr, 3 Zi, ÜF EZ € 75, DZ € 89, DBZ € 99, VBZ € 119, A € 17, EN, DE, behutsam renovierter Altbau mit Stil und Atmosphäre, zentral
- ♦ Chambres d'Hôtes Le Village, Mme Huguette Baron,12 Rue de Monges, ☏ 05 61 27 70 02, 06 24 82 23 47, huguette@maisonlevillage.fr, 3 Zi, ÜF EZ € 75, DZ € 90, DBZ € 105, VBZ € 120, A, , zentral
- ♦ Chambres d'Hôtes, M. u. Mme Joseph Pinel, Chemin du Bigot, ☏ 05 61 27 02 83, 06 71 64 98 12, joseph.pinel@sfr.fr, 5 Zi, ÜF EZ € 55, DZ € 75, DBZ € 90, VBZ € 110, A € 25, Abholservice von der Écluse de Negra am Kanalweg, ➲ an der Ortsdurchgangsstraße (D813) rechts und nach 800 m links in den Chemin du Bigot, nun noch einmal 800 m bis zur Unterkunft
- Taxi Villenouvelle, ☏ 06 15 06 89 69
- ☞ Villefranche-de-Lauragais

Über eine Wiese wandern Sie zu einem Bach und dort rechts entlang. Dann kreuzt ein Pfad. Hier gehen Sie links aus dem Tal hinaus. Am Sträßchen auf der Höhe geht es rechts weiter zu einer Gabelung. Sie biegen links ein und verlassen 80 m weiter die Straße geradeaus über einen Feldweg.

Der Weg ist bald wieder mit Teer belegt und erreicht eine Kreuzung mit Wegweiser. Hier gehen Sie rechts bis zu einem Haus noch auf Teer, dann aber auf einem Grasweg abwärts. In der Senke folgen Sie dem Pfad links in den Hang und rechts heraus zu einer Gabelung. Jetzt wandern Sie links zur schönen **Wallfahrtskirche Sainte-Eulalie** hinunter. (Auf den Karten heißt sie Ste-Colombe oder St-Eutrope?)

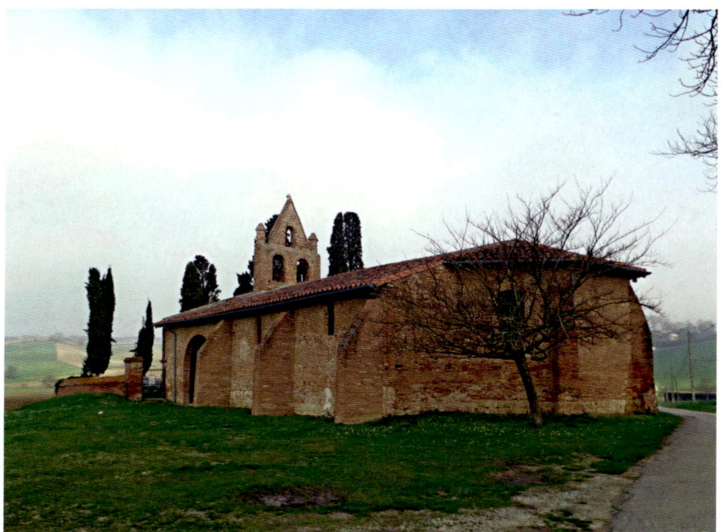

Wallfahrtskirche Saint-Eulalie in der Nähe von Baziège

Gehen Sie an der Kirche vorbei zum Wegweiser „Sainte-Eulalie" und biegen Sie dort links in einen Grasweg, der im Hang eines Bachtals sanft abwärts führt. An einem Tiergehege (Kängurus) geht es geradeaus noch einmal steil bergan. Oben folgen Sie dem Sträßchen halb rechts, biegen nach 80 m aber links wieder davon ab und gehen nun immer geradeaus nach Baziège hinunter.

↳ Wenn Sie zur Unterkunft 🛏 **Les Fontanelles** wollen, biegen Sie auf der Höhe nicht links ab, sondern folgen dem Sträßchen rechts bis zur D38. Hier geht es nur ein paar Schritte nach rechts, dann biegen Sie links in die D95. Nach 2,5 km und einer 180°-Kurve liegt die Farm rechter Hand am Weg.

Der markierte Weg führt geradeaus über die Ortsdurchgangsstraße hinweg. An einem Landhandel (Gamm Vert) geht es rechts zum Ehrenmal am neuen Rathaus und dann links bis an den Fluss L'Hers. Vor der Brücke weist die Markierung dann rechts in den Uferweg zur nächsten Brücke.

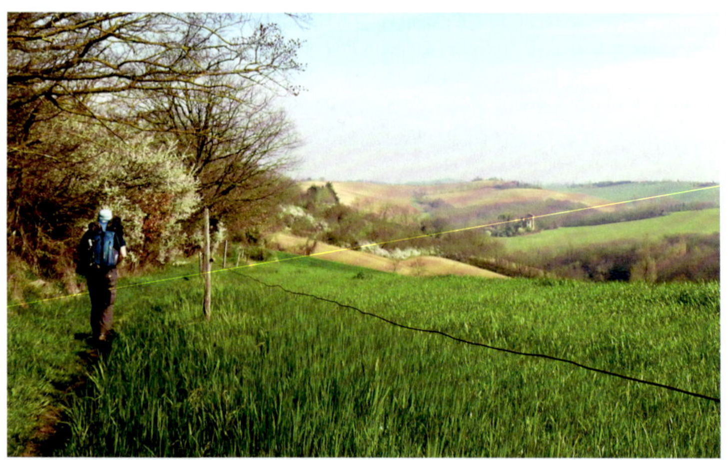

Hügelige Feld- und Heckenlandschaft des Lauragais

Die Gîte d'étape befindet sich leider nicht mehr im Zentrum von Baziège, sondern in Ayguesvives. Folgen Sie mit dem Erreichen des Flusses L'Hers geradeaus der D16 und überqueren Sie die Autobahn und den Kanal an der Schleuse Ayguesvives. Der Route Ticaille folgen Sie links nach Ayguesvives, gehen an der Apotheke rechts und biegen gleich wieder links in den Chemin de la Tuilerie (3 km).

Gîte d'étape, 8 Chemin de la Tuilerie, 05 34 66 30 09, 8 Betten in zwei Zimmern, ÜF € 15, 1. Apr bis Ende Okt jeweils ab 15:00, bitte einen Tag vorher anmelden. Die Herberge ist der Initiative der „Freunde der Jakobswege in Okzitanien" zu verdanken und empfehlenswert. www.compostelle-toulouse.com

Baziège 31450

Mairie, 16 Avenue de l'Hers, 05 61 81 81 25, www.ville-baziege.fr, Mo u. Do 9:00-12:00 u. 16:00-18:00, Di, Mi, Fr nachmittags bereits ab 15:00, Sa 9:00-12:00

Chambres d'hôtes de Caractère Les Fontanelles, Rolande u. J. Claude Subra, 05 62 71 25 90, rolandesubra@wanadoo.fr, fontanelles.chez.com, 4 Zi, ÜF (für Pilger) EZ € 65, DZ € 90, A € 20-30, luxuriös renoviertes kleines Farmhaus aus dem 18. Jh., , Sauna, , Abholservice aus Baziège, 2 km (Wegbeschreibung)

Chambres d'hôtes Relais d'Engoudes, Christophe u. Romain, 80 Empasse d'Engoudes, 06 58 27 35 68, relaisdengoudes@romiloulou.fr, 1 Zi, ÜF € 45-65, A ab € 20, EN, 400 m, über den Hers hinüber und dann links bis unter der D813 hindurch, südlich in der kleinen Siedlung befindet sich dann die Unterkunft

Taxi de l'Autan, 06 80 32 92 42

Villefranche-de-Lauragais

Variante zu Etappe 21-23: Kanalweg: Seuil de Naurouze – Toulouse, Saint-Sernin (Haute-Garonne)

49,3 km, 13 Std., 272 m, 316 m, 146-202 m

0,0 km	202 m	Seuil de Naurouze
9,5 km	180 m	Écluse de Renneville : Villefranche-de-Lauragais (2,2 km)
24,5 km	165 m	Écluse d'Ayguesvives, Baziège :
27,7 km	156 m	Écluse de Montgiscard, Wechsel auf den GR 653 möglich,
29,9 km	155 m	Pont de Donneville :
42,0 km	151 m	Ramonville-Saint-Agne : Metro (500 m)
49,3 km	156 m	Toulouse, Saint-Sernin

Für Radfahrer wäre es ermüdend und unbefriedigend, den markierten Pilgerweg durch die Berge zu nehmen, da es doch so einen schönen und bequemen Weg am Canal du Midi gibt. Für Fußgänger kann der durchgängig geteerte Radweg entlang des Kanals durchaus sehr anstrengend werden. Die Gleichförmigkeit des Gehens und der harte Untergrund, von dem es nur selten Abwechslung gibt, bekommen den Knochen und auch dem Wahrnehmungssystem in aller Regel nicht besonders gut. Zweifelsfrei ist der als Wegalternative benannte und auch von Pilgern oft genutzte Kanalweg aber die kürzeste und schnellste Route, um Toulouse zu erreichen. Es herrscht eine in weiten Teilen romantische und aufgrund der alten Platanen am Ufer sowie der historischen Brücken und Schleusen schöne Atmosphäre. Stark beeinträchtigt wird das Wohlgefühl allerdings durch den ständigen Geräuschpegel der Autobahn, die den Kanal manchmal sehr nah begleitet.

Um den Weg kurz zu beschreiben: Der Kanal wird auf der rechten Seite von einem asphaltierten Radweg begleitet. Auf Schildern ist er eindeutig als "Parcours Cyclable du Canal du Midi" gekennzeichnet und mit Piktogrammen beschrieben, sodass Sie immer gut informiert sind, an welcher Schleuse (frz. écluse) Sie sich gerade befinden, wie weit es bis zum nächsten Ort ist und – ziemlich wichtig, weil es am Kanal kaum Verstecke gibt – wo die nächsten Toiletten zu finden sind. An mehreren Schleusen gibt es Wasserzapfstellen und Toiletten und außerdem kann man an mehreren Stellen die nahen Autobahnraststätten nutzen.

Die Beschreibung des ersten Abschnitts bis zum Hotel La Couchée und zur Pilgerunterkunft La Goutille in Avignonet-Lauragais finden Sie am Ende der 20. Etappe.

Von der Schleuse Renneville aus nach rechts erreichen Sie nach ca. 2 km Villefranche-de-Lauragais (Etappe 20). Nach links kommen Sie nach Renneville.

Renneville 31290

Chambres d'hôtes Maison Le Souleilla, Mme Laurence Candille, Chemin d'Engleyses, 05 62 71 14 94, 06 65 20 01 03, laurencecandille@orange.fr, lesouleilla.e-monsite.com, 4 Zi, ÜF EZ € 55, DZ € 65, A € 15, EN, ca. 700 m nordwestlich der Kirche

♦ Gîte d'étape u. Chambres d'hôtes Refuge Viola 2000, Evelyne u. Claude Lavernhe, Chemin de Voûtes, 06 07 85 94 60, 06 77 71 98 82, viola2000orange.fr, 15 Plätze in der Gîte, ÜF € 18, 3 Zi, DZ € 62, A € 18, 2 km nach der Schleuse Renneville an der Unterführung des Flusses Hers, direkt am Weg

Bereits an der **Écluse de Sanglier** weist ein Schild auf die neue Gîte in Ayguesvives hin. Nach dem Bericht einer Pilgerin ist es aber bequemer, erst an der **Écluse d'Ayguesvives** die Kanalseite zu wechseln. Folgen Sie von dort der Beschreibung in Etappe 21 (vor dem Abschnitt „Baziège").

Ayguesvives 31450

Etappe 21

Das Restaurant ist nur über Mittag geöffnet.

Die Bäckerei hat So nachmittags u. Mo geschlossen.

Egal ob Sie nun dem Kanalweg weiter folgen oder zum GR 653 zurück wollen, in jedem Fall gehen Sie von Ayguesvives zum Kanalweg zurück und folgen ihm links nach Montgiscard. An der Schleuse Montgiscard trennen sich die beiden Wege (Etappe 22).

Der Kanalweg erreicht die Brücke (Pont) bei Donneville.

Donneville 31450

Motel/Restaurant L'Enclos, 20 RN 113, 05 62 71 74 74, contact@restaurant-lenclos.com, www.restaurant-lenclos.com, Ü EZ € 65, DZ € 70, F € 7, EN, über die Brücke bis zur D813 und dort links noch 300 m weiter

♦ Chambres d`Hotes Pause-Canal, Laurent & Marie Peniarbelle, 2 Route départementale 813, 05 61 81 49 41, 06 87 41 35 29, pausecanal@free.fr, pausecanal.free.fr, ÜF EZ € 65, DZ € 70, DBZ € 90, VBZ € 110, A € 15, von Pilgern empfohlen. Folgen Sie der Beschreibung zum Motel an die D813, 300 m weiter finden Sie das Pause-Canal.

Weiter am Canal du Midi entlang erreichen Sie die Peripherie von Toulouse im Stadtteil Ramonville-Saint-Agne.

Ramonville-Saint-Agne  31526

Hôtel Lidotel, 4 Rue Ariane, Parc Technologique du Canal, 05 61 73 15 15, contact@lidotel.fr, www.lidotel.fr, Ü EZ ab € 38, DZ ab € 45, EN, tägl. 8:00-11:30 u. 17:00-21:00, rechter Hand am Weg

♦ Hôtel Formule 1, 1 Avenue de l'Europe, Parc Technologique du Canal, 08 91 70 54 13, www.accorhotels.com, DZ ab € 45,

Gleich nach dem „Parc Technologique du Canal", in dem die Hotels stehen, unterqueren Sie einen Autobahnzubringer. Wenn Sie hier die Kanalseite wechseln, dem Zubringer bis zum Kreisverkehr folgen und dann rechts gehen, kommen Sie zur Endhaltestelle (Ramonville) der Toulouser Metrolinie B (➲ 500 m).

Wenn Sie am Kanal bleiben, überqueren Sie zusammen mit dem Kanal die A620, haben etwa 450 m vorher aber schon die Kanalseite über eine Fußgängerbrücke gewechselt.

1,7 km weiter unterqueren Sie eine breite Straßenbrücke und kurz danach eine Bahnbrücke. An der nun folgenden Fußgängerbrücke trennen Sie sich vom Canal du Midi und spazieren die Allée des Soupirs nach links zum Grand Rond. (Wollen Sie zum Hauptbahnhof, bleiben Sie am Kanal, ☞ unten.)

Durchqueren Sie den innerhalb der umlaufenden Straßen gelegenen, hübschen Park mit Bänken und Springbrunnen und verlassen Sie den **Grand Rond** gegenüber Richtung Préfecture/Cathédrale Saint-Étienne durch die Rue 8 Mai 1945. Dann wandern Sie geradeaus durch die Rue Ninau und die Rue Pierre de Fermat bis zum Platz der Kathedrale Saint-Étienne.

Von der Kathedrale aus gehen Sie nach Westen (links) die Rue de la Croix Baragnon entlang und nach 120 m rechts in die Rue des Arts hinein, in der viele hübsche alte Häuser zu sehen sind. Sie überqueren die große Rue de Metz (die links zur Pont Neuf führt) und stehen vor dem Musée des Augustins.

Am Ende der Straße könnten Sie nach rechts zum Place Saint-Georges abbiegen, wo viele Restaurants eine Erholungspause nahelegen. Mein Wegvorschlag führt Sie an dieser Stelle allerdings nach links durch die Rue de la Pomme.

Nach 300 m auf der Rue de la Pomme können Sie – vor dem südlichen Seitenflügel des Capitole stehend – nach rechts abbiegen und finden gleich linker Hand das Office de Tourisme im Turm (Donjon) hinter dem Capitole. Ansonsten gehen Sie nach links zum Place du Capitole.

Nach Norden über den Platz hinüber und die Rue du Taur entlang erreichen Sie nach 400 m schließlich Saint-Sernin.

Die hier beschriebene, vom Canal du Midi abzweigende Route ist weder markiert noch sonst in irgendeiner Weise als Pilgerweg beschrieben oder ausgewählt. Der Verlauf ist, basierend auf erworbenener Ortskenntnis, frei gewählt und beschreibt eine der vielen schönen Möglichkeiten, sich der Toulouser Altstadt zu nähern. Wer am Canal du Midi bleibt, kommt auf direktem Weg nach 1,8 km zum Toulouser Hbf. Matabiau.

Etappe 22: Baziège – Toulouse, Pouvourville (Haute-Garonne)

25,2 km, 7 Std., ↑ 514 m, ↓ 449 m, ⇧ 155-280 m

0,0 km	⇧ 165 m	Baziège :
4,5 km	⇧ 159 m	Montgiscard, Schleuse
12,5 km	⇧ 238 m	Corronsac
25,2 km	⇧ 227 m	Toulouse, Pouvourville, Estérel

In Baziège durchquert der GR 653 das Herstal und bei Montgiscard steigt er wieder in die Berge an. Bei gutem Wetter werden Sie das sanfte Auf und Ab über aussichtsreiche, luftige Höhen, die meist von kleinen Dörfern oder Siedlungen bebaut sind, im Wechsel mit schönen, ruhigen Bachtälern genießen können. In Pouvourville besteht komfortabler Stadtbusanschluss. Ein Übernachtungsplatz in Toulouse sollte im Vorfeld organisiert sein.

An der zweiten Brücke überqueren Sie den kanalisierten Fluss Hers und folgen halb rechts einem Binnenweg, der bis an den **Canal du Midi** führt. Dort biegen Sie rechts in den geteerten Radweg ab.

☺ Falls Sie dringend einkaufen müssen, könnten Sie beim Erreichen des Kanals die Seite wechseln und ohne Umweg rechts verschiedene, große Verbrauchermärkte erreichen. Von dort finden Sie rechts über die (stark befahrene) Route Nationale 113 (D813) und den bald links abzweigenden, parallel verlaufenden Chemin Départemental 24 zum Pilgerweg zurück.

An der **Écluse de Montgiscard** (Schleuse) überqueren Sie den Kanal und laufen auf der Hauptstraße etwas zurück (links,). Am zweiten Zebrastreifen überqueren Sie die Straße und gehen die **Route de Faubourg** du Sers aufwärts. Von der folgenden Kreuzung an vollzieht der Weg einen völlig unnötigen Schlenker durch die Grand Rue. Gehen Sie hier ruhig rechts durch die **Rue des Tuiliers**. Die Markierung findet sich an der nächsten Einmündung wieder.

An der Kreuzung geht es noch geradeaus Richtung Tennisstadion, 150 m weiter aber links einen Feldweg hinauf. Oben steht ein Wegweiser am Rande eines Siedlungsgebiets von Montgiscard. Er zeigt rechts Richtung Corronsac – Ihr Zwischenziel.

An der querenden Straße gehen Sie links und gleich wieder rechts in einen Feldweg, der in ein Bachtal hinunterführt. Nach sanftem Aufstieg haben Sie einen schönen Blick zurück in das Herstal. Geradeaus folgen Sie dem zunächst geteerten **Chemin de la Ginestière**, der bald als Wiesen- und Waldpfad in das nächste Tal hinunterführt. Unterhalb eines verfallenden Herrenhauses quert eine Straße. Sie gehen nach rechts, biegen aber 200 m weiter wieder links ab.

Nur 200 m folgen Sie einem Bachlauf, biegen dann rechts hinüber und steigen halb links auf breitem Weg den Hang hinauf. Schon fast oben schneiden Sie mit dem

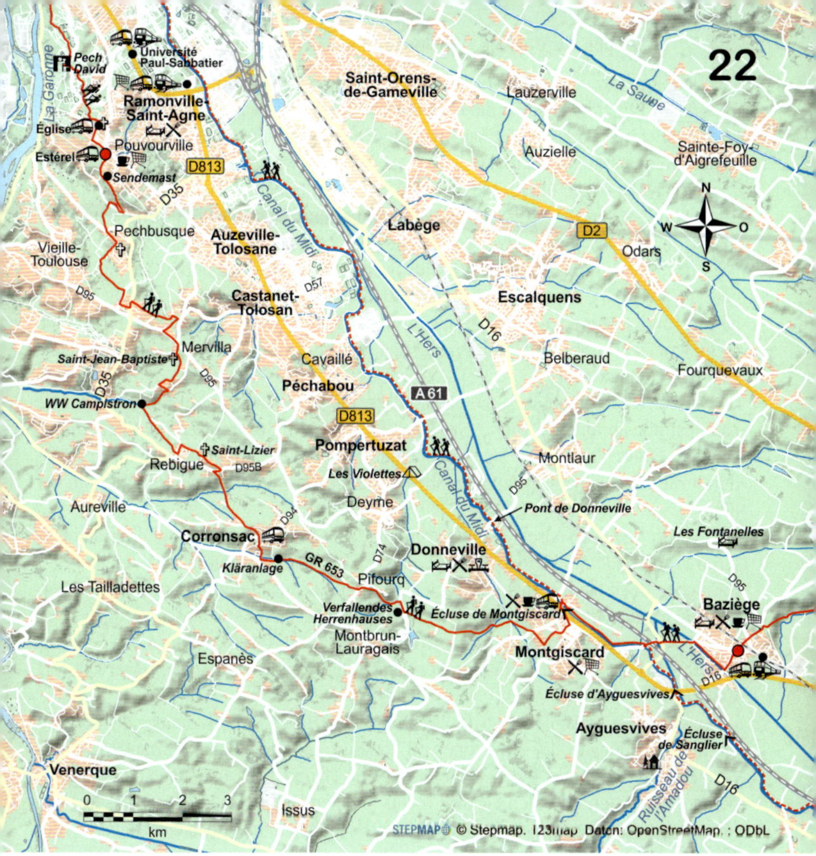

22

Pech David
Université Paul-Sabatier
Saint-Orens-de-Gameville
Lauzerville
La Saune
Ramonville-Saint-Agne
Église
Estérel
Pouvourville
Sendemast
D813
D35
Auzielle
Sainte-Foy-d'Aigrefeuille
La Garonne
Canal du Midi
Pechbusque
Auzeville-Tolosane
Labège
D2
Odars
Vieille-Toulouse
D95
Castanet-Tolosan
D57
Escalquens
D16
L'Hers
Mervilla
Saint-Jean-Baptiste
Cavaillé
Belberaud
Fourquevaux
Péchabou
A 61
WW Campistron
D813
Pompertuzat
Saint-Lizier
Rebigue
D95B
Les Violettes
Montlaur
Deyme
D95
Aureville
Pont de Donneville
D94
Corronsac
Donneville
Les Fontanelles
Kläranlage
GR 653
D74
Pifourq
Les Tailladettes
Verfallendes Herrenhauses
Écluse de Montgiscard
Baziège
Montbrun-Lauragais
Espanès
Montgiscard
D16
Écluse d'Ayguesvives
Ayguesvives
Écluse de Sanglier
Ruisseau de l'Amadou
Venerque
D16
0 1 2 3
km
Issus

STEPMAP © Stepmap. 123map Daten: OpenStreetMap. ; ODbL

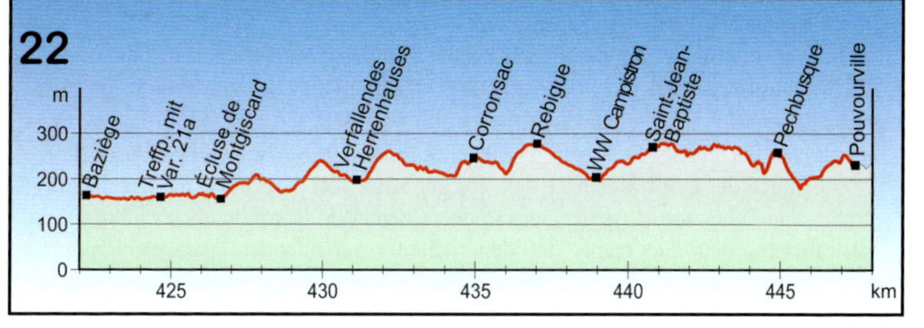

schönen links abzweigenden Heckenweg den letzten Anstieg ab. Am Höhensträßchen mit dünner Besiedlung gehen Sie nach links und biegen gleich wieder rechts davon ab. Diesen Stichweg verlassen Sie nach knapp 200 m nach links. Wieder wandern Sie in sanfter Neigung in ein Bachtal hinunter.

An der Kläranlage überqueren Sie den Bach und folgen danach rechts einem breiten, bald geteerten Weg. An den ersten Siedlungshäusern steigen Sie rechts nach Corronsac hinauf. Sie gehen zwischen Kirche und Friedhof 💧 hindurch zur Fahrstraße (🚌 etwa jede Stunde fährt hier ein Bus nach Castanet-Tolosan und zur Route Nationale 113 (D813), Umsteigemöglichkeit Richtung Toulouse) und geradeaus darüber hinweg und folgen der Nebenstraße ohne Richtungswechsel (an Gabelungen halb rechts) zunächst über die Höhe. Wieder fällt der Weg in ein Bachtal ab und steigt dann steil nach Rebigue auf.

An der Fahrstraße gehen Sie nach rechts, biegen aber 180 m weiter links in eine Nebenstraße ab, die zur Kirche (St-Lizier) führt. Knapp 300 m nach der Kirche, noch vor dem Ortsschild, biegen Sie links in einen Schotterweg ab, der nach 200 m rechts durch die Siedlung und weiter geradeaus durch Wald und Feld in ein Tal hinunter führt.

Der dortige Wegweiser "Campistron" gibt keine eindeutige Auskunft über den weiteren Wegverlauf. Sie können hier sowohl geradeaus am Feld aufwärts laufen (auf dem Sträßchen oben dann rechts und nach 400 m geradeaus in den Feldweg, 200 m kürzer) oder rechts den Hangweg nehmen. An der erreichten Siedlungsstraße biegen Sie dann links ab und wenden sich dort, wo diese nach links knickt, rechts in den Feldweg. Dieser führt zur Kirche Saint-Jean-Baptiste (Johannes der Täufer) von Mervilla (OT Cayre).

Im weiteren Verlauf schlägt der Weg nun viele Haken, um der immer dichter werdenden Bebauung in der Randzone von Toulouse und dem damit verbundenen Straßennetz auszuweichen. Rechts gehen Sie zur Hauptstraße und dann links 400 m daran entlang. Jetzt wenden Sie sich rechts in einen Hohlweg, der zu einem Stichweg führt. Links erreichen Sie einen Siedlungsrand und biegen hier noch einmal links in den Feldweg ab. Sie folgen ihm bis an eine Querstraße, gehen links und 160 m weiter rechts in den Chemin des Femmes. An der Querstraße geht es nach rechts und 300 m weiter wieder links in einen Feldweg.

In einer Senke ist der Weg noch einmal geradeaus markiert. (Hier gibt es eine Abkürzungsmöglichkeit rechts über die Brachfläche.) Der markierte Weg biegt etwas weiter unterhalb dieser Stelle nach rechts ab, steigt kurz an und fällt in Folge in ein bewaldetes Bachtal ab. Steil geht es wieder aufwärts zur Kirche von Pechbusque.

Sie folgen der Dorfstraße nach links, biegen nach 300 m rechts in die Durchgangsstraße, dann aber sofort wieder links in den Chemin de Rouzède ab. Er führt an ein Talsträßchen, dem Sie rechts auf dem dahinter verlaufenden, parallelen Fußpfad 350 m abwärts folgen. Dann steigen Sie links mit dem beginnenden Hangweg (Pausenbänke) wieder an.

Auf der Höhe (markanter Sendemast) gehen Sie geradeaus am Siedlungsrand wieder leicht abwärts zur querenden **Avenue L'aéropostale**. 100 m weiter links (vor dem ersten Kreisverkehr, Ihr Einstieg ist an der Haltestelle gegenüber) haben Sie die erste Stadtbushaltestelle (**„Pouvourville, Estérel**") von Toulouse erreicht.

Der Bus Nr. 54 fährt zweimal in der Stunde (zwischen 6:00 und 21:00) zur Metrostation **Université Paul-Sabbatier**. Nehmen Sie dort den Zug Richtung **Borderouge** zur Innenstadt.

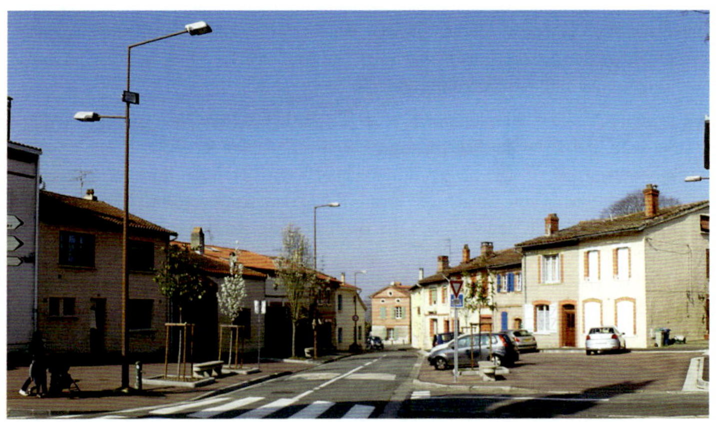

Dörfliche Atmosphäre in Pouvourville

☺ Wenn Sie noch kleine Reserven mobilisieren können, folgen Sie dem Weg noch etwa 600 m bis an den hübschen Kirchplatz von **Pouvourville** und steigen dort in den Bus („Pouvourville, Église"), ☞ folgende Etappe.

☞ Informationen zu Übernachtungsmöglichkeiten usw. in Toulouse finden Sie bei Etappe 23.

Etappe 23: Toulouse, Pouvourville – Toulouse, Pont Neuf (Haute-Garonne)

8,4 km, 3 Std., ↑ 97 m, ↓ 186 m, ⇧ 133-267 m

0,0 km	⇧ 227 m	Toulouse, Pouvourville, Estérel
2,3 km	⇧ 242 m	Pech David
8,4 km	⇧ 146 m	Toulouse, Pont Neuf BANK

Der verbleibende Weg ins Toulouser Zentrum hat den Erholungswert eines Ruhetags. Vom hübschen Dorfplatz Pouvourvilles steigen Sie zur Base de Loisirs de Pech David auf, einem der beliebtesten Ausflugsziele der Toulouser hoch über dem Fluss Garonne und den Toulouser Vorstädten. Mit den ankommenden, schon tief fliegenden Flugzeugen schweben Sie gleichsam über einen sanft abfallenden Höhenrücken bis an das Ufer der Garonne, an der entlang es in das historische Zentrum geht.

Mit Metro und Bus fahren Sie nach Pouvourville zurück. Steigen Sie wieder in die gelbe Metrolinie (B) und fahren Sie Richtung **Ramonville**. An der Metrostation **Université Paul-Sabbatier** nehmen Sie den Bus Nr. 54 an genau derselben Haltestelle, an der Sie gestern ausgestiegen sind (nicht gegenüber). Der Bus hält hier für beide Richtungen. Die Ihre ist heute **Gleyzevieille**.

Beim Ausstieg in **Pouvourville, Estérel** befinden Sie sich gleich auf der richtigen Straßenseite. Entgegen der Fahrtrichtung des Busses laufen Sie 300 m bis zum zweiten Kreisverkehr, biegen dort rechts ab, passieren die Bushaltestelle „Pouvourville" und erreichen danach die kleine Kirche am schönen Dorfplatz. (Rechts in der Rue de Fondeville befindet sich die Bushaltestelle auf der rechten Straßenseite, wenn Sie zur U-Bahn wollen.)

Der Weg ist heute häufig zusätzlich mit der international gültigen Pilgerwegsmarkierung, der gelben Muschel auf blauem Grund, gekennzeichnet.

Sie folgen ohne Richtungswechsel dem Chemin de Narrade links der Kirche, biegen nach 100 m links in den Parkweg, passieren Spielgeräte und erreichen über einen schönen Hohlweg eine Straße an einem Minikreisverkehr. Halb rechts geht es nun auf einem Parkweg den Hügel hinauf. An den Sendeanlagen laufen Sie links über eine Holzbrücke zu einem wunderbaren Aussichtspunkt mit Parkbänken hoch über der Garonne und den Toulouser Vorstädten (Pech David).

Gleich nach der Holzbrücke führt Ihr Weg schon nach rechts. Zunächst wandern Sie parallel zu einer Straße, biegen vor dem großen Parkplatz aber halb links in einen Fußweg ab. An Sportanlagen und dem Wasserwerk vorbei fällt Ihr Weg sanft und aussichtsreich über einen Höhenrücken bis vor die Lärmschutzwand der Autobahn ab. 200 m gehen Sie rechts daran entlang, dann überqueren Sie die Bahn und gehen jenseits wieder zurück.

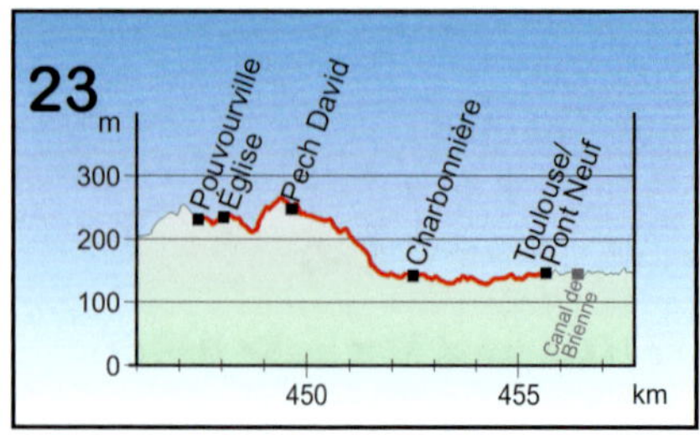

Nach der Bushaltestelle „Charbonnière" biegen Sie links in den Park ein. Am Parkende kämen Sie rechts zur Metrostation „Empalot". Ihr Weg führt aber weiter geradeaus entlang einer Seitenstraße zum „La Brique Rouge", dem „roten Rathaus" von Empalot. Geradeaus und dann halb links folgen Sie dem Fuß- und Radweg durch die Wohnsilos und über die breite Querstraße an den Fluss Garonne. Rechts folgen Sie dem Uferweg.

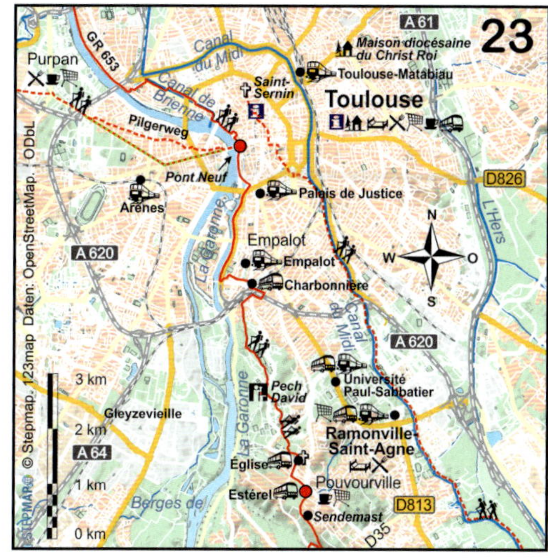

Am Hotel Le Pier geht der Uferweg in eine Straße über und führt durch eine Unterführung an eine Querstraße. Rechts kämen Sie hier zur Endstation der beiden Toulouser Trambahnlinien T1 und T2 und zur Metrostation „**Palais de Justice**". Sie gehen aber links weiter, über einen Damm wieder an das Ufer der Garonne zurück. An der Pont Neuf (älteste erhaltene Brücke von Toulouse) haben Sie Ihr Tagesziel erreicht.

Toulouse 31000

Office de Tourisme, Donjon du Capitole, ☏ 05 40 13 15 31, info@toulouse-tourisme.com, www.ot-toulouse.fr, EN, DE, tägl. 9:00/10:00-18:00/19:00 (je nach Saison), So Mittagspause, hinter dem Opernhaus Capitole im Turmgebäude (Donjon)

♦ In der Basilika Saint-Sernin (Chapelle Saint-Pierre) informiert der "Freundeskreis der Jakobswege in Okzitanien" (Les Amis des Chemins de Saint-Jacques en Occitanie) täglich vom 1. Apr bis 31. Sep von 15:00 bis 18:00 über aktuelle Pilgerunterkünfte und sonstige Fragestellungen. www.compostelle-toulouse.com

♦ Association de Coopération Inter-Régionale (A.C.I.R.) Les chemins de Saint-Jacques de Compostelle, 4 Rue Clémence Isaure, ☏ 05 62 27 00 05, chemins.de.compostelle@wanadoo.fr, www.chemins-compostelle.com, Mo 14:00-17:00, Di-Fr 9:00-13:00 u. 14:00-17:00, Fr 9:00-13:00 u. 14:00-16:00. Bei der Jakobusgesellschaft Toulouse erhalten Sie Pilgerausweise, Stempel und Informationen zu den Jakobswegen.

In der folgenden Liste habe ich nur die mir bekannten, preisgünstigen bzw. speziell für Pilger gedachten Unterkünfte aufgeführt. Darüber hinaus ist das Office de Tourisme für Übernachtungsfragen erster Ansprechpartner. Auch die einschlägigen Buchungsportale geben einen guten Überblick über das aktuelle Bettenangebot. Die Hotels in Toulouse und Umgebung können zu manchen Zeiten schon mal ausgebucht sein. Kümmern Sie sich besser rechtzeitig um einen Übernachtungsplatz.

Maison diocésaine du Christ Roi, 28 Rue de l'Aude, ☏ 05 62 71 80 30, accueil.christ.roi@wanadoo.fr, toulouse.catholique.fr, ÜHP € 25, Pilgerausweis erforderlich, Reservierung notwendig, mit dem Bus 22 von der Haltestelle „Capitole“ Richtung Gonin, Haltestelle „Aude“, am östlichen Stadtrand. Nach den Erfahrungen einer Pilgerin ist die Unterkunft allerdings nicht zu empfehlen, da sie 30 bis 40 Busminuten von der Altstadt entfernt, vernachlässigt und kein Restaurant in der Nähe ist, sodass man auf das wenig ansprechende Essen des Priester-Altenheims angewiesen ist.

♦ La petit Auberge de Saint-Sernin, 17 Rue d'Embarthe, ☏ 07 60 88 17 17, auberge.toulouse@gmail.com, www.lapetiteaubergedesaintsernin.com, 4- und 6-Bett-Apartments, Ü € 22, EN, Bettwäsche, freundliches Hostel im historischen Zentrum

♦ Friendly Auberge, 32 Rue Gilet, OT Colomiers, ☏ 05 61 42 24 92, nancy@friendsauberge.com, www.friendsauberge.com, Ü im MBZ € 25, EZ € 50, auf dem Weg nach Pibrac, von der U-Bahn-Station Arènes mit dem Bus L2 zur Haltestelle "Bascule" (Fahrtzeit aus dem Zentrum 25 Min.)

♦ Résidence Jolimont, 2 Avenue Yves Brunaud, ☏ 05 34 30 42 80, aubergedejeunesse@otoulouse.org, www.otoulouse.org, ÜF € 25, Mindestaufenthalt zwei Nächte, 1 km nordöstlich vom Hbf. Matabiau, Metro Jolimont

Ours Blanc Victor Hugo Toulouse 2**, 25 Place Victor Hugo, ☏ 05 61 23 14 55, victorhugo@hotel-oursblanc.com, victor-hugo.hotel-oursblanc.com, Ü EZ/DZ ab € 49, DBZ ab € 69, VBZ ab € 79 (Preise variieren stark je nach Nachfrage), zentral, 200 m vom Capitole. Es gibt dort auch ein Dreisternehotel mit demselben Namen.

La Buriette, 199 Chemin de Tournefeuille, OT Saint-Martin-du-Touch, ☏ 05 61 49 64 46, carole.sintes@orange.fr, www.camping-la-bouriette-toulouse.fr, Ü € 12,50/Pers, direkt am Weg 24a nach Pibrac, von der Metrostation "Arènes" mit dem Bus L2 zur Haltestelle "Bertier" (Fahrtzeit 17 Min.)

Cycles Marc, 15 Allée Forain François Verdier, nah am Grand Rond, ☏ 05 62 26 04 50

♦ Vélô Toulouse: In der Innenstadt stehen an über 200 Punkten Fahrräder, die einen schnellen und umweltfreundlichen Verkehr ermöglichen. Zur Teilnahme braucht man eine Kreditkarte, mit der man sich im Internet oder an einer der Stationsautomaten den individuellen Zugangscode holt. Ein Tagesticket kostet € 1,20 und ein Wochenticket € 5. Es gibt auch Monats- und Jahreskarten. Innerhalb der gebuchten Zeit kann man ein Fahrrad leihen, so oft man will, und dieses jeweils bis zu einer halben Stunde ohne weitere Kosten nutzen. Fährt man längere Strecken am Stück, wird pro Stunde rund € 1 zusätzlich abgebucht. Genaue Informationen erhalten Sie auf der Seite www.velo.toulouse.fr.

Allo Association Taxis Toulouse, ☏ 05 62 16 26 16; Capitole Taxi, ☏ 05 34 25 02 50

Über den Stadtverkehr in Toulouse (Metro, Tram, Bus) informiert die sehr übersichtliche Seite www.tisseo.fr/en. Allgemeine Informationen liefert die Website de.france.fr/de/info/oeffentliche-verkehrsmittel-toulouse.

Toulouse-Matabiau ist Fern- und Nahverkehrsbahnhof (Hbf.). Es gibt außerdem diverse Stadtteilbahnhöfe. In unmittelbarer Nähe liegt der Gare Routière, der Bahnhof für die Busse des Fernverkehrs (ZOB).

✞ Die **Basilika Saint-Sernin** ist die größte erhaltene romanische Kirche Frankreichs und mit ihrem achteckigen Turm ein Wahrzeichen von Toulouse. Die Kirche wurde

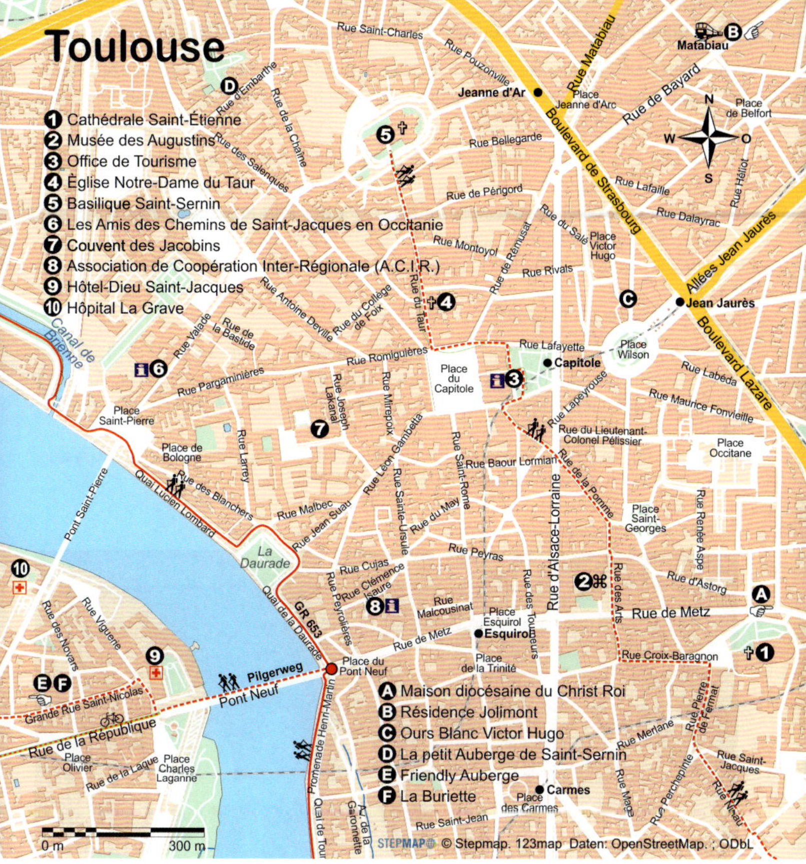

zwischen 1077 und der Mitte des 12. Jh. als Pilgerkirche erbaut. Sie enthält die Reliquien des heiligen Saturnin, der der erste Bischof in Toulouse war. Er soll während der Christenverfolgung unter dem römischen Kaiser Decius (~190/200-251) von einem Stier zu Tode geschleift worden sein. Dort, wo er starb, wurde ab 1080 die Kirche **Notre-Dame-du-Taur** (Unsere Heilige Jungfrau zum Stier, zwischen Capitole und Saint-Sernin in der Rue du Taur) erbaut und über seinem Grab errichtete man die Basilika Saint-Sernin.

✝ Die **Kathedrale Saint-Étienne**, Sitz des Erzbischofs von Toulouse, ist dem heiligen Stephan gewidmet (Stephan ist die deutsche Entsprechung von Étienne). Der hl. Stephan gilt als der Erste, der wegen seines christlichen Glaubens getötet wurde; er wird daher als Erzmärtyrer bezeichnet. Die Kathedrale hat eine lange Bauzeit hinter sich und besteht aus zwei unvollständigen Kirchen. Sie ist daher sehr uneinheitlich, was aber gerade ihren Reiz ausmacht.

✞ Die gotische Backsteinkirche des **Dominikanerklosters Les Jacobins** in der Rue Lakanal aus dem Jahr 1229 ist berühmt für ihr Deckengewölbe, das „Palmier de Jacobin" (Palmengewölbe). Sehenswert sind auch Kloster und Kreuzgang (hier kostet der Zugang € 4). Die Kirche besitzt ein Reliquiar mit den Gebeinen des Thomas von Aquin, Dominikaner und berühmter Gelehrter der römisch-katholischen Kirche im 13. Jh.

tägl. außer Mo 10:00-18:00

⌘ Im ehemaligen Augustinerkloster in einem Gebäude aus dem 14. bis 15. Jh. ist das Augustinermuseum und Museum der Schönen Künste untergebracht. Es zeigt Skulpturen und Gemälde mit Schwerpunkt auf dem Zeitraum zwischen dem 14. und 18. Jh.

♦ 21, Rue de Metz, www.augustins.org, tägl. 10:00-18:00, Mi bis 21:00, Di geschlossen, Eintritt € 5, am ersten Sonntag im Monat freier Eintritt

Gotischer Kreuzgang im Dominikanerkloster Les Jacobins

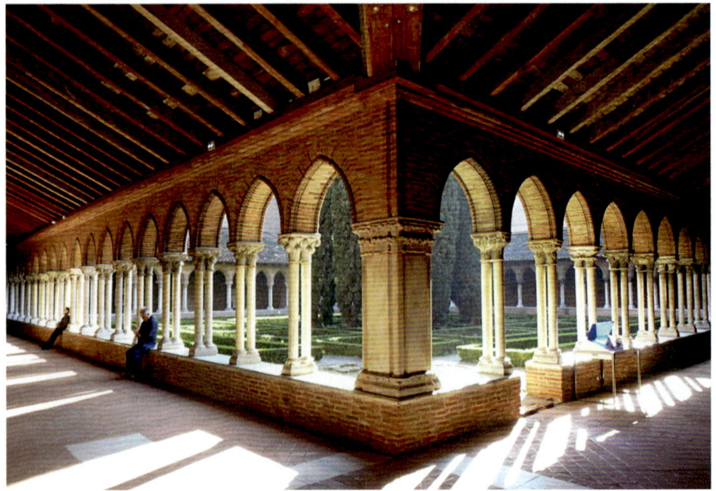

⌘ Um die Ausbreitung von Seuchen zu verhindern, wurden Krankenhäuser in früheren Zeiten vor der Stadt und in diesem Falle auf der anderen Flussseite errichtet. Geht man über die Pont Neuf hinüber, kommt man an das zum Weltkulturerbe zählende **Hôtel-Dieu Saint-Jacques** aus dem 12. Jh. Pilger fanden hier Unterkunft und im

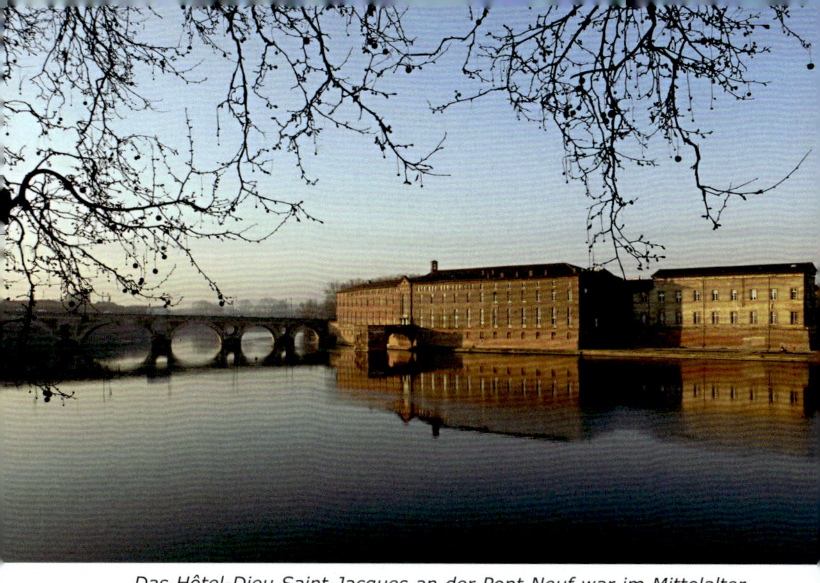

Das Hôtel-Dieu Saint-Jacques an der Pont Neuf war im Mittelalter Sozialstation für die Pilger

Krankheitsfall wurden sie versorgt. Zu besichtigen ist die nach wie vor aktive Einrichtung (Krankenhausverwaltung, Fachabteilungen des Universitätskrankenhauses) leider nicht, aber einen Spaziergang durch den Garten, in dem eine riesige Muschelschale aufgestellt ist, können Sie unternehmen. Über dem Portal bröckelt eine Jakobusstatue. Einen virtuellen Zugang zum Pilgersaal und der Pilgerkapelle finden Sie auf der Seite 💻 www.chu-toulouse.fr/-hotel-dieu-saint-jacques-art6889. Einen Besuch wert ist auch das benachbarte und ebenfalls am Ufer der Garonne gelegene, ähnlich alte **Hôpital La Grave**.

Toulouse ist eine moderne Großstadt mit Industrie. Sie ist Zentrum des Flugzeugbaus, Verwaltungssitz, Universitätsstadt und die viertgrößte Stadt in Frankreich. Gleichzeitig besitzt sie eine schöne Altstadt mit außerordentlichen Profan- und Sakralbauten. Sie wird häufig auch als "la ville rose", die rosarote Stadt, bezeichnet. Dieser Eindruck entsteht, wenn die tief stehende Sonne die ganze Vielfalt der Rottöne der zahlreichen Ziegelbauten zum Leuchten bringt. Neben den oben aufgeführten Sehenswürdigkeiten sind die Viertel südlich der Rue Metz (führt zur Pont Neuf), St-Aubin im Süden vom Hauptbahnhof sowie die Gassen rund um St-Sernin besonders besuchenswert.

Toulouse, von den Römern Tolosa genannt, trug dem Voie d'Arles den Namen Via Tolosana ein. Die Stadt ist seit dem 4. Jh. Bischofssitz, war Hauptstadt des Westgotenreichs und des Königreichs Aquitanien, wurde im Krieg gegen die Katharer zerstört und geplündert, gewann aber bald wieder an Wirtschaftskraft. Im Mittelalter war der Färberwaid, eine Pflanze, die blauen Farbstoff liefert, das wichtigste Produkt der Umgebung und eine Quelle des Wohlstands. Heute ist der Flugzeugbau der wichtigste Wirtschaftszweig und Airbus der größte Arbeitgeber.

Für die Fortsetzung des Pilgerwegs von der Pont Neuf durch und aus Toulouse heraus gibt es zwei Möglichkeiten: den offiziell markierten GR 653 (Etappe 24) und eine kürzere direkte Variante (Etappe 24a).

Etappe 24: Toulouse – Blagnac – Pibrac (Haute-Garonne)

22,9 km, 6 Std., ↑ 144 m, ↓ 136 m, ⇧ 122-165 m

0,0 km	⇧ 148 m	Toulouse, Pont Neuf
6,6 km	⇧ 140 m	Blagnac, Kirche St-Pierre
12,5 km	⇧ 146 m	Musée Aeroscopia, Let's visit Airbus ⌘
22,9 km	⇧ 156 m	Pibrac, Bahnhof

Der GR 653 orientiert sich wie ein echter Wanderweg an Fußwegen, verkehrsarmen Straßen und an Sehenswertem. Der Weg folgt der Garonne nach Norden, durchquert den alten Toulouser Stadtteil Blagnac, erreicht nahe dem Flughafen Blagnac hochmoderne Siedlungs- und Gewerbegebiete und führt mitten durch das riesige Gelände des größten europäischen Flugzeugbauers Airbus. Bei Cornebarrieu wird das schöne Flusstal des L'Aussonelle erreicht. Es leitet den Pilger bis in den Wallfahrtsort Pibrac. Meine Empfehlung: Genießen Sie diese interessante Variante ohne Marschgepäck. Nutzen Sie die gute Zugverbindung zwischen Pibrac und Toulouse, um am Abend zurückzufahren, und lassen Sie den Tag in der Altstadt ausklingen.

Von der Pont Neuf gehen Sie zunächst am diesseitigen Ufer der Garonne in nördlicher Richtung weiter, passieren die klassizistische Fassade der Basilique Notre-Dame de la Daurade, umwandern den Place de la Daurade, ein ehemaliges Hafenbecken, und kommen zum Place St-Pierre. 150 m weiter überqueren Sie den **Canal de Brienne** (verbindet den Canal du Midi mit der Garonne) und biegen rechts in dessen Uferweg.

An der ersten Brücke wechseln Sie die Kanalseite und gehen bis zur Fußgängerbrücke weiter. Hier leitet die Markierung Sie wieder an die andere Kanalseite. Kurz bevor der Seitenkanal in den Canal du Midi mündet, biegen Sie links vom Canal de Brienne ab (an einer weiteren Fußgängerbrücke) und wandern entlang eines Speicherbeckens zurück an das Ufer der Garonne.

Rechts folgen Sie dem Radweg 2,2 km und überqueren den Fluss dann an der Brücke Nr. 50 (Pont Blagnac), laufen bis an den Kreisel und gehen rechts zurück an das Flussufer. Der Weg ist Richtung Blagnac Centrum ausgeschildert. Wenn linker Hand das Kloster Sainte-Catherine de Sienne auftaucht, verlassen Sie den Uferweg

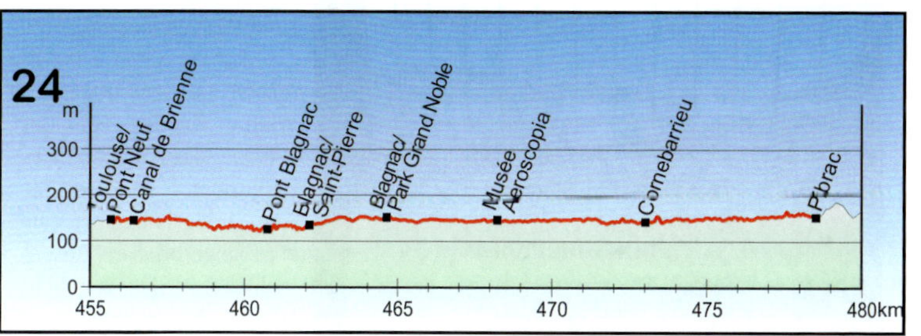

halb links zum Parc du Ramier hin. Über den Hauptweg, die Allée de Bassins, kommen Sie an den deutlich markierten Abzweig links, der in das Zentrum von Blagnac führt. Gehen Sie die Stufen hinauf und dann rechts durch die Rue de Vieux Château. Die zweite Straße links bringt Sie an die denkmalgeschützte Kirche Saint-Pierre de Blagnac ✕ ☕ 🛒 BANK ⚕.

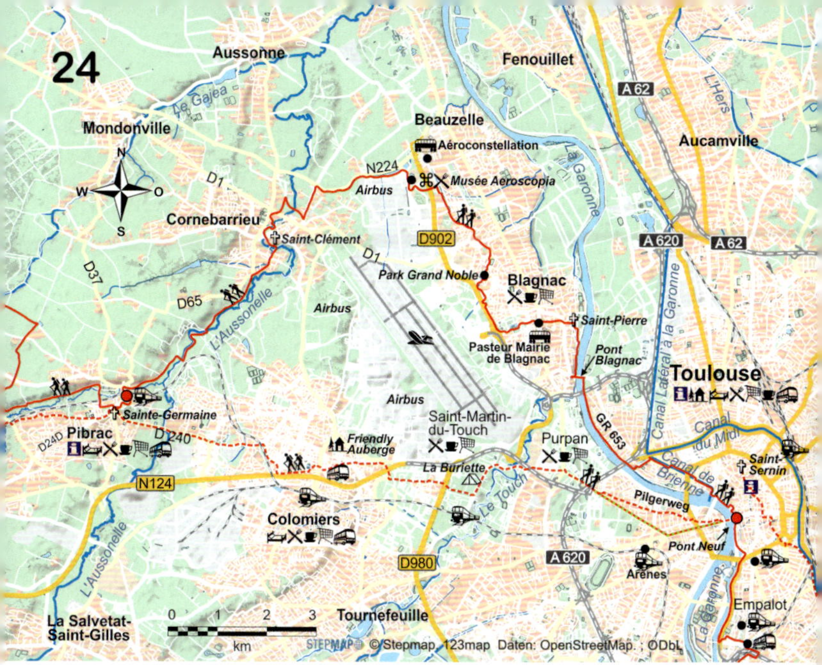

Geradeaus folgen Sie der Rue Vigne und am schattigen Rathausplatz mit den Pausenbänken geradeaus der Rue Pasteur. Sie erreichen die Straßenbahnstrecke (Tram) der Linie T1.

Wer will, kann die Tram zur Abkürzung des Weges nutzen und 4,2 km Wegstrecke einsparen. Fahren Sie von hier bis zur Endhaltestelle „Aéroconstellation" (also nach rechts) und gehen Sie von dort insgesamt 520 m zurück (nach Süden, am Kreisverkehr geradeaus von der Straßenbahnlinie abweichend in den Boulevard Henri Ziegler). Nach den Gebäuden der Akka Technologies biegen Sie rechts in den Wanderweg ein.

100 m nach dem Unterqueren der Schienen biegen Sie rechts in die Rue des Amandiers ein, wenden sich nach 60 m links in die Parkanlage, passieren einen historischen Brennofen für Ziegel und gehen geradeaus durch den **Parc du Ritouret** (Toiletten). Den Teich passieren Sie an seiner linken Seite. Sie stoßen am Parkende an die Schallschutzmauer einer Querstraße. Dem Radweg, der sie begleitet, folgen Sie nach rechts.

Nach 580 m stößt Ihr Weg an eine Siedlungsstraße. Sie gehen dort links, noch einmal links einige Stufen hinunter und dann rechts. Am Holiday Inn biegen Sie links ein und gehen am Kreisverkehr geradeaus über einen künstlichen Bachlauf und orientiert an diesem rechts durch den **Park Grand Noble** (Toiletten). Am Ende wird die Tramlinie wieder unterquert.

Sie folgen dem Bach bis zu einer Fußgängerbrücke. Hier wandern Sie links zwischen Wohnbebauung und Sportanlagen zum **Place Georges Brassens** (Tramhaltestelle). Geradeaus folgen Sie den Straßenbahnschienen 230 m und biegen dann links mit der **Rue Georg Sand** in ein hypermodernes Gewerbe- und Wohngebiet ein.

Der Pilgerweg am Aeroscopia Toulouse

1,2 km weiter – inzwischen auf dem Boulevard Henri Ziegler vor der Firma Akka Technologies angelangt – verlassen Sie die Straße links über eine Fußgängerbrücke. Ausgeschildert ist der Weg Richtung **„Aeroscopia"** und **„Let's visit Airbus"**. Durch das Museumsgelände hindurch gehen Sie bis an die breite Rue André Béteille und dort rechts weiter.

⌘ **Aeroscopia** zeigt die größte Flugzeugsammlung Frankreichs.
☏ 05 34 39 42 00, info@musee-aeroscopia.fr, www.musee-aeroscopia.fr,
Di-Sa 14:00-17:00, Sa auch 9:30-12:30, So geführte Touren 9:30 und 10:30

♦ Let's visit Airbus: Airbus bietet geführte, etwa 1,5-stündige Besichtigungstouren auf dem Gelände. Nähere Informationen erhalten Sie in der Touristinformation oder unter: 💻 www.manatour.fr.

Am Ende der Airbushallen zeigt die Markierung links in einen Fußweg entlang der künstlich angelegten Teiche. Am zweiten Kreisverkehr biegen Sie links in die Rue de Seilh Richtung Cornebarrieu ein. Es folgt ein leider etwas unangenehmes Wegstück ohne Fußweg an der Straße. Nachdem das 🛏 Hotel de Palmeraie (DZ ab € 80) passiert ist, zeigt die Markierung rechts in einen Fuß- und Radweg. Sie durchqueren ein Bachtal und gehen am Schrottplatz links, überqueren eine Straße geradeaus ✕ und wandern dann links in den Park. Hier geht es wieder über den Bach L'Aussonelle und dann rechts an ihm entlang zu einem Kreisverkehr.

Geradeaus spazieren Sie weiter durch die Rue Sainte-Jean, nun unterhalb der Église Saint-Clément im alten Cornebarrieu. Die Häuser scharen sich gefällig um den Kirchberg. Die Markierung führt Sie bald rechts auf der Fußgängerbrücke über den Fluss und dann geradeaus durch die Siedlungsgebiete.

Bevor Sie auf der Durchgangsstraße landen, biegen Sie links in den Parkweg, der durch das grüne Flusstal nach Pibrac führt. Sie können auf dieser Seite des Tals bleiben oder nach 1,5 km an der Brücke die Bachseite wechseln (etwas schöner). Rechts überqueren Sie auch den Nebenbach und erreichen 900 m weiter die Brücke, die zurückführt.

1,2 km weiter stoßen Sie am Bouleplatz auf die Straßenbrücke. Der Fluss und auch die Bahnlinie werden überquert. Links geht es zum Bahnhof, geradeaus in das historische Zentrum von Pibrac.

Pibrac 31820

i Mairie, Esplanade Sainte-Germaine, ☏ 05 62 13 48 10, ✉ mairie@mairie-pibrac.fr, 💻 ville-pibrac.fr, 🕒 Mo-Fr 8:30-12:00 u. 13:30-18:00

🛏✕ Hôtel-Restaurant Sainte-Germaine, 3 Rue Principale, ☏ 05 61 86 00 04, 🕒 Restaurant am Wochenende geschlossen

🚕 Abonnés Taxi Nougalliat, ☏ 05 61 06 66 77

🚌 Der Bus 32 verkehrt zwischen Brax und Bf. Colomiers.

🚆 Pibrac hat einen Bahnhof an der Bahnstrecke Toulouse-Matabiau – Auch.

✝ Die Kirche Marie Madeleine mit schöner Glockenarkade geht auf das 13. Jh. zurück. Sie ist Jesus (frz. „Saint-Sauveur" als Ehrentitel, heiliger Erlöser) und Maria Magdalena geweiht.

✝ Die Grundsteinlegung der im romanisch-byzantinischen Stil gehaltenen Basilika Sainte-Germaine fand am 15. Juni 1901 statt. Am 100. Jahrestag der Heiligsprechung der heiligen Germaine wurde die Pilgerkirche fertiggestellt und geweiht.

Pibrac ist ein beliebtes Wallfahrtsziel, denn die heilige Germaine lebte hier im 16. Jh. als Schafhirtin. Es geht die Sage, dass sie täglich zur Messe ging und die allein gelassenen Schafe trotzdem niemals ausrissen oder von Wölfen angefallen wurden.

Sie starb am 15. Juni 1601 in Pibrac. 43 Jahre später wurde sie versehentlich exhumiert – man erkannte sie an ihrer verkrüppelten Hand – und man entdeckte, dass ihr Leib vollkommen unverwest war. Seither spricht man von wundersamen Begebenheiten in der Kirche, in der sie begraben liegt. 1867 wurde sie heiliggesprochen. Jedes Jahr finden in Pibrac am 15. Juni Gedenkgottesdienste unter der Leitung des Erzbischofs von Toulouse und eine Prozession statt.

Variante zu Etappe 24: Toulouse – Pibrac – Léguevin (Haute-Garonne)

20,7 km, 6 Std., ↑ 198 m, ↓ 149 m, ⇧ 130-199 m

0,0 km	⇧ 148 m	Toulouse, Pont Neuf
9,3 km	⇧ 187 m	Colomiers
14,5 km	⇧ 193 m	Pibrac
20,7 km	⇧ 197 m	Léguevin

Die Variante ist nicht nur rund 8 km kürzer, sondern führt auch – sofern Sie in Léguevin übernachten – zu einer erheblichen Verkürzung der Etappe 25 auf nur noch 16 km. Ein großer Nachteil dieses Weges ist, dass er häufig an lauten Straßen verläuft. Auch zeigt die hier oft chaotisch wirkende Peripherie von Toulouse dem Auge wenig Gefälliges. Versöhnlich stimmt dann aber die einheitliche Wohnbebauung von Pibrac, die etwas Erholsames ausstrahlt. Bis Léguevin bleibt der Weg danach auf ruhigen Nebenstraßen.

Dieser Wegabschnitt ist mit der stilisierten gelben Muschel auf blauem Grund, meist in Form von Aufklebern, durchgängig markiert. Die Symbole sind in den allermeisten Fällen (es gibt Ausnahmen) so geklebt, dass das Strahlenbündel die Gehrichtung angibt. Zusätzliche Tafeln mit Muschelsymbolen und gelben Pfeilen **sind leider nicht immer in eindeutiger Weise angebracht**. Achten Sie deshalb, insbesondere dann, wenn Sie diese Tafeln sehen, genau auf diese Beschreibung. Die weiß-roten Zeichen für den GR 653 finden Sie auf diesem Abschnitt nicht!

Die Pont Neuf führt Sie hinüber auf die andere Flussseite zum Hôtel-Dieu Saint-Jacques. Hier biegen Sie rechts von der Hauptverkehrsstraße ab und gehen nach 70 m links durch die parallel verlaufende Grand Rue Saint-Nicolas.

Radfahrer sollten wegen diverser Einbahnstraßenregelungen auf der Hauptstraße, der Rue de la République, bleiben und erst am zweiten Kreisverkehr, Patte d'Oie, rechts in die Avenue de Grande Bretagne abbiegen. An der Autobahnunterquerung sind Sie wieder mit dem Pilgerweg gleichauf.

Sie passieren die Kirche Saint-Nicolas (15. Jh.) und erreichen am Ende der Straße den Place de l'Estrapade mit einigen Restaurants und kleinen Geschäften. Hinter dem Platz folgen Sie geradeaus der Rue Réclusane. Sie stößt auf eine größere Straße (Allées Charles de Fitte), auf der es 70 m nach rechts zu einem Fußgängerüberweg geht. Sie überqueren die Straße und folgen der Rue Marthe Varsi zum Place du Ravelin und von dort der **Rue des Fontaines** bis zu ihrem Endpunkt.

Hier zeigt die Markierung nach links zur lauten **Avenue de Grande-Bretagne**, auf der es rechts weitergeht, immerhin auf breitem Bürgersteig.

Nachdem Sie das Luxushotel Palladia sowie diverse andere Hotels, die sich hier in unmittelbarer Flughafennähe im **Ortsteil Purpan** konzentrieren, passiert haben, gehen Sie im Kreisel rechtsherum und folgen geradeaus der **Route de Bayonne** Richtung Airbus BANK. Nach dem Überqueren einer weiteren Autobahn wird es ruhiger. Rechts führt Ihr Weg an einer historischen Windmühle vorbei, durch eine Parkanlage und über den Fluss Touch. Die weiß-rote Markierung, die Sie hier vorfinden, hat nichts mit Ihrem Weg zu tun. Sie gehört zum GR 86, der hier berührt wird.

Den nächsten Kreisel BANK, nun im **Ortsteil St-Martin-du-Touch**, passieren Sie geradeaus, verlassen den darauffolgenden Kreisel nach links und biegen an der Brunnenanlage vor der Schule wieder links in den **Chemin de Tournefeuille**. Sie kommen am Campingplatz (Toulouse) vorbei und biegen etwas später nach rechts in die **Rue Dominique Clos**. Sie unterqueren einen Autobahnzubringer und erreichen am Ende der Straße das Ortsschild von Toulouse.

Den riesigen Gewerbehallen (Airbus) weichen Sie links aus und gehen gleich wieder rechts am Zaun entlang (**Chemin Leopold Galy**). An zwei kleineren Kreisverkehren wechseln Sie nicht die Richtung (Rue de Caulet). Dann folgt ein stark befahrener, großer Kreisel vor einem Autobahnzubringer, den Sie nach rechts verlassen. Sie unterqueren den Zubringer. Vorsicht! Kein separater Weg für Fußgänger! 250 m dahinter kommt noch ein Kreisel, den Sie nach links verlassen (erste links). Sie folgen der Platanenallee in ein städtisches Zentrum von **Colomiers** BANK.

Die Allée de Naurouze geht in die Rue d'Auch über und ein kleiner Kreisverkehr, der Rond Point de la Liberté (Kreisel der Freiheit), wird erreicht (170 m nach der Bushaltestelle „Bascule"). Hier zeigt die Muschelmarkierung nach halb rechts. Gehen Sie durch die Unterführung, folgen Sie dann der Platanenallee für etwa 30 m und biegen Sie am Maison des Solidarités links zwischen die Wohnbebauung ein.

An der nächsten Straße gehen Sie wieder rechts und nach 40 m schon wieder links. In der zweiten Straße rechts finden Sie dann eine Parallele zur gut abgeschirmten Autobahn Richtung Auch. Die Auffahrt überqueren Sie mithilfe der Zebrastreifen, gehen wenige Meter nach rechts und dann links in das Siedlungsgebiet. Hier biegen Sie gleich wieder rechts (Allée du Gers) Richtung "École Maternelle Marie Curie" (Marie-Curie-Kindergarten) ab.

Am Ende der Siedlungsstraße wird wieder eine Durchfahrtsstraße (Boulevard de L'Oust) erreicht, der Sie links bis an eine Kreuzung folgen. Hier zeigt die Markierung links in die **Impasse du Falcou**. Es geht unter einer Bahnlinie (Toulouse – Pibrac) hindurch wieder an eine Hauptverkehrsschlagader, der Sie bis Pibrac folgen (3 km).

☺ Wer will, steigt in den Bus 32 Richtung Brax le Château (fährt zwei- bis dreimal in der Stunde) an dieser Straße entlang. Steigen Sie in Pibrac an der Haltestelle „Basilique“ aus.

In Pibrac gehen Sie an der querenden Rue Principale rechts Richtung Centre Historique und gegenüber der Gaststätte Sainte-Germaine links die Stufen hinauf zum Dorfplatz, der Esplanade Sainte-Germaine (Toiletten,), an dem die beiden Kirchen sich gegenüber und das Rathaus an der Längsseite stehen.

☞ Informationen zu Pibrac finden Sie bei Etappe 24.

Von der Basilika Sainte-Germaine können Sie links wieder zur Rue Principale hinuntergehen. (☺ Eine Alternative ist am Beginn der Etappe 25 aufgezeigt.) Sie folgen ihr nun entgegengesetzt Richtung Centre Commercial ✕ BANK . Am folgenden Kreisverkehr biegen Sie halb rechts (zweite Straße rechts) in die **Avenue de Bois de la Barthe** ab und folgen ihr, bis sie nach links Ihre Richtung verlässt. Sie gehen hier geradeaus in die Sackgasse (**Rue de la Chênaie**).

An der Bahnlinie endet die Straße an einem Wendeplatz. Ein Fußweg führt weiter an eine Schnellstraße (Fahrräder müssen über die Leitplanken auf die gefährliche Straße gehoben werden), auf der Sie rechts die Bahnlinie überqueren und gleich links wieder in die D24c abbiegen (Richtung Brax und Léguevin).

Am folgenden Bahnübergang gehen Sie links über die Schienen zurück und laufen zunächst rechts an der Bahn entlang und dann links zu einem Kreisverkehr. Hier biegen Sie rechts ab und gehen an der versetzten Kreuzung wieder links. In der folgenden Kurve gehen Sie geradeaus in den Chemin de Vieilleguerre und an der Querstraße rechts zur Hauptstraße, die links durch ein Tal nach Léguevin hinaufführt.

An der querenden Ortsdurchgangsstraße laufen Sie zur Fortsetzung des Weges rechts weiter, zur Mairie aber 50 m nach links und dort rechts und wieder links zur Pilgerunterkunft.

Léguevin ✕ BANK 31490

Mairie, Avenue Gascogne, ☎ 05 62 13 56 56, contact@ville-leguevin.fr, www.ville-leguevin.fr, Mo-Fr 8:30-12:00, Mo, Mi 13:30-17:30, Di 14:00-19:00, Do bis 18:30, Fr bis 16:30

Maison de St-Jacques, Gîte communal, Avenue de Gascogne, 7 Rue du Languedoc, 06 10 58 16 10 oder Mairie, leguevinsaintjacques@hotmail.fr, stjacques31.canalblog.com, 7 Plätze, Ü € 8, , ganzjährig

Chambres d'hôtes, Domaine Labarthe, 65 Avenue d'Armagnac, Mme u. M. Lapointe, ☎ 05 61 86 60 25, cecilemichelle.logerot@orange.fr, www.chambredhoteleguevin.fr, ÜF EZ € 55, DZ € 65, DBZ € 80, VBZ € 95, 2 km. Sie laufen an der Avenue de Gascogne in westliche Richtung und biegen nach 1,8 km links in die Avenue d'Armagnac.

Zu den Abfahrtszeiten der Züge in Brax fahren Busse zum dortigen Bahnhof an der Bahnstrecke Toulouse-Matabiau – Auch (1,8 km).

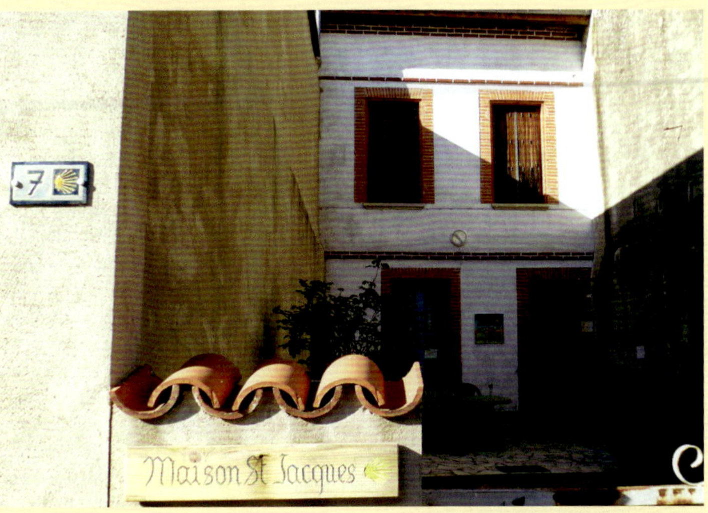

Pilgerherberge in Léguevin

Um zum GR 653 zu kommen, folgen Sie der Avenue de Gascogne in westliche Richtung bis zum sichtbaren (scheinbaren) Ende des Bürgersteigs (350 m vom Zentrum). Hier biegen Sie rechts in das Siedlungsgebiet ein und folgen nach 50 m, am Minikreisel, links der Straße bis an den Waldrand. Dort geht es rechts und wieder links zum markierten Pilgerweg, dem Sie geradeaus folgen (Etappe 25).

Etappe 25: Pibrac, Bahnhof – L'Isle-Jourdain (Gers)

27,2 km, 7 Std., ↑ 372 m, ↓ 387 m, ⇧ 139-304 m

0,0 km	⇧ 139 m	Pibrac, Bahnhof
14,4 km	⇧ 248 m	Abzweig Léguevin: (3,3 km)
27,2 km	⇧ 142 m	L'Isle-Jourdain BANK

Vorbei an den Wallfahrtskirchen von Pibrac und der Trinkwasser spendenden Quelle der hier verehrten heiligen Germaine wandern Sie heute in den Staatsforst von Bouconne. Rund 11 km schlängelt sich der Pfad durch Eichenwald und steigt dabei auf rund 300 Höhenmeter an. Der zweite Teil des Weges kontrastiert mit stets weiter Sicht in die wellige Feld- und Heckenlandschaft des Gers. Das Département Gers, das Sie erreicht haben, ist Teil der historischen Region sowie des Kultur- und Sprachraums der Gascogne.

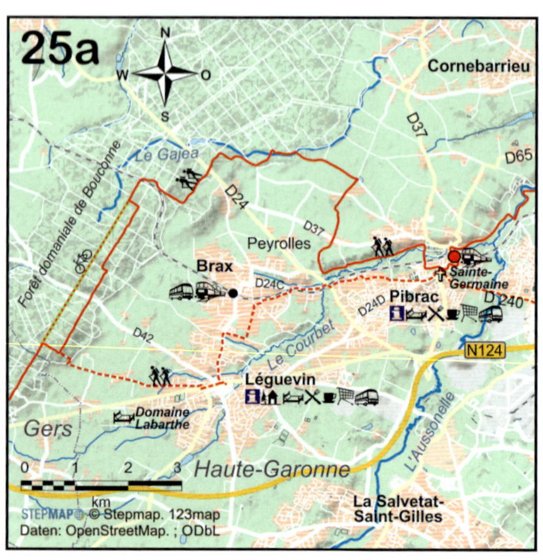

Falls Sie nicht die Bahnhofstraße (Rue de la Gare) nach Pibrac hochsteigen, sondern mit dem Zug ankommen, wandern Sie zunächst entsprechend der Markierung gegenüber dem Bahnhof durch den Chemin de Carrelot bis vor die Parkanlage des **Château de Pibrac**. Hier gehen Sie rechts zur Rue de la Gare (Bahnhofstraße) und links aufwärts zum Hotel/Restaurant Saint-Germaine. Rechts steigen Sie die Treppen hinauf zur Esplanade Sainte-Germaine, wenden sich links Richtung Basilika Sainte-Germaine, gehen am Rathaus aber schon wieder rechts auf die dahinter befindliche Straße, der Sie links folgen, bis das gekreuzte Wegzeichen auftaucht. Hier biegen Sie rechts in die **Passage du Courbet**. Die Bahnlinie und der Bach Le Courbet werden geradeaus überquert.

Wer von **Pibrac** über **Léguevin** nach L'Isle-Jourdain pilgern möchte (➲ 23 km), kann alternativ gleich nach dem Überqueren der Bahnlinie links 1,3 km an der Bahn entlanglaufen und dann in die **Rue de la Chênaie** wechseln. Dort geht es rechts mit der Beschreibung in Etappe 24a weiter.

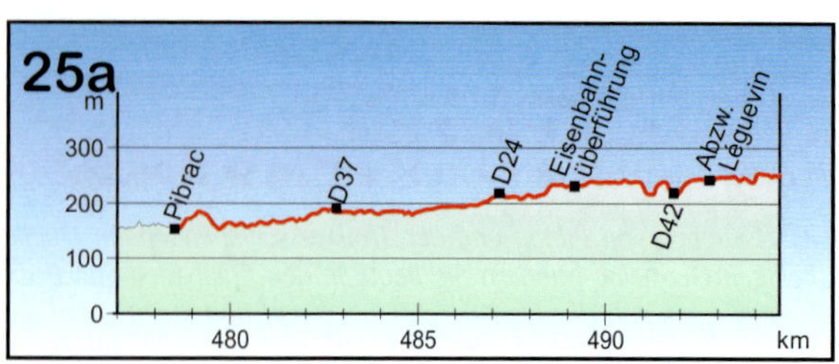

Nach der Bachbrücke quert ein Weg, dem Sie links wenig abkürzend bis an den Chemin de la Fauntaine folgen könnten. Dort ginge es links weiter. Empfehlenswert ist es aber, nach der Bachbrücke zunächst geradeaus weiterzugehen. Sie treffen dann an der Fontaine de Sainte-Germaine 💧 auf den Chemin de la Fantaine und folgen ihm nach links. Die Quelle liefert Trinkwasser.

Nach 1,5 km Waldweg treffen Sie auf einen Querweg und gehen nach links, nach 30 m aber schon wieder nach rechts in die alte Richtung. Hier weist ein Wegweiser noch einmal auf die Möglichkeit hin, den Weg über Léguevin zu wählen. Dieser führt über den Bach zurück an die Rue de la Chênaie.

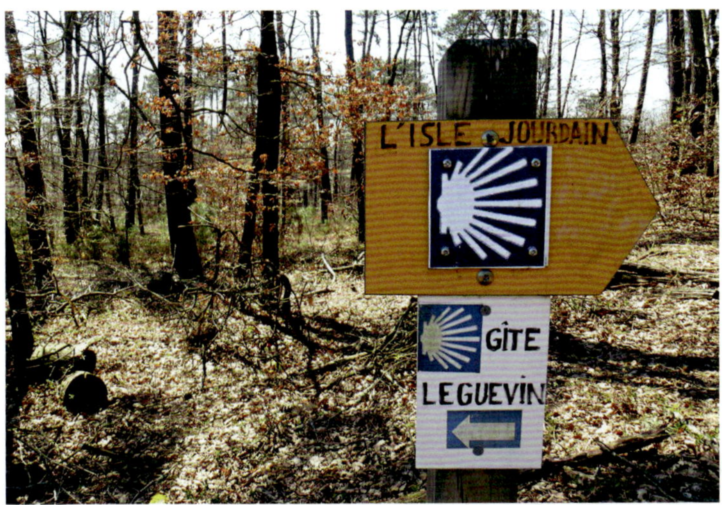

Abzweig im Forêt domaniale de Bouconne (Staatsforst von Bouconne)

Ihr Weg aber erreicht nach 500 m einen weiteren Wegweiser. Sie gehen nun rechts Richtung Forêt domaniale de Bouconne (Staatsforst von Bouconne). Eine Straße und dann eine Nebenstraße werden geradeaus überschritten. Geradeaus geht es noch bis zur folgenden Feldwegkreuzung. Hier biegen Sie dann links ab, laufen durch die weite Feldlandschaft an den Waldrand und an einem breiteren Querweg links. Es ist gut markiert.

Noch einmal geht es links ab zu einer Wiese. Sie gehen geradeaus bis an eine Gabelung und dort links. Nach einem Linksbogen überqueren Sie geradeaus eine Straße und 750 m weiter geht es rechts in einer langen Geraden einen Hügel hinauf an die Bahnlinie (Toulouse – Auch), der Sie halb rechts etwas ausweichen und die Sie an einem Querweg dann links überschreiten.

Es folgt ein schnurgerader, straßenbreiter Waldweg, den Sie nach etwa 500 m aber nach links verlassen können.

🚲 Da diese Forststraße nach 3 km wieder erreicht wird, können Radfahrer auf ihr bleiben.

🚶 Nach weiteren 200 m wenden Sie sich nach rechts in einen zur Forststraße parallelen, angenehmen Waldweg. Wenn es geradeaus nicht mehr weitergeht, biegen Sie links und nach 100 m wieder rechts ab. Es wird etwas hügelig. Eine Straße wird geradeaus überschritten. Von der nächsten Höhe schauen Sie weit bis zu den Touluser Vorstädten.

An einem Querweg 1,2 km nach der letzten Straßenquerung gibt es eine auffällige Muschelmarkierung. Hier erreicht von links der **Zuweg aus Léguevin** den GR 653. Ebenso gut könnten Sie hier zur Übernachtung in **Léguevin** (➲ 3,3 km) abbiegen.

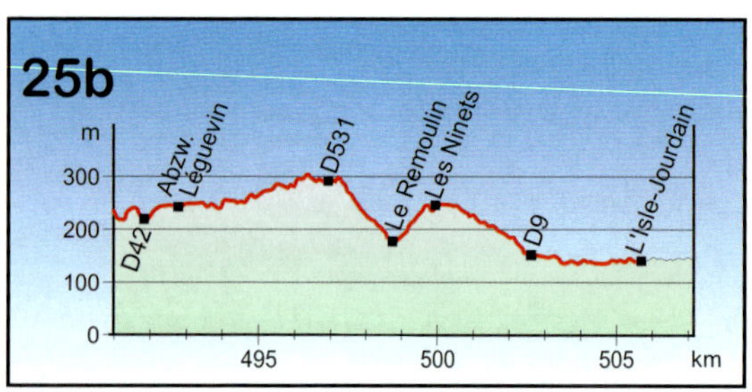

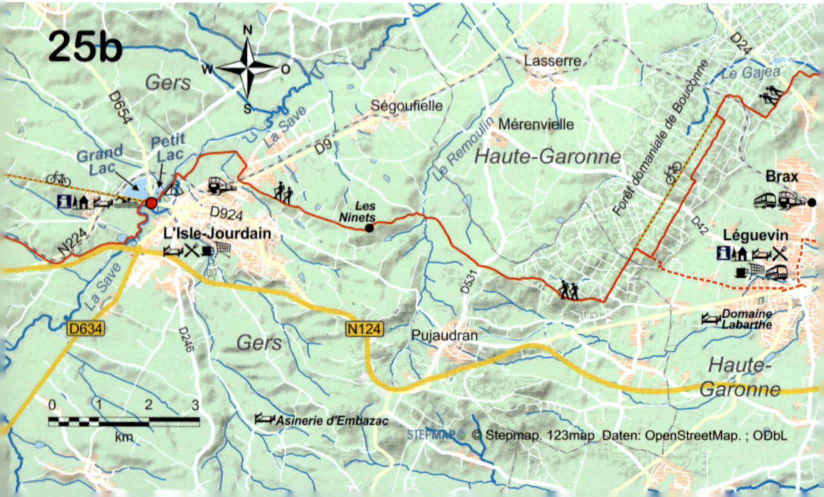

Sie gehen aber rechts weiter bis an die Forststraße und wenden sich dort nach links. 1 km weiter ist ein Parkplatz erreicht. Auch hier gehen Sie geradeaus bis an einen Querweg (200 m) und dort rechts.

Wieder wird ein Alternativweg angezeigt. Diesmal ist es ein Hinweis auf den **Chemin Historique**, der über Pujaudran führt. Für 🚲 Radfahrer kann dies eine Alternative sein, da der Weg, der auf eine historische Königsstraße leitet, überwiegend über Straßen verläuft.

Sie erreichen eine Gabelung, an der es links weitergeht. Nach und nach wird der Wald lichter. Felder und Wiesen breiten sich aus.

An der querenden D531 gehen Sie geradeaus in die Nebenstraße. Der Blick öffnet sich vollends auf die weite Feld- und Heckenlandschaft, in die Sie nun hinabsteigen.

160 m nachdem Sie den Talgrund erreicht und einen Bach überschritten haben, zeigt die Markierung links in einen Feldweg. Es geht wieder auf einen Höhenrücken hinauf und oben auf Teer bei herrlicher Weitsicht bis zu einem **Kreisverkehr an der D9.**

Sie können nun links entlang der Hauptstraße in das wirtschaftliche Zentrum von L'Isle-Jourdain laufen (1,3 km, 500 m) und nach insgesamt 2 km Touristinfo und Pilgerunterkunft am See erreichen oder auch dem 1 km weiteren markierten Pilgerweg durch die Flussniederung La Save folgen. Er umgeht die kleine Stadt in einem Bogen.

Sie überqueren den Kreisverkehr geradeaus und danach das Bahngleis. Dann biegen Sie rechts in eine Siedlung und 280 m weiter links in den Chemin de la Coustère. Der führt im Bogen wieder an die Bahn heran. Hier gehen Sie rechts und noch einmal rechts durch ein Wäldchen an den Fluss und dort links am Ufer entlang. Am Campingplatz überqueren Sie den Fluss auf der historischen Ziegelbrücke und laufen links am Kleinen See (Petit Lac) entlang zum Office du Tourisme an der querenden D654. Links zur T-Kreuzung und wieder links kämen Sie in das städtische Zentrum. An der T-Kreuzung rechts am Großen See (D924) entlang (Radweg an der Straße Richtung Gimont und Auch) geht es morgen weiter und zur Hostellerie du Lac.

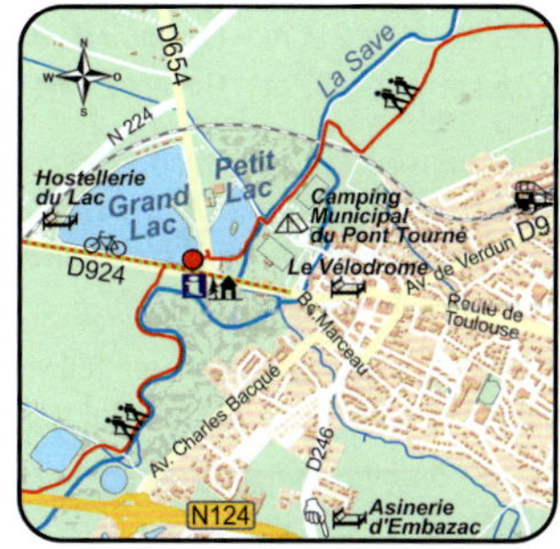

Weg durch L'Isle-Jourdain

L'Isle-Jourdain 32600

Office du Tourisme, ☎ 05 62 07 25 57, www.tourisme-gascognetoulousaine.com, 15.09.-14.07. Mo-Sa 9:30-12:30 u. 14:00-17:30, im Sommer abends eine Stunde länger, Jul/Aug. auch So 10:00-12:30 u. 14:00-18:00, am Seeufer direkt am Weg

Gîte municipal, 9 Betten, 3 Zi, Ü € 12, Einbauküche, Anmeldung und Schlüssel im Touristenbüro, die Gîte befindet sich im selben Pavillon

Hostellerie du Lac, Avenue Corps Franc Pommies, ☏ 05 62 07 03 91, hotel-du-lac@wanadoo.fr, hostelleriedulac.fr, 25 Zi, Ü EZ/DZ ab € 58, F € 7,50, am See

♦ Hôtel-Restaurant du Velodrome, 16 Avenue du Commandant Parisot, ☏ 05 62 07 26 19, hotelrestaurantlevelodrome@orange.fr, Ü DZ € 35/45/55 (je nach Komfortstufe), F € 5, , an der Ortsdurchgangsstraße, 630 m vom See

Asinerie d'Embazac, Bénédicte u. Jean-François Wambeke, Route de Goudourvielle, ☏ 05 62 07 02 10, embazac@wanadoo.fr, www.embazac.com, 11 Plätze im Schlafsaal, ÜF € 25, DZ € 70, EN. Die Eselfarm ist aufgrund ihrer Lage 5,5 km südlich vom Weg eigentlich nur für Radfahrer interessant. Vom Platz an der Kirche führt die D246 über die Autobahn (N124) weg in die Vorstadt Lotissement Bellevue, hier biegen Sie in die zweite Straße links (Chemin de Cabirot) ab und folgen dieser 3,5 km.

Camping Municipal du Pont Tourné, ☏ 05 62 07 25 44, accueil@mairie-islejourdain.fr, www.mairie-islejourdain.com, Ü € 6,20

Taxi Dethomas, ☏ 05 62 07 27 10

L'Isle-Jourdain hat einen Bahnhof an der Bahnstrecke Toulouse – Auch.

☞ Auch

Etappe 26: L'Isle-Jourdain – Gimont (Gers)

22,5 km, 6 Std., ↑ 330 m, ↓ 289 m, ⇧ 142-238 m

0,0 km	⇧ 142 m	L'Isle-Jourdain
9,2 km	⇧ 214 m	Monferran-Savès Bäckerei ♦
14,9 km	⇧ 214 m	Giscaro ♦
22,5 km	⇧ 183 m	Gimont

Ausnahmslos schöne Wanderwege führen heute durch die landwirtschaftlich intensiv genutzte Hügellandschaft des Gers. Die zahlreichen Hohlwege und der alte Baumbewuchs am Wegrand sind ein Hinweis darauf, dass es sich um alte Verbindungswege zwischen den Dörfern handelt.

Wer die für Radfahrer teilweise schwierigen, bei Regen möglicherweise auch aufgeweichten Wege der Via Tolosana meiden will, rollt auf Teer zunächst entlang der

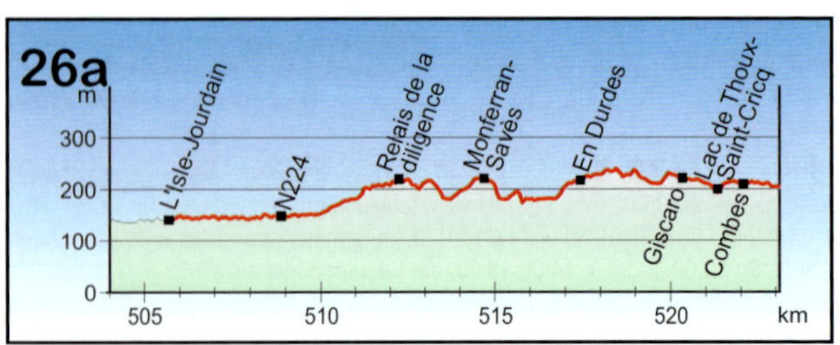

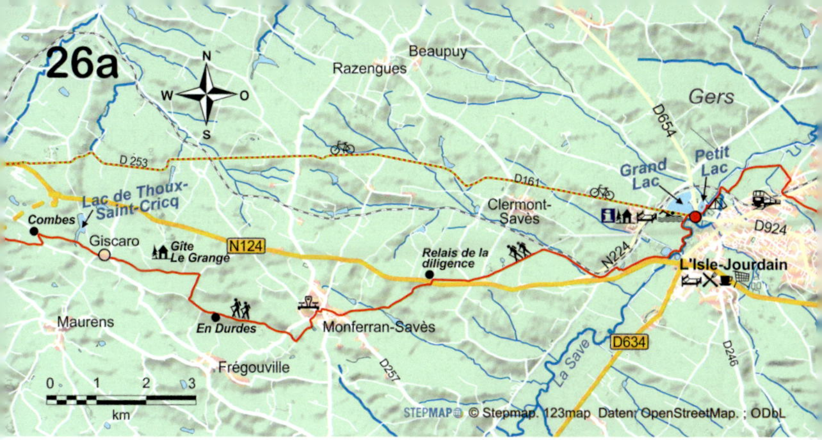

D924 (Richtung Gimont und Auch) am Großen See entlang und folgt nach der Eisenbahnüberquerung geradeaus dem Fuß-/Radweg zur D161. Auch hier geht es geradeaus, bis Sie halb links in die D253 Richtung Gimont abbiegen.

Sie gehen links an der Touristinfo vorbei und folgen dem Radweg entlang der Straße Richtung Gimont und Auch. Schon nach wenigen Schritten überqueren Sie aber die Straße und folgen dem markierten Feldweg gegenüber an den Fluss. In Höhe einer Brücke biegen Sie rechts in den breiten Heckenweg ab und verlassen ihn nach 100 m schon wieder nach links. Es geht an die Autobahn (N124) heran und eine Weile daran entlang.

Dann führt der Weg rechts an ein Sträßchen, dem Sie links folgen. An einer Unterführung bleiben Sie diesseits der Autobahn, überqueren einen Zubringer und wandern nun auf einem Grasweg entlang der Bahnlinie in einem kleinen Tal. Nach 1 km biegen Sie links in einen schönen Heckenweg, der wieder zur inzwischen nur noch zweispurigen Schnellstraße N124 hinaufsteigt.

Sie gehen 600 m auf separatem Grasweg rechts an ihr entlang und überqueren sie dann an einem Wohnhaus (Relais de la diligence, ehemalige Postkutschenstation). Halb rechts beginnt ein Heckenweg, der teilweise als Hohlweg ausgeprägt ist. Auf ihm kommen Sie bis an die D257 in **Monferron-Savès**. Sie gehen rechts bis vor die Kirche und dann links. (Zur Boulangerie Francis Martin müssten Sie durch das Tor in das Dorf hineingehen.)

An der Marienstatue ist wieder nach rechts markiert und hinter dem Dorfgemeinschaftshaus (am Parkplatz unterhalb gibt es eine Wasserstelle) nach links in ein Tal hinab. Sie erreichen eine Teichanlage mit Picknickbank. Die Markierung zeigt links am Friedhof entlang zu einem weiteren Teich und dort rechts einen Grasweg aufwärts.

Von der schnell erreichten Höhe führt Ihr Weg als Hohlweg wieder in eine Senke, biegt dort rechts ab und steigt dann sanft geradeaus über ein Sträßchen hinweg in einer Talrinne auf. An der Hofstelle **En Durdes** ist eine Pausenbank speziell für Pilger aufgestellt.

700 m weiter, noch nicht ganz auf der Höhe, biegen Sie vor einem Fichtenwald rechts in einen anderen Feldweg ab, der sich als geteerter Weg fortsetzt und in eine Senke abfällt. Danach wenden Sie sich links in einen Grasweg. 900 m weiter befindet sich der auffällig markierte Abzweig zur von Pilgern viel gelobten **Gîte Le Grangé**.

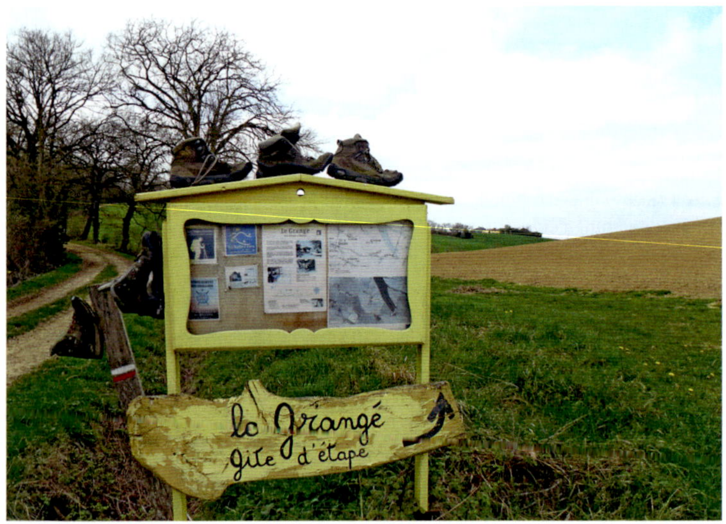

Auffällige Werbung für die Pilgerunterkunft in Giscaro

Gîte Le Grangé, 32200 Giscaro, ☏ 05 62 07 84 92, 06 61 55 72 12, legrange.giscaro@gmail.com, www.legrange.fr, bis zu 19 Pers., ÜHP € 38 inkl. Bettwäsche, Rabatt für Pilger mit Pilgerausweis, DE, EN, , Reservierung erwünscht

250 m weiter erreichen Sie das Dorf **Giscaro** mit Dorfkirche (Pausenbänke, Toiletten,). Ohne Richtungswechsel wandern Sie an das obere Ende des Stausees Lac de Thoux-Saint-Cricq und geradeaus auf die nächste Anhöhe hinauf. Beim Hof Combes stoßen Sie auf eine Straße. Sie folgen ihr 200 m nach links und verlassen sie dann wieder nach rechts (Chemin de'Enbouzigot), um über den Höhenrücken an mehreren Häusern vorbei schließlich in das Tal des Baches Marcaoue zu wandern. Unten gehen Sie nach links zu einer Straße, auf der es rechts weitergeht. Am Siedlungsbeginn zeigt die Markierung links in einen kleinen Wiesenpfad. Nach einem Rechtsknick wan-

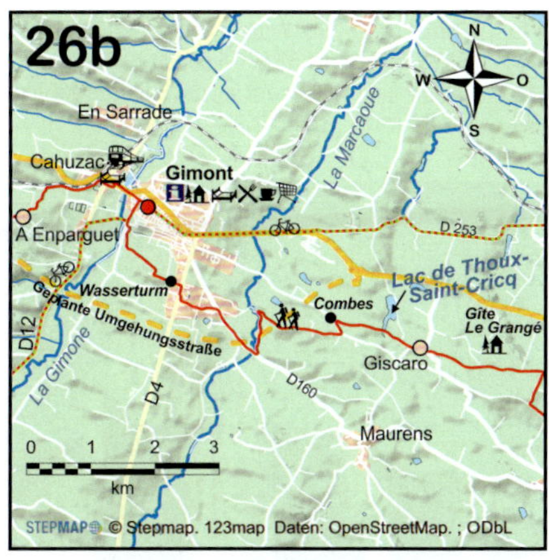

dern Sie links zur Hauptstraße (D4), an der es rechts 140 m entlanggeht. Am Wasserturm biegen Sie dann links in ein Nebensträßchen ein, das an einer Hofstelle endet. Ein Grasweg führt weiter über den Höhenrücken.

Auf dem gegenüberliegenden Rücken ist die Silhouette von Gimont längst zu sehen. Die passierten Häuser vermitteln den Eindruck, am Tagesziel vorbeizulaufen. Doch dann biegt der Weg rechts in das Zwischental. Sie gehen links zur Straße und rechts geradeaus bis zur Hauptstraße, der Rue Nationale. Dort erreichen Sie nach rechts gehend nach knapp 200 m die Gîte d'étape Gimontoise 32.

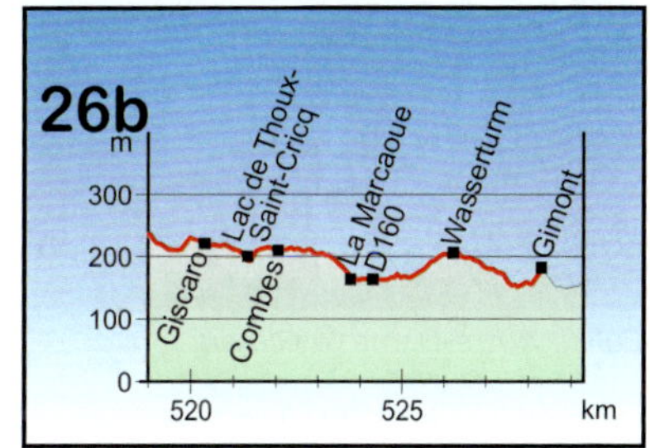

Der markierte Weg führt nicht nach Gimont hinauf. Er bleibt, wie Sie an den Markierungen sehen können, im Tal, biegt links über den Fluss Gimone und vor der N124 wieder links zur Kirche von Cahuzac. Dort werden Sie morgen wieder auf ihn treffen.

Gimont 32200

Office de Tourisme, 83 Rue Nationale, 05 62 67 77 87, contact@tourisme-gimont.com, www.tourisme-3cag-gers.com, Sep-Jun Mo-Fr 9:00-12:00 u. 14:00-18:00, Sa 10:00-13:00, Jul/Aug verlängerte Öffnungszeiten

Gîte d'étape Gimontoise 32, M. Bernhard Salvador, 66 Rue Nationale, 05 62 62 18 75, 06 68 66 36 74, 3 Zi, 15 Betten, Ü € 15, Bettwäsche, Einbauküche, auf Wunsch F u. A, , ganzjährig geöffnet, schön renovierte Wohnung in einem Altbau, freundliche Aufnahme, der Sohn Lucas spricht etwas Englisch

Hôtel-Restaurant Le Coin du Feu**, Boulevard du Nord, 05 62 67 96 70, lecoindufeu32@orange.fr, www.lecoindufeu.fr, 28 Zi, Ü EZ/DZ € 55, DBZ u. VBZ € 79, F € 8,50, EN, , an der N124 Nähe Zentrum

♦ Hôtel Villa Cahuzac, 1 Avenue de Cahuzac, OT Cahuzac, 05 62 62 10 00, contact@villacahuzac.com, www.villacahuzac.com, 11 Zi, Ü EZ/DZ € 80, F € 5, EN, , Lage Wegbeschreibung Etappe 27

Cycles MLP, 7 Rue Antonin Carles, ☏ 05 62 67 70 60
B.L.G Taxi, ☏ 05 62 67 75 55, 09 70 35 11 37
Bahnhof im OT Cahuzac an der Bahnstrecke Toulouse – Auch.
☞ Auch

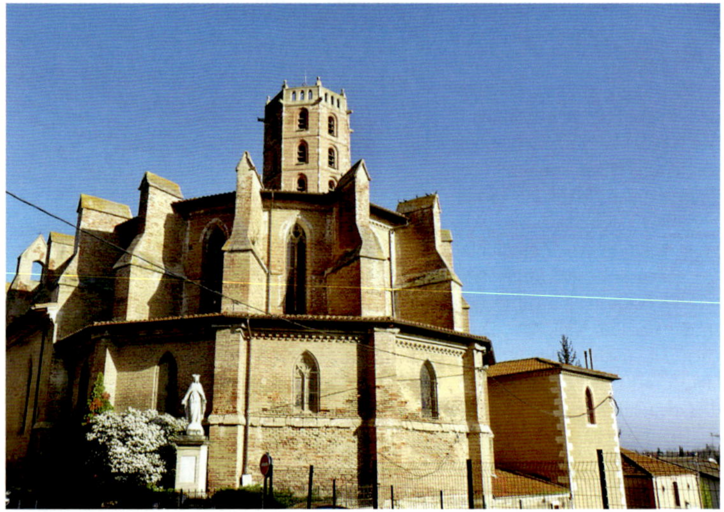

Église Notre-Dame in Gimont

Gimont wurde 1265 als Bastide gegründet, was man an der Lage auf einem Bergrücken und den rechtwinkligen Straßen noch gut erkennen kann. Aus der Frühzeit des Ortes stammen Markthalle und Backsteinkirche.

Etappe 27: Gimont – Montégut (Gers)

22,4 km, 6 Std., ↑ 442 m, ↓ 397 m, ⇧ 149-247 m

0,0 km	⇧ 183 m	Gimont
9,5 km	⇧ 156 m	L'Isle-Arné
13,6 km	⇧ 204 m	Lussan
22,4 km	⇧ 224 m	Montégut

Von Gimont bis zum Verwaltungssitz des Départements Gers, der schönen Stadt Auch, sind es noch 32,6 km. Um ausreichend Zeit für eine Besichtigung zu finden, empfiehlt es sich, den Weg mit einer Zwischenübernachtung zu teilen. Mein Vorschlag zielt auf eine moderate Etappe 27 und einen kurzen Anschlussweg. Andere Einteilungen sind aufgrund der häufigen Übernachtungsangebote am Weg möglich.

Radfahrer könnten Gimont nach Westen über die Rue Nationale verlassen, biegen dann aber links in die **Rue de la Gendarmerie** ab. Im Tal fahren Sie über die Flussbrücke und folgen dem Sträßchen zur D12. Auf ihr fahren Sie nach links im Flusstal 3,7 km aufwärts. Die vierte rechts abzweigende Straße führt dann über **Juilles** nach **L'Isle-Arné**. Alternativ könnten Sie auch auf der Rue National bis zum Kreisel in Cahuzac fahren und dann links in die D12 einbiegen.

Der Rue Nationale folgen Sie zurück (Richtung Westen) und geradeaus bis an den Ortsrand von **Cahuzac**. Vor dem Rasenmäherladen (rechts ist das Hôtel Villa Cahuzac zu sehen, am Kreisel rechts ginge es zum Bahnhof) überqueren Sie nach links die Wiese und stoßen auf den Wanderweg. Rechts gehen Sie zur sehenswerten Kapelle, die aus dem 16. Jh. stammt. Wandern Sie rechts an der Kirche vorbei und dahinter links auf dem Sträßchen, das an der Bahn entlang durch ein stilles Tal führt.

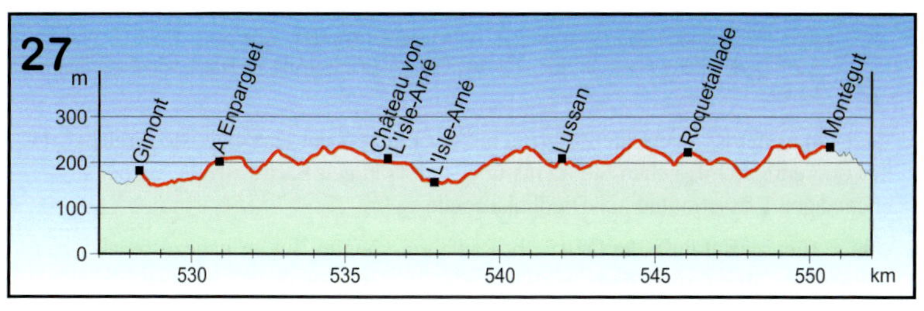

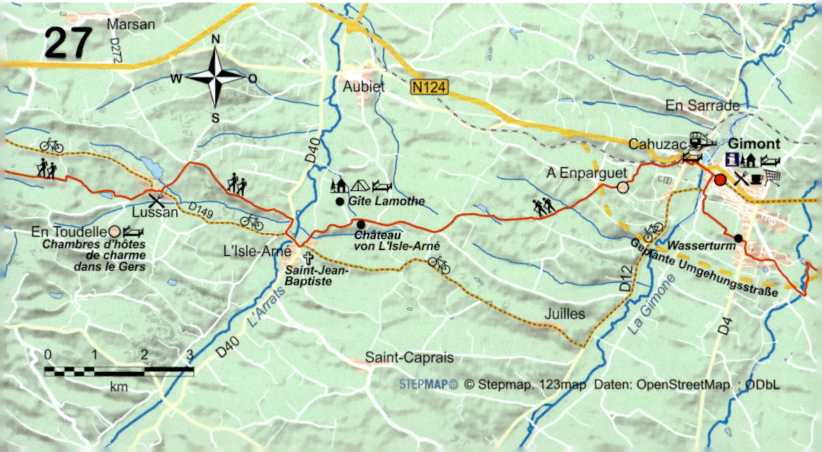

Nach 850 m biegen Sie links in einen Heckenweg ab. Er erreicht auf der Höhe ein Sträßchen, dem Sie geradeaus 400 m folgen. Dann verlassen Sie es wieder nach links.

Hier waren im Recherchemonat März 2017 Straßenbauarbeiten im Gang. Achten Sie also gut auf eine eventuell geänderte Wegführung. Offenbar soll die Nationalstraße N124, die bisher durch den Ort Gimont führte, zukünftig südlich darum herum verlaufen, sodass auch Wegabschnitte vor Gimont Veränderungen unterlegen sein könnten.

Wenn das Sträßchen rechts zu einer Hofstelle führt, laufen Sie geradeaus in den Heckenweg, durchqueren ein Bachtal und steigen wieder an. Auf der Höhe folgen Sie dem Sträßchen rechts und biegen 60 m weiter in das links abzweigende Sträßchen. Es durchquert – zum Feldweg geworden – wieder ein Tal. Auf der nachfolgenden Höhe geht es geradeaus über ein Sträßchen hinweg und durch das nächste, nur noch wenig ausgeprägte Tal. An der vierten Höhe folgen Sie der kleinen Straße nach rechts.

Sie führt nach **L'Isle-Arné** hinunter. Doch vorher sehen Sie linker Hand noch ein Herrenhaus, das Château von L'Isle-Arné, und wenig weiter finden Sie einen Hinweis auf die Gîte Lamothe, die sich 400 m abseits der Straße auf einem Bauernhof befindet.

Gîte Lamothe, Pied-à-Terre en Gascogne (Ihre Bleibe in der Gascogne), Mme Martine Moulet-Vives, 32270 L'Isle-Arné, ☏ 05 62 65 90 54, 06 64 33 51 78, martinemoulet@gmail.com, www.piedaterreengascogne.com, Ü im Schlafsaal € 20, DZ € 46, F € 5, A € 14, EN, , Campingmöglichkeit am Haus, von Pilgern empfohlen

1 km weiter ist das kleine Zentrum mit der **Kirche Saint-Jean-Baptiste** erreicht. Mit der querenden D40 gehen Sie rechts über den kräftigen Bach L'Arrats, vorbei an der ehemaligen Wassermühle zur Friedhofskapelle.

Hier zweigt links die D149 ab. Radfahrer könnten auf ihr nahezu parallel zum Wanderweg über Lussan nach Auch fahren.

Markiert ist nach rechts noch entlang der D40. Nach 300 m biegen Sie aber links in die Zufahrt zu den Landhäusern A Lalanne, En Georgis und Aupiouëc ab. Durch einen herrlichen Landschaftspark wandern Sie auf einem Sträßchen zur Höhe. Ein Feldweg führt weiter – zuletzt durch Eichenwald – an ein neues Sträßchen. Links gehen Sie zu einer Kreuzung und biegen hier wieder links nach **Lussan** ab. Auf der Höhe quert die D149, der Sie rechts am Restaurant vorbei 200 m folgen.

Restaurant Auberge de Rantaures, ☏ 05 62 65 52 04, Mo, Di und Sa Mittag geschlossen

An der Verzweigung verlassen die D149 nach links und gehen am Bach rechts in den Feldrandweg. Wenn Sie auf der Straße den Bach überqueren und dann links abbiegen würden, kämen Sie zu einer Unterkunft in **En Toudelle**.

Chambres d'hôtes de charme dans le Gers, Domaine d'En Tudelle, 32270 Lussan, ☏ 05 62 61 86 45, 06 81 01 71 91, contact@entudelle.fr, www.entudelle.fr, 2 Zi, ÜF EZ € 70, DZ € 85, , 1 km

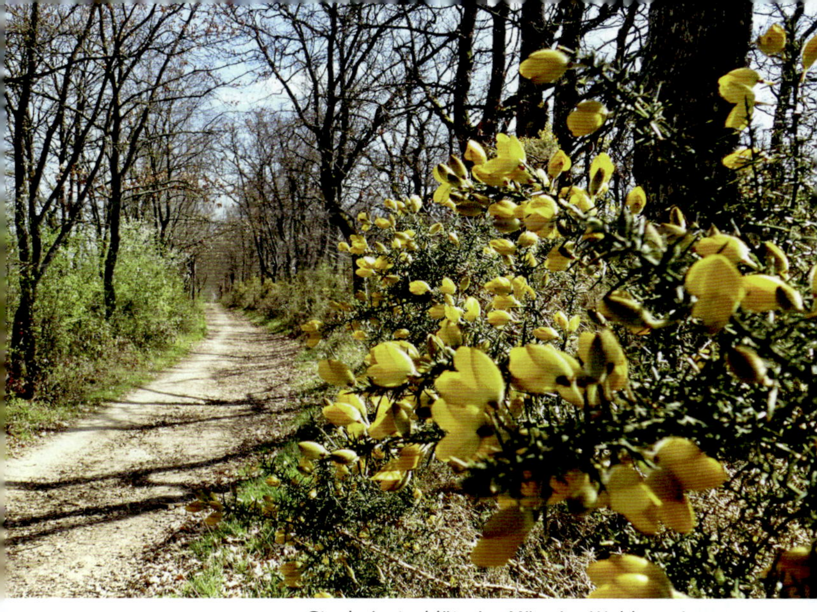

Stechginsterblüte im März im Wald vor Lussan

An einem Stauteich vorbei wandern Sie zur Höhe und erreichen an einer Hofstelle ein Sträßchen, dem Sie links und an der Verzweigung rechts folgen.

An einer weiteren, kleinen Hofstelle gehen Sie rechts vorbei und nun wieder auf einem Grasweg über den Höhenrücken in ein Tal. Von dort geht es rechts heraus in die Bebauung und geradeaus über die Straßenkreuzung von Roquetaillade, einem Dorf der Commune Montégut, das für „100 % nature" und „0 % pesticide", ein „place to be(e)", wirbt. Roquetaillade hat auch eine Jakobuskapelle. Sie steht 380 m entfernt vom Weg (an der Kreuzung rechts).

150 m nach dem Ortsschild biegen Sie rechts in einen Grasweg ab und wandern um die großen Felder. (Nach 400 m, dort, wo der Weg sich von dem Bach, der ihn begleitet, entfernt, gibt es rechts einen Durchgang zum Grundstück **A Lassalle** 🛏.) Etwas weiter durchqueren Sie einen Bach und steigen auf eine sandige Höhe. Rechts laufen Sie nun über diesen von vielen Wegen durchzogenen, bewaldeten Höhenrücken nach **Montégut**. Bleiben Sie einfach auf dem markierten Hauptweg. In Höhe der Turmruine Tour de Fées (Turm der Feen) finden Sie linker Hand den Hinweis auf den Abstecher zur Gîte la Tour de Fées (50 m den Hang hinab).

Nur 200 m weiter erreichen Sie das Château de Montégut und die Kirche Notre-Dame-de-l'Assomption (Mariä Himmelfahrt) 💧. Das Schloss stammt aus dem 13. Jh. Es befindet sich in Privatbesitz und kann nicht besichtigt werden.

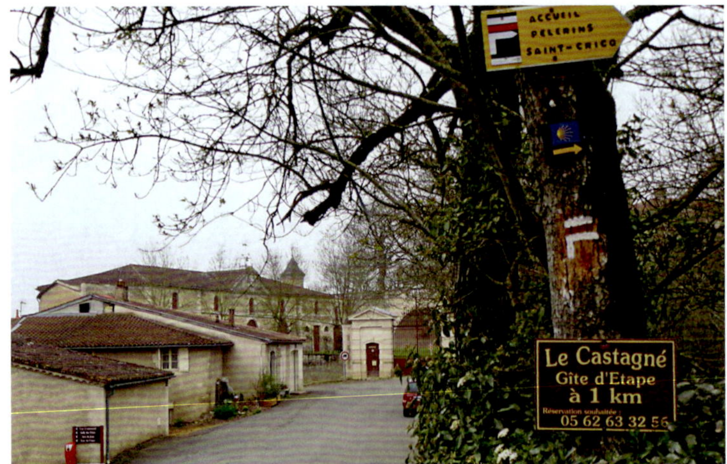

Montégut ist Etappenziel

Montégut

Gîte la Tour de Fées, Janine u. Gérard Castéra, 32250 Montégut, ☏ 05 62 63 07 84, 06 82 00 89 11, dulherm@club-internet.fr, www.latourdesfees.fr, 11 Plätze, Ü € 13, F € 4, HP € 29, EN, Reservierung erwünscht, Bettwäsche inkl., moderne Villa, Bringservice nach Auch

Chambres d'hôtes A Lassalle, Edith Beauvais, 32550 Montégut, OT Roquetaillade, ☏ 05 62 62 29 85, 06 72 41 10 44, contact@bastide-lassalle.fr, www.chambres-hotes-gers.com, 3 Zi, ÜF EZ € 55-65, DZ € 70-80, direkt am Weg (☞ Wegbeschreibung)

Chambres d'hôtes Le Castagné, 910 Chemin de Naréoux, 32000 Auch, 06 07 97 40 37, ecastagne@wanadoo.fr, domainelecastagne.com, 4 Zi, ÜF EZ € 70, DZ € 80, Camping € 10/Stellplatz/Nacht, Abholservice, 1,5 km von Montégut (☞ Abkürzung Etappe 28)

Etappe 28: Montégut – Auch (Gers)

10,2 km, 3 Std., ↑ 196 m, ↓ 250 m, ⇧ 126-230 m

0,0 km	⇧ 224 m	Montégut
4,5 km	⇧ 191 m	Gîte la Croisée Saint-Cricq
10,2 km	⇧ 176 m	Auch, Kathedrale Sainte-Marie BANK

Durch den Schlosspark von Montégut steigen Sie in das Tal des Baches Laroussagnet und von dort auf die nördlich der Autobahn (N124) gelegene, bewaldete Höhe. Wieder südlich der Autobahn wandern Sie durch ein Gewerbegebiet und lange durch Siedlungsbereiche bis an den Fluss Gers, an dem entlang es dann in die alte Stadt Auch geht. Da dieses Wegstück in Teilen nicht sonderlich spannend ist, könnten Sie einen Bringservice, ein Taxi oder auch die Busanbindung der Linie D aus dem Gewerbegebiet an der Autobahn in Ihre Planung einbeziehen. Hinweise auf die Haltestellen der Busse finden Sie im Text (☞ Auch).

Abweichend vom markierten Wanderweg gibt es eine 2,9 km kürzere Variante. Sie führt allerdings ausnahmslos über kleine Straßen und empfiehlt sich vor allem dann, wenn Sie auf dem Campingplatz oder im B&B le Castagné übernachten wollen.

An der Kirche gehen Sie links die kleine Straße bergab. In der Talsohle biegen Sie rechts ab und wandern wieder bergauf am Campingplatz Le Castagné vorbei. Sie überqueren eine Bahnlinie und stoßen auf die D924, auf der Sie nach links bis an den Kreisverkehr gehen. Hier biegen Sie rechts in die Rue de'Engachies (Haltestelle „Vignoble") und 160 m weiter links in den Chemin Mouloudji. Er führt zum markierten Pilgerweg (**Chemin du Haget**), dem Sie links folgen.

Wer über die D149 den Abzweig nach Montégut im Tal des Baches Laroussagnet erreicht hat, folgt der Straße weiter über den Bach, unterquert nach 1,2 km die D924 und biegt danach links ab. Sie kommen am Informationsschild von Engachies

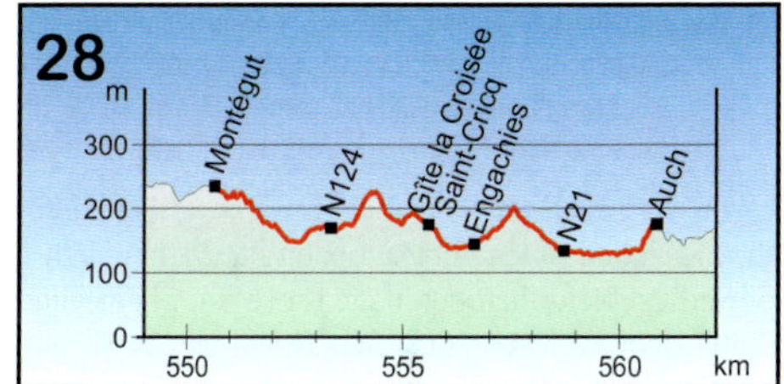

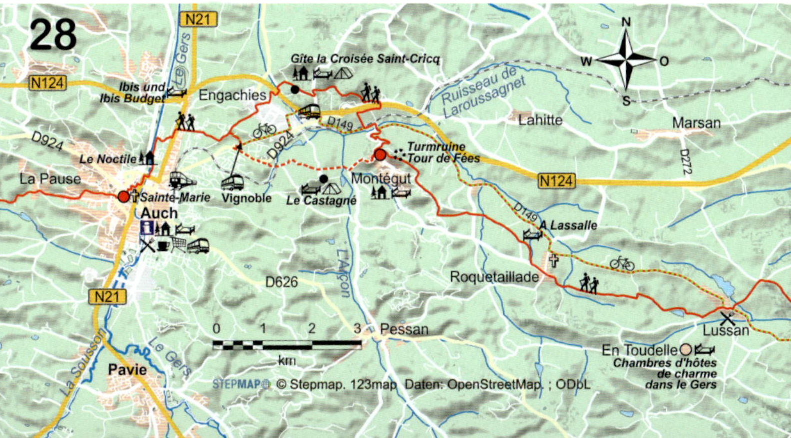

(Gewerbegebiet) vorbei, nehmen dann links die Rue Marcel Luquet und folgen schließlich der Route d'Engachies bergauf. 200 m hinter der Anhöhe geht nach rechts der Chemin Mouloudji ab, über den Sie Anschluss an den Chemin du Haget und somit an den markierten Weg erhalten.

Sie wenden sich an der Kirche scharf nach rechts und gehen auf einer kleinen Straße bzw. auf gut markierten Wegen durch den alten Schlosspark ins Tal zur D149. Geradeaus folgen Sie ihr über die Bachbrücke an die Bahnlinie und dort nach links. Dann biegen Sie rechts in den **Chemin d'Enguilhemot** von der Straße ab. (Zur Bushaltestelle „Cricq" folgen Sie weiter der D149, unterqueren wie die Radfahrer die D924 und gehen links zur Bushaltestelle (1,3 km).)

Vor der Autobahn gehen Sie rechts zur Unterführung und wandern auf der anderen Seite links 300 m zurück. Dann steigen Sie rechts den bewaldeten Hügel hinauf (an der Gabelung links) und wieder zu einer Straße hinab (am Querweg vorher rechts).

An der Straße gehen Sie links bis vor das Château de Saint-Cricq und dort rechts zur **Ferme Saint-Cricq**. (Wenn Sie der Straße geradeaus am Château vorbei unter der Autobahn hindurch folgen und dann rechts gehen, landen Sie an der Bushaltestelle „Cricq".)

Gîte la Croisée Saint-Cricq, Ferme Saint-Cricq, La Bourdasse, 32000 Auch, Mme u. M. Djelil-Jacquerot, 05 62 05 16 53, 06 27 32 22 60 u. 06 03 33 06 38, cricq.bourdasse@gmail.com, 9 Plätze, ÜF € 18,50, HP € 32, , Camping am Haus möglich, Reservierung erwünscht, Abholservice aus Montégut, am Weg

Ihr Weg führt rechts an der Hofstelle vorbei und biegt an der Recyclinganlage links ab. Sie gehen unter der Autobahn N124 hindurch und auf einem Sträßchen in ein Gewerbegebiet, überqueren die Rue Marc Chagall und folgen geradeaus dem Fußweg. Hinter dem Zerlegebetrieb Gers Boeuf biegen Sie links ab und gleich wieder rechts in den **Chemin du Haget**. Gehen Sie über die Höhe hinüber und biegen Sie dann rechts in den Chemin du Seilhan. Er endet an der Hauptverkehrsstraße N21.

Sie gehen rechts zur Bushaltestelle gegenüber, folgen dem Holzplankenweg und biegen links in den Fuß- und Radweg parallel zur Straße.

An der nächsten Möglichkeit gehen Sie rechts und gleich wieder halb links in den **Parc du Coloumé** (Arboretum). Der Park grenzt an das Ufer des Flusses Gers. Auf dem Uferdamm spazieren Sie nun links weiter.

Wenn Sie dem Damm nach rechts folgen würden, kämen Sie nach 1,2 km zu den beiden Hotels Ibis und Ibis Budget.

Nach zwei Fußgängerbrücken kommen Sie an eine historische Bogenbrücke, über die der dichte Verkehr dreispurig in eine Richtung rauscht. Auch Sie überqueren hier den Fluss und biegen mit der N21 gleich links in den **Boulevard Sadi Carnot** ein. 200 m weiter wenden Sie sich rechts in die Rue Gilbert Bregail ab. An der Querstraße geht es links weiter und am ⌘ Musée des Jacobins (Benediktinermuseum) rechts in die Rue Baudin. Stufen (Toiletten, 💧) führen weiter zur Höhe und links kommen Sie dann zur Kathedrale Sainte-Marie.

Auch 32000

i Office de Tourisme, 1 Rue Dessoles, ☏ 05 62 05 22 89, ✉ info@auch-tourisme.com, 💻 www.auch-tourisme.com. 🚪 tägl. 9:15-12:15 u. 14:00-18:00, Mo erst ab 10:00, Sa nur bis 17:00, Okt-Apr sonntags geschlossen, vom Portal der Kathedrale aus gesehen rechts über den Kirchplatz. Im Office de Tourisme bekommen Sie kostenlos einen Stadtplan (Begleitblatt in Deutsch), in dem zwei schöne Stadtrundgänge eingezeichnet sind. Beide starten am Office de Tourisme.

L'Auberge de Jeunesse, Le Noctile, 2 Ter, Rue du 8 Mai, ☏ 05 62 64 02 32, ✉ contact.noctile@alojeg.fr, 💻 www.lenoctile.fr, ÜF EZ € 25, DZ € 42, nach der Flussüberquerung 400 m rechts

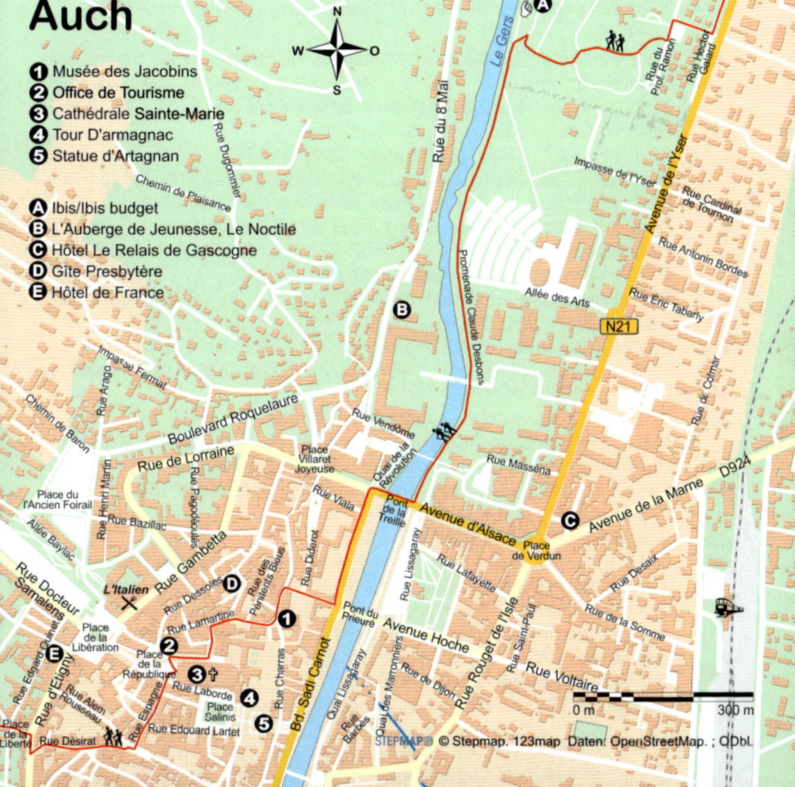

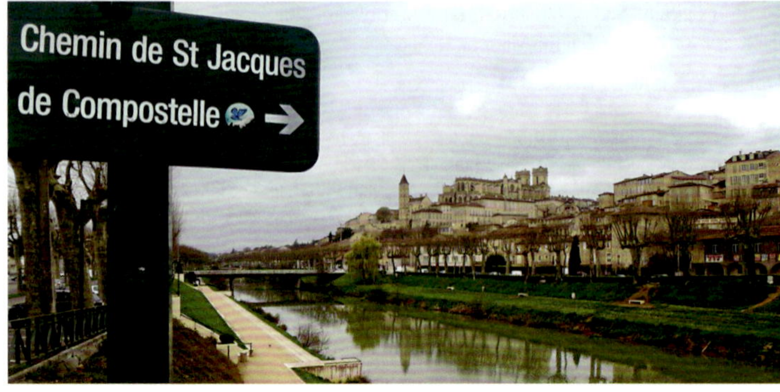

In Auch ist der Pilgerweg mit aufwendigen Texttafeln gekennzeichnet

Gîte Presbytère, 40 Rue Dessoles, 10 Plätze, nur mit Pilgerausweis gegen Spende, Mai-Sep, Empfang 15:00-17:00, Apr u. Okt Anmeldung 15:00-20:00 über 06 38 85 51 20, im Mrz u. Nov fragen Sie den Wärter in der Kathedrale oder 06 30 41 19 38, vom Portal der Kathedrale aus rechts in die Rue Dessoles

Hôtel de France***, 2 Place de la Libération, 05 62 61 71 71, contact@hoteldefrance-auch.com, www.hoteldefrance-auch.com, EZ ab € 75, DZ ab € 83, EN, DE, am Kreisverkehr oberhalb der Kathedrale links

- Ibis budget, Endoumingue Avenue Jean-Jaurès, 08 92 68 09 03, h5051@accor.com, 55 Zi, Ü EZ € 49-52, DZ/DBZ € 56-64, F € 6,15, € 6, EN, 2,2 km vom Zentrum (Wegbeschreibung)
- Ibis***, Endoumingue Avenue Jean-Jaurès, 05 62 63 55 44, h3449@accor.com, Ü DZ € 64-90, F € 9,90, EN
- Hôtel Le Relais de Gascogne*, 5 Avenue de la Marne, 05 62 05 26 81, lerelaisdegascogne@orange.fr, 17 Zi, Ü EZ/DZ € 60-80, F € 9, in der Unterstadt Nähe Bf.

L'Italien, 3 Rue Gambetta, www.litalien.net, mittags und abends ab 19:00, schönes Ambiente auf zwei Etagen, qualitativ hochwertige Speisen zu vernünftigen Preisen, exquisite Weinkarte, am Kreisverkehr oberhalb der Kathedrale rechts

Boutique du Cycle, Zone Commerciale Cla Rue François Mauriac, 05 62 61 86 52, www.la-boutique-du-cycle-32.fr

Gascogne Taxi , 06 11 59 69 24; Taxi Asur, 05 62 63 43 05

Über den Stadtbusverkehr in Auch informiert die Webseite www.alliance-bus.com. Unter „Horaires" finden Sie die Fahrpläne der Linien und unter „Plan de réseau" einen Netzplan. Die oben erwähnte Linie D fährt an Schultagen von Mo bis Fr etwa alle 1,5 Std. Falls Sie den Bus nutzen wollen, sollten Sie sich den Fahrplan unbedingt vorher anschauen.

- Zwischen Auch und L'Isle-Jourdain (über Gimont) verkehrt zweimal am Tag ein Bus: www.keolis-pyrenees.com (Linie 935).

Auch hat einen Bahnhof und ist Endstation derr Bahnstrecke Toulouse – Auch.

✞ Die Kathedrale Sainte-Marie ist 1998 als Teil der Jakobswege in die UNESCO-Weltkulturerbeliste aufgenommen worden. 1489 wurde mit dem Bau – als Nachfolgebau einer romanischen Kirche – begonnen. Sehenswert sind die Glasmalereien aus der Renaissancezeit (es gibt auch eine Jakobusdarstellung im Chorfenster) und vor allem ein beeindruckendes Chorgestühl aus dem 16. Jh. Es besteht aus über 1.500 erstaunlich eigenständigen, wunderbar geschnitzten Figuren. Pilger haben hier freien Eintritt und bekommen auch einen Stempel, Informationen gibt es auch in Deutsch.

Mo-Do 9:30-12:00 u. 14:30-17:30, Fr-So nachmittags bereits ab 14:00 u. bis 18:00

Auch, gesprochen "Osch", liegt am Fluss Gers, der dem Département Gers in der Region Okzitanien seinen Namen gab. Auch war auch die Hauptstadt der historischen Provinz Gascogne. Der Comte d'Artagnan, das Vorbild für den berühmtesten Gascogner, den Romanhelden und Musketier d'Artagnan, verlebte hier seine Kindheit und Jugend. Die Altstadt, die erhaben auf einem Plateau hoch über dem Gers liegt, kann man vom Fluss aus auch über eine eindrucksvolle, 1863 erbaute Treppenanlage mit 232 Stufen erreichen. Beim Aufstieg (oder Abstieg) begegnen Sie nicht nur dem berühmten Musketier (in Bronze gegossen), sondern haben auch den Tour d'Armagnac, den bischöflichen Gefängnisturm aus dem 14. Jh., im Blick. Der Pilgerweg verfolgt zwar eine andere Route, doch es lohnt sich, das hinter der Kathedrale in den Place Salinis mündende, frisch renovierte Bauwerk zu besuchen.

Etappe 29: Auch – Montesquiou (Gers)

31,4 km, 9 Std., ↑ 658 m, ↓ 627 m, ⇧ 136-285 m

0,0 km	⇧ 176 m	Auch, Kathedrale Sainte-Marie BANK ✞
16,8 km	⇧ 175 m	Barran ✞
23,5 km	⇧ 136 m	L'Isle-de-Noé ✞
31,4 km	⇧ 210 m	Montesquiou ✞

Es ist nicht zu übersehen und es wird mit zunehmendem Voranschreiten immer deutlicher: Westlich von Auch treten die intensiv landwirtschaftlich genutzten Flächen zugunsten von mehr Wald- und Buschwerkzonen, Wiesen und Brachflächen mehr und mehr in den Hintergrund. Die Landschaft ist abwechslungsreicher strukturiert. Die Vielzahl der morgendlichen Vogelstimmen scheint mit diesem Wandel zugenommen zu haben. Trotz der Länge ist die Etappe nicht allzu ambitioniert, da die fast 17 km bis Barran fast ausschließlich über kleine, zügig zu gehende Straßen verlaufen. Wer es ruhiger mag, teilt die Etappen 29 bis 31 z. B.wie folgt ein: L'Isle-de-Noé 23,5 km, Monlezun 25,3 km, Maubourguet 23,9 km. Bei der von mir vorgeschlagenen Aufteilung haben Sie allerdings eine größere Vielfalt an Übernachtungsmöglichkeiten in den Zielorten der Etappen.

Vom Portal der Kathedrale aus gesehen gehen Sie links durch die kleine Gasse **Rue Espagne** (Wegweiser), steigen am Ende die Stufen hinab und laufen rechts weiter zum Place Garibaldi. Hier behalten Sie die Gehrichtung bei und folgen der Rue Dèsirat zur querenden Fahrstraße. Jetzt geht es 30 m nach rechts und dann links zum Place de la Liberté. (Es ist eindeutig markiert.) Geradeaus folgen Sie nun einem Sträßchen stadtauswärts, das zunächst **Rue D'Embarquè** und in der Folge **Chemin de la Pause** heißt.

Auf der Höhe biegen Sie nach links ab und wandern auf dem **Chemin de Tougey** durch ein Tal und wieder zur Höhe an den querenden Chemin de Barran (D943). Sie biegen links ein und 140 m weiter wieder rechts Richtung Ordan ab. Auf dieser Straße durchwandern Sie den schattigen Eichenwald (Staatsforst) von Auch. Auf halbem Weg befinden sich rechter Hand ein Rastplatz mit Tischen und Bänken und linker Hand eine Wasserstelle (am Zebrastreifen) direkt an der Straße.

Am Waldende, bei beginnender Besiedlung, biegen Sie an der Gabelung links in den Chemin d'Izandon. An der nachfolgenden Verzweigung (800 m weiter) geht es links in die schmalere Straße. Sie heißt weiter **Chemin d'Izandon** und ist als Sackgasse gekennzeichnet.

Nach weiteren 1,2 km ist Ihr Abzweig durch zwei aufrecht gestellte Eisenbahnbohlen deutlich gekennzeichnet. Sie biegen rechts von dem Sträßchen in den Wald ab. Es geht in ein Bachtal hinunter, über die Brücke und dann geradeaus am Feldrand entlang zu einer Straße, der Sie links folgen.

Nach 400 m, vor einer Hofstelle, steigen Sie dann rechts auf der C15 aus dem Tal hinaus. Schon fast oben biegt das Sträßchen nach rechts ab und steigt bei herrlichem Blick in die Vielfalt der Hügelwelt noch ein wenig an. An der T-Kreuzung geht es geradeaus weiter Richtung Létouat und an der Verzweigung vor einem Wohnhaus biegen Sie halb links in den Feldweg, der bei weiterhin schöner Aussicht über die Höhe führt. Bei klarem Wetter sieht man die etwa 70 bis 90 km entfernte Pyrenäenkette. Im Tal erscheint der Kirchturm von Barran.

Sie landen an einem Sträßchen, in das Sie links einbiegen. Nach 130 m wenden Sie sich nach links in die C4. Diese führt in das Tal bei **Barran**. An der Talstraße gehen

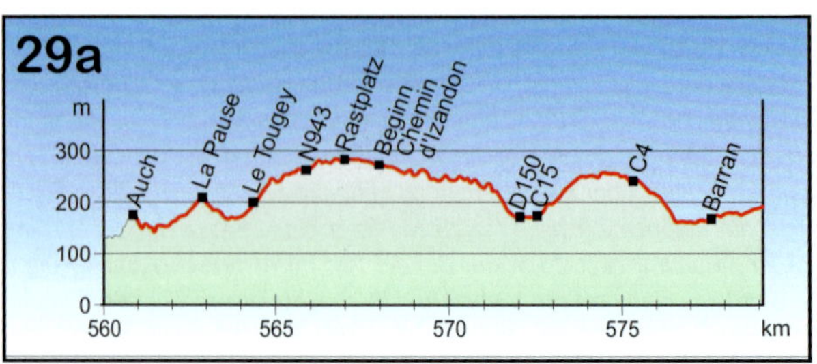

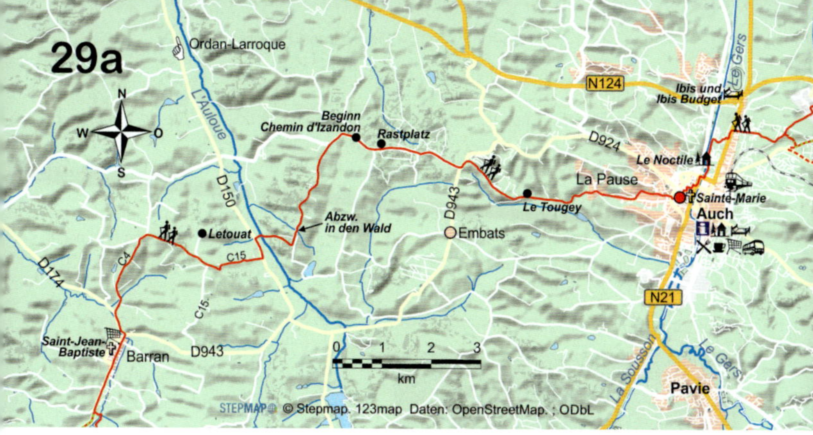

Sie links und an der nachfolgenden Verzweigung (7:30-12:30 u. 15:30-19:00, So 8:30-12:00) rechts durch das Stadttor (porte de ville) in das Dorf hinein und ganz hindurch.

An der Mairie steht eine überdachte Pausenbank, aber auch die Markthalle bietet Sitzgelegenheiten auf den Mäuerchen. Schon fast am Ortsausgang befinden sich Toiletten und eine Trinkwasserstelle. Allgemein bekannt wurde die mittelalterliche Bastide durch den auffällig verdrehten Turmhelm der Kirche Saint-Jean-Baptiste (Johannes der Täufer).

Am Ortsausgang folgen Sie geradeaus der Hauptstraße noch etwa 1 km und biegen dann links in einen schmalen Fußpfad ab.

Radfahrer können gut auf der wenig befahrenen D943 bleiben. Nachdem Sie die Höhe erklommen haben, geht es in schicken S-Kurven bergab bis zur Kirche von L'Isle-de-Noé.

Sie gehen links um das Feld herum, über den Bach auf einen dahinterliegenden Weg und dort rechts. Oberhalb des Wasserspeichers steigen Sie scharf links den Wiesenbuckel hoch, biegen an der Hausruine auf der Höhe leicht rechtsherum und folgen nun dem bequemen Höhenweg zwischen Feldern und durch den Wald.

Hinter dem Wald gehen Sie am Querweg rechts zur Hofstelle **La Tuilerie** und dort halb links in den schönen Waldrandweg. An der folgenden Wegkreuzung ist schlecht markiert. Der Hauptweg führt linksherum. Sie biegen geradeaus bzw. halb rechts in den unscheinbareren Grasweg ab. Am Waldrand geht es dann links steil einen Buckel hinauf und oben rechts über den Höhenrücken gemütlich abwärts.

An der Hofstelle biegen Sie links auf das Sträßchen ab und erreichen die Hauptstraße D943, auf der es links nach L'Isle-de-Noé hinabgeht. Am Ortseingang stehen Tische und Bänke am Fluss La Petite Baïse. Aber auch am Ortsausgang bietet der überdachte Waschplatz Rastmöglichkeit.

L'Isle-de-Noé 32300

Chambres d'hôtes, Chez les Moody Blues, Mme Edna Moody, 22 Rue du Générale de Gaulle, ☏ 05 62 64 83 04, ednamoody@ymail.com, www.leshaltespelerins.org/lisle-de-no, 5 Zi, ÜF € 20, HP € 38, EN, direkt am Weg im Dorf

Chambres d'hôtes, Nathalie Desriac, OT Rouquezan, ☏ 05 62 64 18 85, 06 73 07 11 73, 4 Betten, ÜF € 15, A € 10, Reservierung am Vorabend erwünscht, 1,5 km vom Weg. Sie folgen der D943 Richtung Montesquiou und biegen nach 650 m rechts ab.

In L'Isle-de-Noé sind Pilger willkommen

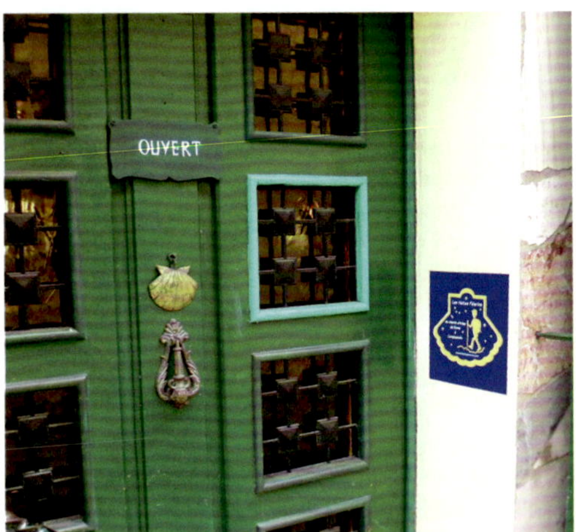

L'Isle-de-Noé ist ein stilles und gemütliches Dörfchen, gegründet als Bastide am Zusammenfluss von Kleiner und Großer Baïse. Schon im Mittelalter zogen die Pilger durch diesen Ort und fanden Unterkunft. Die Ruinen eines Pilgerhospizes aus dem 13. Jh. sind am Ortseingang noch auszumachen. Auch die Kirche Saint-Pierre stammt aus dieser Zeit. Eine Bäckerei ist neben den B&Bs die letzte verbliebene Versorgungseinrichtung (Mo geschlossen, lange Mittagspause).

Für Radfahrer ist die D943 wieder eine gute Alternative.

Am historischen Waschplatz überqueren Sie die Grande Baïse. 200 m weiter, an der Gärtnerei, biegen Sie links in eine Nebenstraße, von der es nach 560 m noch einmal rechts Richtung **Peyret** abgeht. Sanft ansteigend führt Ihr Weg bald als Feldweg über einen Höhenrücken. An einer Hofstelle überqueren Sie geradeaus eine Teerstraße und wandern nun in das schöne Tal des Baches Le Lizet.

Die Talstraße überqueren Sie schräg nach links. Ein Wegweiser ist hier aufgestellt. Wieder geht es sanft über eine bewaldete Höhe in das nächste Tal und am dortigen Talsträßchen nach rechts. An der Remise der Hofstelle weichen Sie geradeaus in den Grasweg ab. Dieser Weg führt zur D943. Sie gehen dort nach links und gleich wieder rechts über eine Nebenstraße nach Montesquiou (Dorfmitte).

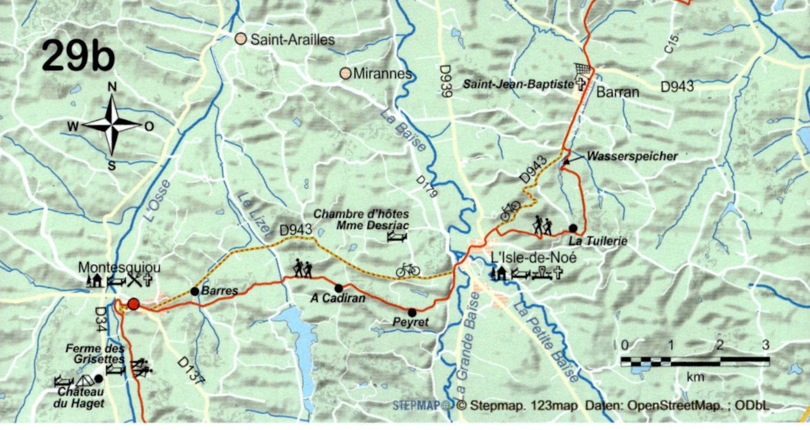

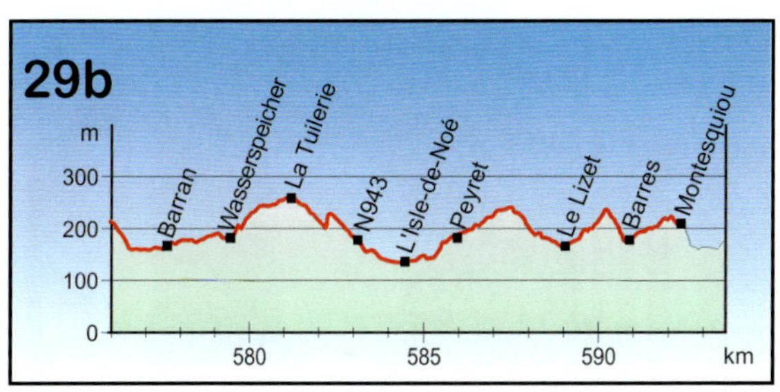

Montesquiou 32320

Mairie, ☏ 05 62 70 91 18, montesquiou.info

In Montesquiou gibt es einige Familien, die Pilgern privat Kost und Logis gewähren. Melden Sie sich bei Interesse unter folgenden Rufnummern: 06 47 56 02 00 u. 06 07 03 03 36.

Hôtel-Restaurant L'Auberge, Rue Nationale, ☏ 05 62 70 91 15, 5 Zi, ÜHP: € 39, einfache Zimmer, freundliche Aufnahme und schmackhaftes Essen, Dorfzentrum

Château du Haget, Route de Mielan, OT Haget, ☏ 05 62 70 95 80, info@lehaget.com, www.kasteel-camping.com, Ü EZ ab € 87,50, DZ ab € 100, F € 10-15, Pilger mit Credencial: Zelt + 1 Pers. € 8, + 2 Pers, € 11, Gîte oder Blockhütte Ü € 14, EN, DE, Jul/Aug nur Camping, 2 km südlich von Montesquiou an der D34 (☞ Wegbeschreibung Etappe 30)

Chambres d'hôtes Ferme des Grisettes, France-Laure u. Jean-Pierre Brazzalotto, OT Petit Haget, ☏ 05 62 70 94 13, 06 16 58 84 40, infos@fermedesgrisettes.com, fermedesgrisettes.com, ÜF EZ € 40, DZ € 60, DBZ € 80, A € 20, Pilgerpreis Ü mit HP € 45, 2 km südlich von Montesquiou an der D34 (☞ Wegbeschreibung Etappe 30)

Camping de L'Anjou, Mme u. M. van Voorst, ☏ 05 62 70 95 24, clemens-van-voorst@wanadoo.fr, camping-anjou.com, Bungalows oder Blockhaus

ÜF € 18, A € 10, Ü mit Zelt € 5/Pers., F € 5, EN, DE, Apr-Sep, 3,5 km, 3,5 km westlich von Montesquiou an der D943, kostenloser Abholservice aus Montesquiou

Taxis du Pays, ☏ 05 62 70 97 99

Das beschauliche Dörfchen Montesquiou geht auf eine Festungsanlage zurück, die auf einem Bergrücken hoch oberhalb des Flüsschens Osse thronte. Die ältesten erhaltenen Teile stammen aus dem 12. Jh., das Tor in der Festungsmauer am Ende der Dorfstraße aus dem 13. Jh.

Durch das Festungstor führt der Pilgerweg aus Montesquiou heraus

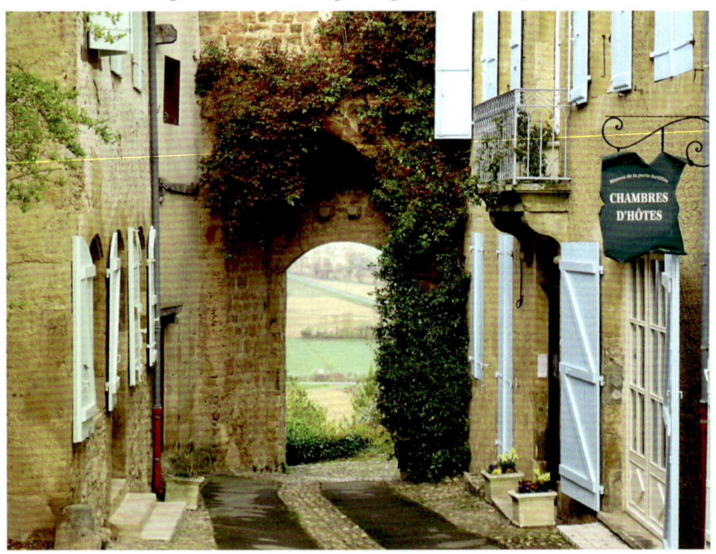

Etappe 30: Montesquiou – Marciac (Gers)

23,4 km, 7 Std., ↑ 455 m, ↓ 502 m, ⇧ 158-283 m

0,0 km	⇧ 210 m	Montesquiou
11,2 km	⇧ 278 m	Saint-Christaud
17,4 km	⇧ 250 m	Monlezun
23,4 km	⇧ 162 m	Marciac BANK

Der Weg bleibt abwechslungs- und aussichtsreich. Bereits aus der nach Süden gerichteten Talschneise des Baches Osse schauen Sie bei klarem Wetter bis zu den Pyrenäen.

Die bisher gelegentliche Aussicht auf diese eindrucksvollen Bergriesen wird nun zur Regel. Viele Plätze laden zum Verweilen ein. Aber Vorsicht! Unterschätzen Sie die Etappe nicht. Es gibt heute keine Wegabschnitte, auf denen man mal eben „Kilometer abreißen“ könnte.

Vom Hôtel/Restaurant L'Auberge gehen Sie halb rechts, ganz durch das Dorf und hinter dem Festungstor links hinunter zu einer Teerstraße. Bei guter Markierung steigen Sie rechts weiter den Hang hinunter zur D943.

Radfahrer fahren am Hôtel/Restaurant L'Auberge halb links und biegen noch einmal links zur D943 ab. Dort angekommen können Sie geradeaus darüber hinwegfahren. Der weiterführende, befestigte Weg mündet in den Pilgerweg.

Sie gehen links, biegen aber gleich wieder halb rechts von der Straße ab. Durch urigen Wald kommen Sie an einen befestigten Weg, auf dem es rechts weitergeht.

Bereits nach 230 m, vor einer Hofstelle, bezeichnet ein Werbeschild vom **Château du Haget** den Abzweig rechts als die kürzeste Wegstrecke dorthin. Nach einem weiteren Kilometer ist der Abzweig zur Farm Grisette durch einen Wegweiser, der hoffentlich bald erneuert wird, angezeigt. Links zeigt der Wegweiser an dieser Stelle nach Montesquiou.

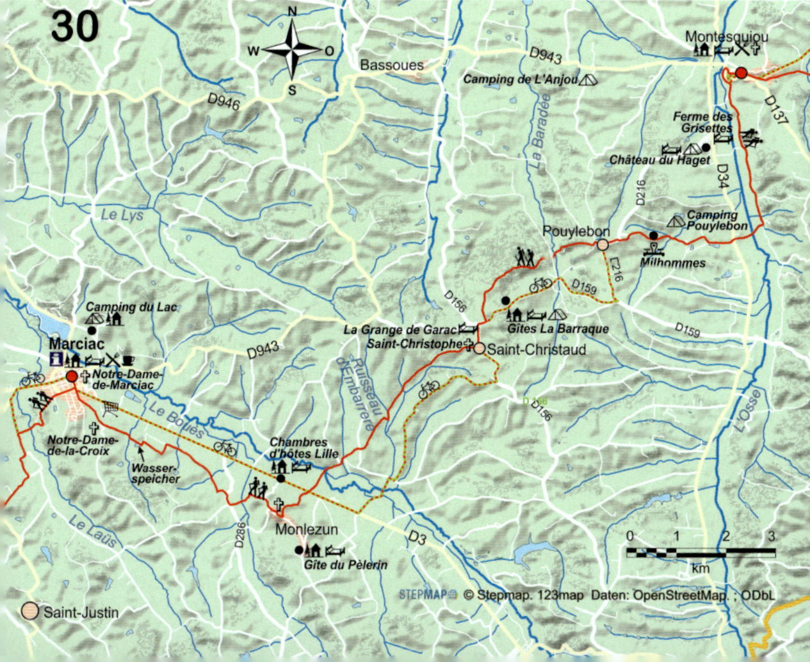

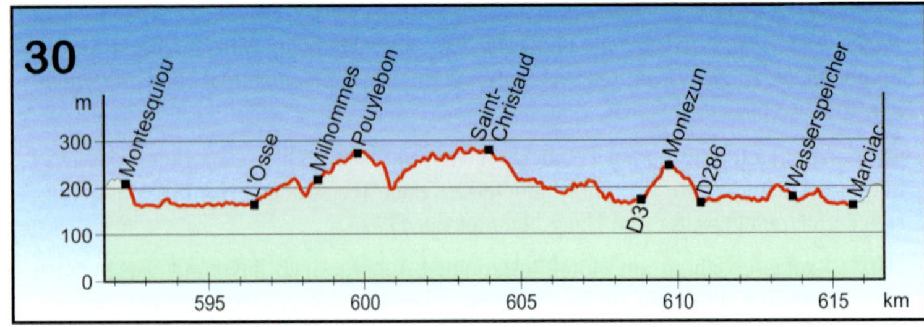

Sie folgen für weitere 1,6 km geradeaus dem Weg im Talhang des Baches Osse. Dann treffen Sie auf einen geschotterten Weg (Wegweiser zeigt Richtung Pouylebon), mit dem Sie rechts das Tal queren. Geradeaus überqueren Sie die Osse an der alten Mühle und die D34 und gehen einen Teerweg hinauf. Am Ende des Wasserbeckens biegen Sie rechts ab und 150 m weiter links in den Heckenweg. An der Gabelung gehen Sie halb rechts in ein Bachtal hinunter. Auffällig häufig weisen nun Werbeschilder den Weg zum nahen Campingplatz.

Camping Pouylebon, ☏ 05 62 66 72 10, campingpouylebon2@wanadoo.fr, www.campingpouylebon.com, Ü: Zelt € 6,95, € 5,95/Pers., EN, DE, , 15.04.-15.10.

Sie folgen am Bach nicht den Hinweisen zum Campingplatz, sondern gehen **links** am Waldrand entlang zum Hof **Milhommes**, einem Biohof, an dem Sie erstklassigen Schaf- und Ziegenkäse kaufen können.

Oberhalb der Farm gehen Sie links zu den holzverkleideten Häusern hinauf und dort halb rechts bis an die D216, die Sie links nach **Pouylebon** mit dem romantischen Ensemble aus Kirche und Herrenhaus führt.

Hinter Pouylebon wartet ein Steilhang von rund 50 Höhenmetern, den man mit einem bepackten Tourenrad meiden sollte, besonders wenn der Weg bei Regen glitschig ist. Fahren Sie lieber auf der D216 weiter bis zur 1 km entfernten D159, der Sie nach rechts folgen, um nach knapp 3 km wieder auf den GR zu stoßen.

Sie wandern rechts an diesem Komplex vorbei, biegen an der Verzweigung nach links ab und am Wohnhaus dann rechts in einen Heckenweg, der durch Wald in ein Wiesental hinunterführt. Unten im Tal überqueren Sie einen Bach und wandern am Gegenhang durch Wald wieder sanft bergauf, bis Sie auf die D159 stoßen.

Bereits vorher am Waldrand gibt es einen Wegweiser, der einen Abzweig links zur 10 Min. entfernten Pilgerunterkunft auf dem ökologisch orientierten **Hof Barraque** anzeigt. (Er liegt an der D159, vom regulären Eintreffen 600 m nach links.)

Sie gehen 170 m nach rechts und biegen dann links in die D156. In **Saint-Christaud** gehen Sie rechts zur Kirche **Saint-Christophe** (Christophorus ist Schutzheiliger der Reisenden), einer Pilgerkirche mit Ursprung im 11. Jh. in einmaliger, aussichtsreicher Lage.

Saint-Christaud 32320

Gîtes La Barraque, Johanna Burkhalter, 05 62 09 38 16, labarraque32@hotmail.fr, labarraque.chez-alice.fr (nicht aktualisiert), 5 Plätze, Camping möglich, EN, DE, , Lebensmittel oder A auf Anfrage, kleine Ökofarm, Abholservice aus Montesquiou

Chambres d'hôtes La Grange de Garac, Mireille u. Henri Stage, 05 62 09 37 50, stagemireille@hotmail.fr, www.chambres-hotes-garac.moonfruit.fr, ÜF DZ € 60, Jul/Aug € 70, Pilgerpreis: ÜHP € 35, EN, , schönes Anwesen in aussichtsreicher Lage direkt am Weg

Alte Pilgerkirche St. Christophe in Saint-Christaud

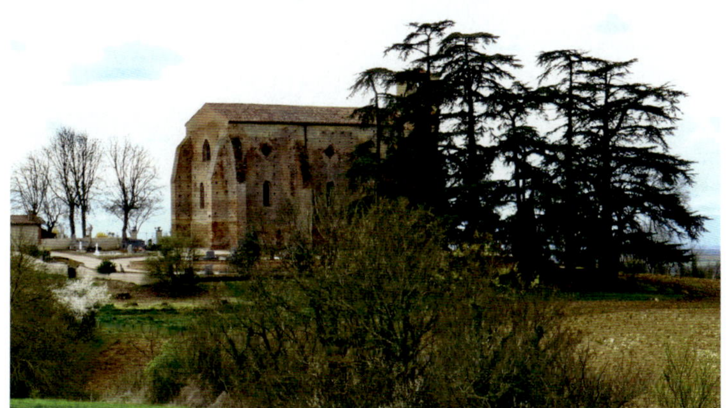

Vom Portal der Kirche können Sie schon Ihr nächstes Ziel erblicken: die Kirche von Monlezun. Sie folgen dem abwärtsführenden Pfad in den Hang eines wunderschönen Bachtals. Nach einem Recht-links-Schwenk leitet Sie ein Hohlweg über eine Höhe hinüber. Durch ein Zwischental kommen Sie schließlich in das Haupttal des Baches Bouès (an der Gabelung auf breitem Weg links). Der Bach und die Straße D3 werden geradeaus überschritten, dann steigen Sie zur Straße auf der Höhe auf und gehen rechts zur Kirche von **Monlezun**.

Radfahrer können sich die Bergetappe sparen und über die D3 rechts nach Marciac fahren. Ansonsten nehmen Sie besser das Sträßchen 250 m weiter links, das nach Monlezun hinaufführt.

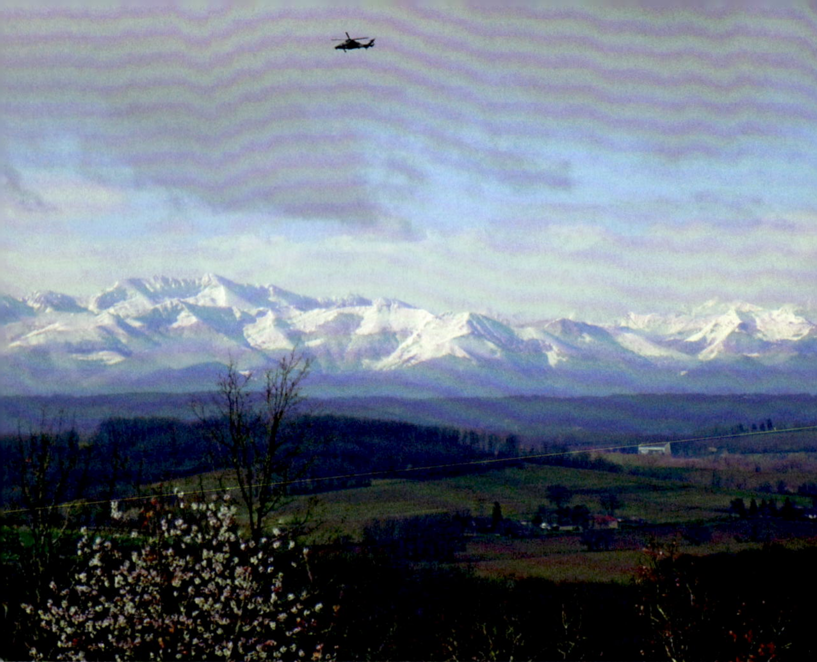

Zum Greifen nah können die verschneiten Berge erscheinen, obwohl sie noch 60 km entfernt sind

Monlezun 32230

Übernachtungsmöglichkeit im Festsaal des Foyer Municipal, über die Mairie, ☏ 05 62 09 37 90, oder M. Tenet, 06 83 65 07 16, 3 Plätze, Toiletten und Waschgelegenheit, keine Dusche

Chambres d'hôtes, Gîte du Pèlerin, Mme Seailles, ☏ 05 62 09 39 99, 3 Zi, HP € 32, von Pilgern wird das schmackhafte Essen gelobt, Abholservice von der Kirche in Monlezun, in Monlezun links dem Höhensträßchen etwa 800 m folgen, ausgeschildert

♦ Chambres d'hôtes, Nicole u. Michel Lille, ☏ 05 62 09 39 97, 06 48 09 24 65, 5 Zi, HP € 30, an der D3 500 m rechts, ausgeschildert

Taxi Sabathier, 06 80 73 92 51

Neben der Kirche, am Tor zum Friedhof, ist wie so oft ein Wasserhahn zum öffentlichen Gebrauch installiert.

Wenn die Straße am Ortsausgang von Monlezun nach rechts bergab biegt, gehen Sie geradeaus weiter und dann zur linken Seite des Höhenrückens hinunter. Unten treffen Sie auf die D286. Sie folgen ihr ca. 250 m nach rechts und biegen dann links ab.

Nach rund 1,7 km zeigt die Markierung an einem Querweg links zur Höhe. Oben gehen Sie wieder rechts zwischen riesigen Feldern hindurch und am Waldrand links zum Wasserspeicher hinunter, dort rechts entlang und geradeaus mit dem Talweg zum Pappelwäldchen.

Sie biegen hier links ab und erreichen nach 560 m eine kleine Straße an der Kapelle Notre-Dame-de-la-Croix. Diese Straße führt Sie zur D3 am Ortseingang von **Marciac**. Geradeaus erreichen Sie den Marktplatz im Zentrum. Die erste nach links führende Straße bringt Sie morgen aus dem Ort hinaus.

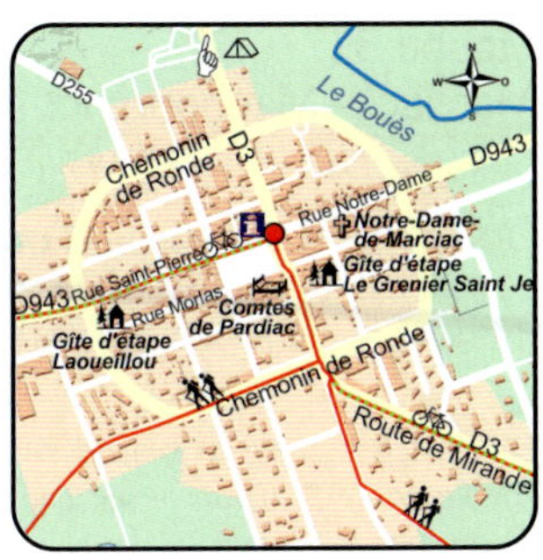

Weg durch Marciac

Marciac 32230

Office de Tourisme, 21 Place de l'Hôtel de Ville, ☎ 05 62 08 26 60, info@marciactourisme.com, www.marciactourisme.com, Sa nachmittags und So geschlossen (außer Jul/Aug). Auskunft über die vielen Privatzimmer im Ort gibt auch die Internetseite.

Gîte d'étape Le Grenier Saint Jean, Mme Arcay, 10 Rue Saint-Jean, ☎ 05 81 23 46 71, 06 15 11 00 06, www.leshaltespelerins.org/le-grenier-st-jean, 14 Plätze, ÜF € 20, inkl. Bettwäsche, EN, Mitte April bis 30. Okt, vom Markt 50 m Richtung Osten

♦ Gîte d'étape Laoueillou, M. Robert, 35 Rue Morlas, ☎ 05 62 08 24 42, 06 88 75 33 15, ÜF € 12, inkl. Bettwäsche, EN, vom Markt 500 m Richtung Westen

Hôtel Comtes de Pardiac**, 28 Place de l'Hôtel de Ville, ☎ 05 62 08 20 00, contact@hotel-marciac.com, www.hotel-marciac.com, 25 Zi, Ü EZ € 49-59, DZ € 59-77, F € 9,50, EN, am Markt

Camping du Lac, Lieu-dit Bézine, EN, ☎ 05 62 08 21 19, info@camping-marciac.com, www.camping-marciac.com, Ü Zelt + 2 Pers. € 10,50, Pilger im Wohnwagen € 12,50, Mitte Apr bis Mitte Okt, 750 m nördlich vom Markt

Taxi Bergé, ☎ 05 62 09 38 05

✞ Die Kirche Notre-Dame aus dem 16. Jh. hat mit 85 m den höchsten Kirchturm im Gers.

☺ Jedes Jahr findet vom 1. bis zum 15. August ein hochkarätiges Jazzfestival statt.

Marciac liegt nicht wie andere Bastiden auf einem Hügel, hat aber den schachbrettartigen Straßenverlauf und einen zentralen, arkadengesäumten Marktplatz, der diese Art der Festungsanlagen kennzeichnet. Der 1298 gegründete Ort war früher ein wichtiger Pilgerort. Heute zieht er vor allem wegen seines jährlich stattfindenden Jazzfestivals Besucher an.

Etappe 31: Marciac – Maubourguet (Gers, Hautes-Pyrénées)

17,9 km, 5 Std., 261 m, 246 m, 150-268 m

0,0 km	162 m	Marciac
9,8 km	262 m	Auriébat
17,9 km	182 m	Maubourguet

Ein einfaches, zügig zu gehendes Wegstück erwartet Sie heute. Sie steigen zunächst zur Église de Samazan hinauf und durchqueren danach das an dieser Stelle wenig ansprechend wirkende Tal des Flusses L'Arros. Die mächtige Kirche von Auriébat liegt dann auf einer schmalen Zwischenhöhe zum breiten, abwechslungsreich gegliederten Tal der Flüsse Adour und Échez, die sich bei Maubourguet, dem Tagesziel, vereinen. Am Fluss Arros haben Sie das Gers verlassen und das Département Hautes-Pyrénées erreicht. Aber auch die touristische Landschaftsbezeichnung Armagnac geistert über die Informationstafeln. Das Comté Armagnac war eine Grafschaft in der historischen Provinz Gascogne. Von hier stammt – früher wie heute – der berühmte gleichnamige Weinbrand.

Gleich zu Beginn des Weges, südwestlich von Marciac, gibt es ein für Radfahrer sehr schwieriges Steilstück, das aber leicht umfahren werden kann. Verlassen Sie den Markt an der Nordwestecke über die **Rue Saint-Pierre,** die in die D943 übergeht. (Diese Straße führt auch nach Maubourguet.) Nach der Bachüberquerung noch fast am Ortsrand biegen Sie links in die D38 (Richtung St-Justin) und von dieser nach 250 m links in eine Nebenstraße ab. Nach 700 m befinden Sie sich auf dem Pilgerweg oder Sie folgen der D38 gleich bis zur Kirche in Samazan.

Über den Chemin de Ronde wandern Sie in westlicher Richtung stadtauswärts. Am modernen Schulgebäude gehen Sie geradeaus etwas steiler den Berg hinauf (Rue de Pavillon). Auf der Höhe folgen Sie links dem Rücken nur 240 m. Dann geht es rechts steil in ein Bachtal hinab und geradeaus zu einem Sträßchen, dem Sie links folgen, bis es nach 430 m nach links biegt.

Hier wenden Sie sich rechts in den Grasweg und gehen an den Eichen wieder links. An der T-Kreuzung biegen Sie rechts in ein Sträßchen ein, das zur Höhe und zu der von einem Friedhof umgebenen **Église de Samazan** führt. Sie überqueren hier geradeaus die D38 und wechseln von der Straße Côte de la Chapelle in den Schotterweg Côte du Pélerin. Auf der nächsten Anhöhe ist die Kirche von Auriébat, Ihr Zwischenziel, bereits zu sehen.

Unten im Tal gehen Sie an der Verzweigung rechts, überqueren erst einen Nebenarm und dann den Fluss L'Arros. Hinter der Brücke wenden Sie sich nach links, begleiten den Fluss rund 250 m, biegen dann rechts und 100 m weiter noch einmal rechts

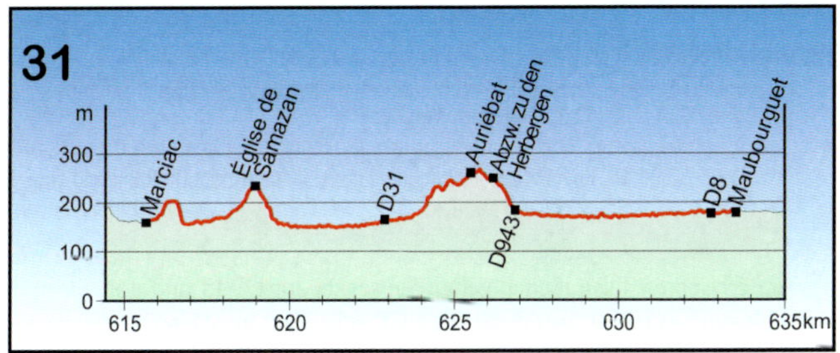

ab. Dieser gerade verlaufende Feldweg stößt nach 800 m auf einen weiteren Feldweg, dem Sie links bis an eine Querstraße (D31) folgen.

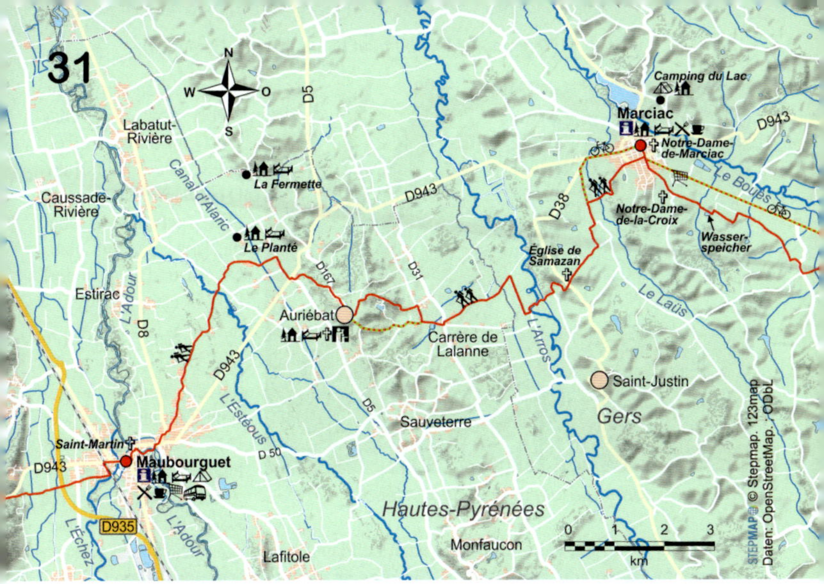

Sie gehen links und gleich wieder rechts in die Rue de Santos. Nach 480 m biegt Ihr Weg vor einer Hofstelle rechts von der nach Auriébat führenden Straße ab.

🚲 Radfahrer können auf der Straße zur Höhe fahren. Achten Sie darauf, an der nächsten Verzweigung rechts zu fahren, danach die Einfahrt zum Baggersee zu ignorieren und auf der Höhe wieder rechts einzubiegen.

🚶 350 m weiter, bei einem Holzkreuz, auf dem die Pilger Steine ablegen, biegen Sie links in einen Feldweg, der bergauf zur Mairie und Kirche von **Auriébat** führt (Toiletten am Ortseingang 💧🚻).

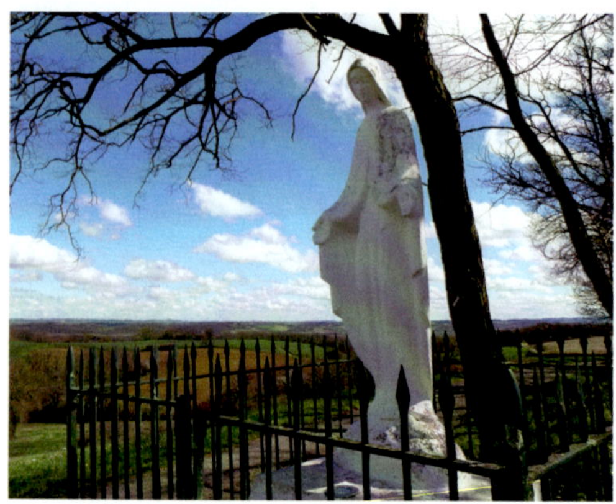

Weiße Madonna an der Église de Auriébat

Sie gehen an der Kirche vorbei ganz durch das Dorf hindurch, erreichen die Fahrstraße D167 am ⊼ Picknickplatz, gehen links über die Höhe bis zum Haus Nr. 66 und biegen dort links in einen Feldweg.

↬ Nach Le Planté und La Fermette könnten Sie hier wie ausgeschildert geradeaus der D167 über die D943 hinüber folgen und gut 700 m weiter links in die Route de Crêtes einbiegen. Die erste Straße links führt dann nach Le Planté, weiter geradeaus geht es nach La Fermette (➲ von der Kirche 3 km). Sie können aber auch erst einmal dem GR 653 treu bleiben (☞ Wegbeschreibung).

- Refuge Pélerin Le Planté, 15, Route de Soubagnac, 65700 Auriébat ☏ 05 62 31 65 35, 06 74 94 73 26, anne-marie.arnauld-de-sartre@orange.fr, ÜF im Schlafsaal € 18, DZ € 46, A € 12, ➲ 1,3 km vom Weg
- ♦ La Fermette, M. u. Mme Pierre Hurgues, 10 Route de Crêtes, 65700 Labatut-Riviére, ☏ 05 62 96 46 96, mizoubis@gmail.com, lafermette65700.jimdo.com, 2 DZ, Ü DZ € 40, F € 3, A € 10, Mai-Okt, ➲ 2,1 km vom Weg, Abholservice von der Kirche in Auriébat

Am erreichten Talsträßchen gehen Sie rechts zur D943 und dort 50 m nach links, dann biegen Sie rechts wieder ab. Der GR 653 folgt im Weiteren der zweiten Straße links, der **Rue de Bidalot**.

↬ Zu den oben erwähnten Unterkünften würden Sie hier nicht in die Rue de Bidalot abbiegen, sondern geradeaus weitergehen. Nach 800 m quert die Route de Soubagnac. Links ginge es nach Le Planté und rechts und wieder links nach La Fermette.

Sie überqueren den **Canal d'Alaric**, 1,2 km weiter eine Straße und nur 250 danach das glasklare Flüsschen **L'Estéous** auf schmalem Steg. Bald danach stellt sich Besiedlung ein, die nun nicht mehr abreißt. An einem Straßendreieck (Platanenplatz) geht es rechts weiter, dann erreichen Sie eine von links kommende Straße, in die Sie rechts einbiegen. An der darauffolgenden Verzweigung gehen Sie links bis zur querenden D943 ✕ ☕ ⚕.

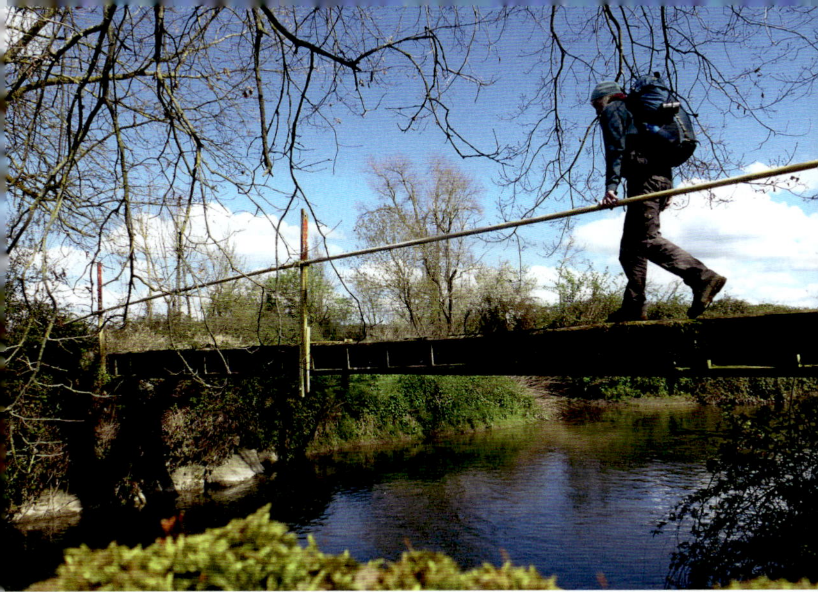

Brücke aus Telefonmasten über das Flüsschen L'Estéous

Sie gehen 100 m nach rechts, überqueren einen Kanal und biegen links ab an dessen Ufer. Der Weg führt über den Hauptfluss **L'Adour** hinüber und rechts über den Uferweg zur romanischen **St.-Martin-Kirche** (11. Jh.) mit dem achteckigen Turm, die einmal zu einer Benediktinerabtei gehörte. Daran vorbei erreichen Sie den großen Marktplatz (Place de la Libération), den Sie rechts liegen lassen. Dahinter marschieren Sie aber zur Fortsetzung rechts (Rue Maréchal Joffre) entlang der Fahrstraße (D943) weiter. Geradeaus ginge es durch die Allée Labarnès zum Office de Tourisme, das gleich neben der Post zu finden ist. Schräg gegenüber steht das Hôtel de France.

Maubourguet BANK 65700

Office de Tourisme Val d'Adour et Madiran, 140 Allée Labarnes, 05 62 96 39 09, www.tourisme-adour-madiran.com, EN, Jul/Aug tägl., übrige Zeit So geschlossen, Zimmervermittlung (es gibt viele Privatzimmer), Liste mit Pilgerunterkünften zwischen Monlezun und dem Somportpass, Pilgerstempel, Pilgerpass (€ 5)

Gîte d'étape L'eau Vive, Mme Michel, 72 Place de la Libération, 06 81 08 07 83, francoisedeleauvive@gmail.com, 2 Zi, 9 Betten, ÜF € 22, HP € 34, EN, zentral

♦ Chambre Pélerins bei Henri und Clotilde, 132 Rue de Maréchal Joffre, 06 70 77 88 85, 8 Plätze im Schlafsaal € 20, 4 Zi, EZ/DZ € 55, DBZ € 80, direkt am Weg dorfauswärts

Hôtel de France**, 75 Allées Larbanès, 05 62 96 01 01, hoteldefrance.65700@orange.fr, www.hotel-de-france-maubourguet.fr, Ü EZ € 56, DZ € 69, Jul/Aug € 89, F € 9, EN

Camping municipal de L'Échez, 05 62 96 30 09, campingmaubourguet@orange.fr, www.maubourguet.fr/tourisme/camping, Gîte für Pilger, 6 Plätze, Ü € 10, Camping Zelt + 2 Pers. € 10, 15.03.-30.11.

Bigorre Cycles, 278 Allées Larbanès, 05 62 96 32 70

Ambulances Taxi Lalanne-Coumel, 05 62 31 83 03

Aufgrund einer guten Busanbindung an den Bahnhof in Tarbes (20 km südlich, auch nach Bordeaux fahren Busse) eignet sich der Etappenort Maubourguet zur Unterbrechung der Tour bzw. zur An- und Abreise. Über die Seite www.voyages-sncf.com oder über das Office de Tourisme erhalten Sie die Verbindungsdetails. Einen aktuellen Fahrplan finden Sie auf der Seite des Transportunternehmens: www.keolis-pyrenees.com (Linie 940).

☺ Nur zwei Tagesetappen weiter südlich liegt am Rande der Pyrenäen der Wallfahrtsort Lourdes, der seit den Marienerscheinungen der Bernadette Soubirou Ende des 19. Jh. zu den meistbesuchten religiösen Stätten der Welt zählt. Für die Jakobspilger des Mittelalters hatte dieser Ort noch keine Bedeutung. Folgerichtig bleibt die Via Tolosana auf Südwestkurs. Es sind jedoch Wanderwege eingerichtet, die einen Schlenker über Lourdes möglich machen. Von Maubourguet führt der GR 101 nach Lourdes, der GR 78 von Lourdes nach Oloron-Sainte-Marie zurück an die Via Tolosana. Informieren Sie sich bei Interesse im Office de Tourisme.

Etappe 32: Maubourguet – Anoye (Hautes-Pyrénées/Pyrénées Atlantiques)

22,7 km, 6 Std., ↑ 455 m, ↓ 384 m, ⇧ 177-344 m

0,0 km	⇧ 182 m	Maubourguet
5,0 km	⇧ 295 m	Lahitte-Toupière
8,7 km	⇧ 254 m	Vidouze
20,1 km	⇧ 344 m	Momy
22,7 km	⇧ 255 m	Anoye

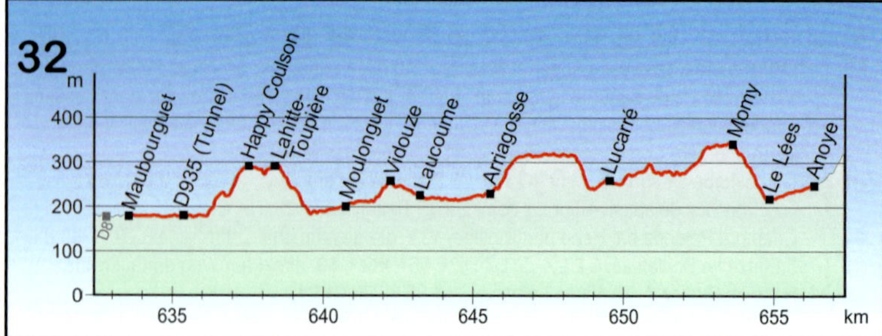

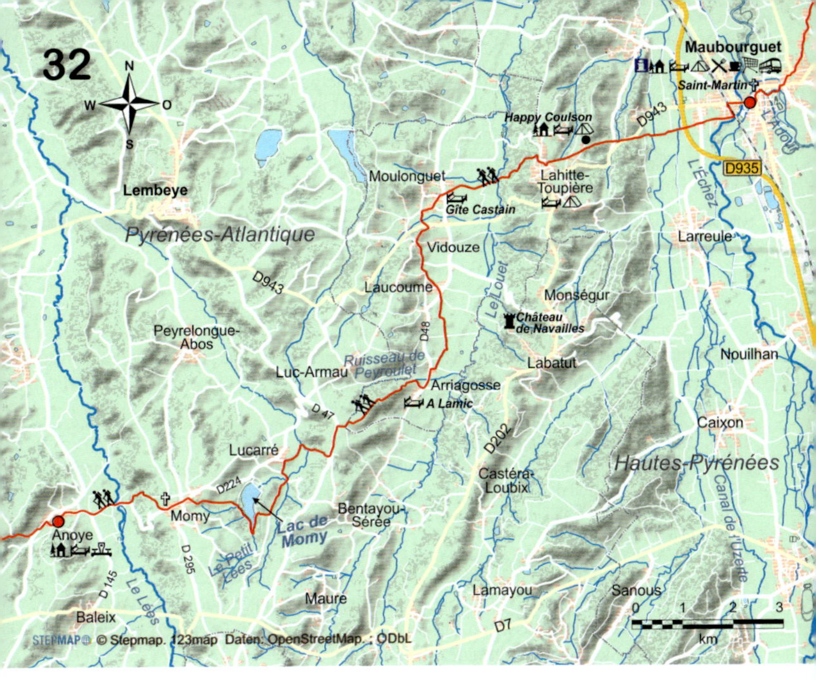

Sie kennen das ja bereits aus dem Schwemmland der Rhône (☞ S. 49): Auch im Adour- und Écheztal sowie in den vielen Nachbartälern entdecken Sie die gerundeten Steine auf den Äckern und nicht nur dort. Die Kiesel sind ein willkommenes Baumaterial für die Häuser und so ist insbesondere im Bereich südwestlich von Maubourguet ein ganz eigener Baustil geprägt worden. Wie im Rhôneschwemmland sind die Steine über die Flüsse hierher transportiert worden und haben durch den Abrieb ihre Form erhalten. Sie stammen allerdings nicht wie dort aus dem Alpenraum, sondern aus den mittleren Pyrenäen. Auf Ihrem heutigen Weg können Sie viele der schönen Kieselbauten, wie ich sie mal nenne, die auch teilweise oder ganz verputzt sein und Fenster- und Türlaibungen aus Backstein haben können, bewundern.

Aus dem breiten Talboden der beiden Flüsse Adour und Échez führt Ihr Weg in südwestliche Richtung, erklimmt Höhenrücken um Höhenrücken und fällt dazwischen immer wieder in die nach Norden ausgerichteten Talböden ab.

Sie folgen der D943 Richtung Lahitte-Toupière stadtauswärts, überqueren den Fluss Échez und etwas weiter das Gleis der alten Bahnlinie. Danach gehen Sie links in eine Nebenstraße, die nach 250 m (vor dem Fluss) in westliche Richtung biegt und nun immer geradeaus, bald als Feldweg, weiterführt.

Wieder handelt es sich bei der Trasse um einen alten Landweg, der 1,2 km nach der untertunnelten Umgehungsstraße durch die D943 unterbrochen wird. Sie überqueren die Straße ohne Richtungswechsel (nach links) und etwas weiter auch eine Nebenstraße und steigen nun im Wald zu den ersten Häusern von **Lahitte-Toupière** hinauf. Ein Wegweiser zeigt rechts zur beliebten Privatunterkunft.

Happy Coulson, Kate und Chris Coulson, 60 Chemin Lahourcade, 65700 Lahitte-Toupière, 05 62 38 42 33, 07 86 63 07 79, info@happycoulson.com, www.happycoulson.com, Gîte u. EZ/DZ, ÜF € 22, ÜHP € 35, Camping am Haus € 8-10, EN

Sie überqueren das Siedlungssträßchen wieder in gleicher Richtung und wandern auf schmalem Pfad durch die Felder erneut in die Siedlungszone. Hier finden Sie linker Hand einen Vielzweckplatz aus Sport-, Spiel- und Rastplatz. Es gibt Toiletten, Trinkwasser und die Möglichkeit, ein Zelt aufzuschlagen.

Le H, 4 Chemin de Campane, 65700 Lahitte-Toupière, 06 62 65 97 61, christian.lagaye@orange.fr, ÜF im DZ € 60, ÜF Gîte € 20, , , kein Abendessen, vom Weg 360 m, Sie gehen links zum Vielzweckplatz und dort rechts zu einer Kreuzung, an der Sie links einbiegen. An der nächsten Straße rechts befindet sich die Unterkunft auf einem Bauernhof.

Ihr Weg biegt nach rechts, zweigt aber gleich halb links in den Chemin de Compostelle ab. An einer Straße gehen Sie rechts und wieder links, nun einen Schotterweg länger bergab zu einem Flüsschen, das zu einem Sitzplatz hin überquert wird. 1,2 km weiter wird die Siedlung **Moulonguet** erreicht.

Gîte Castain, Isabelle u. Hervé Vastain-Debèvre, 65700 Vidouze, 2 Cami de Lascazères, 05 62 96 09 36, 06 32 72 98 88, isadebevre@aol.com, 8 Plätze, ÜF im MBZ € 25, EZ € 35, DZ € 58, EN, , Verkauf von Fertigmahlzeiten für € 5, am Weg

Sie gehen geradeaus über die Kreuzung und an der folgenden Gabelung links in den Cami de Rombertes. Bleiben Sie in der Rechtskurve auf der Straße und achten Sie darauf, an der nachfolgenden Verzweigung darauf halb links in einen Feldweg abzubiegen.

Dieser überquert die D943 und führt dann durch einen heckengesäumten Hohlweg zu einer Nebenstraße. Hier gehen Sie rechts in das Zentrum von Vidouze.

Sie folgen der Straße unterhalb der Kirche für 700 m entlang der aussichtsreichen Hangterrasse und biegen dann halb links in einen Feldweg ab. Er durchkreuzt wieder Besiedlung. Geradeaus setzen Sie Ihren Weg auf einem Feldweg fort. An einer Pausenbank biegen Sie rechts und wieder links in einen Parallelweg ab, der Sie nach **Arriagosse** führt. An einer Hofstelle gehen Sie rechts zur Straße und dann links in den Ort.

A Lamic, Edith u. Joël Then, 65700 Vidouze, 05 62 96 37 36, joelthen@hotmail.fr, chambredhotealamic.com, 9 Betten, ÜF EZ € 49, DZ € 57, DBZ € 64, VBZ € 74, A € 19, renovierte ehemalige Schäferei an der Ortsdurchgangsstraße, 400 m

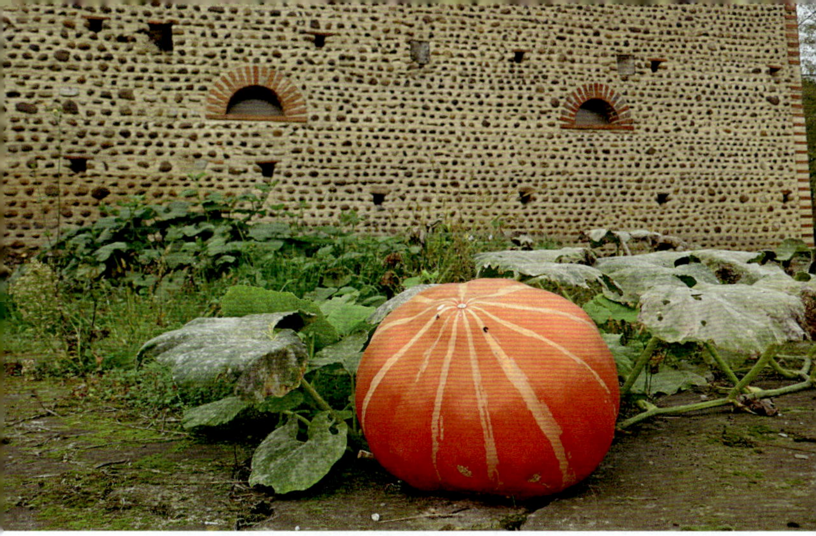

Kieselsteine benutzt als Baumaterial – eine Scheune in Vidouze

Am Ortseingang führt Ihr Weg rechts den **Cami dou Peyroulat** hinauf. Er biegt an den letzten Häusern als Feldweg linksherum. Sie steigen zunächst durch Wald bergan und gehen dann durch die Felder über den Höhenrücken bis an eine Straße, auf der es rechts zur D47 und dort links weitergeht.

Am Waldrand biegen Sie rechts in den Waldrandweg ab und steigen in ein Tal hinab. Ein kleiner Bachlauf wird erreicht und schließlich überquert. Über ein Sträßchen geht es wieder aufwärts zur Streusiedlung **Lucarré**.

Am ersten Gehöft gehen Sie links weiter, an der folgenden T-Kreuzung ebenfalls. Danach biegen Sie in die erste Straße rechts ab. Sie folgen ihr gut 800 m talaufwärts, dann zweigen Sie rechts in einen gut markierten Feldweg ab. Er führt über den Talrand hinüber zu einer Talsperre hinab.

Sie wandern links um die Südspitze herum. Im Uferhang gegenüber stehen ⛼ Pausenbänke. Wenig weiter gehen Sie links aus dem Tal hinaus.

An der erreichten D224 auf der Höhe wandern Sie links über die Kreuzung hinweg bis nach Momy. 💧 Wasser gibt es an der Außenwand der Mairie. 200 m weiter erreichen Sie die Jakobuskirche.

An der Kirche gehen Sie rechtsherum, dann 50 m links auf der Route de Anoye, von der Sie rechts in einen schönen Heckenweg abbiegen.

Nach längerem Abstieg wird die Route de Anoye im Talgrund wieder erreicht. Rechts folgen Sie der Straße in das Dorf. Die Gîte befindet sich in der Ortsmitte im repräsentativen Gebäude der Mairie. Öffentliche Toiletten 💧 gibt es für „Durchreisende“ hinter der Herberge am Salle des fêtes (Gemeinschaftshaus).

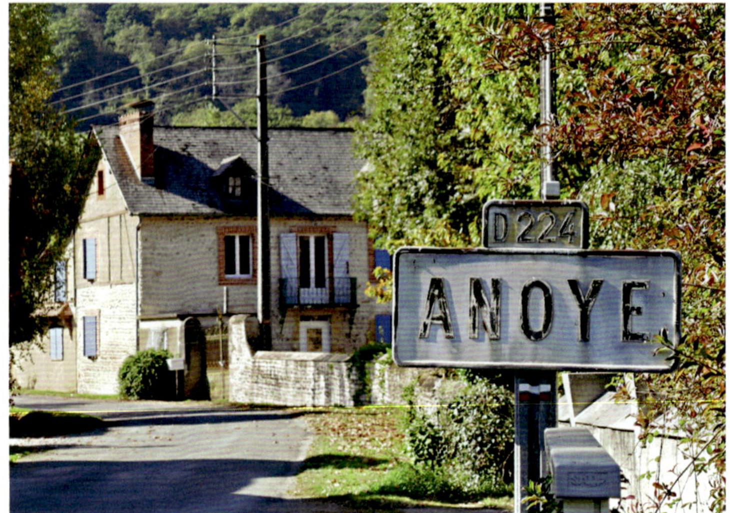

Anoye ist das Etappenziel

Gîte d'étape communal, 64350 Anoye, ☏ 05 59 81 53 30, 07 70 24 82 46, 12 Plätze in zwei Zi, Ü € 13, , Lebensmittel und Weinverkauf, Mrz-Okt, im Winter nach Absprache. Die Gîte ist eindeutig gekennzeichnet und geöffnet. Kalte Getränke stehen im Kühlschrank. Gegen 17:30 erscheinen die Betreuer und schließen auch den kleinen Laden auf.

Etappe 33: Anoye – Morlaàs – Pau, Hippodrome (Pyrénées Atlantiques)

28,7 km, 7 Std., ↑ 336 m, ↓ 375 m, ⇧ 211-344 m

0,0 km	⇧ 255 m	Anoye
14,9 km	⇧ 298 m	Morlaàs
28,7 km	⇧ 211 m	Pau, Hippodrome (Rennbahn)

Bis Morlaàs wandern Sie noch durch Hügelland. Danach wird die Gegend deutlich flacher. Sie haben den Großraum der Stadt Pau erreicht. Dies kündigt sich vor allem auch durch den Flugbetrieb in Richtung des nahen Flughafens an. Ihr Weg bleibt ländlich geprägt. Zuletzt durchqueren Sie ein Waldgebiet, das der Bevölkerung der Stadt zur Naherholung dient. An der Pferderennbahn berühren Sie den äußersten Norden der Stadt und haben die Möglichkeit, sie zu besichtigen.

Einige Pilger nutzen die guten Stadtbusanbindungen bereits ab Morlaàs, um abzukürzen, und durchfahren den Großraum Pau. Aber auch vom Endpunkt dieser Etappe haben Sie hervorragende Busanbindungen. Hinweise dazu finden Sie bei Morlaàs und Pau unter .

Sie folgen der Dorfstraße talaufwärts, biegen aber nach dem Ortsausgang rechts in eine Nebenstraße ab. Auf der Höhe steht eine Pausenbank mit Pyrenäenblick (Aire de Saint-Jacques de Compostelle). An der querenden D207 gehen Sie 100 m nach links und biegen dann rechts in das Sträßchen Richtung **Abère** ab. Sie folgen ihm geradeaus und passieren dabei einige Hofstellen. Am letzten Hof biegen Sie halb links in den Schotterweg ab.

Ein Tal wird durchkreuzt und auf der gegenüberliegenden Höhe eine neue Ansiedlung erreicht (Ortsrand von Abère). Geradeaus geht es über die Kreuzung und am

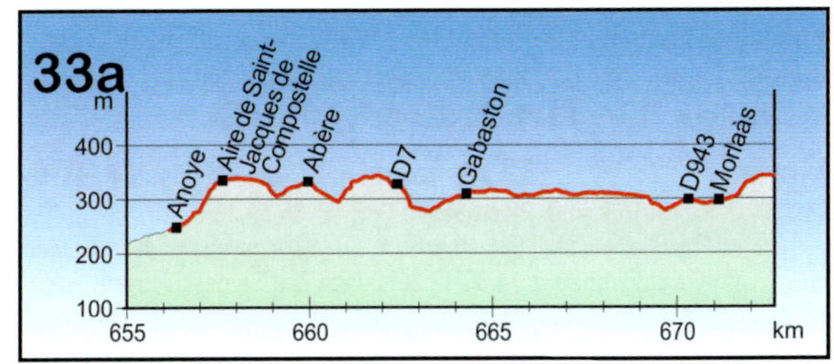

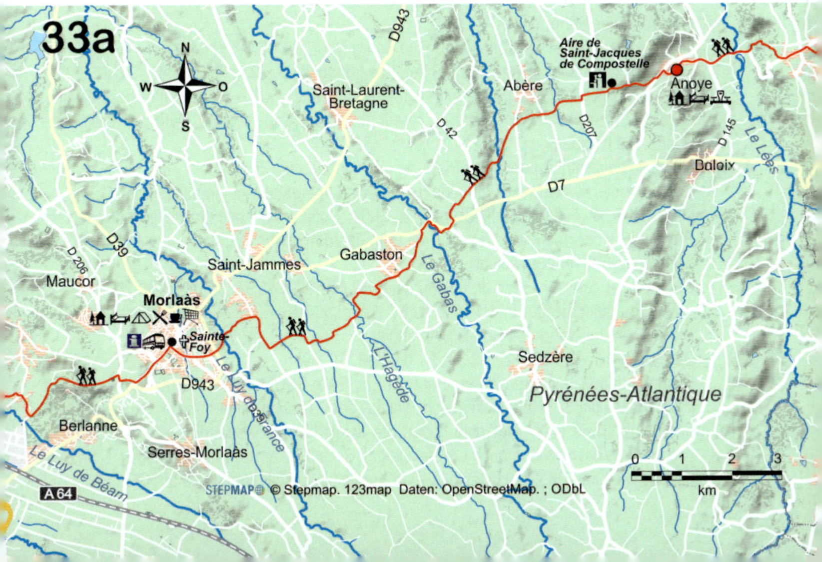

Ende der Siedlung geradeaus in einen Feldweg. An einer renovierten Scheune aus Kieseln folgen Sie dem Grasweg nach links zur D7.

Sie folgen der Straße nach rechts bergab, biegen aber 100 m nach einem Straßenabzweig links in einen Nebenweg ab. An einem Rastplatz in der Senke erreichen Sie die Straße wieder und folgen ihr links für 240 m an den Ortsrand von **Gabaston**, das Sie nun südwestlich umwandern. Von der D7 biegen Sie deshalb bei der ersten Möglichkeit links ab und an der nachfolgenden Gabelung gehen Sie wieder links und an den folgenden Abzweigen geradeaus, zuletzt durch einen Heckenweg zu einer Querstraße. 100 m weiter links setzt sich der Weg dann nach rechts fort.

Wieder wird ein Sträßchen erreicht, dem Sie links folgen. Nach 650 m biegen Sie geradeaus auf einen anfangs geteerten Feldweg ab. Sie landen auf einem Schotterweg, gehen nach rechts und nach 150 m wieder nach links.

Am Rand von Besiedlung biegt der Weg nach links, durchquert ein romantisches, bewaldetes Bachtal und erreicht die D943, die geradeaus Richtung Morlaàs Zentrum überquert wird. Auf der Rue Marcadet erreichen Sie das Zentrum an der Kirche St-Foy am Place St-Foy Toiletten .

Morlaàs 64160

Office de Tourisme, Place Sainte-Foy, 05 59 33 62 25, accueil-lescar@tourismepau.fr, www.paysdemorlaas-tourisme.fr, 01.05.-30.09. Mo-Sa 9:30-12:30 u. 14:30-17:30, übrige Zeit Sa geschlossen

Pilgerherberge auf dem Campingplatz, Rue Bastide, über Touristenbüro oder 05 59 12 00 87, 8 Plätze, Ü € 7, , ganzjährig, an der Kirche folgen Sie rechts der Hauptstraße und am Hôtel-Restaurant Le Bourgneuf weiter der Rue de la Bastide, und in der Nähe, („Piscine")

Hôtel-Restaurant Le Bourgneuf**, 3 Rue Bourg Neuf, 05 59 33 44 02, courbet.daniel@wanadoo.fr, hotel-bourgneuf.com, 12 Zi, Ü EZ € 45, DZ € 50, F € 6, Restaurant Sa u. So Abend geschlossen, Hotel zweite Augusthälfte geschlossen, etwa 350 m vom Weg (im Zentrum rechts der Hauptstraße folgen), gute und preiswerte Küche, auch mittags

♦ Hôtel-Restaurant L'Amandier, 6 Place de la Hourique, 05 59 33 41 38, amandier.restaurant@wanadoo.fr, www.hotel-restaurant-lamandier.com, 9 Zi, Ü EZ/DZ € 42, F € 7, EN, So nur bis 18:00, Hotel erste Augusthälfte geschlossen, im Rechtsknick der Rue Marcadet noch vor dem Zentrum gehen Sie links und die nächste wieder rechts (620 m, Wegweiser)

La Hourquie café, 17 Place de la Hourquie, 05 59 33 41 97, 07 78 88 28 08, lahourquiecafe@orange.fr, 6 Zi, Ü EZ € 42, DZ € 45, F € 5,50, Pilgerpreis: EZ € 35, DZ € 38, in der Nähe des Hotels L'Amandier

Darthous Taxi, 06 07 22 92 33, 05 59 33 07 60

Busanbindung (Stundentakt) zum Bahnhof Pau Gare SNCF und Pau Zentrum mit der Linie P22 von Mo bis Sa, Haltestellen sind „Mairie" oder „Piscine" direkt an der Pilgerherberge. Fahrpläne sowie einen Netzplan finden Sie unter www.reseau-idelis.com. Wollen Sie von Morlaàs mit dem Bus nach Lescar, steigen Sie in Pau am zentralen Umstieg "Pôle Bosquet" in die Linie P8. Die Haltestelle "Pau Euralis" in Lescar liegt direkt am GR 653.

✝ Die Kirche Sainte-Foy wurde um 1080 errichtet. Sie besitzt ein schönes Tympanon aus dem 12. Jh. und wurde im April 2010 renoviert.

An der Kirche folgen Sie der Hauptstraße nach links, biegen nach den Sportplätzen halb rechts in eine Siedlungsstraße (Rue de Frênes) ab und gehen an ihrem Scheitelpunkt rechts durch die Rue Capdessus zu einer querenden Ausfallstraße. Sie gehen rechts und 100 m weiter links in einen anfangs geteerten, dann aber als schattiger Heckenweg abwärtsführenden Waldrandweg. Sie erreichen einen Querweg, dem Sie nun links an eine Straße folgen. Hier gehen Sie rechts weiter.

Nach knapp 500 m folgen Sie einem Querweg links und 40 m weiter wieder rechts dem Chemin de Casteyre. Nachdem Sie eine ökologisch wirtschaftende Hühnerfarm mit Freilandhaltung passiert haben, biegen Sie an dem Querweg links ein. Der Weg biegt bald nach rechts und führt durch Felder in eine Siedlung.

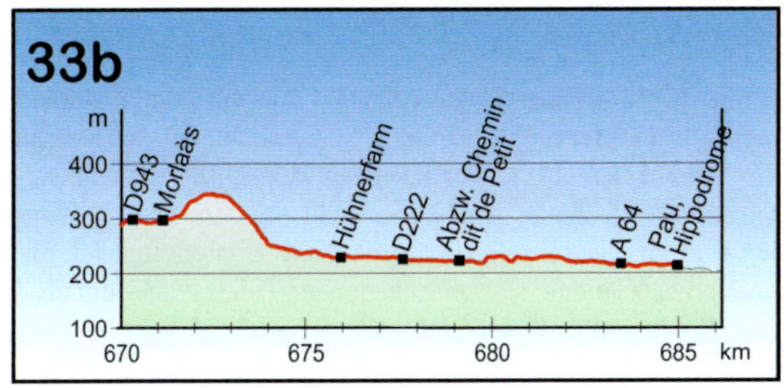

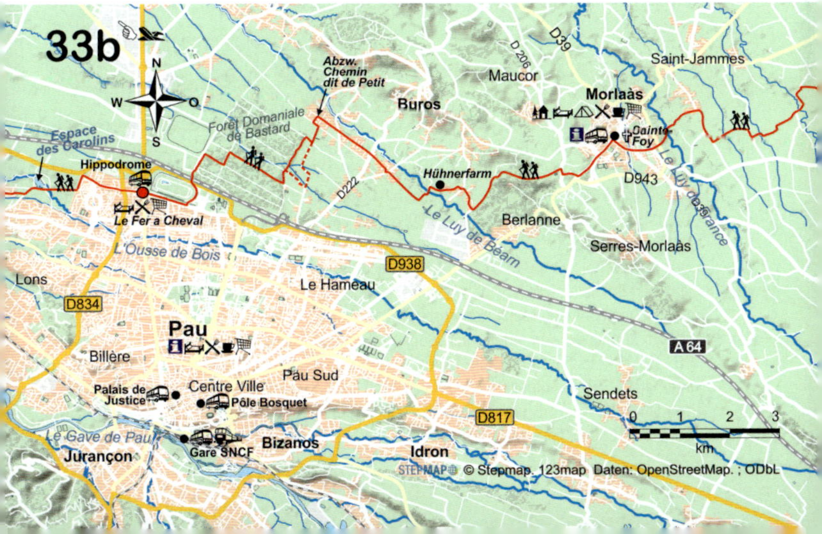

An der Querstraße gehen Sie links und wieder rechts weiter zu einer querenden Hauptstraße, die geradeaus überschritten wird. 1,3 km wandern Sie nun geradeaus durch den Siedlungsbereich und biegen noch nicht am Ende der Siedlung links in den **Chemin dit de Petit** ab. (☝ Die Markierung ist hier schnell übersehen.) Er führt hinter die Siedlung zu einem Feldweg, dem Sie links und an der nächsten Ecke rechts folgen.

↳ An der Baumschule (Gewächshaus und Freilandpflanzungen), die erreicht wird, führt der markierte Weg weiter geradeaus schattenlos durch die Felder. Er biegt dann erst 1,2 km weiter südlich, am Rennstall Écurie du Safran, rechts in den sehr nah gelegenen Forêt Domaniale de Bastard (Staatsforst) ab. Es empfiehlt sich, bereits an der Baumschule (Pépinières Gaurrat) rechts auf schmalem Pfad zwischen den Feldern (am Strommast ist hier das weiß-rote Kreuz angebracht) zum Wald zu laufen und dort links dem schönen Waldrandweg zu folgen, bis Sie wieder auf die Markierung treffen. Sie haben dann nicht nur einen sehr viel angenehmeren, sondern auch einen 600 m kürzeren Weg vor sich.

In Höhe des Rennstalls, nach 1,1 km auf dem Waldrandweg, biegen Sie dann rechts in die breite, gut markierte Schneise ab, auf der Sie eine Teerstraße erreichen. Sie gehen links und bei der nächsten Möglichkeit rechts bis zum Waldrand, betreten die davor verlaufende Straße aber nicht, sondern folgen links dem parallelen, markierten Pfad, der Sie schließlich zu einer Autobahnbrücke leitet. Sie überqueren die Straße und folgen nun dem sich anschließenden Fußweg links um die Rennbahnanlage herum zum Boulevard du Cami-salié, dem Sie rechts folgen. Knapp 900 m weiter steht an einer Querstraße, die links in das Zentrum von Pau führt, das 🛏 ✕ Hotel Le Fer a Cheval direkt am Weg 🚌. Ihr weiterer Weg führt geradeaus über die Kreuzung hinweg.

Pau — ℹ 🛏 ✕ ☕ 🛒 ⚕ BANK 📯 ✚ 🚆 🚌 ✉ 64000

ℹ Office de Tourisme, Place Royale, ☎ 05 59 27 27 08, ✉ accueil@tourismepau.fr, 💻 www.pau.fr, 🚪 Mo-bis Sa 9:00-18:00, So 9:30-13:00, an Feiertagen geschlossen, Jul/Aug werktags bis 18:30, So nachmittags und an Feiertagen

🛏 ✕ Hôtel-Restaurant Le Fer a Cheval** (Hufeisen), 1 Avenue Martyrs du Pont-Long, 64140 Lons, ☎ 05 59 32 17 40, ✉ feracheval64@gmail.com, 💻 www.hotel-leferacheval.com, 10 Zi, Ü EZ € 59-70, DZ 69-80, F € 8,50, EN, direkt am Weg, falls geschlossen, klingeln Sie im Hof am Nachbarhaus beim Besitzer oder rufen an

🚕 Taxi Pau Lionel, 📱 06 15 91 22 84; Taxi Nicolas, 📱 06 09 97 31 93

🚌 Von der Bushaltestelle vor dem Hotel (Haltepunkt „Hippodrome“) fahren drei Linien des städtischen Nahverkehrs in das Zentrum von Pau. Falls Sie die schöne Altstadt besuchen wollen, könnten Sie in jeden nach Süden fahrenden Bus einsteigen (P20 vom Flughafen, P6, T3). Am schnellsten ist die Linie T3. Sie führt direkt und mehrfach in der Stunde zur Innenstadt. Zur eventuellen Weiterfahrt nach Lescar steigen Sie am Palais de Justice in den Bus der Linie P8 um (Haltestelle gegenüber Richtung Lescar). Die Haltestelle „Pau Euralis“ in Lescar liegt direkt am GR 653, aber auch noch 1,5 km außerhalb des Zentrums,

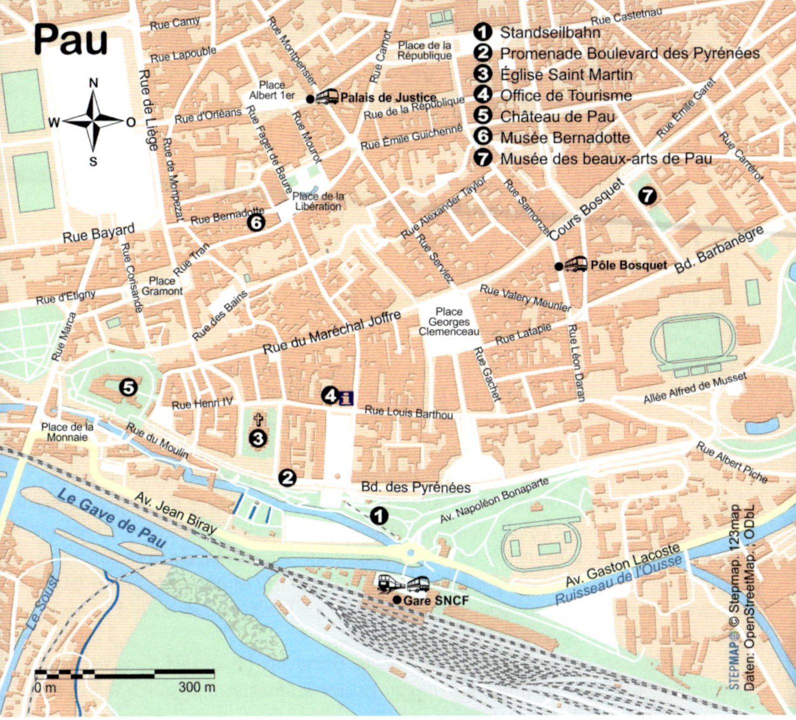

in das der Bus dann anschließend fährt. Die Busse fahren nur Mo bis Sa. Fahrpläne und Linienplan finden Sie unter www.reseau-idelis.com.

Der Bahnhof Pau ist in das Hochgeschwindigkeitsnetz der französischen Bahn integriert. Züge fahren Richtung Toulouse (über Lourdes und Tarbes) oder über Bayonne und Bordeaux nach Paris. Eine Ihren Weg begleitende Nahverkehrsverbindung führt über Oloron-Ste-Marie bis Bedous im Aspetal.

Nur 6 km vom Weg befindet sich in nordwestlicher Richtung der Flughafen von Pau. Direktflüge führen u. a. nach Paris, Nantes und Marseille.

Pau ist eine alte Universitätsstadt. Sie war nach Morlaàs die Hauptstadt des Béarn und ist heute Verwaltungssitz des Départements Pyrénées-Atlantiques. Von der Promenade Boulevard des Pyrénées haben Sie eine wunderbare Aussicht über das Tal des Gave du Pau und auf die Gebirgskette der Pyrenäen. Zum Fluss hin bricht das Plateau, auf dem die Stadt liegt, steil ab. Eine Standseilbahn (Funiculaire) führt vom im Tal liegenden Bahnhof zum Boulevard hinauf (kostenlos).

Etappe 34: Pau, Hippodrome – Pau, Lescar – Oloron-Sainte-Marie (Pyrénées Atlantiques)

35,6 km, 10 Std., ↑ 768 m, ↓ 752 m, ⇧ 142-363 m

0,0 km	⇧ 211 m	Pau, Hippodrome (Rennbahn)
5,1 km	⇧ 182 m	Lescar
18,6 km	⇧ 164 m	Lacommande
26,5 km	⇧ 336 m	Estialescq
35,6 km	⇧ 227 m	Oloron-Sainte-Marie

Bereits in Morlaàs haben Sie die historische Provinz Béarn erreicht. Sie gehört heute, wie auch der sich südwestlich anschließende, französische Teil des historischen Baskenlands, verwaltungstechnisch zum Département Pyrénées Atlantiques. Bis zur spanischen Grenze bleiben Sie im alten Béarn und immer wieder wird darauf hingewiesen.

Südlich von Pau breitet sich das Pyrenäenvorland, ein Hügelland mit Weinbau, aus. Es gehört zum Weinbaugebiet des Jurançon und ist insbesondere durch seine guten Weißweinqualitäten bekannt. Hinter Lacommande wandern Sie lange durch schöne Mischwaldgebiete, allerdings in recht anstrengendem Auf und Ab, da diese durch viele Täler gegliedert sind. Ein besonders schöner Flecken Erde ist das saftig grüne Tal des Baches L'Auronce, in dem viele, dem Anschein nach wohlhabende Höfe der Dorfgemeinschaft Estialescq verstreut liegen.

Ich zeige hier eine Möglichkeit auf, an nur einem Tag bis an den Rand der Pyrenäen zu kommen. Die Peripherie von Pau ist wenig attraktiv, und soweit ich es von anderen Pilgern mitbekommen habe, versuchen viele schnell weiterzukommen. Damit es aber kein Gewaltmarsch wird, empfiehlt es sich, mit dem Bus an die Südseite von Lescar zu fahren und so 6,7 km einzusparen (☞Pau). Wer das nicht will, hat verschiedene Möglichkeiten, die lange Etappe zu teilen.

Ihr Weg führt an der Kreuzung am Hotel weiter ohne Richtungswechsel auf dem Chemin Salié bis an den Siedlungsrand. Hier biegen Sie links in den Feldweg ab. Nach 300 m folgen Sie dem Weg durch die Rechtskurve, überqueren einen Bach und treffen dann auf eine Teerstraße (**Chemin Lasbourdettes**), die Sie geradeaus an einem kleinen See vorbeiführt. An der Gabelung biegen Sie links ab und gehen auf den großen Turm zu. Am Turm biegen Sie rechts in den kleinen Fußweg. 500 m weiter stoßen Sie auf eine Teerstraße, der Sie erst geradeaus und dann durch die Linkskurve zum **Chemin du Cam Loung** folgen. Auf dieser Siedlungsstraße geht es nach rechts und weiter geradeaus auf der sich anschließenden **Rue Maurice Coustau** über zwei Kreuzungen hinweg bis an eine größere Straße mit einem Radweg (Avenue de Plaisance).

Dort biegen Sie halb rechts ein und nach 260 m wieder links davon ab. Sie passieren einen kleinen Kreisel und biegen kurz dahinter nach rechts Richtung Friedhof ab.

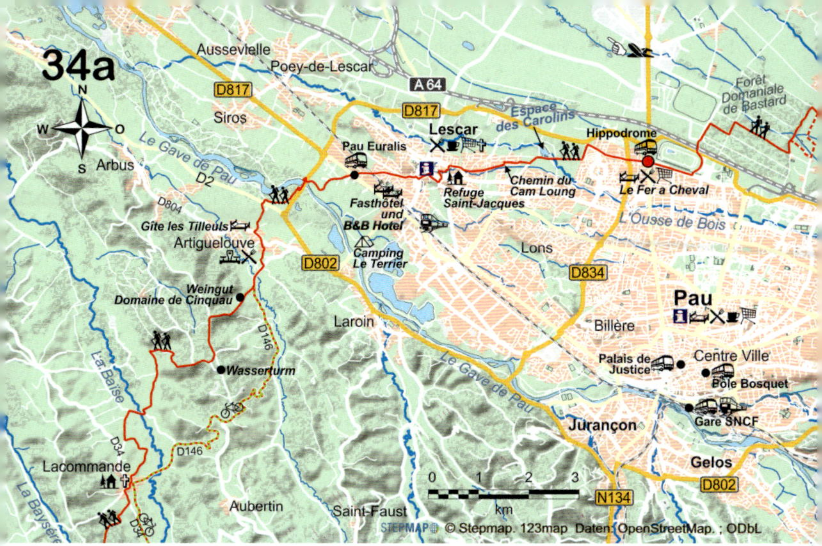

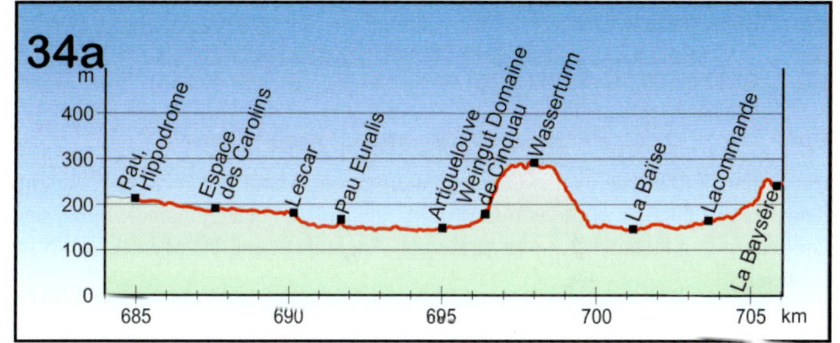

↳ Am Kreisel geradeaus und an der querenden Rue Lacaussade 100 m nach links steht die Pilgerherberge.

An der linken Seite gehen Sie daran entlang, wandern einen kleinen Weg hinab, gehen an der S-Kurve scharf links über einen Bach und wieder bergan. Dann marschieren Sie auf dem Chemin de Labanere durch eine Hausdurchfahrt zum **Place Croix de Mariotte.**

Nach rechts läuft die Rue de la Cite an Einkaufsläden vorbei bis zum Stadttor, wo Sie wieder auf den GR 653 stoßen. Dieser führt hier geradeaus leicht bergan durch die Rue Henri Rozier zu einem Platz mit einem schönen Ausblick auf die Pyrenäenkette. Geradeaus weiter erreichen Sie dann ebenfalls kurz hinter der Kirche das Stadttor.

Lescar 64230

Office de Tourisme, Place Royale, 05 59 81 15 98, ot.lescar@lescar.fr, accueil-lescar@tourismepau.fr, www.lescar.fr, www.pau-pyrenees.com, Mo-Sa 9:00-12:00 u. 14:00-18:00, an Fei geschlossen

Refuge Saint-Jacques, 22 Rue Lacaussade, über das Office de Tourisme oder außerhalb der Öffnungszeiten über 06 34 42 10 22, 1 Zi mit 12 Betten, 2 WCs, keine Dusche, Einbauküche, Ü € 10, am Place Croix de Mariotte ganz links weiter

Fasthôtel, 11 Rue Charles Moureu, 05 59 81 23 78, pau@fasthotel.com, www.fasthotel.com, 48 Zi, Ü EZ/DZ ab € 43, DBZ ab € 49, VBZ ab € 69, F € 6,50, EN, , am Ortsausgang von Lescar, an der Bushaltestelle „Pau Euralis" links dem Boulevard L'Europe 750 m folgen und dann links abbiegen

♦ B&B Hotel, 5 Rue Charles Moureu, RN 117, 02 98 33 75 29, www.hotel-bb.com, Ü EZ/DZ ab € 44, EN, , Weg: Fasthôtel

Camping Le Terrier, Avenue du Vert Galant, 05 59 81 01 82, 05 59 81 01 82, camping.terrier@wanadoo.fr, www.camping-terrier64.com, Ü Zelt + 2 Pers. € 14,90, EN, , Imbiss, . Sie folgen der Wegbeschreibung zum Hotel Terrasse und biegen dort links in die Rue Maubec. Nun gehen Sie am ersten Kreisverkehr halb rechts und am zweiten geradeaus, bis Sie am Fluss den Campingplatz rechter Hand sehen. Zum Weg zurück überqueren Sie den Fluss und folgen dem Radweg rechts. Er mündet automatisch in den Weg.

Cycles Pédegaye Vélocité, 3 Chemin de la Plaine, am Ortsende am Weg

Taxi Palopis N 23, 06 09 63 49 82; Taxi labastide cezeracq n 1, 06 12 54 90 20

Die Linien P8, P6 und P12 fahren Mo-Sa nach Pau, zentraler Ausstieg: "Palais de Justice". reseau-idelis.com

Lescar hat einen Bahnhof an der Bahnstrecke Toulouse – Bordeaux.

✝ Die Kathedrale Notre-Dame L'Assomption (Mariä Himmelfahrt) stammt aus dem 12. Jh., ihr Bau wurde von Gaston IV. initiiert (☞ Lacommand). In ihr sind die Großeltern von Heinrich IV., Margarete von Angoulême und Heinrich II. von Navarra, beigesetzt.

Die spätantike Urzelle des heutigen Lescar lag als Oppidum Beneharnum am Fuß des Hügels und war Hauptstadt des Béarn, bis es 841 von den Wikingern zerstört wurde. Morlàas wurde daraufhin die neue Hauptstadt und eine neue Siedlung wurde auf dem Hügel gegründet. Heute ist Lescar im Wesentlichen eine Schlafstadt von Pau.

Hinter dem Stadttor wandern Sie die Rue du Parves hinunter bis zum Hotel Le Terrasse. Hier biegen Sie rechts in die Rue Cachau, am Ende links ab und wieder rechts in die Rue du Bialé. Am Kreisverkehr gehen Sie geradeaus durch die Av. Gaston Phoebus und überqueren schließlich nach der Bushaltestelle **„Pau Euralis"** den breiten Boulevard de l'Europe.

Gegenüber gehen Sie in die Sackgasse. Am Ende führt halb rechts ein Heckenweg weiter zum Fluss **Le Gave de Pau** und unter einer Straßenbrücke hindurch. Dahinter gehen Sie rechts zur Brücke hoch, überqueren den Fluss und steigen wieder hinunter zu einem Radweg, in den Sie links einbiegen.

800 m weiter führt Ihr Weg links durch eine Unterführung, überquert ein Sportplatzgelände und erreicht eine Straße. Durch ein Tor hindurch folgen Sie ihr zur D804, in die Sie links einbiegen. 230 m weiter, an einer überdachten Bushaltestelle, biegen Sie rechts in das Seitensträßchen ein und folgen ihm zur Kirche von **Artiguelouve**. Es gibt hier eine Pizzeria mit angegliedertem Lebensmittelladen (Di-Fr 8:00-13:00 u. 15:30-19:30, Sa 9:00-13:00 u. 16:00-19:30, So u. in den Ferien nur vormittags).

Artiguelouve 64230

Gîte les Tilleuls, M. Renaud Cazetou, 437 Avenue du Château, 06 34 08 36 46, tilleuls64@cegetel.net, 12 Betten, Ü EZ € 45, DZ € 55, EN, , an der D804 rechts, zentral

TCR Express, 06 80 30 41 98, Gepäck- u. Personentransport bis zum Somportpass

Sie gehen rechts zum Restaurant Kildara. Danach biegen Sie halb rechts in den Chemin du Cinquau ab.

Radfahrer können etwas bequemer auf der D146 nach Lacommande fahren.

In Höhe des Weingutes (Domaine de Cinquau) folgen Sie dem sich anschließenden Hohlweg steil aufwärts. Er mündet in eine Straße, an der es links weitergeht. Rechts sind es 100 m zu einem B&B (En plein cœur de la forêt).

An der Kreuzung unterhalb des Wasserturms folgen Sie dem Chemin de la Fontaine in den Siedlungsbereich. An einer Gabelung laufen Sie geradeaus auf dem Chemin Manciet in ein Tal hinab und nach einer Linkskurve am Talhang entlang. Sie erreichen ein Talsträßchen, mit dem Sie schließlich an der Gabelung rechts das Tal durchqueren und an einem Gehöft jenseits des Baches **(La Baïse)** links einbiegen.

Nach 600 m (unter der Stromleitung) biegen Sie wieder links in einen Nebenweg ab (Chemin de Saint-Jacques) und pilgern durch Niederungsgebiet und ein schönes Waldstück nach Lacommande. An der D34 gehen Sie links, biegen aber gleich wieder rechts in die Passage de Pelerins ab, die zur Kirche führt. Wasser finden Sie hinter der Pilgerherberge im Mittelaltergarten. Auf dem Kirchplatz gibt es schattige Picknickbänke.

Lacommande 64360

Gîte La Commanderie de Saint-Jacques, 06 25 59 14 17, www.lacommande.fr/gite.php, 6 Betten, Ü € 10,50, , Verkauf von Lebensmitteln, die Rezeption ist täglich und ganzjährig zwischen 17:00 und 18:00 geöffnet, neben der Kirche

Die romanische Kirche ist vor allem im Innern durch ihre reichen Zierelemente und Bildgeschichten in den Kapitellen interessant. Wer der französischen Sprache mächtig ist, findet in den Resten des Kreuzgangs eine Reihe von Erläuterungstafeln. Auf dem Friedhof befinden sich einige sehr alte Gräber von Hospitalitern, besser bekannt als „Johanniter". Der Johanniterorden war 1048 gegründet worden und verzeichnete nach der Eroberung Jerusalems als Spitalbruderschaft einen starken Zulauf.

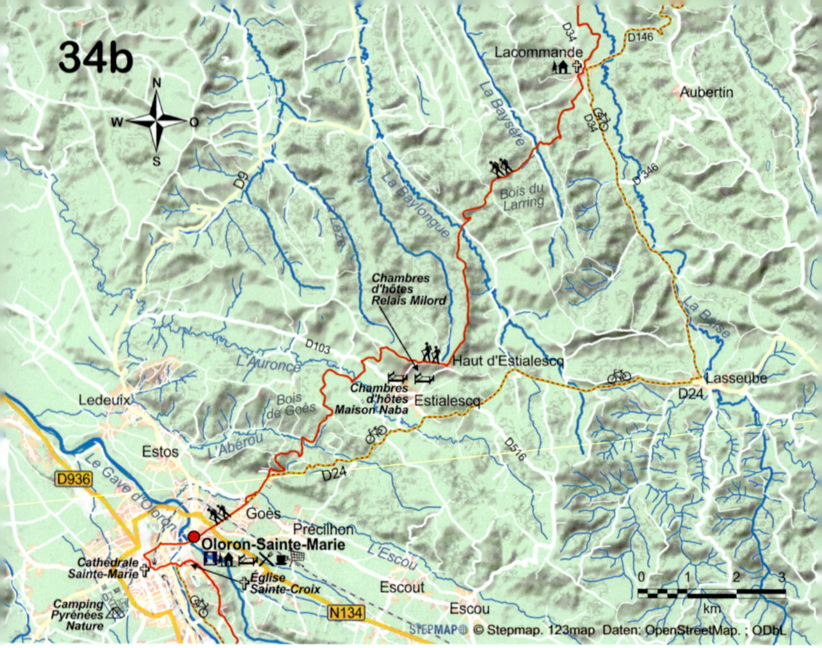

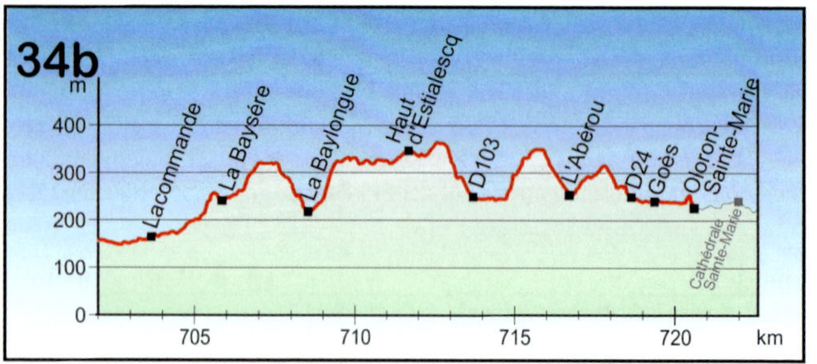

Das Dörfchen Lacommande wurde, wie eine Hinweistafel mitteilt, zwischen 1100 und 1124 von einem gewissen Gaston IV., der den Beinamen „der Kreuzfahrer" trug, als Pilgerhospiz am Jakobsweg gegründet. Der Name Lacommande geht auf das lateinische „commendare" (deutsch: anvertrauen, empfehlen) zurück und ist die Verkürzung von La Commanderie (Kommende), womit die Niederlassung eines geistlichen Ritterordens bezeichnet wird. Gaston IV. (vor 1074-1131) hatte am ersten Kreuzzug teilgenommen und belagerte und eroberte unter Gottfried von Boullion (~1060-

1100) Jerusalem. Gaston soll der erste Kreuzritter gewesen sein, der – am 15.7.1099 – Jerusalem betrat. Als er wieder zu Hause war, ließ er etliche Gebäude entlang des Jakobswegs errichten, darunter die Kathedrale von Lescar, die Kirchen in Oloron-Sainte-Marie und Morlaás und einige Pilgerhospitäler wie das in Lacommande.

Radfahrer erreichen Oloron-Sainte-Marie wesentlich einfacher über Lasseube auf den Straßen D34 und D24.

Sie gehen an der Kirche vorbei die Straße aufwärts und biegen nach 100 m links in den **Chemin de Pyrénées**. An einem Friedhof biegen Sie rechts in den **Chemin Pélégry**. Er führt auf die bewaldete Höhe zu.

Kurz vor dem letzten Haus biegen Sie links in den Schotterweg ein, der dann in den Wald führt. Sie steigen zu einem Holzlagerplatz auf und nehmen dort rechts den weiter aufwärts führenden Weg. Auf der Höhe gehen Sie nach rechts und wieder links in das Tal des Baches **La Baysére** hinab. Nach dem Bach wird eine Straße geradeaus überschritten. Danach biegt der Weg an einer Verzweigung nach halb links. Am nächsten Querweg (unter der Stromleitung) zeigt ein Wegweiser links zur Reiterpension Ferme da Guésuivre.

Sie gehen geradeaus wieder in ein Tal hinab, überqueren eine Straße und den Bach **La Baylongue** und steigen dann nach links wieder an. Nach der Höhe verlässt der Weg den Wald und führt als Feldweg an eine Straßenkreuzung in **Haut d'Estialescq**. Hier stehen bereits Hinweisschilder zu den Übernachtungsmöglichkeiten.

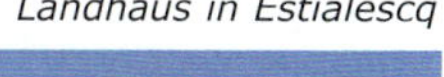

Landhaus in Estialescq

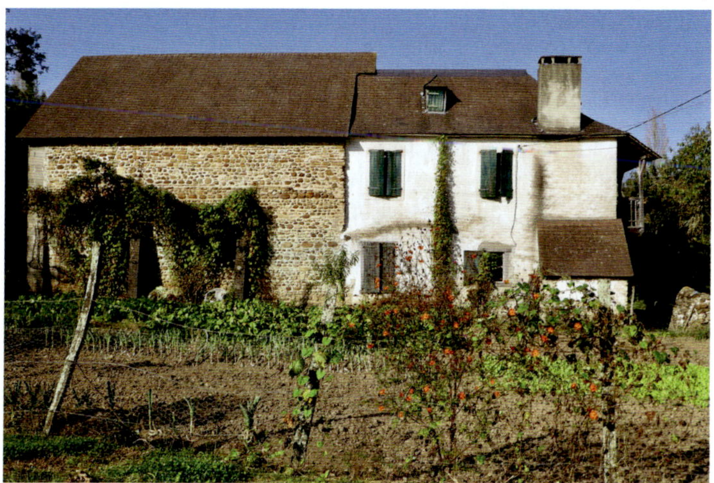

Estialescq 64290

Chambres d'hôtes Maison Naba, Mme Jeanne Péricou, 8 Chemin Carrère, 05 59 39 99 11, www.maison-naba-bearn.com, 4 Zi, ÜF EZ € 48, DZ € 60, A € 20, EN

♦ Chambres d'hôtes Relais Milord, Françoise u. François Briot, 36 Chemin Milord, 05 59 39 80 30, 06 32 33 81 37, relaismilord@yahoo.fr, www.relaismilord.com, 2 Zi, ÜF EZ/DZ € 60, A € 20, EN

Sie gehen rechts noch ein kleines Stück zur Höhe (Pausenbank) und folgen dann dem Kammsträßchen durch das schöne Haut d'Estialescq (an der Dorfkreuzung rechts), bis die Markierung schon fast an den letzten Häusern (nach 1,3 km) links einen steinigen Hohlweg abwärts weist.

Unten überqueren Sie die Fahrstraße, durchlaufen den Talgrund und erreichen ein Sträßchen, dem Sie nun rechts folgen. Rechter Hand treffen Sie bald auf einen schönen, schattigen Rastplatz mit einer Wasserstelle.

Nur 160 m weiter biegen Sie links in den Feldweg ab. Durch Almwiesenland geht es wieder steiler bergan. Auf der Höhe quert ein Feldweg bei nicht ganz eindeutiger Markierungssituation. Gehen Sie hier links weiter. Nach knapp 300 m schauen Sie durch einen Taleinschnitt bis Oloron. Gehen Sie hier rechts im Wald abwärts bis in eine Senke, an der dortigen Gabelung links wieder zur Höhe und dort rechts.

Bevor der Weg wieder zu steigen beginnt, wandern Sie links über einen allerletzten Buckel hinüber und folgen dem Pfad bis an den Waldrand. Dort biegen Sie, nun bei schönem Blick zu den Kirchen im Tal, rechts in den Waldrandweg.

Der Hangweg führt schließlich an die D24, der Sie rechts, teilweise auf Nebenwegen, durch den Orts Goès hindurch nach Oloron folgen. Nur eine Tücke hält der Weg noch bereit: Oloron selbst liegt hinter dem quer liegenden Moränenrücken, von dem es dann wieder abwärts zum Place de la Résistance geht. Versöhnlich stimmt, dass dann gleich hier am Ortsanfang, am Platz unten links, die Pilgerherberge offen steht.

Oloron-Sainte-Marie

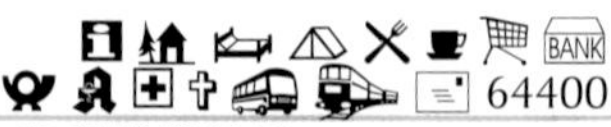

64400

Office de Tourisme, Allée du Comte de Tréville, 05 59 39 98 00, accueil@tourisme-oloron.com, www.tourisme-oloron.com, Mo-Sa 9:00-12:00 u. 14:00-18:00, Jul/Aug auch So vormittags und abends eine Stunde länger

Gîte Relais du Bastet, 12 Place de la Résistance, 19 Betten in Zwei- und Vierbettzimmern, 06 44 80 70 96, Ü € 12,50, nur mit Pilgerausweis, Rezeption 15:00-22:00, 01.04.-31.10.

Hôtel Le Bristol**, 9 Rue Carrérot, 05 59 39 43 78, hotelbristol64@orange.fr, le-bristol.haut-bearn.fr, Ü EZ € 40-48, DZ € 48-56, F € 6,50, empfehlenswerte, preiswerte regionale Küche

Hôtel L'Astrolabe**, 14 Place Mendiondou, 05 59 34 17 35, contact@hotel-astrolabe.com, www.hotel-astrolabe.com, 8 Zi, Ü EZ/DZ € 59-76, F € 8, EN, am Weg

♦ Hôtel de la Paix**, 24 Avenue Sadi-Carnot, ☏ 05 59 39 02 63, contact@hotel-oloron.com, www.hotel-oloron.com, 23 Zi, Ü EZ/DZ € 59-81, F € 8,50, EN, am Bahnhof

Camping Pyrénées Nature, Chemin Lagravette, ☏ 05 59 39 11 26, camping.pyrenees.nature@gmail.com, www.campingpyreneesnature.fr, Ü 2 Pers + Zelt € 15,50, Jul/Aug € 19,50, EN, 1 km südwestlich der Kathedrale

Cycles Igouassel, 18 Rue Despourrins, ☏ 05 59 39 06 00

Taxi Myriam, 06 79 57 82 66; Taxi Porte d'Aspe, 06 82 20 44 10

Von Oloron-Sainte-Marie fahren einige Busse durch das Aspetal über den Somportpass bis in das spanische Canfranc-Estación. Die meisten Verbindungen (bis zu 10 am Tag) sind allerdings Umsteigeverbindungen. Ein moderner Schienenbus fährt bis Bedous (Ende der Bahnstrecke), ein Bus fährt weiter über den Pass. Fahrpläne liefert der Betreiber car.aquitaine.fr. Eine Verbindungsabfrage ist aber auch über www.reiseauskunft.bahn.de erfolgreich.

☞ Pau

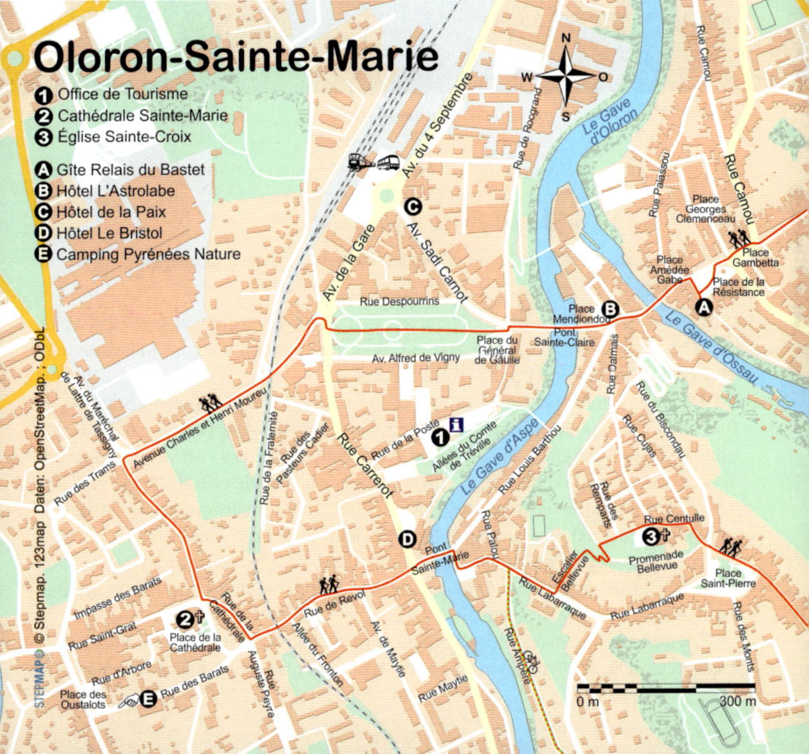

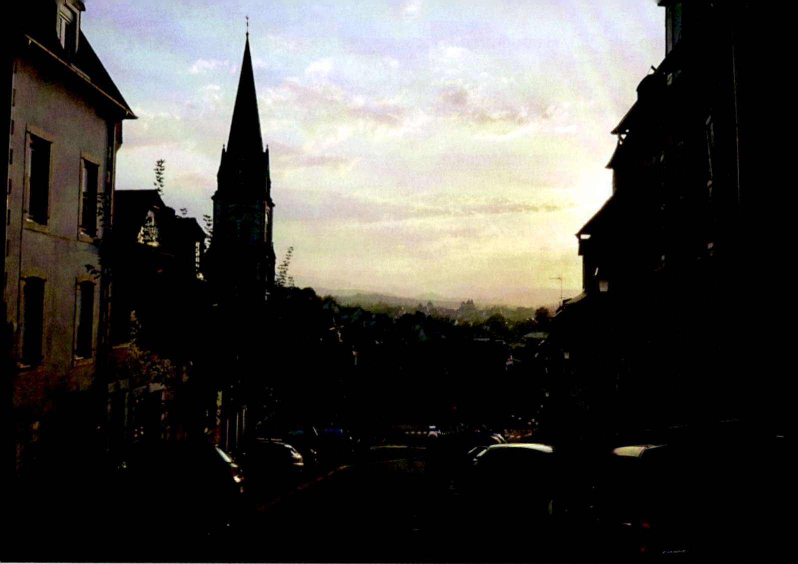

Ankunft am Abend in Oloron-Sainte-Marie

✝ Ehemalige Kathedrale Sainte-Marie: Glockenturm und romanisches Tympanon aus dem 12. Jh., Kirchenschiff und Chor aus dem 14. und 15. Jh. mit Umbauten aus dem 17. und 19. Jh. 8:00-20:00, Pilgerstempel

✝ Romanische Kirche Sainte-Croix aus dem 11. Jh. mit Zentralkuppel im byzantischen Stil

Oloron-Sainte-Marie ist ein Doppelort, der 1858 aus den bis dahin selbstständigen Orten Oloron und Sainte-Marie entstanden ist. Oloron hatte im Mittelalter eine gewisse Bedeutung und war bis 1802 Bischofssitz.

Heute ist Oloron-Sainte-Marie vor allem wegen der Baskenmützen bekannt, die hier im Ort (und in einer Fabrik in Spanien) hergestellt werden. Dabei geht der Begriff „Baskenmütze" auf einen Irrtum Kaiser Napoleons III. zurück, der diese Mützen im Baskenland sah und sie deswegen „béret basque" nannte. Ursprünglich eine Wollmütze für Schäfer, wurde sie später aus Filz hergestellt und vor allem seit den 1940er-Jahren im ganzen Land gern getragen. Sie ist in Karikaturen ein unverzichtbares Attribut für „den Franzosen", und auch Künstler und Intellektuelle, die man als solche nicht erkennen würde, zeigen ihre Gruppenzugehörigkeit gerne durch das Tragen der Baskenmütze.

Ein weiteres bekanntes Kleidungsstück wird in Oloron-Sainte-Marie produziert: die Espadrilles. Die leichten Sommerschuhe kennt man meist als billige Asienimporte, aber ursprünglich sind sie typisch spanisch-südfranzösisch. Der Name der Schuhe soll auf das Espartogras zurückgehen, aus dem man die Sohlen knüpfte.

Etappe 35: Oloron-Sainte-Marie – Sarrance (Pyrénées Atlantiques)

22,2 km, 6 Std., ↑ 474 m, ↓ 347 m, ⇧ 214-361 m

0,0 km	⇧ 227 m	Oloron-Sainte-Marie
13,4 km	⇧ 303 m	Lurbe-Saint-Christau
22,2 km	⇧ 350 m	Sarrance

Vielleicht sind sie Ihnen ja bereits begegnet? Im Pyrenäenvorland und auch im Aspetal, durch das Sie nun drei Tage dem Somportpass entgegenwandern, sind die Basco-Béarnaiser Schafe stark verbreitet. Sie sind leicht an ihrer hellen Gesichts- und Wollfarbe, an dem auffälligen konkaven Nasenbogen und den nach unten gekrümmten Hörnern zu erkennen. Sie liefern die Milch für eine Spezialität der Region: den Ossau-Iraty, einen milden Hartkäse, der in Frankreich auch gerne mit Kirschmarmelade verzehrt wird. Das spanische Pendant zu diesem Käse finden Sie auf der Südseite der Pyrenäen in der Zielregion Navarra. Auf ganz ähnliche Weise wird dort der Idiazábal produziert.

Auf dem Höhenrücken zwischen den sich bei Oloron-Sainte-Marie vereinenden Gebirgsbächen Gave d'Aspe und Gave d'Ossau (Gave heißt übersetzt Gebirgsbach) liegt der älteste Stadtteil mit der romanischen Kirche Ste-Croix. Hier steigt Ihr Weg auf und bleibt auch auf diesem Rücken, bis er sich bei Sœix für die Hangterasse des Aspetals entscheidet, während der zunächst parallele GR 78 in das Ossautal abbiegt. Bei Lurbe-Saint-Christau betreten Sie dann die unvermittelt steil aufragenden Pyrenaen.

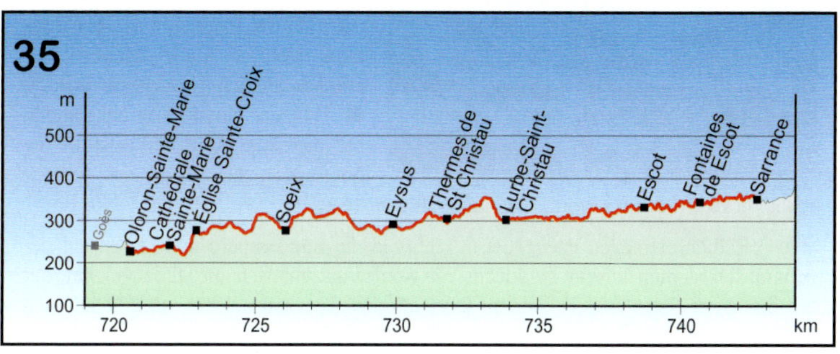

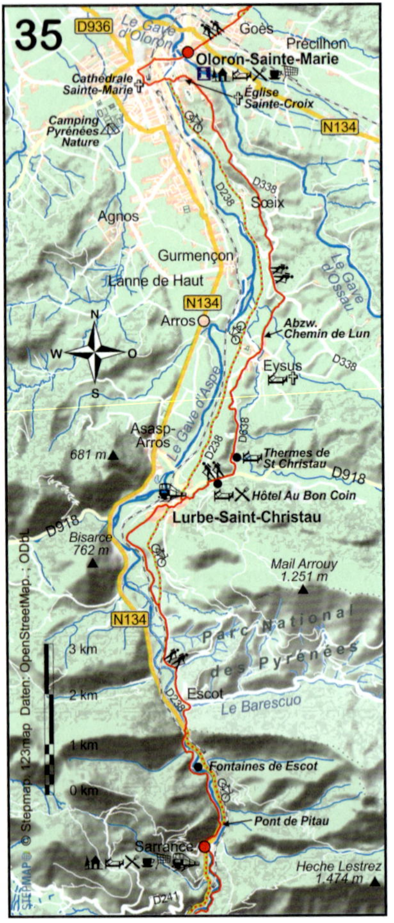

Vom Place de la Résistance wandern Sie über die Durchgangsstraße weiter abwärts zu einer Flussbrücke. Hier überqueren Sie den **Gave d'Ossau**. Abkürzend könnten Sie vor der zweiten Flussbrücke (**Gave d'Aspe**) links der Rue Louis Barthou (gegen die Einbahnstraße, rechts steht hier das Hôtel l'Astrolabe) knapp 500 m flussaufwärts folgen und vor der nächsten Straßenbrücke links in den markierten Weg einbiegen. Der GR 653 empfiehlt zunächst noch einen interessanten Stadtrundgang.

Überqueren Sie den zweiten Fluss (Aspe) und gehen Sie geradeaus durch die Parkanlage. Vor der Parkanlage links ginge es zur Touristeninformation. Am Ende der Parkanlage gehen Sie kurz rechts Richtung Kreisverkehr und dann links entlang der Avenue Charles et Henri Moureu. Am nächsten Kreisverkehr biegen Sie links in die D936 und folgen ihr in die Altstadt um die **Kathedrale Sainte-Marie**.

An der Kreuzung vor der Kathedrale biegen Sie links ein. Auch an der folgenden Straßenkreuzung geht es links weiter, nun abwärts an den Fluss Aspe. (Vor der Flussbrücke links finden Sie das Hotel Bristol.) Sie überqueren den Fluss und biegen rechts in die Rue Labarraque, die nun kräftig ansteigt.

Radfahrer biegen nach 120 m rechts in die Rue Ampère und fahren auf der orografisch rechten Talseite geradeaus. Sie werden automatisch zur D238 geleitet, der Sie bis hinter Escot folgen können. Dort müssen Sie dann auf der stark befahrenen N134 nach Sarrance weiterfahren.

Auf halber Höhe biegen Sie links in die Stiege Escalier Bellevue ab. Sie führt Sie auf den Berg mit der interessanten katholischen Kirche Sainte-Croix hinauf. Sie wandern daran vorbei zum Place Saint-Pierre und folgen dort geradeaus der Rue d'Aspe.

Nach 1,4 km biegen Sie links in die D338 ein. Nach 450 m zweigt links der GR 78 ab. Sie folgen hier noch 100 m geradeaus der Straße, biegen dann aber rechts in einen Pfad ab.

Nach einem wunderbaren Heckenweg erreichen Sie eine zu Sœix gehörende Siedlung in einer Straßenkurve. Sie gehen links etwas bergan, biegen aber 160 m weiter rechts wieder in den Hangweg Richtung Eysus ab, der schließlich wieder zur D338 führt.

Sie folgen der sanft steigenden Straße über die Höhe und in die folgende Senke. Dort biegen Sie rechts in eine Nebenstraße ab, die durch Wiesenland talwärts führt. Achten Sie noch nicht ganz in der Talsohle darauf, halb links in den Schotterweg (Chemin de Lun) abzubiegen. An einer Schule folgen Sie geradeaus dem Chemin de École durch eine Bachsenke (Pausenbank). Es geht wieder aufwärts zu einer Querstraße und dort links und wieder rechts durch die **Route du Fronton**. Rechter Hand, in Höhe der Kirche, gibt es Toiletten und Trinkwasser.

Eysus 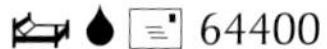 64400

Chambres d'hôtes Le Moulin d'Eysus, 8 Chemin des Écoliers, Mme und M. Sauvage, 05 59 34 47 26, moulin.eysus@orange.fr, www.moulin-eysus.com, 2 Zi, ÜF EZ € 40, DZ ab € 47, DBZ € 55, A € 20

♦ Chambres d'hôtes La Métairie, Frédéric u. Myriam Masse, 4 Chemin de Moulin, 05 59 34 47 46, fredmyriam@wanadoo.fr, 5 Zi, ÜF DZ € 65, A € 20, EN

Geradeaus folgen Sie der Route de Thermes und fast am Ortsausausgang dem mittleren der Wege, dem Chemin de St-Jacques de Compostelle. Sie erreichen die D638, gehen nach links, biegen aber gleich halb rechts in einen Nebenweg ab. Dieser führt zurück zur Straße, auf der Sie auch hätten bleiben können.

Etwas weiter erreichen Sie die Thermes de St Christau, einen Gutshof in einer Parkanlage mit einer Kapelle gegenüber. Nur 230 m weiter treffen Sie auf die querende D918 und gehen rechts am **Hôtel Au Bon Coin** vorbei.

Am Scheitelpunkt der Straße biegen Sie links in einen Fußweg ab und erreichen **Lurbe-Saint-Christau**, das wie das „Tor zu den Pyrenäen" erscheint. Der 1.251 m hohe Berg Mail Arrouy zur Linken sowie der durch den Rohstoffabbau stark angekratzte, 762 m hohe Berg Bisarce zur Rechten wirken jedenfalls wie zwei Torwächter, durch die hindurch Sie nun das höhere Bergland erreichen werden.

Lurbe-Saint-Christau 64460

Hôtel Au Bon Coin, Route des Thermes, OT Saint-Christau, 05 59 34 40 12, pro620@hotmail.fr, www.logishotels.com/fr/hotel/hotel-au-bon-coin-7624, 17 Zi, Ü EZ/DZ € 64-82, F € 9, EN, Restaurant: 12:00-14:30 u. 19:30-21:00

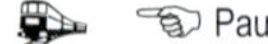

Résidence du Parc, Thermes de St Christau, OT Saint-Christau, ☏ 05 59 34 29 29, 10 Zi, Ü EZ/DZ € 61-81, EN, , 01.05.-15.10.

☞ Pau

Sie folgen der erreichten D238 300 m nach links Richtung Ortsmitte und biegen dort rechts ab. Die nächste Straße links führt Sie dann zu einem Talsträßchen, auf dem Sie nun links auf den Steinbruch zuwandern. In Höhe des Steinbruchs biegen Sie halb links in einen Feldweg ab und wandern nun in der Hangterrasse das Aspetals aufwärts.

Bereits innerhalb der Grenzen des Parc National des Pyrénées stoßen Sie wieder auf die D238 und folgen ihr rechts durch **Escot**.

Die Straße führt zur N134, der Hauptverkehrsstraße im Aspetal. Sie überqueren diese und auch den Fluss und folgen links dem Pfad bachaufwärts. Unterwegs gibt es einen Hinweis auf das nur 200 m entfernte Fontaines de Escot. Die Gebäude des früheren Thermalbades sind durch die Bäume zu sehen. Vermietet wird aber erst ab zwei Übernachtungen.

2 km weiter wird die Nationalstraße wieder erreicht. Sie gehen nach rechts, biegen aber nach 200 m (vor dem Hôtel-Bistrot Les Pas Sages) rechts wieder von ihr

Die Gîte im Kloster Notre Dame

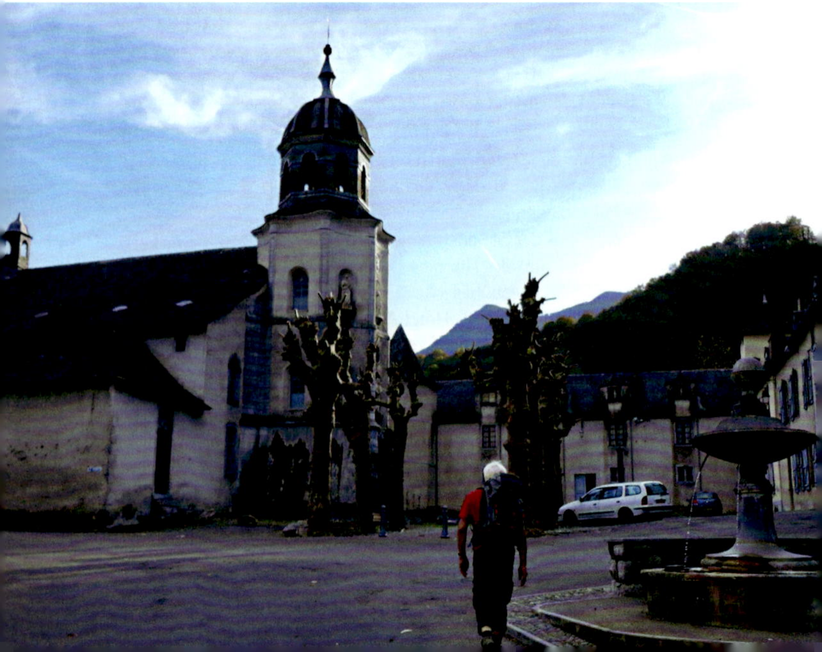

ab. Die Dorfstraße führt zum Platanenplatz an der Kirche und dem Kloster Notre Dame de la Pierre in Sarrance. Gehen Sie links um den Komplex herum zum Eingang der Pilgerherberge (gegenüber dem Ecomuseum). Wenden Sie sich am Brunnen vor dem Platanenplatz rechts, dann finden Sie die Gîte Etchegoyhen.

Sarrance 64490

Gîte im Kloster Notre Dame, ☎ 05 59 34 71 17, 17 Plätze in 4 Zi, ÜHP € 25, ab 15:00, stimmungsvoller Ort, gemeinschaftliches Abendessen

Hôtel-Bistrot Les Pas Sages, Rue du Bas, ☎ 05 24 35 11 88, lespassages64@yahoo.com, www.hotelbistrot-lespassages.fr, 8 Zi, Ü EZ € 42, DZ € 52, ÜHP EZ € 60, DZ € 84

Gîte Etchegoyhen, M. u. Mme Lucien Etchegoyhen, Place du Fronton, ☎ 05 59 34 55 40, 06 75 79 73 12 , für 1-4 Pers. € 50, F € 6, Bettwäsche,

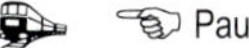
Pau

Etappe 36: Sarrance – Borce (Pyrénées Atlantiques)

22 km, 6 Std., ↑ 641 m, ↓ 355 m, ⇧ 342-641 m

0,0 km	⇧ 350 m	Sarrance
8,4 km	⇧ 419 m	Bedous
12,5 km	⇧ 467 m	Accous
22,0 km	⇧ 641 m	Borce

Durch eine sehr enge Talschlucht hindurch erreichen Sie nach nur zwei Gehstunden einen weiten Talboden, in dem sich mehrere Siedlungen entwickeln konnten. Bedous und Accous sind die beiden größeren, die auch eine komfortable Infrastruktur bieten. Südlich davon sind die Straße und die ab Bedous stillgelegte Bahnstrecke wieder zwischen Felswänden und Fluss eingeklemmt. Stellenweise gibt es keinen Wanderweg,

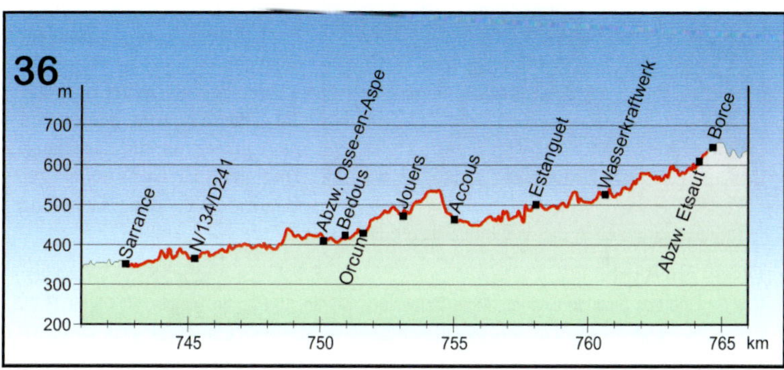

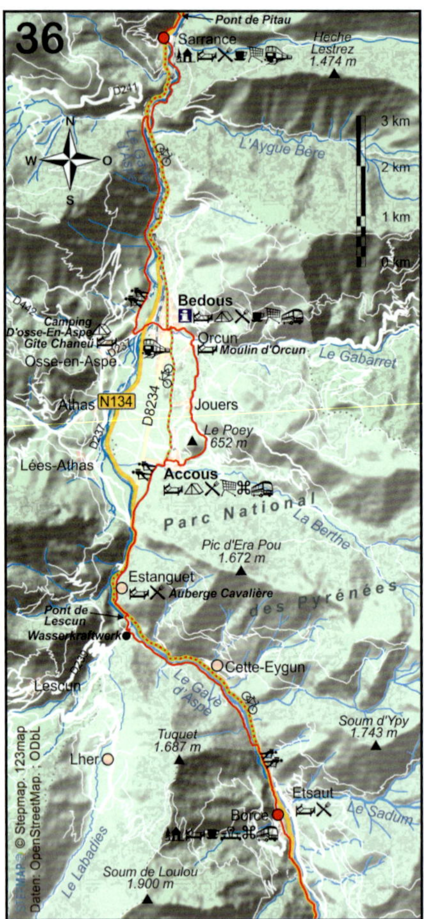

sodass Sie auf die randstreifenlose, sehr gefährliche Straße ausweichen müssen. Das wird aber ab der Brücke von Lescun besser. Es beginnt wieder ein schöner Fußweg in Flussnähe.

🚲 Radfahrern wird nichts anderes übrig bleiben, als weiter über die von vielen Lkws stark belastete N134 zu fahren. Die Fußwege sind in Teilen schmal und rutschig im Steilhang. Gewundert hat mich, wie zwei Reiterinnen auf dem Rücken ihrer Pferde diese Passagen meistern konnten.

🚶 Zwischen Klosterkirche und Museum hindurch verlassen Sie Sarrance und überqueren die N134 und den Gave d'Aspe. Rechts führt ein Pfad flussaufwärts. An einer Hofstelle erreichen Sie die Talstraße nach etwa 2,5 km wieder, gehen rechts 250 m an ihr entlang und dann links unter der Bahnbrücke hindurch und wieder links talaufwärts, nach einem kurzen Asphaltstück auf schmalem Schluchtweg.

Bei Bedous weitet sich das Tal. Der Weg wird breiter und führt geteert an eine Gabelung. Hier geht es links weiter zur D237. An der Gabelung geradeaus ginge es in das vor Ihnen liegende Osse-en-Aspe (➲ 1 km).

Osse-en-Aspe

🛏 ⛺ ✉ 64490

🛏 Gîte Les Amis de Chaneü, Mme Domenique Betran, 10 Rue du Temple, ☎ 05 59 34 78 40, 📱 06 72 36 78 37, ✉ betran.domi@hotmail.fr, 💻 www.gite-chaneu.com, 28 Betten in Vier- bis Achtbettzimmern, Ü € 12-13, A nach rechtzeitiger Vereinbarung möglich,

Sie folgen der D237 nach links zur N134, überqueren diese und danach den Fluss. Sie gehen geradeaus, über die querende Hauptstraße hinweg bis zum Kirchplatz von Borce und dort rechts weiter durch die Rue de L'ardoisière.

Bedous 64490

Office de Tourisme de la Vallée d'Aspe, Place François Sarraille, 05 59 34 57 57, info@tourisme-aspe.com, www.tourisme-aspe.com, Mo-Sa 9:00-12:30 u. 14:00-18:30, Verkauf von Credencials, am Kirchplatz

Chambres d'hôtes-Restaurant Chez Michel, Rue Gambetta, 05 59 34 52 47, annie.abrioux@gmail.com, restaurant-chez-michel.fr, ÜF EZ/DZ € 57, , an der Hauptstraße am Ortseingang links

Chambres d'hôtes Maison Laclède, Rue de Laclède, Mme Teisseire, 05 59 34 70 19, 06 31 33 84 13, cecileteisseire64@gmail.com, www.maison-laclede.com, ÜF EZ € 28, DZ € 35, EN, Abholservice in Oloron, , vor dem Kirchplatz rechts

♦ Chambres d'hôtes Maison Luard, Rue notre Dame, 05 47 91 02 44, 06 43 79 15 82, janeluard@hotmail.co.uk, www.maisonluard.fr, ÜF EZ/DZ € 47-50, A € 18, am Chez Michel rechts und dann die nächste Straße links

♦ Gîte Au Moulin d'Orcun, Route d'Aydius, 05 59 34 74 91, 06 08 54 45 27, 7 Betten, ÜF € 25, EN, Bettwäsche, A möglich, , am Weg, Ortsausgang (Wegbeschreibung)

Camping municipal Carolle, Route de Osse-en-Aspe, Mairie: 05 59 34 70 45, 05 59 34 59 19, commune.bedous@wanadoo.fr, Ü Zelt + 2 Pers. € 7,50, 15.03.-15.10., nach der Aspebrücke rechts

Pau

An der Moulin d'Orcun biegen Sie rechts in den Chemin du Moulin, überqueren den Mühlbach und danach etwas versetzt eine Straße. Danach passieren Sie die Häuser von **Orcun**. Am historischen Waschplatz gibt es Trinkwasser. Dann biegen Sie rechts ab und wieder links in den am Talrand zwischen Weiden und Feldern zum kleinen Ort **Jouers** führenden Weg.

Es geht geradeaus auf den Berg Le Poey zu und dann links um ihn herum. Dahinter steigt der Weg in das schöne Dorf Accous ab. Die gute Markierung leitet Sie im Dorf abwärts. Es gibt mehrere Wasserstellen und im Unterdorf einen überdachten Waschplatz, der sich als Pausenplatz bei Regen eignet. Rechts vom Waschplatz finden Sie die Gîte communaux und das Maison Despourrins. Auch fehlt nicht der Hinweis zum Chambres d'hôtes L'Arrayade. Hotel, Supermarkt, Campingplatz und Schaukäserei befinden sich etwa 500 m vom Weg entfernt an der Hauptstraße (D834).

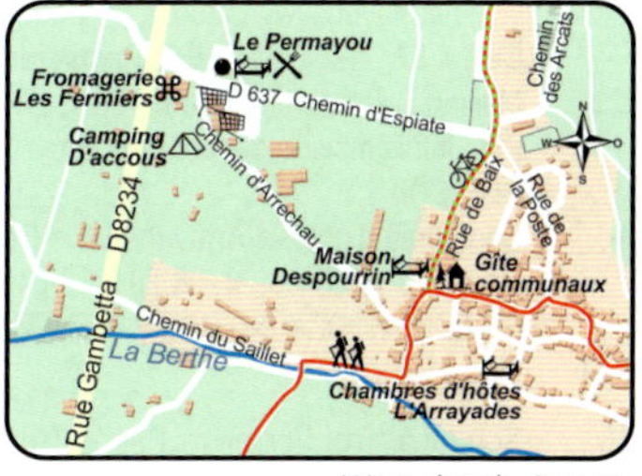

Weg durch Accous

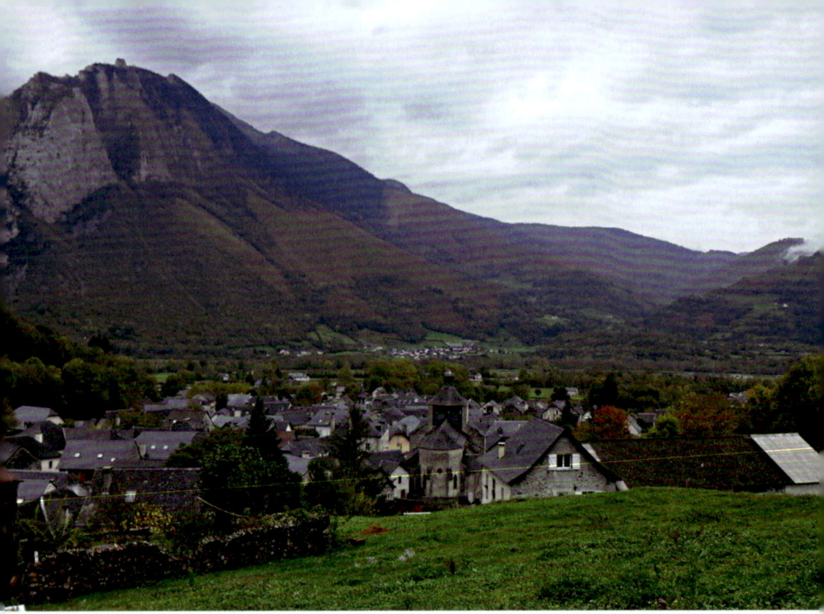

Accous im Tal des Gave d'Aspe

Accous 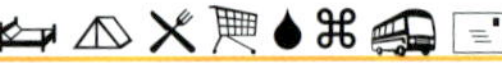 64490

Gîte communaux, 05 59 34 74 79, mairie@accous.fr, www.accous.fr, 17 Betten, Ü € 25, F und HP möglich,

Gîte d'étape u. Camping Plateau de Lhers-Vallée d'Aspe, Mme Marie-Pierre Cassou, 05 59 34 75 39, 06 70 20 45 86, gite-camping-lhers@laposte.net, www.gite-camping-lhers.com, 17 Betten, Gîte: Ü € 14, ÜF € 19, ÜHP € 33, Camping: € 9,50/2 Pers.

Hotel/Restaurant Le Permayou, an der D834, 05 59 34 72 15, permayou@wanadoo.fr, permayou.haut-bearn.fr, 8 Zi, Ü EZ € 44, DZ € 52, DBZ € 57, VBZ € 61, F € 7, Restaurant bietet Mittagstisch u. Abendessen

Maison Despourrins, Rue de Baix, 05 59 34 53 50, 06 76 45 42 61, info@maison-despourrins.com, www.maison-despourrins.com, 8 Zi, 22 Betten, ÜHP € 39

♦ Chambres d'hôtes L'Arrayade, Rue Darré Chichette, Isabelle u. Jean-François Lesire, 05 59 34 53 65, 06 70 71 89 45, chambresdhotes-larrayade.com, 4 Zi, ÜF EZ € 41, DZ € 56, DBZ € 71, VBZ € 86

Pau

⌘ Schaukäserei Fermiers Basco-Béarnais

im Sommer tägl. 9:30-13:00 u. 14:30-19:30, sonst Mo-Fr 9:30-12:00 u. 14:00-18:00, Sa 14:00-18:00

Im Unterdorf gehen Sie links durch die Rue de Baix. Die nächste Straße rechts würde zu Hotel, Campingplatz, Supermarkt und Schaukäserei führen. Sie gehen erst am Ende der Straße rechts und 150 m weiter links über die Bachbrücke. Hier finden Sie einen Hinweis auf die Ferme Ossiniri und auf den dort produzierten „Fromage Brebis". Es handelt sich bei dem Begriff um eine veraltete Bezeichnung für den traditionellen Schafkäse Ossau-Iraty. Die Farm selbst befindet sich noch hinter Borce etwa 500 m abseits vom Weg.

Ihr Weg führt zur Nationalstraße und links etwa 800 m an ihr entlang. Sie biegen links wieder ab, steigen zu den Häusern von **Estanguet** hinauf und wieder zur Nationalstraße hinunter.

Chambres d'hotes Auberge Cavalière, ÜF DZ € 72, DBZ € 107, VBZ € 132, 05 59 34 72 30, cavaliere.auberge@wanadoo.fr, www.auberge-cavaliere.com

Jetzt sind es nur 360 m, die Sie links der Straße folgen. Dann überqueren Sie den Fluss an der **Pont de Lescun,** gehen bis zu den Gebäuden eines Wasserkraftwerks der EDF und vor dem Firmentor scharf links in den ansteigenden Fußweg. Über eine Fußgängerbrücke geht es schließlich nach 3,7 km zurück zur Straße und rechts etwa 1 km an ihr entlang. Links führt dann ein Abzweig in das am Fluss liegende **Etsaut**. Sie aber biegen rechts ab und steigen nach Borce an.

Borce 64490

Gîte Saint-Jacques de Compostelle, 05 59 34 88 98, comborce@cdg-64.fr, 6 Betten, Ü € 14, EN, am Ortseingang, das Haus steht auf, zwischen 18:30 und 19:30 kommt jemand zum Kassieren

Gîte-Bar-Epicerie Le Communal, 05 59 34 86 40, 06 28 35 17 10, lecommunal64@gmail.com, www.lecommunal.fr, 2 Zi, 18 Betten, Ü € 14,50, F € 7, Laden: Mo-So 8:30-12:30, Di, Mi, Fr, Sa zusätzlich 16:30-18:00

Gîte-Auberge La Garbure, Chemin de l'Eglise, Etsaut, 05 59 34 88 98, l@garbure.net, www.moulin orcun.com, 53 Betten, Ü € 14, ÜF € 19, ÜHP € 32,

♦ Chambres d'hôtes L'Espiatet, quartier Biella, Mme Coustet, 07 50 35 89 13, celine.flores.chez-alice.fr, ÜF EZ/DZ € 42, am Ortsausgang

Bar-Alimentation-Brasserie Le Randonneur, Etsaut, tägl. bis etwa 20:00

Pau

⌘ Ausstellung in der ehemaligen Jakobuskapelle gleich neben der Pilgerherberge

Das erhöht im Talhang abseits der Fahrstraße gelegene Dorf Borce hat sich durch behutsame Restauration der alten Bausubstanz ein mittelalterliches Flair erhalten. Manche der Steinhäuser stammen aus dem 16. und 17. Jh. Auf viele interessante Details der Bauweise wird auf Tafeln hingewiesen. Ein Fußweg und eine Fußgängerbrücke verbinden das Bergdorf Borce mit dem Talort Etsaut (10 Min.).

Etappe 37: Borce – Somportpass – Canfranc-Estación (Pyrénées Atlantiques, Aragón)

23,7 km, 8 Std., ↑ 1.290 m, ↓ 735 m, ⇧ 615-1.636 m

0,0 km	⇧ 646 m	Borce
4,8 km	⇧ 769 m	Urdos
16,9 km	⇧ 1.632 m	Somportpass
23,7 km	⇧ 1.196 m	Canfranc-Estación

Eine anstrengende, aber auch besonders schöne Etappe liegt heute vor Ihnen. Bis Urdos steigen Sie noch zügig entlang der Straße bergan. Dann führt Ihr Weg durch Wiesen und Weiden in den Talhang rechter Hand (orografisch links). Kleine Weiler werden berührt, bevor es zur Straße zurück und im gegenüberliegenden Talhang durch Bergbuchenwälder aufwärts geht, während die Straße im Tunnel verschwindet. Am Pass betreten Sie die trockenere Südseite der Gebirgskette. Über Steine und in Stufen steigen Sie abwärts in den vom Bergtourismus geprägten Luftkurort Canfranc-Estación. Lassen Sie sich Zeit, denn in Spanien „ticken die Uhren anders". Auch wenn es keine Zeitverschiebung gibt, hat sich der Tagesablauf so weit im Westen Europas dem späteren Sonnenaufgang

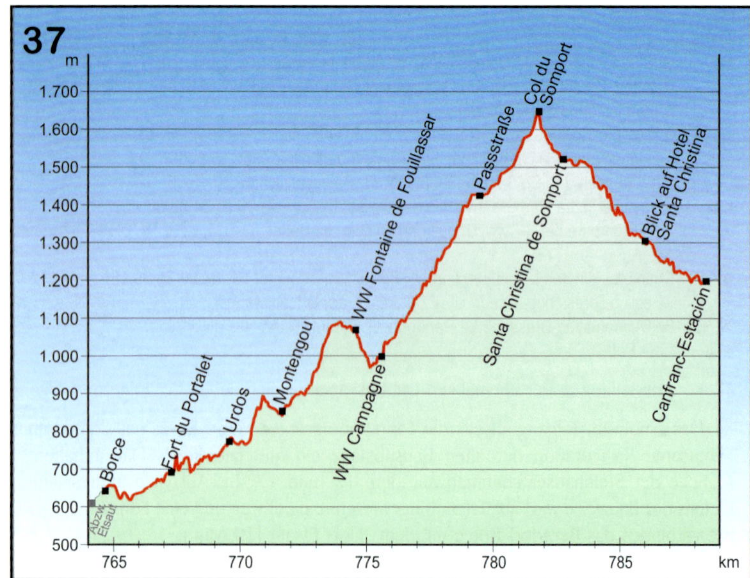

angepasst (gegenüber Berlin rund 40 Min. Unterschied). Das Abendessen gibt es selten vor 20:00, dafür aber auch noch um 22:00. Mittagszeit ist gewöhnlich zwischen 13:30 und 16:00. Das Schöne daran ist, dass Sie in aller Ruhe bis in den Abend hinein laufen können.

Ihr Weg führt durch das Dorfzentrum hindurch wieder zur Nationalstraße hinunter und rechts für 2,7 km ohne Markierung an ihr entlang. Diesmal gibt es etwas mehr Platz auf einem Randstreifen. Vorsicht ist aber weiterhin geboten! An einer Engstelle ist das **Fort du Portalet** in den Berghang gebaut. Errichtet wurde es zwischen 1842 und 1870 mit der Mission, eine spanische Invasion über den Somportpass zu verhindern. 1925 wurde die militärische Nutzung aufgegeben. Nach Voranmeldung über das Tourismusbüro in Bedous kann die Burg besichtigt werden.

Wenig weiter überqueren Sie mit der Straße den Fluss Gave d'Aspe und erreichen die Bushaltestelle „Urdos Gare". Hier biegen Sie halb rechts bei wieder einsetzender Markierung von der Straße ab und erreichen das Dorf Urdos. Unterhalb sehen Sie das Campingareal. Etwas weiter könnten Sie links aufwärts die Hauptstraße, an der Gîte, Hotel, Bar, Lebensmittelladen, Toiletten und eine weitere Bushaltestelle zu finden sind, wieder erreichen.

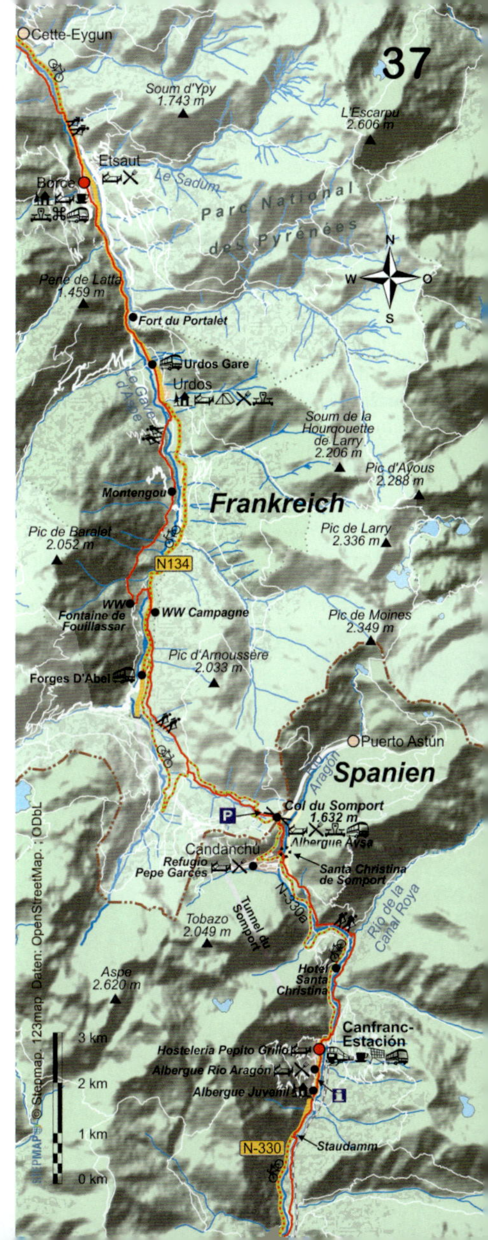

Urdos

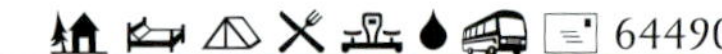 64490

Gîte Le Compostelle, N134, 05 59 39 38 67, 07 86 75 80 66, lecompostelle.urdos@live.fr, 12 Betten, Ü € 15,

Hôtel-Restaurant des Voyageurs**, Route du Somport, 05 59 34 88 05, hotel.voyageurs.urdos@wanadoo.fr, www.hotel-voyageurs-valleeaspe.com, 13 Komfortzimmmer, Ü EZ € 40, DZ € 50, F € 6,50, 10 Zimmer im zum Hotel gehörenden Haus Somport werden zeitweilig (nicht immer) auf Anfrage zu günstigen Konditionen vermietet, , Restaurant So Abend u. Mo geschlossen, im Nov komplett geschlossen

Camping Le Gave d'Aspe, 05 59 34 88 26, www.campingaspe.com, campingaspe@gmail.com, Ü auch in Hütten € 15, Ü Zelt + 2 Pers. € 13,50, Mai-Sep

Wer nicht in das wirtschaftliche Zentrum von Urdos will, kann auf der unteren Dorfstraße bleiben und folgt am Dorfausgang geradeaus der **Promenade de la Voie romaine** ein kleines Stück in den Talgrund. (Von der Hauptstraße führt die gute Markierung hier herunter.) Nach der Eisenbahnbrücke biegen Sie rechts von der Römerstraße ab, überqueren den Fluss, wandern links durch die Weideflächen und bald rechts steiler aufwärts zu einem Schotterweg und dort links noch weiter bergan zu einem Wegweiser. Dieser zeigt links in einen breiteren, leicht abwärts führenden Weg.

Nur 230 m weiter biegen Sie links in ein offensichtlich altes Wegstück zwischen Trockenmauern und Buchsbaumhecken ab. Sie treffen auf zwei Farmhäuser (Monten-

Lass uns mal nachsehen, ob noch ein Pilger kommt

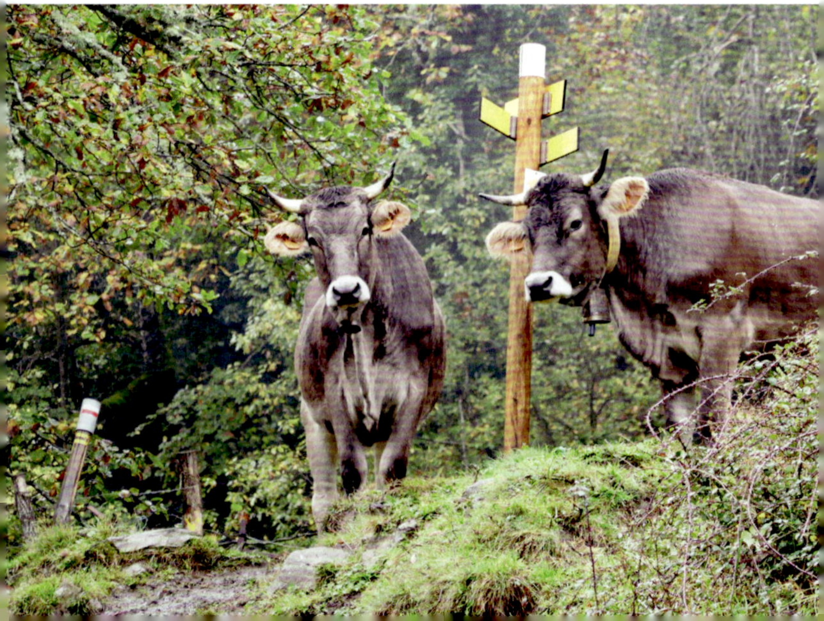

gou). Hier folgen Sie links dem Sträßchen bald abwärts und gehen dann an der Verzweigung rechts Richtung **Marrassan** wieder steiler bis auf fast 1.100 m Höhe bergauf.

Sie erreichen schließlich ein einzelnes Farmhaus am Wegweiser **Fontaine de Fouillassar** (⇧ 1.058 m, die Quelle finden Sie 30 m weiter). Vor dem Haus gehen Sie links abwärts, an einem weiteren Gehöft vorbei bis zum Gave d'Aspe hinunter, über die Brücke und dann rechts am Fluss entlang.

Der Weg führt schließlich an die Nationalstraße. Sie gehen 150 m rechts an ihr entlang und biegen dann links unter einer Eisenbahnbrücke hindurch (Wegweiser Campagne 1.015 m) von ihr ab.

Wer sich über die Nationalstraße hier hinaufgekämpft hat, bleibt noch für weitere 1,2 km auf der Straße und fährt nach der Bushaltestelle „Forges D'Abel" links auf der alten Passstraße weiter bergauf. Die Nationalstraße verschwindet wenig später im Somporttunnel.

Ihr Weg führt nach der Brücke gleich wieder nach rechts und bleibt weitgehend parallel zur Straße, aber hinreichend eigenständig. Durch Bergbuchenwald steigen Sie bis zur alten Passstraße heran, folgen ihr 180 m bergab und biegen dann links in ein Wiesental ab. Knapp 2 km weiter wird die Straße an großen Parkplätzen wieder erreicht. Ohne Richtungswechsel überqueren Sie die Straße und die Parkplätze und steigen die letzten Meter zum Col du Somport (Somportpass) hinauf.

Der Somport, abgeleitet vom lateinischen summus portus (höchster Übergang), ist ein seit alters her benutzter Pyrenäenübergang. 1915 bis 1925 grub man einen Tunnel für die Eisenbahnverbindung Pau – Canfranc, die kein dauerhafter Erfolg wurde. Das Güteraufkommen war gering, in den 1960er-Jahren fiel das Unterwerk in Urdos aus und am 21.3.1970 entgleiste ein Güterzug auf der Brücke von l'Estanguet, weil er nach einem Bremsdefekt ungebremst bergab rollte, und zerstörte die Brücke. Danach wurde die Strecke stillgelegt. Zwischen Oloron und Bedous ist im Jahr 2016 der Betrieb für den Personenverkehr wieder aufgenommen worden. 2003 wurde der 8,6 km lange Straßentunnel eröffnet, der den Verkehr auf der alten Route deutlich verringert. Auf der spanischen Seite liegt nur wenig unterhalb des Passes das Wintersportressort Candanchú mit einer ganzen Reihe von Unterkünften, die vor allem in der Winterzeit (Dez-Apr), aber auch im Sommer (Jun-Aug/Sep) geöffnet haben.

Col du Somport/Somportpass (Huesca) 22889

Albergue Aysa, 22889 Candanchú, ☏ 974 373 023, aysa.somport@gmail.com, www.albergueaysa.com, 47 Plätze in Zimmern mit 4-6 Betten, Ü € 14, F € 6 (ab 8:30), Okt u. Nov geschlossen, aussichtsreich direkt auf dem Pass an der spanischen Seite gelegen

♦ Refugio Pepe Garcés, C. Única, 17, 22889 Candanchú, ☏ 974 372 378, 659 001 201, refugiopepegarces@gmail.com, www.refugiopepegarces.com, 48 Betten in Zimmern mit 4-6 Betten, Ü € 16, F € 5,50, ÜHP € 32, EN, kann im Okt/Nov u. Apr/Mai geschlossen sein, im Wintersportort Candanchú 700 m vom Weg

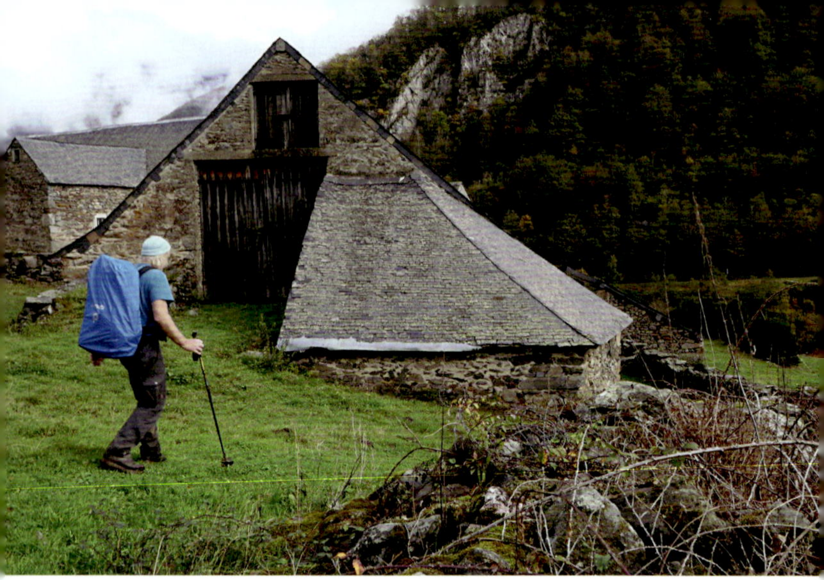

An kleinen Weilern vorbei führt der Weg wieder in den Talgrund

Sie biegen erst in die nach rechts abgehende Straße ein, nach 50 m aber links in den Fußweg, der steinig und in Stufen im noch jungen Aragóntal abwärtsführt. Sie umrunden die Grundmauern des Klosters und Hospitals **Santa Christina de Somport**, das hier im hohen Mittelalter stand und Pilgern eine Bleibe bot. An der Straße gehen Sie ein paar Schritte nach links (rechts kämen Sie in den Wintersportort), biegen dann aber wieder von ihr ab. Markiert ist der Weg auch als Zuweg zum GR 11. Noch einmal überschreiten Sie eine Straße. Steinig und steil führt der Weg auf der anderen Seite weiter abwärts.

Sie passieren Gebäudereste einer Mine und biegen wenig weiter (im Kiefernwald) rechts zu einer wenig einladend wirkenden Schutzhütte hin ab und erreichen unterhalb einen Schotterweg. Diesem folgen Sie nach links und im Rechtsbogen über einen Nebenfluss. Danach führt Ihr Weg geradeaus auf eine Wiese und steigt weiter im Aragóntal ab.

Das Hotel Santa Christina steht in Sichtweite, aber unerreichbar auf der anderen Flussseite. Zuletzt treffen Sie auf die Talstraße und gehen links nach Canfranc-Estación. In der Straßenkurve können Sie unterhalb den Einlass zum alten Eisenbahntunnel erkennen.

Canfranc-Estación (Huesca)

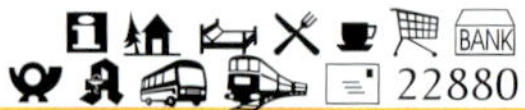

i Oficina de Turismo, Plaza del Ayuntamiento 1, ☎ 974 373 141, turismo@canfranc.es, www.canfranc.es, in der Sommerzeit Mo-So 9:00-20:00, übrige Zeit: Di 16:30-19:30,

Mi-Sa 9:00-13:30 u. 16:30-19:30, So 9:00-13:30, Verkauf von Pilgerpässen, wenig unterhalb des Bf.

Albergue Juvenil de Canfranc-Estación, Plaza del Pilar 2-3, ☏ 695 903 426 u. 655 943 479, buenavista@alberguecanfranc.es, www.alberguecanfranc.es, 40 Betten, Ü EZ € 26, DZ € 32, für Pilger im Schlafsaal € 12, F € 4, Mitgliedsausweis erforderlich, Nov geschlossen, noch 250 m weiter südlich der Albergue Río Aragón in einer der hinteren Nebenstraßen

Albergue Río Aragón, Avenida de Arañones 26, ☏ 974 373 150 u. 974 486 213, 608 229 576, info@alberguerioaragon.com, www.alberguerioaragon.com, 36 Betten in Zimmern mit 2-10 Betten, Ü EZ € 25, DZ € 33, VBZ € 52-54, Bett im Schlafsaal € 12,50, 10 % Rabatt für Pilger, F € 3,50, A € 11, EN, Trockner, ganzjährig, südlich vom Bf. am Weg

Hosteleria Pepito Grillo, Avenida Fernando el Católico 2, ☏ 974 373 123, 619 545 929, albergue@pepitogrillo.com, alberguepepitogrillo.com, 40 Betten in Zimmern mit 2-8 Betten, Ü ab € 13, F € 3,50, HP ab € 26, EN, Nov geschlossen, am Ortseingang, die Türen sind offen und Sie können sich nach den aushängenden Anweisungen schon mal ein Bett aussuchen, gegen 19:00 öffnet die Bar und Sie können bezahlen und gegebenenfalls das Frühstück ordern, Abendessen nur in der Hauptsaison

Taxi Canfranc, ☏ 639 392 739; Taxi La Estrella, ☏ 690 125 008

☞ Oloron

Canfranc-Estación hat einen Regionalbahnanschluss.

Canfranc-Estación ist ein Ortsteil, der erst im letzten Jahrhundert rund um den Bahnhof (estación) entstanden ist und den alten Ort heute an Größe und Bedeutung weit übertrifft. Sogar das Rathaus von Canfranc befindet sich hier. Der Ort wird von einem gigantischen, repräsentativen Bahnhofsgebäude aus dem Jahr 1928 beherrscht, das als internationaler Grenzbahnhof große Zeiten erlebt hat, heute aber als Endpunkt einer Regionalbahn (Richtung Huesca und Zaragoza) bedeutungslos geworden ist und weitgehend dem Verfall überlassen wurde.

In Canfranc-Estación finden Sie diverse Restaurants, Hotels, Einkaufsmöglichkeiten sowie sonstige Infrastruktur.

Etappe 38: Canfranc-Estación – Jaca (Huesca)

23,9 km, 6 Std., ↑ 218 m, ↓ 584 m, ⇧ 785-1.202 m

0,0 km	⇧ 1.196 m	Canfranc-Estación
9,5 km	⇧ 955 m	Villanúa
16,2 km	⇧ 914 m	Castiello di Jaca
23,9 km	⇧ 830 m	Jaca

Ihr Weg folgt auch heute sehr abwechslungsreich dem Flusstal des Río Aragón. Sie passieren mehrere kleine Dörfer, die sich alle auf ihre Weise einen mittelalterlichen Charme bewahrt haben. Kulturelle Höhepunkte sind eine sehr gut erhaltene romanische Flussbrücke bei Canfranc und natürlich die Kleinstadt Jaca. Hier haben Sie Gelegenheit, eine der ältesten Kirchen Spaniens zu besichtigen.

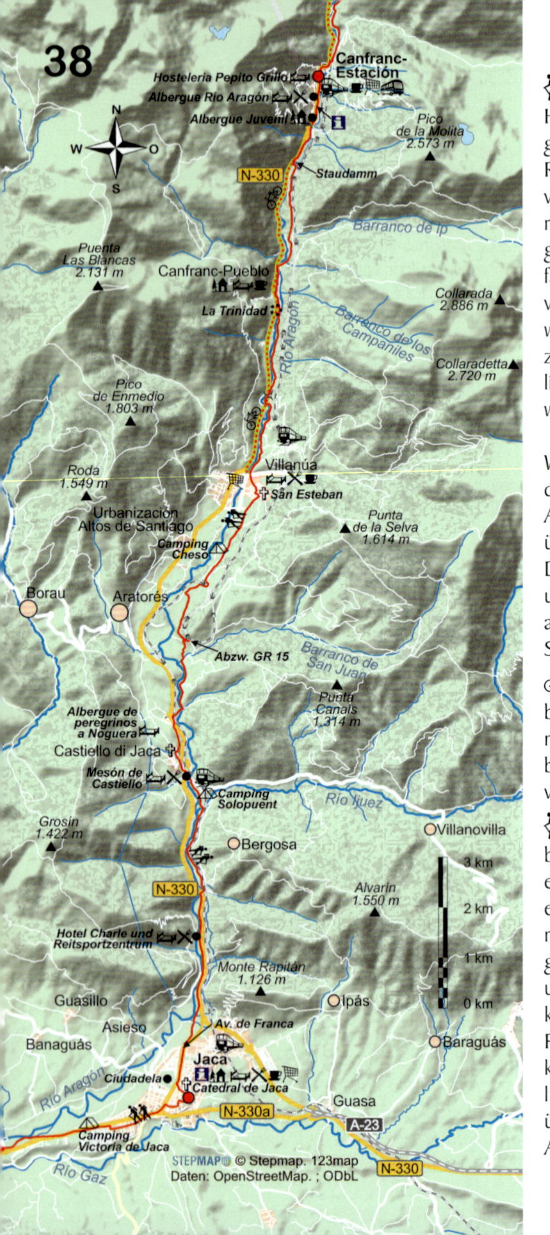

Sie folgen der Hauptstraße durch den lang gestreckten Ort, passieren Rathaus, Touristinfo sowie viele Hotels und Restaurants. Sie kommen an der großzügig ausgebauten Einfahrt des Somporttunnels vorbei und passieren nach weiteren 500 m einen kurzen Straßentunnel, dem Sie links am Fluss bleibend ausweichen.

Am Staudamm vom Wasserkraftwerk beginnen die Markierungen wieder. Auch gibt es Wegweiser. Sie überqueren unterhalb des Damms den Río Aragón und folgen ihm auf der anderen Seite auf schönem Spazierweg talabwärts.

Radfahrer nutzen bis Villanúa die Straße, können dann aber gut auf die beschriebene Wegalternative wechseln.

Nach etwa 2 km befindet sich linker Hand an einem Nebenbach unter einem Wasserfall eine schöne Badestelle. Am Río Aragón selbst ist das Baden und Lagern verboten und kann wegen unerwarteter Flutwellen aus den Wasserkraftwerken höchstgefährlich sein. Wenig weiter überqueren Sie den Río Aragón, gehen auf der

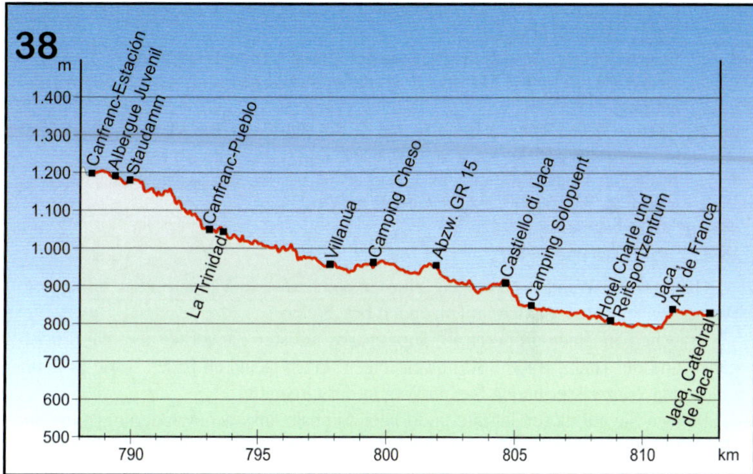

Hauptstraße (N-330) ein paar Schritte nach links und biegen dann links auf die Dorfstraße ab, die durch Canfranc-Pueblo führt (💧 Wasserstelle am Kirchplatz).

Canfranc-Pueblo 22888

Refugio Sargantana, Calle Albareda 19, ☏ 974 372 010, 974 373 217, sargantana@sargantana.info, www.sargantana.info, 74 Betten in 8 Zi + EZ, DZ mit Bad, Ü EZ/DZ € 38, im Schlafsaal € 13, EN, ganzjährig

Casa rural La Cabaña u. Bar Tienda, Calle Ramón y Cajal 1, ☏ 974 372 119, 608 229 663, ansealba@hotmail.com, www.lacabanacasarural.com, 4 Zi, Ü EZ € 35, DZ € 50, F € 5, A € 11,

Nachdem Sie die Ortschaft verlassen haben, passieren Sie die verfallende Kirche La Trinidad und den Friedhof. Hier ist ein kleiner Rastplatz entstanden. Weiter führt Sie der Weg über eine sehr gut erhaltene romanische Brücke zurück an die andere Talseite und dann über einen teilweise felsigen Pfad im Tal weiter abwärts. Zweimal unterqueren Sie die Talstraße in der dort engen Talschlucht und erreichen wenig weiter den Ortseingang von Villanúa an einem Rastplatz vor der Flussbrücke.

Die Wegweiser weisen hier sowohl rechts für den Weg über die Brücke (der alte GR 65.3) als auch links für eine als GR 65.3.1 bezeichnete Variante gleiche Entfernungen zum nächsten Talort Castiello de Jaca aus.

Villanúa 22870

Albergue de Villanúa, Camino de la Selva 18, ☏ 974 363 410, reservas@alberguevillanua.es, alberguevillanua.es, 260 Betten, ÜF € 21, ÜHP

€ 32, Bettwäsche, 🐈, 🚪 Dez geschlossen, am Ortseingang links und wieder links der Avenida la Selva 200 m folgen

🛏 Casa rural Fuente Candalo, Beatriz Lanseros Tabara, Camino de la Fuente, ☎ 974 378 071, 📱 661 851 110, ✉ fuentecandalo@telefonica.net, 4 Zi, ÜF € 25, A € 12, am Weg

🛏 ✕ Albergue Tritón, Plaza del Mediodía, s/n, ☎ 974 378 181, 📱 638 655 901, ✉ info@alberguetriton.es, 💻 www.alberguetriton.es, ÜHP € 27, am Weg

♦ Hostal Alto Aragón, Calle Faci Abad, ☎ 974 378 175, ✉ hostalaltoaragon@gmail.com, Ü EZ € 35, DZ € 50, DBZ € 65, F € 5, EN, am Weg

🚗 Taxi La Estrella, ☎ 690 125 008

🚆 ☞Canfranc-Estación

Hier hat die Wandervereinigung eine empfehlenswerte Variante zum bisherigen Weg gekennzeichnet, die ich im Folgenden beschreibe.

Brauchen Sie einen größeren 🛒 Supermarkt, müssten Sie vorher über die Brücke gehen und der Hauptstraße 380 m weit folgen. Einen kleineren Laden sowie Restauration und Trinkwasser finden Sie am Weg in der Ortsmitte.

Bleiben Sie auf dieser Talseite und folgen Sie halb links den Markierungen in den alten Ort Villanúa 🛏 ✕ 🏛. Am Brunnenplatz gehen Sie links zur Kirche **San Esteban** 💧 ⛺, daran vorbei bis zur Straße am Dorfrand und dort rechts. Markant und

Collarada (2.886 m) und Collaradetta (2.720 m) – spektakulärer Rückblick aus Villanúa

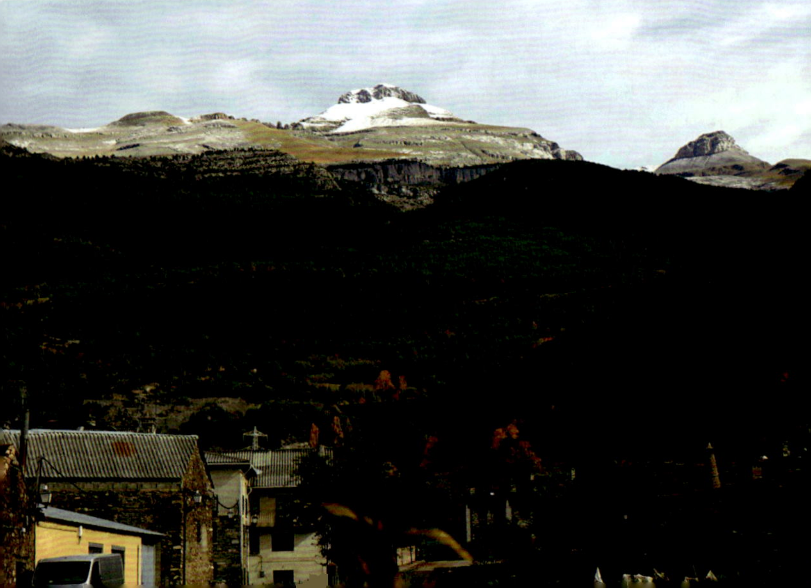

noch lange im Hintergrund sichtbar sind die eindrucksvollen, vom Verwitterungsschutt (Kalkstein) umgebenen Bergspitzen Collarada (⇧ 2.886 m) und Collaradetta (⇧ 2.720 m).

Sie folgen dem Sträßchen durch das anfangs breite, landwirtschaftlich genutzte Tal. Bis zum letzten Haus ist geteert, dann führt ein feinschottriger Weg weiter. Es folgt ein Hinweis auf den nahen ⛺ Campingplatz (Campamento) Cheso. Achten Sie etwa 1,5 km weiter darauf, nach dem Überqueren der Bahnstrecke (über einen Tunnel) einen abzweigenden Weg rechts zu ignorieren. Wiederum 1,2 km weiter biegen Sie an einem Wegweiser scharf rechts vom links abführenden GR 15 ab.

Ihr Weg führt zum Fluss hinunter und hinüber zur Straße, kurz bevor Sie diese erreichen aber links in einen Schotterweg und dann doch über die Straße hinüber und im Hang aufwärts nach Castiello de Jaca.

Castiello de Jaca 22710

Mesón de Castiello, Avenida de Francia 4, ☏ 974 350 045, 974 350 008, mesoncastiello@lospirineos.com, www.hotelcastiellodejaca.com, 35 Zi, Ü EZ ab € 32, DZ ab € 52, F € 6, direkt am Weg

Albergue de peregrinos a Noguera, Calle Santiago 13, ☏ 635 011 177, albergueanoguera@gmail.com, 16 Betten in 4 Zi, Ü € 15, DZ € 50, DBZ € 55, A € 10, F € 4, EN, 15.10.-30.11. geschlossen, 800 m, folgen Sie der Calle Santiago 600 m nach rechts und biegen Sie dann links in die Zufahrt

Gehen Sie an der Kirche vorbei und wieder hinunter zu einem kleinen Platz, dort links die Calle Santiago hinab, über die Hauptstraße zurück und am Hotel Mesón de Castiello vorbei. Dann überqueren Sie den Río Aragón. Ein Weg führt Sie rechts weiter flussabwärts. (Würden Sie nach der Flussbrücke der Straße folgen, kämen Sie zum Bahnhof von Castiello (250 m) und wenig weiter zum ⛺ Campingplatz Solopuent.

2,6 km nach dem Unterqueren der Hauptstraßenbrücke folgen Sie nicht mehr dem Weg am Fluss entlang, sondern dem an der Straße. Zuletzt steigt er noch einmal kräftig bergan und erreicht über eine Allee die Zitadelle von Jaca. Gegenüber können Sie bereits in die Gassen der Altstadt schauen. Verlassen Sie hier die Hauptstraße und gehen Sie links am **Oficina de Turismo** vorbei zum **Plaza San Pedro** ✞ und dort links durch die Calle de Bellido. Nach 200 m geht es halb links durch die Calle Puerta Nueva, wieder rechts durch die Calle Hospital und wieder rechts zur **Pilgerherberge von Jaca**. Im Boden sind zusätzlich zu den gelben Pfeilen wegweisend Pilgerwegssymbole eingelassen.

Jaca 22700

Oficina de Turismo de Jaca, Plaza San Pedro 11-13, ☏ 974 360 098, oficinaturismo@aytojaca.es, www.jaca.es, Mo-Sa 9:00-13:30 u. 16:30-19:30, im Sommer durchgehend bis 21:00, So/Fei 9:00-15:00

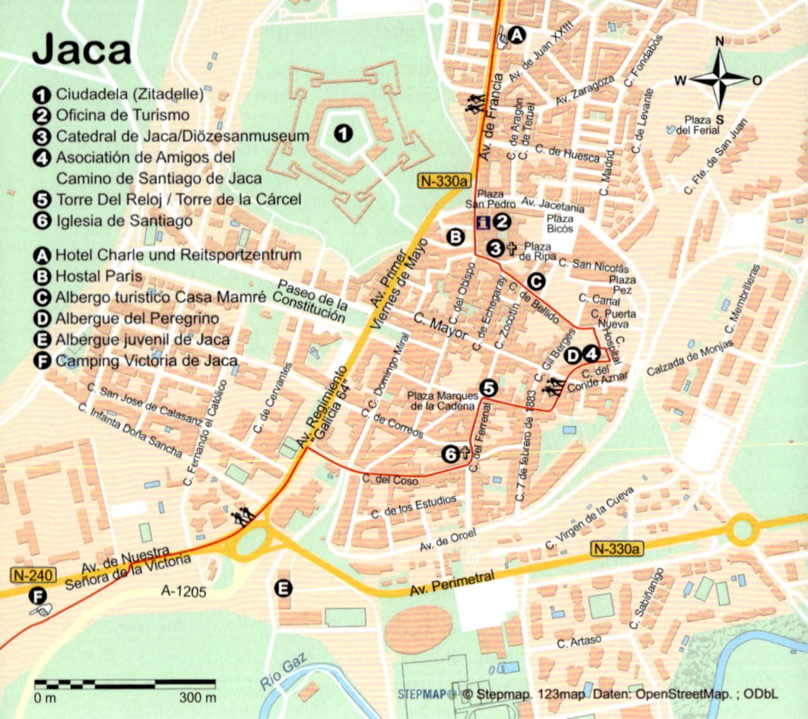

Asociatión de Amigos del Camino de Santiago de Jaca, Calle Conde Aznar 9, master@jacajacobea.com, www.jacajacobea.com

Albergue del Peregrino, Calle Conde Aznar 9, 974 360 848, alberguperegrinos@aytojaca.es, 32 Betten in 2 Zi, Ü € 10, zwei Schlafbänke stehen sich jeweils gegenüber und geben etwas Privatsphäre, Mrz-Dez 15:00-22:00, morgens bis 9:00

♦ Albergue juvenil de Jaca, Avenida Perimetral 2, 974 360 536, 667 492 569, alberguejaca@escolapiosemaus.org, www.alberguejaca.es, 180 Betten in 42 Zi, Ü € 15-22, F € 5, EN, mit Herbergsausweis, am Weg, südlich des großen Kreisels am Ortsausgang

♦ Albergo turistico Casa Mamré, Calle del Arco 1, 974 363 271, info@casamamre.com, www.casamamre.com, Ü € 11 in Gemeinschaftsräumen, F € 4, nördliche Altstadt

Hotel Charle und Reitsportzentrum, 974 360 097, 608 596 058, reserva@hotelcharlejaca.com, hotelcharlejaca.com, 19 Zi, ÜF EZ € 35-45, DZ € 60-70, DBZ € 80-90, VBZ € 100-140, € 5, EN, DE, 2 km vor Jaca am Weg

Hostal París, Plaza San Pedro, 5, ☏ 974 361 020, info@hostalparisjaca.com, www.hostalparisjaca.com, Ü EZ € 32-45, DZ € 38-55, DBZ € 55-68, F € 4, gegenüber der Kathedrale

Camping Victoria de Jaca, Avenida Nuestra Señora de la Victoria 44, ☏ 974 357 008, 630 908 881, reservas@alcorceaventura.com, alcorceaventura.com, Ü Zelt + 2 Pers. € 15, Ü auch in Hütten möglich, € 1,50, EN, , am Weg, Ortsausgang

Taxi, ☏ 974 362 849

✝ Catedral de Jaca, eine der ältesten romanischen Kathedralen Spaniens aus dem 11. Jh. mit interessantem Hauptportal und Figurenschmuck in den Kapitellen. Sie ist dem hl. Petrus (San Pedro) geweiht und stammt aus derselben Zeit wie die Kathedrale in Santiago.

tägl. 8:30-13:30 u. 16:00-19:00, im Sommer auch länger

✝ In der Jakobuskirche (Iglesia de Santiago) findet tägl. um 20:00 die Pilgermesse statt. Sie können hier gegen eine Spende auch den Pilgerausweis bekommen.

⌘ Diözesanmuseum im Kreuzgang der Kathedrale, Eingang durch die Kathedrale. Stücke aus Romanik und Gotik, vor allem Originalfresken aus romanischen Kirchen der aragonesischen Pyrenäen.

tägl. 10:00-13:30, nachmittags Mo-Fr 16:00-19:00

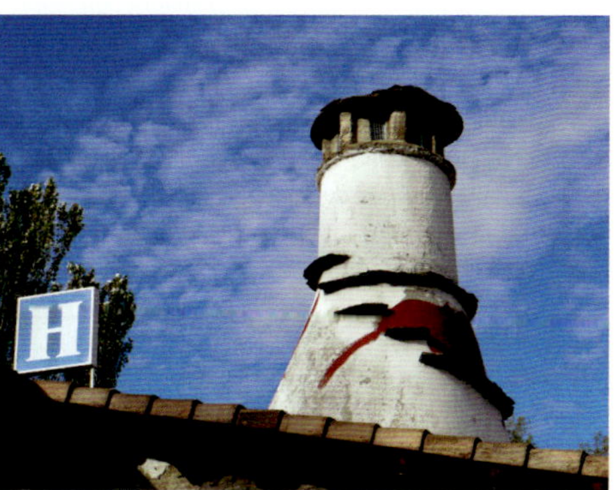

Hostal vor Jaca – die Schornsteine sind hier Aushängeschild

Jaca hatte schon zu Zeiten der Römer Festungsanlagen. Von den Mauren konnte die Stadt nie eingenommen werden. Im Jahr 824 wurde hier die Grafschaft Aragón gegründet, die zunächst zu Navarra gehörte, bis sie 1035 ein selbstständiges Königreich wurde. Wegen der strategisch wichtigen Lage wurde Jaca die Hauptstadt. Im Kampf gegen die Mauren expandierte das Königreich Aragón schnell nach Süden.

1096 wurde die Stadt Huesca den Mauren entrissen und zur neuen Hauptstadt erklärt, bis Zaragoza 1118 endgültig die Hauptstadt Aragóns wurde. Jaca verlor als wichtige Station auf dem Jakobsweg aber nie an Bedeutung. Heute ist der Ort eine beliebte Sommerfrische und Ausgangspunkt für Fahrten in die Wintersportorte Astún und Candanchú.

Etappe 39: Jaca – Arrés (Huesca, Zaragoza)

25,1 km, 6 Std., 261 m, 389 m, 603-832 m

0,0 km	830 m	Jaca
15,4 km	650 m	Santa Cilia de Jaca
25,1 km	700 m	Arrés

Von Jaca bis nach Puente la Reina de Jaca (dies ist nicht der Zielort Puente la Reina/Gares, Puente la Reina = Brücke der Königin) verläuft der Pilgerweg überwiegend entlang der lauten Hauptverkehrsstraße N-240, meist allerdings auf Nebenwegen, sodass Sie nicht ständig dem Autoverkehr direkt ausgesetzt sind. Bei den häufigen Straßenquerungen ist jedoch allergrößte Vorsicht geboten! Die ungemütliche Situation wird sich sicher erst entspannen, wenn die Autobahn im jenseitigen Talhang bis Jaca fertiggestellt ist.

Ab Jaca pilgern Sie nur noch selten allein. Das Pilgeraufkommen steigt nun deutlich an. Nicht nur die Via Tolosana führt von Norden heran, auch aus dem Süden und dem Osten Spaniens erreichen Pilgerwege den Camino Aragónes. Insbesondere die in der Nähe wohnenden Spanier nutzen gerne die exzellente Infrastruktur des Pilgerweges. Vergleicht man die durchschnittlichen Übernachtungszahlen der Herbergen allerdings mit denen am Camino Francés, dem spanischen Hauptweg, kommt man nur auf 10 bis 16 % des dortigen Pilgeraufkommens. Es bleibt also "familiär".

Wenn Sie aus der Pilgerherberge kommen, gehen Sie nach rechts und folgen dem Straßenverlauf geradeaus bis zum **Plaza Marques de la Cadena** am Torre del Reloj, dem Uhren- und Gefängnisturm der Stadt. Hier laufen Sie links durch die Calle del Ferrenal zur **Iglesia de Santiago** (Jakobuskirche). Gleich danach gehen Sie rechts bis zur Hauptverkehrsstraße und dort links. Am Kreisverkehr halten Sie sich rechts Richtung Pamplona, nehmen aber 150 weiter links einen Nebenweg.

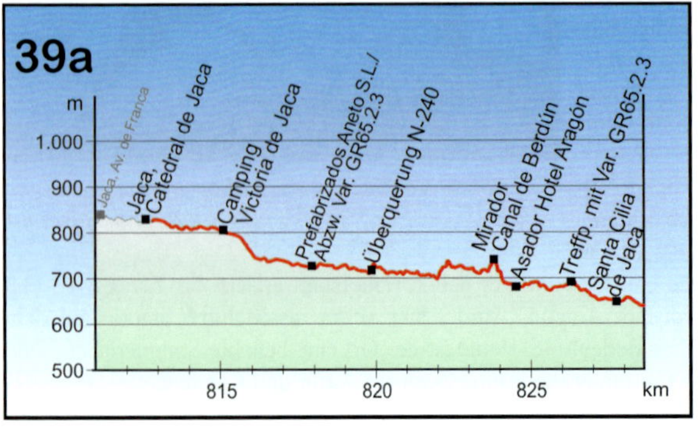

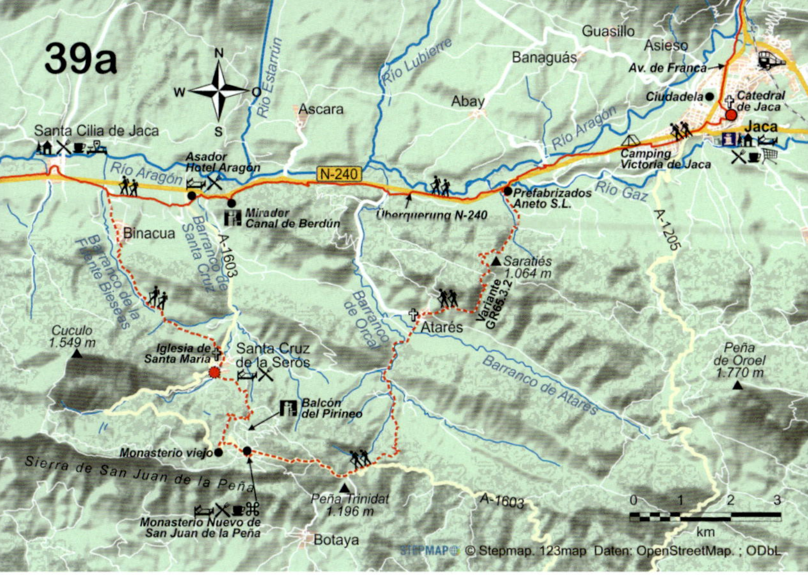

Am Ende der Straße gehen Sie rechts und biegen wieder links in eine Parallele zur Hauptverkehrsstraße ab. Rechter Hand taucht der ⛺ Campingplatz auf. Sie erreichen die Hauptstraße und folgen ihr auf dem Fußweg auf der rechten Seite. Eine Weile verläuft der Weg entfernt von der Straße, unterquert einen neuen Autobahnzubringer und erreicht sie 650 m weiter wieder. Sie folgen ihr über den Río Gaz hinweg, nun linksseitig. 100 m weiter sehen Sie linker Hand die Baustoffhandlung **Prefabrizados Aneto S.L.** Gleich danach zweigt links die Wegalternative Richtung San Juan de la Peña ab (☞ Etappe 39a).

Noch 200 m weiter entlang der Hauptstraße finden Sie in einem Wäldchen einen Rastplatz mit Bänken und Tischen.

Danach folgen Sie 1,7 km den gelben Pfeilen. Dabei verlassen Sie die Hauptstraße auf einem Waldweg, durchqueren die Ruine einer Kaserne und stoßen dann wieder auf die Straße, die Sie kreuzen. Nach 550 m erreichen Sie eine Fußgängerbrücke, auf der Sie einen breiten Bach überqueren.

Auf einem langsam ansteigenden Waldweg gelangen Sie nach 3,4 km zu dem Aussichtspunkt Mirador Canal de Berdún. Noch 900 m weiter haben Sie das **Hotel Aragón** erreicht.

Asador Hotel Aragón, Santa Cruz de la Serós, ☏ 974 377 112, 629 303 890, hotelaragon@wanadoo.es, 22 Zi, Ü EZ € 40, DZ € 50, F € 6, Nov geschlossen

300 m nach dem Hotel überqueren Sie die Landstraße, die links zum Kloster San Juan de la Peña führt. Immer den gelben Pfeilen folgend haben Sie nach weiteren 3 km

den Ort **Santa Cilia de Jaca** erreicht. Am Dorfplatz (Plaza Mayor) befinden sich ein Pilgerdenkmal, ein Ortsplan sowie eine Wasserstelle und ein Rastplatz. Links daran vorbei führt der Camino de Santiago wieder zum Dorf hinaus bis kurz vor die Landstraße. Wenn Sie geradeaus auf der Calle Mayor in das Dorf hineingehen, finden Sie eine Bar und eine Bäckerei.

Santa Cilia de Jaca 22791

Albergue de Peregrinos, Calle del Sol 8, 639 853 534, peregrinos@santacilia.es, 20 Betten in 2 Zi, Ü € 10, A € 10, freier Eintritt in das Schwimmbad, März bis Allerheiligen. Wer das Kloster San Juan de la Peña besuchen will, kann hier zwei Nächte bleiben und seinen Rucksack in Schließfächern lagern.

Camping Pirineos u. Bar Restaurante El Bosque, 974 377 351, info@campingpirineos.es, www.vacacionespirineos.es, 3,5 km hinter Santa Cilia am Weg

Taxi, 617 004 480, 974 377 294 (Transport von bis zu 6 Personen)

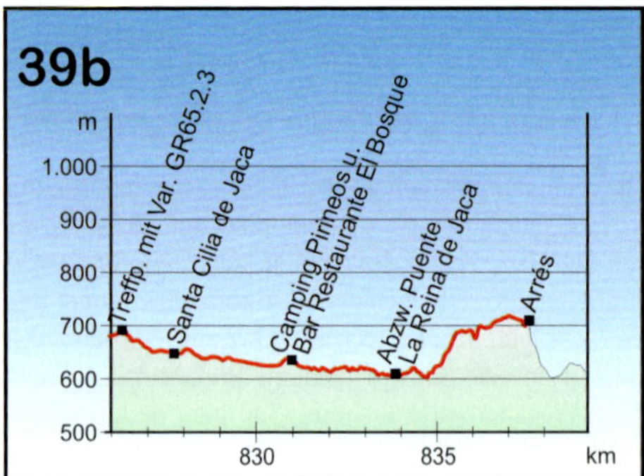

39b
N
W
O
S
N-240
A-176
A-132
Río Aragón
Río Aragón Subordán
Puente La Reina de Jaca
Santa Cilia de Jaca
Arrés
Camping Pirineos u. Bar Restaurante El Bosque
0 1 2 3 km
STEPMAP © Stepmap. 123map Daten: OpenStreetMap. ; ODbL

Bevor die Straße erreicht ist, biegen Sie rechts in einen Schotterweg ab. Er führt wieder zur Straße, an der Sie 350 m entlangwandern und dann rechts um das Campingareal Pirineos geführt werden.

☺ Wollen Sie zum Restaurant El Bosque (Mittagstisch), bleiben Sie an der Straße.

1,4 km hinter dem Campingplatz weicht Ihr Weg rechts von der Straße ab und führt durch ein Waldgebiet zur Straßenbrücke, über die Sie nach **Puente la Reina** de Jaca gelangen könnten (400 m). Es gibt dort zwei Hotels (Mai-Sep), ein Restaurant (Di Ruhetag) und eine Tankstelle (Shop).

An der Straßenbrücke auf dieser Seite steht eine ⛩ Pausenbank mit schönem Blick auf das Flusstal. Falls Sie in der Gruppe unterwegs sind, gehen Sie noch 800 m weiter zu einem neu errichteten, überdachten Pausenplatz am Weg. Die schöne Aussicht haben Sie dort allerdings nicht.

Sie wechseln vor der Brücke von der N-240 geradeaus auf die A-132 und 300 m weiter rechts auf einen Nebenweg. Den Lärm der Straße haben Sie nun hinter sich gelassen. An dem oben erwähnten Rastplatz ist links ein Bergpfad in das schöne Bergdorf **Arrés** ausgeschildert (➲ 2,8 km) und weiß-gelb markiert.

↳ 🚲 Abkürzung und Radweg. Der Höhenweg ist schmal und nur schwer befahrbar. Radfahrer fahren 2,7 km auf der zunächst ebenen Straße, die dann eine Linkskurve beschreibt. Wenn Sie in Arrés übernachten wollen, fahren Sie weitere 1,3 km auf der Straße nach oben. Wer Arrés nicht sehen oder dort übernachten will, hat die Möglichkeit, dem Radweg zu folgen und, bevor die Straße zur Höhe biegt, geradeaus über einen Schotterweg den 1,3 km weiter herabkommenden Weg aus Arrés zu erreichen. Insgesamt haben Sie so 1,4 km abgekürzt.

Arrés

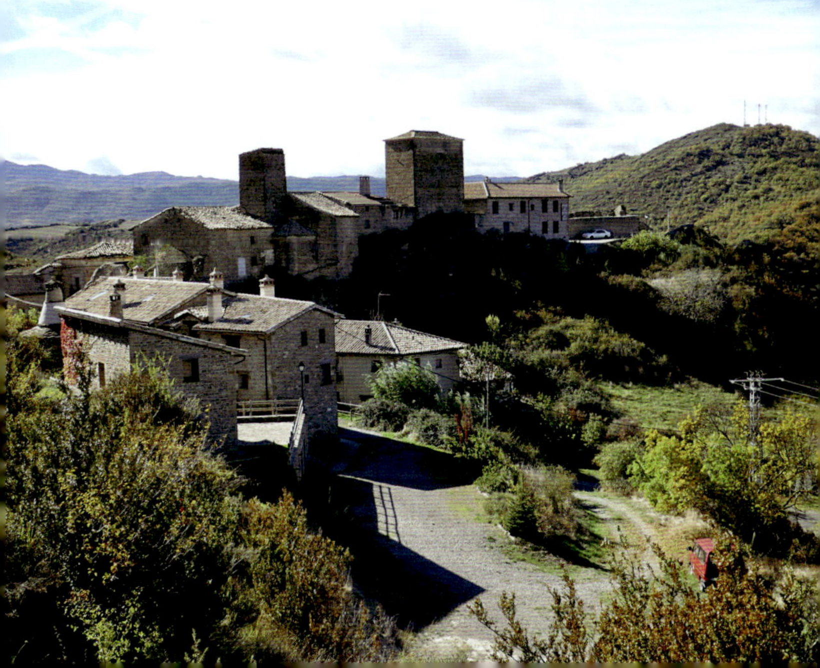

Arrés 22751

Albergue de Peregrino, ☏ 974 366 666, www.jacajacobea.com/ficha_albergues.php?alb_id=9, 22 Betten, ÜHP gegen Spende und nur mit Pilgerausweis. Die Herberge wird vom Verband „Asociatión de Amigos del Camino de Santiago" aus Jaca betrieben, die sogenannten „Hospitaleros" arbeiten ehrenamtlich, kochen und sorgen für gute Stimmung.

Hostal El Granero del Conde, Bar, Restaurant, Mariluz Vinacua Perez, ☏ 974 348 129, 699 407 826, ÜF EZ € 30, DZ € 53,50

Das malerische, noch vor einigen Jahren fast verlassene Dorf Arrés mit seiner kleinen Kirche und seinem renovierten Wehrturm erlebt heute eine Renaissance. Bewohner kehren zurück oder siedeln sich neu an. Zur Belebung tragen auch die rund 2.600 Pilger bei, die hier jährlich übernachten.

Wenige Schritte oberhalb der Bar befindet sich ein herrlicher Aussichtsbalkon.

Variante zu Etappe 39, Teil 1: Jaca – San Juan de la Peña – Santa Cruz de la Seros (Huesca)

21,8 km, 7 Std., ↑ 874 m, ↓ 910 m, ⇧ 726-1.234 m

0,0 km	⇧ 830 m	Jaca
17,4 km	⇧ 1.230 m	Monasterio Nuevo de San Juan de la Peña
21,8 km	⇧ 795 m	Santa Cruz de la Seros

Wer noch ein paar einsame Stunden fernab des Lärms im Aragóntal sucht und ein paar kräftige Anstiege nicht scheut, dem sei der nachfolgend beschriebene Abstecher zu

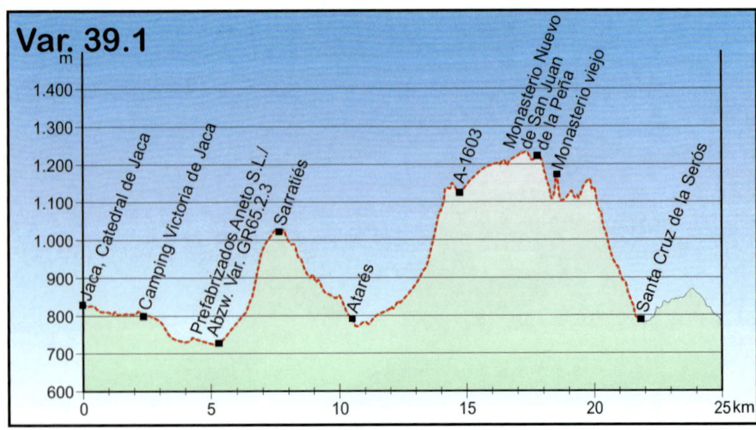

den Klöstern San Juan de la Peña, die in spektakulärer Rückzugslage hoch oben im Gebirge stehen, wärmstens empfohlen. Zwar ist es auch ohne Weiteres möglich, mithilfe eines Taxiunternehmens (☞ Santa Cilia de Jaca) die Stätten zu besuchen, dann hätten Sie aber den mindestens ebenso großartigen Weg mit seinen Weitsichten und mediterranen Wäldern nicht erlebt. Wichtig ist nur, dass Sie sich nicht überfordern und den ganzen Weg an einem Tag gehen wollen. Investieren Sie in eine – wenn auch nicht unbedingt preiswerte – Übernachtung oder lassen Sie sich in Santa Cruz abholen und übernachten Sie in Santa Cilia. Dann wird dieser stille und schöne Weg zu einem der großartigsten Erlebnisse an der Via Tolosana werden, nicht zu heißes oder regnerisches Wetter vorausgesetzt. Markiert ist der Weg als GR 65.3.2.

Sie folgen zunächst der Beschreibung der Etappe 39 bis zur erwähnten Baustoffhandlung **Prefabrizados Aneto S.L.** Gleich danach biegen Sie links in den Schotterweg ab. Leider stand im Oktober 2017 an dieser Stelle kein Wegweiser. Auch gab es keine Markierung. In der folgenden Linkskurve des Weges allerdings gab es noch einen Wegweiser. Sie nehmen hier rechts den unteren der zwei aufwärtsführenden Wege. Es folgen Steinmännchen und auch weitere Markierungen.

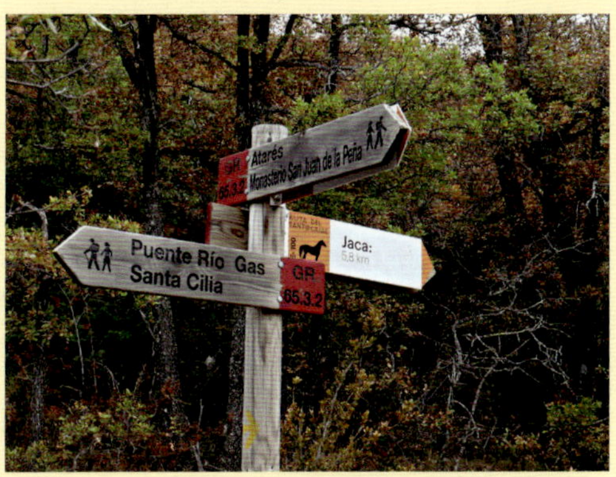

Wegweiser zur Klostervariante

Sie durchqueren den kleinen Taleinschnitt und gehen unter der Stromleitung hindurch. Jetzt wird der Weg eindeutiger. Er steigt in etwa mit der Stromleitung an. Vom ersten Pass (unter der Stromleitung), den Sie nach 2,5 km Anstieg erreichen, haben Sie einen fantastischen Rückblick in das Aragóntal. Sie laufen links über den Grat weiter. Geben Sie an einem auffällig markierten Übergang acht und biegen Sie vom Wegverlauf scharf links in ein junges Eichenwäldchen ab. Es geht entlang der Gratkante weiter und nicht ins Tal.

Erst ganz am östlichsten Rand der unterhalb liegenden Ackerflächen beginnt dann rechts an einem Wegweiser der gemächliche Abstieg. Nach weiteren 2,4 km haben Sie das Dorf Atarés erreicht. (Auf dem Dorfplatz neben der Kirche soll es einen Wasserhahn geben. Ich habe ihn nicht gesehen, bin aber im gegenüberliegenden Talhang auf einige Quellen gestoßen, denen ich Wasser entnehmen konnte.)

Sie gehen geradeaus im Dorf abwärts und auf die andere Talseite. In einem Nebental führt der Weg zunächst gemächlich auf breitem Feldweg aufwärts. An einer Verzweigung gehen Sie rechts weiter und erreichen eine Fußgängerbrücke, die Sie auf einen abzweigenden Pfad leitet. Das ist Ihr Weg. Es handelt sich um eine Umgehung einer ziemlich tiefen Bachfurt, die zurück an den Feldweg führt. Sie gehen rechts weiter und erreichen eine Quelle am Wasserwerk von Atarés

Gleich danach wird ein Abzweig vom breiten Weg deutlich angezeigt. Ein schmaler Bergweg führt nun steiler aufwärts, zunächst noch an einem glasklaren Quellbach entlang. Der Weg führt Sie zuletzt zu einer Straße am dicht bewaldeten Kamm. Sie folgen ihr nach rechts, biegen aber nach 100 m rechts in einen abkürzenden Bergweg ab. Der wieder erreichten Straße folgen Sie danach rechts bei teilweise herrlicher Aussicht etwa 2,2 km stetig aufwärts bis zum **Monasterio Nuevo de San Juan de la Peña** ⌘.

Hospedería San Juan de la Peña, Calle Única, 902 140 144 u. 974 110 120, info@hsanjuanpena.com, www.hsanjuanpena.com, ÜF EZ ab € 52, DZ ab € 90, in der Nebensaison lässt sich bei rechtzeitiger Buchung über ein Buchungsportal ein EZ bereits ab € 40 und ein DZ ab € 60 bekommen, EN, Eingang am hinteren Ende des lang gestreckten Neubaus

Nur ein Jahr nach einer verheerenden Feuersbrunst 1675 im alten Kloster fiel die Entscheidung zum Neubau an einer zwar in der Nähe befindlichen, aber anderen Stelle. Im Gegensatz zum alten, eng unter einen hohen Felsvorsprung geklemmten romanischen Bau entstand der barocke Ziegelbau auf einer großen Wiese, die viel Raum für eine mögliche Entwicklung und Ausdehnung der Anlagen bot. Heute zeigt sich das Kloster im Verein mit riesigen, modernen Anbauten mit Ausstellungsräumen, die sowohl über das Klosterleben als auch über das Königreich Aragón erzählen. In einem Teil des Neubaus ist ein Viersternehotel mit entsprechender Restauration untergebracht. Das Museum hat eine Cafeteria, zu der Sie auch ohne Eintrittskarte Zugang haben (10:00-19:00).

In 500 m Entfernung vom neuen Kloster befindet sich der sogenannte **Pyrenäenbalkon** (Balcón del Pirineo), der bei klarem Wetter einen faszinierenden Ausblick auf die westlichen Pyrenäen gewährt. Interessant ist der Blick vor allem für Menschen, die hier herauf gefahren sind. Fußgänger haben auch so ausreichend Panoramen genießen können. Gehen Sie am Kloster nach rechts, erst am Waldrand ist der Balcón del Pirineo ausgeschildert.

Linker Hand befinden sich schattige Parkplätze sowie ein großer Picknickplatz mit Toiletten und Trinkwasser. Sie folgen der Straße, die links am Kloster vorbeiführt, passieren am Ende des Gebäudes das Hotel und folgen dann den Wegweisern, die einen auch mit gelben Pfeilen markierten Pfad als Alternative zur Straße im Wald abwärts weisen. Nach steilem Abstieg und einer Straßenüberquerung landen Sie auf einem Querweg, auf dem es zur Fortsetzung rechts weitergeht. Vorher gehen Sie aber

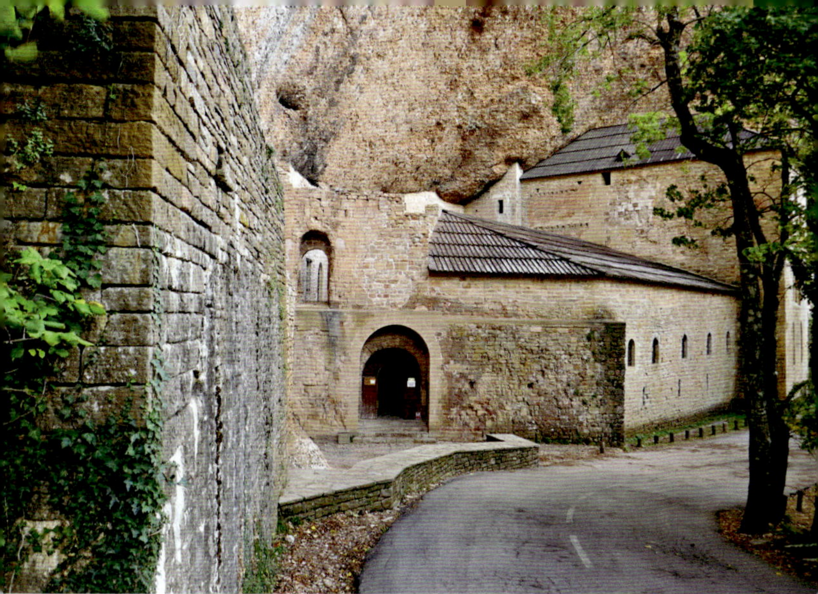

Monasterio Viejo de San Juan de la Peña

noch links zum Monasterio antiguo (antiguo = antik) oder, wie es heute heißt, **Monasterio** viejo (viejo = alt), den noch recht umfangreichen Überresten des alten Klosters inklusive eines kleinen Museums (🚪 10:00-14:00 u. 15:30-19:00).

Von der Besichtigung der alten Klostermauern zurück, folgen Sie dem gegenüber beginnenden, bequemen Hangweg (auf dem Sie gekommen sind, an den Toiletten vorbei) bei schönen Einblicken in den eindrucksvollen Bergwald. Nach etwa 800 m steigen Sie rechtsherum in weiteren Serpentinen schnell zu einem Wegweiser auf. Links folgen Sie dem nun steil und steinig abwärts führenden Bergweg bei spektakulärer Weitsicht hinab nach Santa Cruz de la Seros.

Santa Cruz de la Seros 🛏 ✕ 💧 ✝ ✉ 22792

🛏 ✕ Hostellería-Restaurante Santa Cruz, Calle Ordana sn, ☏ 974 361 975, ✉ reservas@santacruzdelaseros.com, 💻 www.santacruzdelaseros.com, 8 Zi, Ü EZ ab € 45,50, DZ ab € 56,50, DBZ/VBZ ab € 71,70, F € 5, A € 14, 🚪 Mitte Nov bis Mitte Feb und eine Woche Ende Jul geschlossen

♦ Hotel rural El Mirador de los Pirineos, Calle Ordana 8, ☏ 974 355 593, 📱 609 470 231, ✉ reservas@elmiradordelospirineos.com, 💻 www.elmiradordelospirineos.com, 6 Zi, Ü EZ € 50-75, DZ € 70-112, F € 8

🛏 Casa rural Ana, Calle Fuente 13, 📱 630 222 395, 2 Zi, Ü DZ € 40, F € 3,50

🚗 Taxi Santa Cruz, 📱 629 066 972 oder 622 907 623 oder 622 511 161 oder 629 096 072

✝ Die schöne und gut erhaltene romanische Iglesia de Santa María aus dem 11. Jh. gehörte zu einem Benediktinnerinenkloster.
10:00-19:00

✝ Die kleine romanische Kirche San Caprasio aus dem 11. Jh. steht weiter unten im Dorf und kann nur von außen besichtigt werden.

Variante zu Etappe 39, Teil 2: Santa Cruz de la Seros – Arrés (Huesca, Zaragoza)

16,1 km, 4 Std. 30 Min., ↑ 234 m, ↓ 327 m, ⇧ 602-869 m

0,0 km	⇧ 795 m	Santa Cruz de la Seros
6,5 km	⇧ 650 m	Santa Cilia de Jaca
16,1 km	⇧ 700 m	Arrés

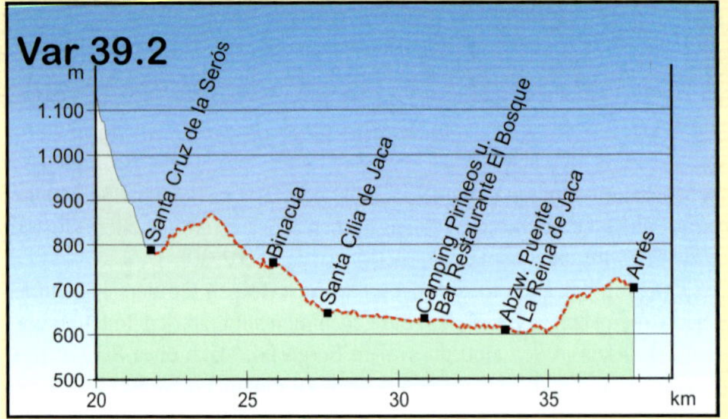

Sie folgen der Dorfstraße abwärts. Etwa 100 m nach dem Ortsausgang gehen Sie links eine Auffahrt hinauf und folgen dem sich anschließenden, gut markierten Weg zunächst entlang der Landwirtschaftsflächen und weiter durch wildes Buschland. Bei dem Dorf **Binacua** haben Sie das Aragóntal wieder erreicht. Die Bartgeier nutzen gerne den am Talrand oft kräftigen Aufwind. Bis zu zehn Exemplare kann man hier manchmal kreisen sehen. Auf einem Schotterweg durchqueren Sie eine Senke und wandern zum Dorf hinauf und am Ortsrand entlang auf einem Sträßchen in das breite Aragóntal hinunter. Sie kürzen geradeaus eine Serpentine ab, erreichen das Sträßchen wieder und hier auch den Hauptweg aus Jaca, dem Sie links, sofort wieder von der Straße abbiegend, nach Santa Cilia folgen (☞ Etappe 39).

Etappe 40: Arrés – Ruesta (Zaragoza)

26,8 km, 7 Std., ↑ 296 m, ↓ 448 m, ⇧ 493-702 m

0,0 km	⇧ 700 m	Arrés
16,8 km	⇧ 582 m	Abzweig Artieda:
26,8 km	⇧ 540 m	Ruesta

Von Arrés führt Ihr Weg wieder abwärts in die Hangterrasse des Río Aragón und behält dort seine Orientierung Richtung Westen bei. Dörfer werden nicht berührt, denn diese liegen abseits des Weges immer hoch oben in luftiger Lage auf den Hügeln. Da das Wegstück überwiegend schattenlos durch teilweise wüstes Gelände führt, sollten Sie auf einen ausreichenden Trinkwasservorrat achten, der nach 13 Wegkilometern aber auch nachgefüllt werden kann.

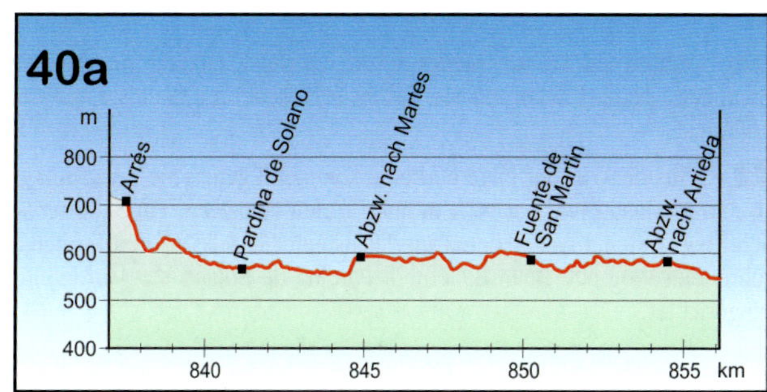

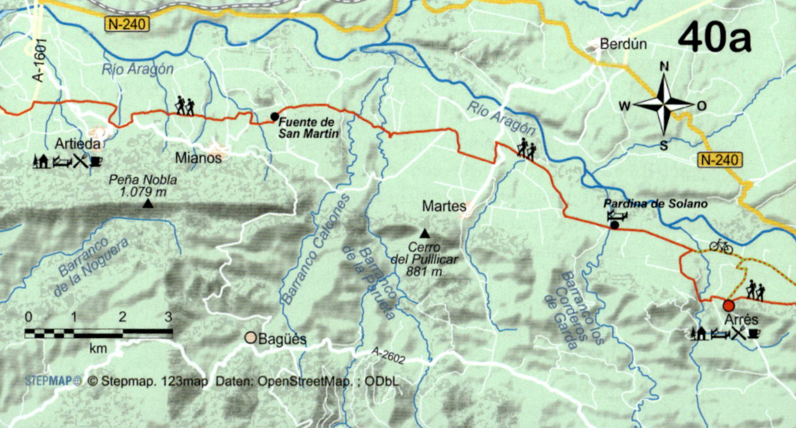

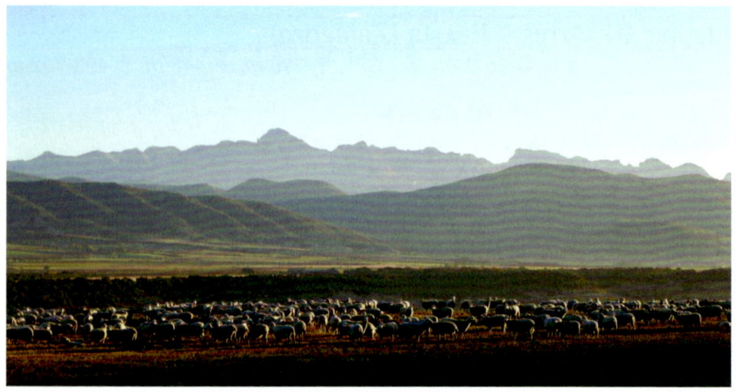

Morgenstimmung im Aragóntal

🚲 Fahren Sie 1,3 km wieder zurück zu der Kreuzung unterhalb von Arrés und dann links. Nach 1,1 km trifft der Jakobsweg wieder auf die Piste, auf der Sie sich nun befinden.

🚶 Aus der Tür der Pilgerherberge kommend gehen Sie geradeaus (nach Norden) die Straße hinab und nach 70 m links in den Hangweg. Ein Schotterweg wird überschritten und viel weiter unten im Tal biegen Sie links in den breiten, nach Westen führenden Weg ein. Beim Bauernhof **Pardina de Solano** 🛏 wurde ein ⛺ Rastplatz eingerichtet.

🛏 Pardina del Solano, ☎ 974 363 394, 📱 699 082 913 u. 699 082 914, ✉ info@pardinadelsolano.com, 💻 www.pardinadelsolano.com, 8 Zi, ÜF DZ € 60-70

Gut 1 km weiter teilt sich der Weg. Sie gehen bei guter Markierung nach rechts.

Nach weiteren 2 km erreichen Sie eine Straße. Sie gehen nach links und gleich halb rechts wieder von ihr ab, links an der Scheune vorbei auf das auf der Höhe liegende Dorf **Martes** zu. Bevor die Straße wieder erreicht ist, laufen Sie rechts in westliche Richtung. Nach 800 m ändert der Weg an einer gut markierten Stelle wieder rechts die Richtung, im Linksbogen geht es aber wieder nach Westen.

Zwei Bachtäler in einer mehr und mehr von Schieferschuttdünen dominierten, wüsten Landschaft werden durchschritten. Knapp 2 km weiter läuft am **Fuente de San Martin** 💧 Quellwasser aus einem Rohr (km 13).

Ab der Quelle bleiben Sie noch 600 m auf dem hier geteerten Wegabschnitt und biegen dann rechts ab, obwohl der Wegweiser links nach Artieda und Ruesta zeigt. Gemeint ist die straßenbasierte Variante. Ihr Weg wird durch einen Markierungspfahl bestätigt und führt bald auch wieder Richtung Westen. Das Dorf, das Sie oberhalb sehen, heißt **Mianos**.

Nach 2,5 km wird eine Straße erreicht. Sie gehen rechts zu einem Straßenabzweig. Links könnten Sie hier steil aufwärts nach Artieda gehen (600 m). Achten Sie auf die abkürzenden Pfade!

Albergue A Glera, Raúl und Rebecca, Calle Louis Buñuel 10, 50683 Artieda, 948 439 316, artieda@dpz.es, www.artieda.es → Camino de Santiago, privat geführte Herberge der Gemeinde, 20 Betten in 5 geräumigen, gepflegten Zimmern, ÜHP € 17,40, Aussichtsbalkon, im Keller gibt es ein rustikales Restaurant, neben der Kirche, ab 10:30 (im Okt 2017 war die Bar mittags geschlossen, die Herberge abends aber geöffnet, erkundigen Sie sich, bevor Sie dort zur Mittagsrast hochsteigen, insbesondere in der Nebensaison, ob auch geöffnet ist)

Taxi, 649 813 517

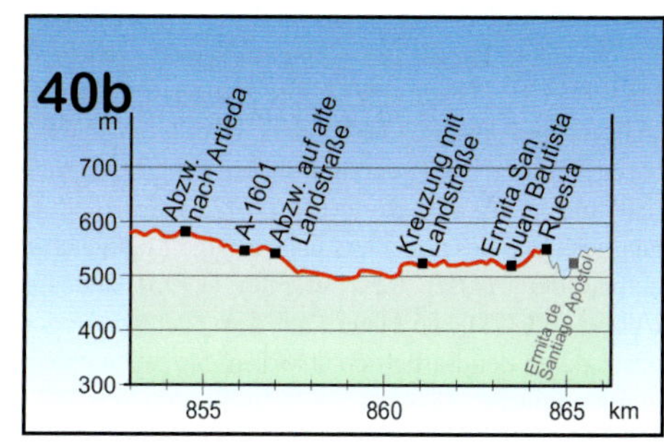

Am Abzweig nach Artieda biegen Sie rechts in den Feldweg ein und nach 350 m wieder links ab Richtung Westen. Sie überqueren die oben verlassene Straße geradeaus, passieren nach einer Hofstelle einen überdachten Picknickplatz und kommen zu einer weiteren Straße, der Sie links Richtung Ruesta folgen.

Nach 720 m biegen Sie rechts in ein kleines Sträßchen (die alte Straße) ab. Diesem folgen Sie nun 3,5 km. Geben Sie dann acht! An der linken Straßenseite steht ein kleines Steinhäufchen und ein gelber Pfeil ist angebracht. Steigen Sie hier links durch die Garrigue zu einem Feldrand hoch und gehen Sie dort rechts zum Wald.

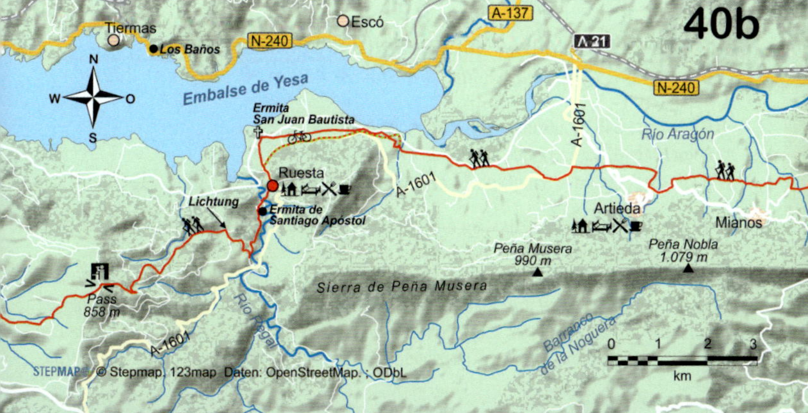

Radler bleiben besser weitere 3,8 km auf der Landstraße, denn die Pfade sind oft unwegsam. Sollten Sie es dennoch versuchen wollen, empfehle ich den Einstieg ca. 500 m weiter, wo der Fußweg die Landstraße noch einmal kreuzt.

Die Landstraße wird nach 500 m gekreuzt. Nun geht es 2,9 km über ausgesprochen schöne Waldwege, von denen man teilweise zum Yesastausee blicken kann, bis zur Kirchenruine **San Juan Bautista** (11. Jh.). Vor der Kirche biegt der Weg nach links und erreicht nach 600 m die Landstraße, auf der Sie rechts bis Ruesta gehen.

Ruesta Urriés 50645

Albergue CGT und Bar/Restaurant, 948 398 082, ruesta.hosteleria@ruesta.com, 62 Betten in Zimmern mit 2-8 Betten, ÜHP € 22

Das Dorf Ruesta der Gemeinde Urriés gleicht einer Geisterstadt, seit alle 368 Einwohner des Dorfes 1965 ihre Häuser verlassen haben. Durch den Bau des Yesastausees und die damit verbundene Überflutung aller Landwirtschaftsflächen am fruchtbaren Talgrund wurde den Bewohnern die Lebensgrundlage entzogen. Dieses Schicksal teilt Ruesta mit den Dörfern Escó (253 Ew.) und Tiermas (756 Ew.). Eine gewisse Neubelebung des von alters her belegten Etappenorts der Pilger bewirkte der Wiederaufbau der Häuser Casa Valentín (1993) und Casa Alifonso (1996) in Ruesta (Albergue CGT), die Pilgern auf dem Camino Aragón eine Bleibe bieten und Tagesgäste durch den Barbetrieb anlocken. Sie ragen einem Denkmal gleich aus den umliegenden Ruinen.

☺ Auf der gegenüberliegenden Seite des Stausees, nahe dem verlassenen Dorf Tiermas (OT Los Baños), befinden sich die Überreste eines Thermalbades, das bereits bei den Römern beliebt war. Das 35 °C warme Schwefelwasser ist ideal zur Entspannung müder Pilgerbeine, kann aber nur bei niedrigem Wasserstand der Talsperre (vorzugsweise im Herbst) genutzt werden. Fragen Sie bei Interesse den Hospitalero nach einer Fahrmöglichkeit.

Etappe 41: Ruesta – Sangüesa (Zaragoza/Navarra)

21,8 km, 6 Std., ↑ 453 m, ↓ 597 m, ⇧ 399-864 m

0,0 km	⇧ 548 m	Ruesta
11,3 km	⇧ 629 m	Undués de Lerda
21,8 km	⇧ 400 m	Sangüesa BANK

Ein langer, aber nie steiler Aufstieg führt Sie durch Waldgebiete zu einem Passübergang, von dem sich ein einzigartiger Weitblick in die Tallandschaften des Río Aragón und einige seiner Nebentäler eröffnet. Am Horizont ist das Tagesziel Sangüesa anhand der Rauchfahnen der Papierfabrik deutlich zu erkennen. Es beginnt ein jetzt schattenloser, gemütlicher Abstieg mit viel, Zeit sich in die Landschaft einzulesen. Eine willkommene Möglichkeit für einen Zwischenstopp bietet das schmucke Dörfchen Undués de Lerda.

Ihr Weg führt zwischen den beiden Häusern der Pilgerherberge hindurch in das von der Burgruine überragte, schluchtartige Tal hinab. Sie passieren eine historische Quellfassung, aus der Sie Trinkwasser entnehmen können. Eine Holzbrücke führt durch den Talgrund an einem ehemaligen Campingplatzgelände vorbei zu einer zweiten Quellfassung historischer Art. Hier können Sie kein Trinkwasser entnehmen.

Sie passieren die historische Pilgerherberge von Ruesta (**Ermita de Santiago Apóstol,** 11. Jh.) und erreichen einen breiten Schotterweg, in den Sie links einbiegen. Nach 1 km sanften Aufstiegs biegen Sie scharf rechts in den weiter ansteigenden, breiten Weg ein. Sie folgen ihm 1 km und zweigen im Bereich einer großen Lichtung links ab. Ab und zu öffnet sich später der Blick durch den Wald in Richtung des Stausees. Nach 1,8 km stoßen Sie auf einen anderen Forstwirtschaftsweg, dem Sie nach rechts folgen. Die Abzweige sind mit Wegweisern eindeutig beschildert.

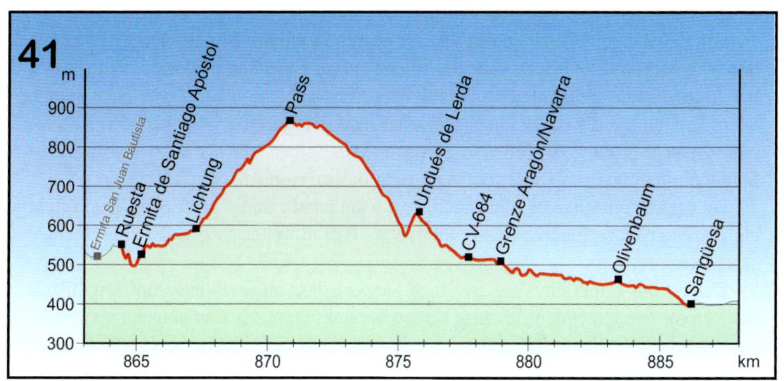

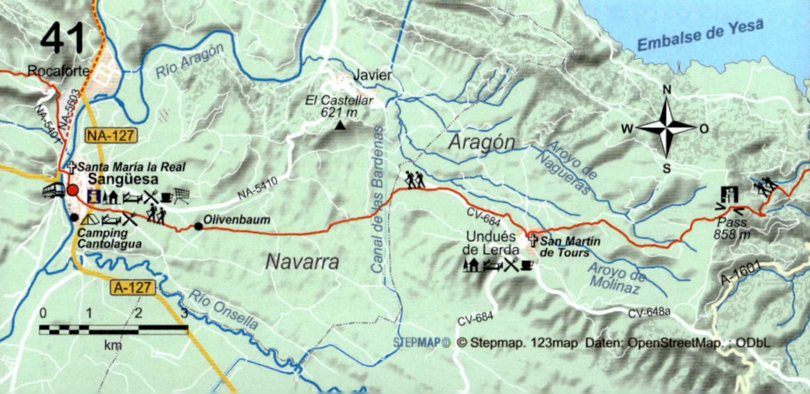

Auf der Passhöhe treffen Sie auf ein Sträßchen, dem Sie nach links folgen, biegen aber gleich wieder rechts in einen breiten Feldweg ab. Er führt über eine baumlose Anhöhe. Nach 3,5 km verlassen Sie die Piste nach links auf einen Pfad, der nach unten führt und auf dem letzen Stück heute überbautes und nicht mehr sichtbares römisches Pflaster trägt (Informationstafel).

Aus der erreichten Bachsenke steigen Sie in das hübsche kleine Dorf **Undués de Lerda** auf.

Undués de Lerda 50646

Albergue municipal, Bar Restaurant, Calle Herrería sn, 948 888 105, 669 936 235, cardozo.lili@gmail.com, 28 Betten in 5 Zi, Ü € 10, F € 3,50, A € 10, EN, die Bar hat ab etwa 11:00 geöffnet

Casa rural Casa del Aso, Calle Vinado 36, 690 002 501, casadeasoundues@gmail.com, www.casadeaso.com, 3 Zi, Ü DZ € 40, EN

Die barocke Kirche San Martín de Tours gilt als besonders sehenswert.

Von der Bar geht es auf neuem Pflaster an den Dorfrand hinunter. Dort ist deutlich der Weg nach links markiert. Gemeint ist der untere abgehende Feldweg. Es geht nun bei ausgezeichneter Markierung in eine breite Ebene hinab. Nach etwa einer Stunde überschreiten Sie die durch einen Stein klar markierte Grenze zwischen den autonomen Gemeinschaften Aragón und Navarra. Die Namen gibt es auch in baskischer Sprache, da in Navarra (Nafarroa) auch viele Basken wohnen.

Ein breiter Schotterweg führt noch etwa 4 km immer weiter geradeaus. Dann steht ein einzelner Olivenbaum an einer Kreuzung. 100 m weiter biegen Sie links in einen schmaleren Weg ab.

Zuletzt auf geteertem Weg erreichen Sie Sangüesa an der Stierkampfarena (Plaza de Torros). Am folgenden Abzweig kämen Sie links zum Campingplatz. Geradeaus erreichen Sie einen Kreisverkehr mit dem Stadttorbogen. Sie gehen weiter geradeaus durch die **Calle Enrique de Labrit** und erreichen nur wenig weiter die linker Hand stehende städtische Herberge. Nach weiteren 150 m befindet sich am Plaza San Salvador die Cafetería/Panatería S. Salvador. Hier gibt es auch um 16:00 noch preisgünstige und schmackhafte Mittagsmenüs sowie ab 7:00 Frühstück.

Sangüesa (bask. Zangoza)

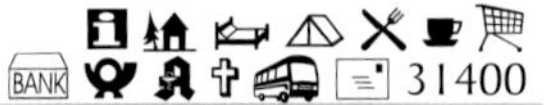

31400

Oficina de Turismo, Calle Mayor 2 c.p., 948 871 411, oit.sanguesa@navarra.es, www.sanguesa.es, Mo, Di, So/Fei 10:00-14:00, Fr, Sa 10:00-17:00, gegenüber der Kirche Santa María la Real, am Weg

Albergue municipal de peregrinos, Calle Labrit, 679 432 348, 14 Betten, Ü € 5, Mo-So Einlass 12:00-18:00, Abreise 6:00-9:00, Dez/Jan geschlossen

Albergue-Hostal JP, Calle Padre Raimundo Lumbier 3, 948 871 693, www.hostalruraljp.hostel.com, 8 Betten im Schlafsaal, 9 Zi, Ü € 15, EZ € 30-40, DZ € 50-59, F € 3, EN, Gepäcktransport und Taxi, gegenüber der Aragónbrücke auf der anderen Flussseite

♦ Pension El Peregrino, Ctra. del Llano del Real, 8, ☏ 608 983 892, ✉ landasanguesa@gmail.com, 4 Zi, Ü EZ € 20-40, DZ € 30-50, DBZ € 45-75, F € 5, am Ortseingang am Weg

⛺ 🛏 ✕ Camping municipal, Paseo Cantolagua, ☏ 948 430 296, ✉ info@campingsanguesa.es, 💻 www.campingcantolagua.es, Ü (HS) Zelt + 2 Pers. € 15, 🐕 € 1,90. In einem Gebäude, das zum Campingplatz gehört, werden 20 Liegen in 4 Zimmern angeboten. Der Eintritt zum angrenzenden Freibad ist dann frei.

🚗 Taxi Ricardo Monreal Santos, 📱 686 406 010; Taxi Eloy Arbea, 📱 608 777 887, ☏ 948 870 952

🚌 Von Sangüesa fährt ein Bus früh am Morgen und am Abend nach Pamplona. Der Fahrplan hängt in der Pilgerherberge aus. Die Bushaltestelle befindet sich zwischen dem Plaza del Torros und dem Kreisel am Stadttor.

Sangüesa wurde zu Beginn des 12. Jh. am Ufer des Aragón gegründet, um die wachsende Schar der Pilger zu versorgen und zu beherbergen. Ausschlaggebend für den Standort war die Brücke über den Aragón, die bereits im 11. Jh. entstand, inzwischen aber durch eine Eisenkonstruktion ersetzt ist. Auch heute finden Pilger in der Stadt alle Annehmlichkeiten bezüglich der Infrastruktur. Einen Ausflug in die Geschichte verspricht ein Spaziergang durch die Gassen zu einigen schönen Häusern wie z. B. dem Rathaus von 1570 (Renaissancefassade) sowie einigen Prunkbauten (Palacio) aus dem 13. bis 17. Jh. Dabei gilt es auch die Jakobuskirche (Iglesia de Santiago) zu besichtigen. Zu den herausragenden Sehenswürdigkeiten jedoch zählt die direkt am Weg vor dem Aragónübergang stehende Kirche **Santa María la Real** und dort insbesondere das überreich verzierte, am Übergang der romanischen Stilepoche zur Gotik entstandene Portal. Zentrales Thema ist das Jüngste Gericht. Die säulenartigen Figuren zur Linken stellen Maria Magdalena, Maria Muttergottes und die Mutter des Apostels Jakobus dar. Rechter Hand säumen die Apostel Judas, Petrus und Paulus das Portal. Weitere Details erfahren Sie bei einer Führung, die Sie im gegenüberliegenden Oficina de Turismo buchen können.

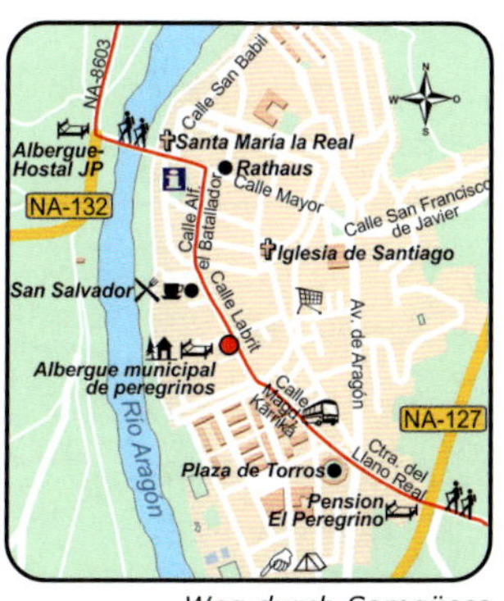

Weg durch Samgüesa

Etappe 42: Sangüesa – Monreal (Navarra)

↻ *27,2 km,* ⌛ *8 Std.,* ↑ *635 m,* ↓ *489 m,* ⇧ *394-782 m*

0,0 km	⇧ 400 m	Sangüesa
17,6 km	⇧ 707 m	Izco 💧
27,2 km	⇧ 540 m	Monreal

In Sangüesa biegt der Río Aragón nach Süden ab, während Ihr Weg weiter Richtung Westen führt und sich von seinem Tal verabschiedet. Über das auf einem Hügel auf der anderen Flussseite liegende Rocaforte, das viel älter als Sangüesa ist, steigen Sie langsam zwischen Feldern bergan. Franz von Assisi soll hier auf einer Pilgerreise vor-

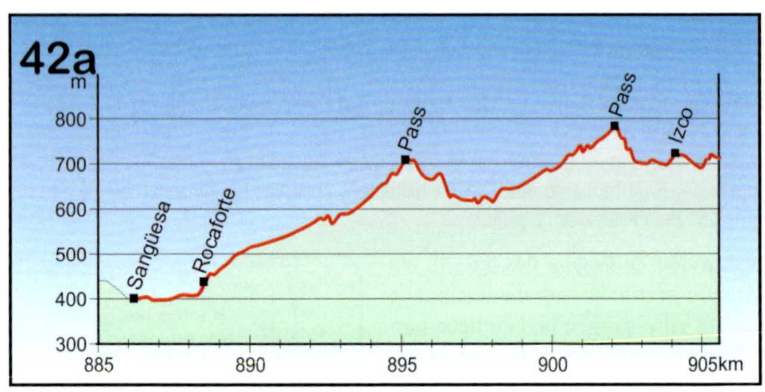

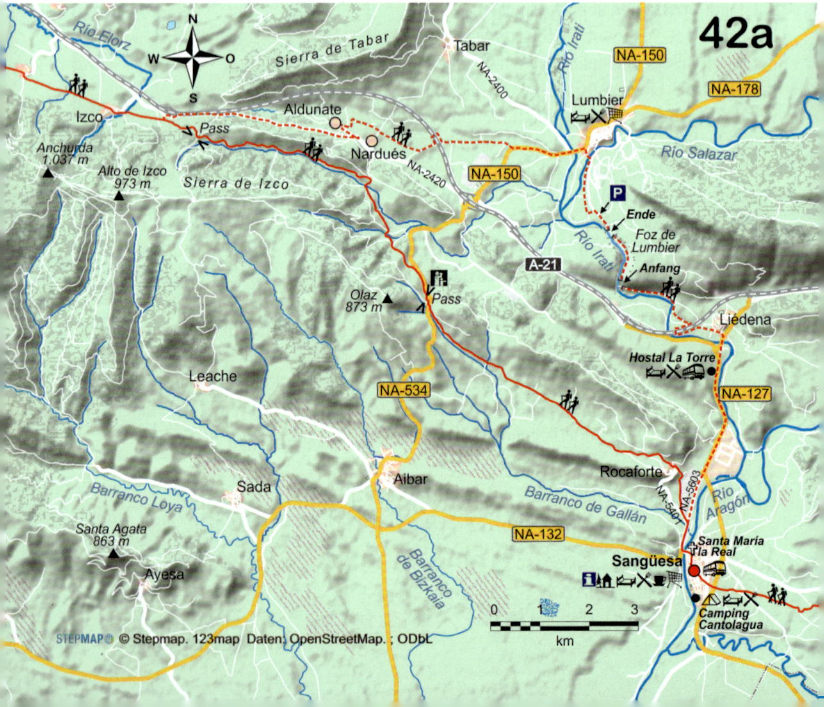

beigewandert sein. Das ist der Grund, warum eine Quelle nach ihm benannt ist. Nach dem ersten Pass folgt ein zweiter und dann scheint alles wie vorher. Ihr Weg folgt wieder dem Talhang. Der begleitende Fluss heißt jetzt aber Río Elorz.

Monreal liegt auf einem Hügel, der sich aus dem Tal um nur 50 Höhenmeter erhebt – offenbar genug für den Standort einer Burg, die heute nur noch in Ruinen zu sehen ist.

Sie folgen der Calle Enrique de Labrit bis zu ihrem Ende an der querenden Calle Mayor. Hier gehen Sie links über die Aragónbrücke und danach rechts entlang der Hauptstraße Richtung Pamplona. An der Tankstelle biegen Sie links Richtung Rocaforte in die NA-5401 ab. Nach 250 m verlassen Sie sie rechts wieder. In Höhe der Papierfabrik steigt der Weg linksherum zwischen den Hügeln nach **Rocaforte** hinauf und führt an der erreichten Siedlungsstraße rechts schnell wieder aus dem Dorf hinaus.

Sie passieren einen Rast- und Grillplatz an der Fuente de San Francisco (Quelle, kein Trinkwasser) und steigen im Weiteren auf einem Feldweg durch das breite, landwirtschaftlich genutzte Tal sanft an. Nach 3 km gibt es wieder einen Picknickplatz mit Wasserstelle mit dem Hinweis, dass die Qualität nicht kontrolliert wird.

Ihr Weg führt nun rechtsherum auf schmalem Pfad an die bereits sichtbare Straße heran und darunter hindurch zur Passhöhe mit wunderbarer Aussicht. Sie steigen in eine Senke hinab, folgen dem dann erreichten Schotterweg 100 m nach links und

Auf nach Navarra!

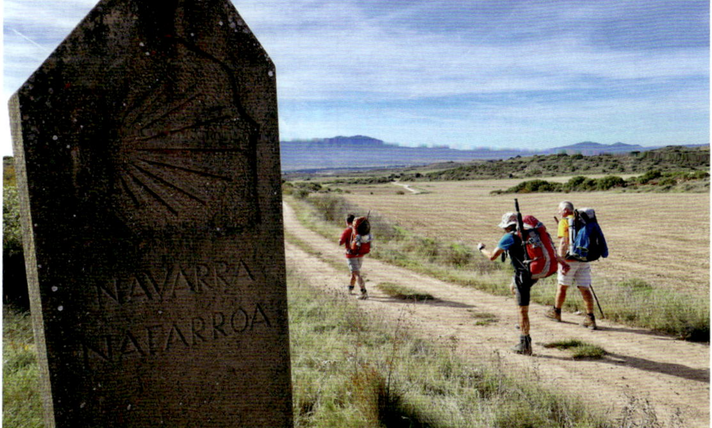

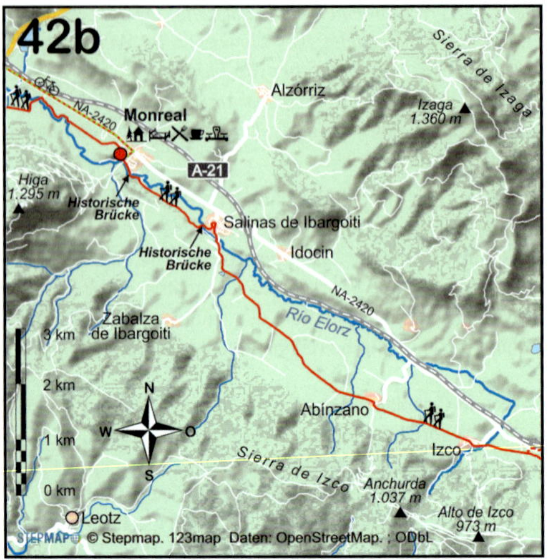

biegen rechts in einen bald breiter werdenden Pfad ab, auf dem es nun im Talhang zu einer weiteren Passhöhe hinaufgeht. Oben folgen Sie dem querenden Schotterweg 200 m nach rechts und gehen dann links wieder abwärts im Hang bis Izco (♦, Taxi: 679 259 297). Die Pilgerherberge am Ballspielplatz nahe der Kirche scheint dauerhaft geschlossen zu sein. Es gibt eine schattige Rastmöglichkeit am Kirchhof.

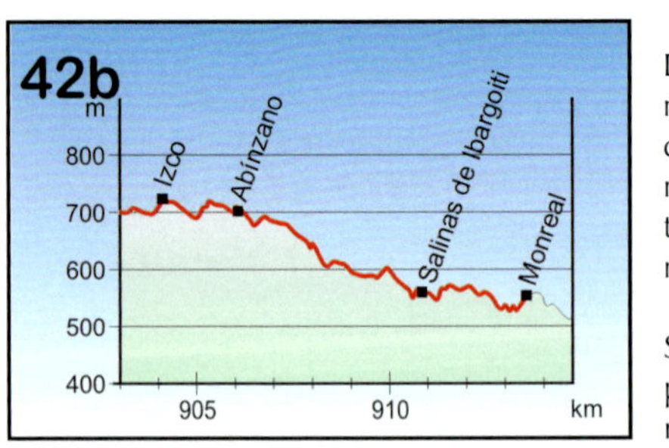

Gehen Sie ganz durch das Dorf hindurch zur Höhe. Der markante Hausberg von Monreal, der 1.295 m hohe Higa (Sendemast), ist voraus zu sehen. Weiter geht es auf betoniertem Weg nach **Abínzano** ♦.

4 km weiter erreichen Sie Salinas de Ibargoiti (♦ am Kirchplatz) an einer Straße. Sie gehen nach rechts und biegen wieder links von ihr in einen Pfad ab, der über eine historische Brücke an den Ortsrand führt. Der Weg bleibt links am Ortsrand und führt über den Fluss zurück in ein Waldgebiet. Nach schönem Waldweg wird Monreal über eine weitere historische Brücke erreicht. Geradeaus folgen Sie der Calle Santa Bárbara und gehen nach 150 m links die Stufen der Calle de la Corte zur Herberge hinauf.

Monreal (bask. Elo) BANK 31471

Albergue Peregrinos Municipal, ☏ 948 362 057, 636 412 952, 22 Betten, Ü € 10, F € 3, unterhalb der Kirche gibt es eine Bar/Restaurant, für das Abendessen bitte anmelden

Variante zu Etappe 42: Sangüesa – Foz de Lumbier – Izco

23,3 km, 6 Std., ↑ 518 m, ↓ 209 m, ⇧ 394-731 m

0,0 km	⇧ 400 m	Sangüesa
8,7 km	⇧ 430 m	Foz de Lumbier
23,3 km	⇧ 707 m	Izco

Die Foz de Lumbier ist eine gewaltige Schlucht des Flusses Irati (Nebenfluss des Aragón), die etwa 1,5 km lang ist. Es gibt keinen natürlichen Zugang. Im Inneren entfaltet sich eine isolierte Welt voller Sing- und Greifvögel, insbesondere gibt es dort eine große Population Gänsegeier (buitre leonado). Anfang des 20. Jh. wurde die Schlucht durch den Bau der Bahnlinie Pamplona – Sangüesa erschlossen. Von 1911 bis 1955 fuhren hier Züge. Heute ist die Bahn stillgelegt, die Gleise wurden demontiert und nur ein paar alte Signale und Infotafeln erinnern an diese Zeit. Wegen der breiten Wege und der minimalen Steigung ist die Schlucht als Ziel für Spaziergänge beliebt, auch bei den Einheimischen.

Da das Interesse vieler Pilger an dieser Attraktion groß ist, sei hier kurz die dann andere Wegführung der Etappe 42 beschrieben. Weil die ersten 6 km sehr unangenehm auf der Hauptverkehrsstraße verlaufen und zudem der Weg bis Monreal auch viel zu lang würde, empfiehlt es sich, bis Liédena den Bus zu nehmen (Richtung Pamplona, ☞ Sangüesa). (Der Busfahrer kennt das, weiß, wo Sie aussteigen müssen, und schickt Sie auf den richtigen Weg.) Der Weg ist an allen wichtigen Abzweigen markiert.

☹ Die Temperaturen in der Schlucht können die der Umgebung stark unterschreiten. Das kann dazu führen, dass insbesondere in den Monaten März/April und Oktober/November zu der frühen Tageszeit, zu der Sie unterwegs sein werden, die Vögel

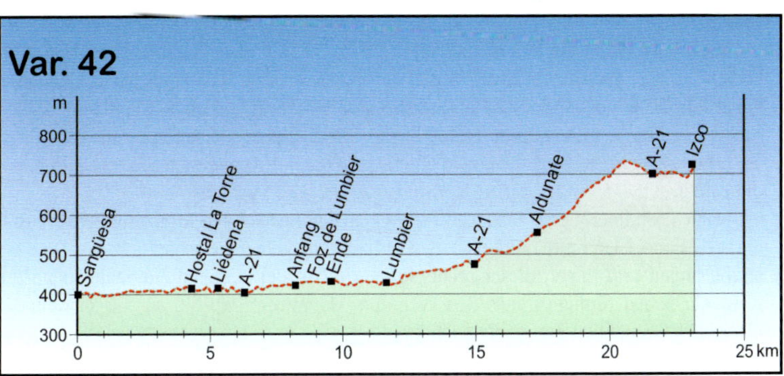

noch sehr träge sind und in ihren Verstecken verharren. Das schmälert das Erlebnis ein wenig.

Falls Sie zu Fuß gehen, folgen Sie zum Auftakt der Beschreibung der Etappe 42, biegen aber nicht links nach Rocaforte ab, sondern setzen Ihren Weg 3 km entlang der Landstraße fort. Danach können Sie rechts auf einen Parallelweg wechseln. Nach 700 m erreichen Sie das Hostal La Torre und gehen weiter über eine Brücke nach **Liédena**.

100 m nach der Brücke biegen Sie auf den markierten Fußweg links ab und erreichen schnell einen Platz mit Wasserstelle. Nun verlassen Sie auf der Bahnhofsstraße (Calle de la Estación) bereits wieder die Ortschaft. Eine Holzkonstruktion deutet die Position des alten Bahnhofs an.

Nach 600 m geradeaus versperrt die A-21 den alten Weg. In einem großen Bogen unterqueren Sie die Autobahn und laufen auf der anderen Seite wieder zur alten Bahntrasse zurück. Als Belohnung erwartet Sie an dieser Stelle ein Rastplatz. Nur 800 m weiter gibt es die nächste Sitzgelegenheit und zusätzlich eine Wasserstelle. Nach weiteren 1,1 km erreichen Sie den Tunneleingang.

Der 200 m lange Tunnel am Eingang der Schlucht ist leicht gekrümmt, weshalb man sein Ende nicht sieht. Eine Taschenlampe ist hilfreich, aufgrund des ebenen, trockenen Bodens aber keine Notwendigkeit. Auf dem folgenden Kilometer können Sie innehalten und die Landschaft genießen. Der hintere Tunnel ist gerade und nur 170 m lang. Daher bereitet er keine Probleme.

Nach Verlassen des Tunnels erreichen Sie einen Rastplatz mit Brunnen. Auf der nun asphaltierten Trasse geht es weiter. Nach dem Parkplatz biegen Sie links ab, um sich kurz darauf auf einen Weg nach rechts zu begeben, der parallel zur Parkplatzzufahrt auf Lumbier zustrebt. Nach dem Überqueren der Brücke des Río Salazar kommen Sie zu einem Kreisverkehr. Das Städtchen **Lumbier** BANK liegt rechter Hand auf einem Hügel. Direkt vor sich sehen Sie das Hotel/Restaurant Iru Bide.

Nach links (Richtung Pamplona) laufen Sie 350 m auf einer Parallelen zur Hauptverkehrsstraße, überqueren den Río Irati und passieren eine Rastmöglichkeit. Danach gehen Sie 50 m nach links zur Hauptstraße und dort rechts. Nach 1,2 km biegen Sie rechts in einen Schotterweg ab (gelbe Pfeile), der Sie nach 1,5 km zur Autobahn A-21 bringt. Im großen Bogen wird sie unterquert. Nach 400 m gehen Sie rechts durch die Felder.

Nach 1 km überqueren Sie einen Feldweg an einer versetzten Kreuzung geradeaus und erreichen 1 km weiter **Aldunate**. Am Ortseingang gehen Sie scharf links zur Landstraße hinauf und folgen dieser rechts für 4 km. An der dortigen Autobahnauffahrt weist ein Schild (Camino) links den Weg zum Hauptweg, den Sie nur 60 m weiter erreichen. Nun laufen Sie rechts nach Izco.

Etappe 43: Monreal – Puente la Reina (Navarra)

30,8 km, 8 Std., ↑ 458 m, ↓ 655 m, ⇧ 350-627 m

0,0 km	⇧ 540 m	Monreal
13,1 km	⇧ 580 m	Tiebas
25,9 km	⇧ 396 m	Iglesia de Santa María de Eunate
28,4 km	⇧ 414 m	Óbanos
30,8 km	⇧ 355 m	Puente la Reina

Anfangs verläuft Ihr Weg wieder sehr aussichtsreich entlang der Hangkante zum Tal des Río Elorz. Der Blick geht nach Norden in den Großraum Pamplona. Mehr und mehr biegt der Weg dann nach Süden und erreicht das Tal des Río Robo. In Tiebas könnten Sie das lange Wegstück teilen, doch die meisten ziehen hier weiter. Sie nutzen

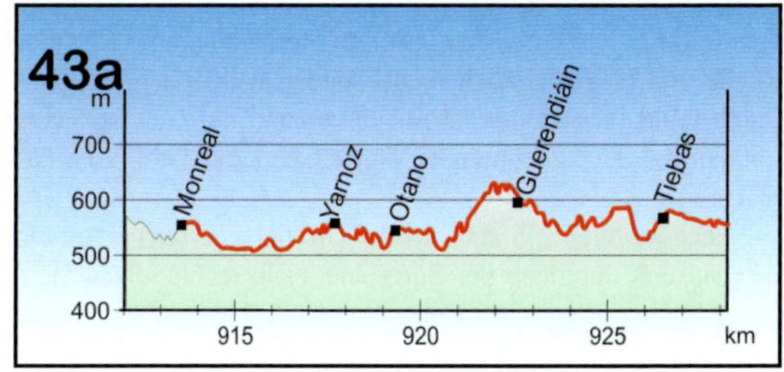

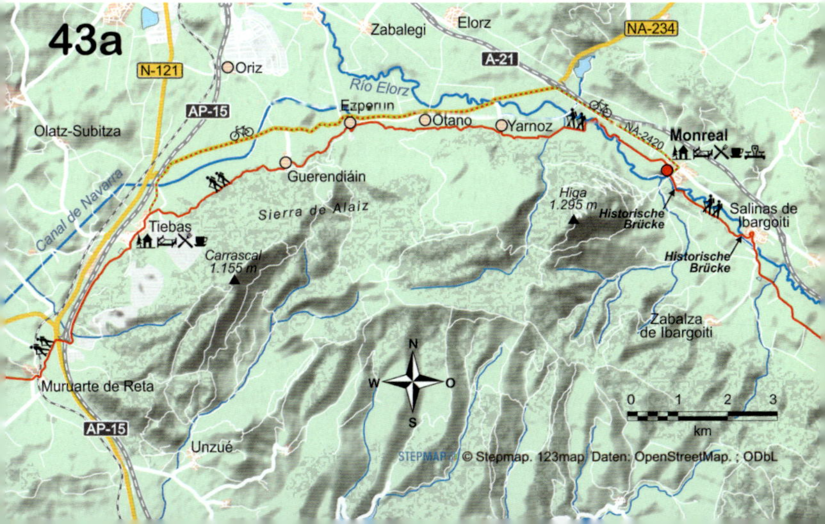

die Bar für eine Zwischenmahlzeit. Weitere Möglichkeiten für eine Zwischenübernachtung finden Sie in Eneriz oder Óbanos. Der zweite Teil des Weges führt durch offene, landwirtschaftlich genutzte Flächen, vorbei an einem romanischen Kleinod, der Iglesia de Santa María de Eunate.

Der weitere Weg ist nur mühsam mit reichlich Schieben und einigem Tragen machbar und deshalb nur geübten Mountainbikern zu empfehlen. Alle anderen fahren an der BANK Bank rechts und wieder links zur N-2420, dort links und nach 1 km wieder halb links in die NA-234, die nach 10 km Tiebas erreicht.

An der Herberge gehen Sie rechts, an der Bar vorbei, zur Calle del Burgo BANK und dort links zum Dorf hinaus. Sie nehmen am Dorfausgang den unteren der beiden Feldwege. Er bringt Sie in das Tal des Río Elorz hinunter, überquert den Bach und führt als Hangweg nach **Yárnoz**, das von einem eindrucksvollen Wehrturm aus dem 14. Jh. beherrscht wird (Schutzraum).

Sie folgen dem Hangweg weitere 5 km und erreichen das Dorf Guerendiain an der Fuente de la Paz (Friedensquelle). Sie bleiben am Ortsrand, gehen linksherum zur Kirche und biegen danach rechts wieder in den Hangweg ein, der nun überwiegend durch Wald verläuft. Im Tal ist nun anhand der Gewerbegebiete, der Hochhaussiedlungen und des zunehmenden Flugverkehrs der Großraum Pamplona deutlich auszumachen.

Nach weiteren 3,5 km wird der Ort Tiebas erreicht. Am Ortseingang stehen Picknickbänke unterhalb der Burgruine. Halb rechts folgen Sie der Calle Mayor, die an der Pilgerherberge vorbeiführt. Wenn Sie hier nicht übernachten, könnten Sie sich aber einen Stempel geben lassen. Gegenüber der Kirche, weiter oben im Dorf, finden Sie die Bar, die auch Mittagstisch anbietet.

Tiebas 31398

Albergue municipal, Calle Mayor 18, ☏ 948 104 777, 600 941 916, alberguetiebas@hotmail.es, 14 Betten in 2 Zi, Ü € 8, 11:00-22:00

200 m nach der Bar verzweigt sich die Straße. Sie gehen links an der Gemeindeverwaltung (Concejo) vorbei, überqueren eine Baustraße, die zum oberhalb liegenden Kalksteinbruch führt, steigen zum Fußballplatz hinab und folgen dort geradeaus dem Feldweg.

An der Autobahnzufahrt laufen Sie rechts unter der Autobahn und unter der folgenden Straßenbrücke hindurch. Danach sehen Sie den weiterführenden, gut markierten Feldweg.

Am Dorf **Muruarte de Reta** gehen Sie rechts (am Containerplatz) unter der Bahnlinie hindurch zu einem Picknickplatz, die Treppen hinauf und oben nach links. An der Verzweigung folgen Sie halb rechts dem Sträßchen nach Olcoz.

Hostal rural/Restaurante El Arriero, C. Muskilda 5, ☏ 948 360 132, 8 Zi, Ü EZ € 25, DZ € 42, DBZ € 52, F € 3, A € 10

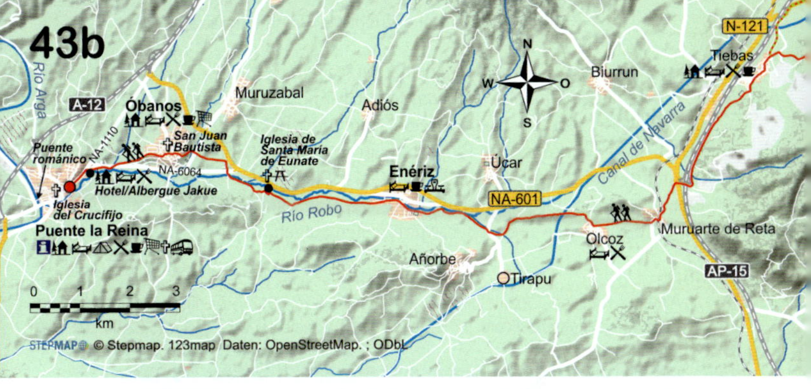

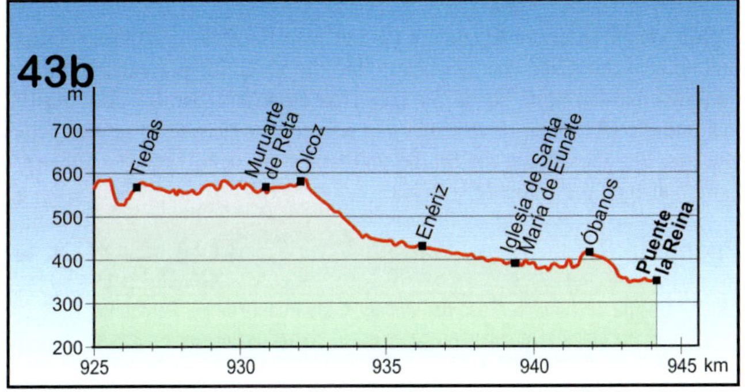

Am Ortsrand gehen Sie rechts über eine Höhe hinweg in eine wellige Agrarlandschaft mit vielfältigem Getreide-, Obst- und Gemüseanbau hinunter. Das notwendige Wasser liefert der Canal de Navarra.

Unten laufen Sie auf dem erreichten Schotterweg links bis an den Gehölzstreifen und folgen dahinter rechts einem schmalen Pfad. Eine Straße wird geradeaus überquert. Sie folgen dem beginnenden Schotterweg nach Eneriz und gehen dort geradeaus auf der Calle San Juan weiter.

Apartamentos rurales, Javier Hernández, 31700 Eneriz, 620 220 347, javieneneriz@hotmail.com, 2 Apartments für 3-4 Personen à € 75,

Bar/Restaurant Mesón del Camino, 948 350 170

Am Dorfausgang verliert sich die Teerdecke. Nach etwa 2 km, bevor der Weg zu steigen beginnt, biegen Sie rechts in einen schattigen Heckenweg ab. Er erreicht nach 500 m ein besonderes Kleinod an Navarras Pilgerweg, die **Iglesia de Santa María de Eunate** (santamariadeeunate.es), die im 12. Jh. auf einem achteckigen

Grundriss errichtet wurde und von einem Kreuzgang umgeben ist. Vielleicht haben Sie Glück, das gerade geöffnet ist, denn das Innere wird durch Alabasterfenster erleuchtet.

Sie steigen geradeaus einen Hügel hinauf und folgen dem Schotterweg nach rechts. Der Weg führt über den Río Robo, überquert die Straße (die links nach Puente la Reina führt) und steigt in den Feldern an. Nach 200 m führt der Weg links auf den Ort **Óbanos** zu. Am Ortseingang befindet sich eine Informationstafel, auf der Übernachtungsmöglichkeiten und Sehenswürdigkeiten aufgeführt sind.

Óbanos

31151

Albergue Atseden, Camino de Santiago, 2, 646 924 912, infi@atsedenhostel.com, www.atsedenhostel.com, 12 Betten in einem Zimmer, Ü € 12, 12:30-22:00, am Weg, Ortsausgang

Albergue Usda, Calle San Lorenzo, 6, 676 560 927, 42 Betten in 3 Räumen, Ü € 8, Apr bis Mitte Okt, 13:30-22:00, zentral

Sie gehen zwischen Kirchplatz (San Juan Bautista) und Ballspielplatz hindurch und folgen der Calle San Salvador, die zur Calle Camino de Santiago wird und zunächst auf der Höhe bleibt. Sie passieren die Ermita San Salvador, das Pilgerdenkmal und die Albergue Atseden und folgen dann dem Schotterweg geradeaus und abwärts. Sie überqueren die Straße und laufen auf dem parallelen Fußweg durch die Gartenanlagen nach **Puente la Reina**.

Puente la Reina (bask. Gares)

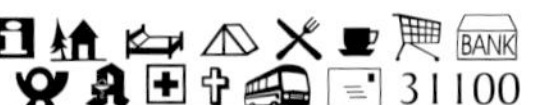

31100

Oficina de Turismo, Casa del Vinculo, Calle Puente de los Peregrinos 1, 948 341 301, turismo@puentelareina-gares.es, www.puentelareina-gares.es, Di-Sa 10:00-14:00 u. 16:00-19:00, So 11:00-14:00, 21. Dez bis 29. Jan geschlossen

Hotel/Albergue Jakue, Irunbidea 34, 948 341 017, hotel@jakue.com, www.jakue.com, Albergue: Ü im Schlafsaal (3 bis 30 Pers.) € 11-12, Hotel: EZ € 42-50, DZ € 61-70, DBZ € 82-90, am Ortseingang

Albergue Padres Reparadores, Calle Crucifijo 1, 948 340 050, 100 Betten, Ü € 5, , 400 m hinter der Albergue Jakue am Weg

♦ Albergue Puente, Paseo de los Fueros 57, 661 705 642, albergue@alberguepuente.com, alberguepuente.com, ÜF im Schlafsaal € 13, DZ € 36, VBZ € 60, Pilgermenü € 10, EN, 15.03.-15.11., am südlichen Stadtrand, folgen Sie der Durchgangsstraße

Hostal Plaza, Calle Mayor 52, 948 340 145, info@barrestaurantelaplaza.es, www.hostalplazapuentelareinanavarra.es, Ü EZ € 35, DZ € 45-50, Dez/Jan geschlossen, zentral

♦ Hotel Rural Bidean, Calle Mayor 20, 948 341 156, info@bidean.com, www.bidean.com, Ü EZ € 40, DZ € 55-57, Dez-Feb geschlossen, zentral

Camping El Real/Albergue Santiago Apostol, 948 340 220, alberguesantiagoapostol@hotmail.com, www.campingelreal.com, 100 Betten, Ü im DZ € 14/Pers, im Schlafsaal € 12, Pilgermenü € 10, EN, Rezeption 12:00-23:00,

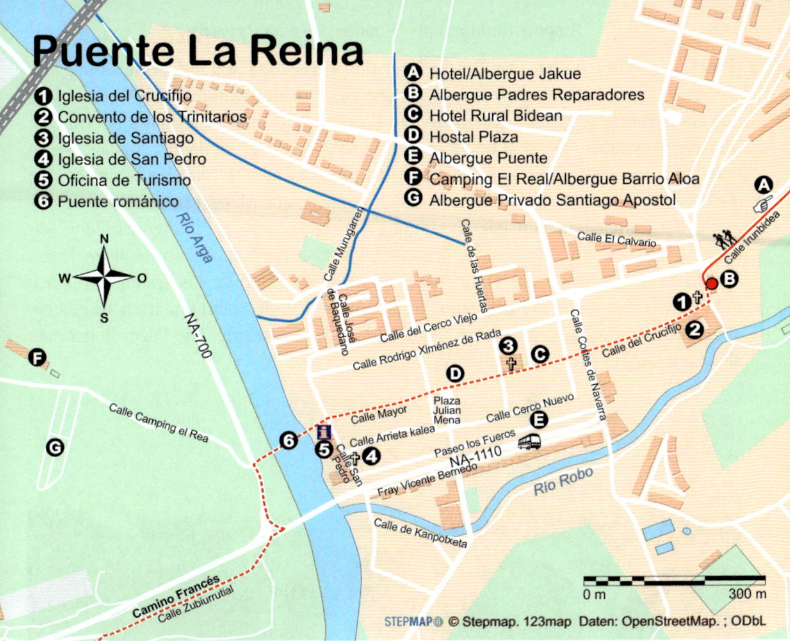

500 m westlich vor der Stadt, gehen Sie über die berühmte romanische Brücke und dann geradeaus den Hügel hinauf

Taxi, 680 872 200

Busse fahren Richtung Pamplona oder Logroño: laestellesa.com (☞ Reise-Infos von A bis Z, An- und Abreise).

✞ Iglesia del Crucifijo, romanisches Portal aus dem 12. Jh., neben der alten Herberge und dem alten Pilgerkrankenhaus

✞ Iglesia de Santiago, spätes 12. Jh., Umbau im 16. Jh.

⌘ Convento de los Trinitarios, 13. Jh., erweitert im 16. Jh. und renoviert im 18. Jh.

♦ Plaza Julian Mena, der Hauptplatz von Puente la Reina/Gares, gilt als einer der schönsten in Navarra.

Puente la Reina ist offizieller Beginn des Camino Francés und – folgt man der Definition der vom Europarat eingesetzten Expertenkommission – Beginn des Jakobsweges. Hier sind alle heranführenden Wege – sie werden als „Wege der Jakobspilger" bezeichnet – vereint. Hier konzentrieren sich die Pilgerströme aus ganz Eurapa seit dem frühen 11. Jh. an der „Puente románico", die auch „Puente de los peregrinos" genannt wird und ursächlich für die Entwicklung des Marktfleckens Puente la Reina

(Brücke der Königin) ist. Die Brücke über den Fluss Arga soll auf Veranlassung der Gemahlin des navarresischen Königs Sancho III. errichtet worden sein. Gesichert ist das aber nicht. Genau auf der Hälfte der Brücke stand über viele Jahrhunderte eine Muttergottesstatue, die sich heute in der San-Pedro-Kirche befindet. Ähnlich wie in Sangüesa war die Brücke Teil der Infrastrukturmaßnahmen im Norden Spaniens, die das Pilgern erleichtern sollten und dadurch immer mehr Menschen anzogen. Höhepunkt der mittelalterlichen Pilgerbewegung und Glanzzeit der Stadtentwicklung war das 12. und 13. Jh. Hier entstanden beispielsweise die Kirche zum heiligen Kreuz (Iglesia Crucifijo) sowie das Dreifaltigkeitskloster (Convento de los Trinitarios). Nach dem Niedergang der Pilgerbewegung in den nachfolgenden Jahrhunderten sorgen die Pilgerströme unserer Zeit für eine Neubelebung der Gemeinde. Die Pilger finden hier alle Annehmlichkeiten einer guten Versorgung.

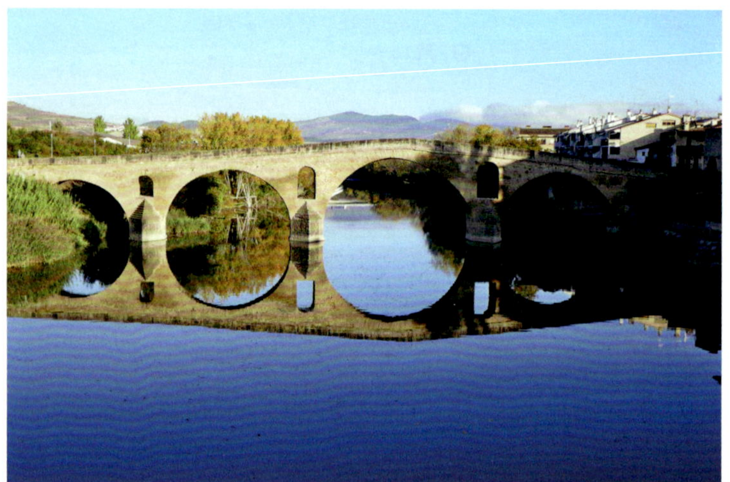

Die Königinnenbrücke aus dem 11. Jh. in Puenta la Reina

📖 Für den weiteren Weg sei Ihnen folgendes Buch empfohlen: „Spanien: Jakobsweg Camino Francés“ von Raimund Joos, Conrad Stein Verlag, ISBN 978-3-86686-424-5.

Kleiner Sprachführer

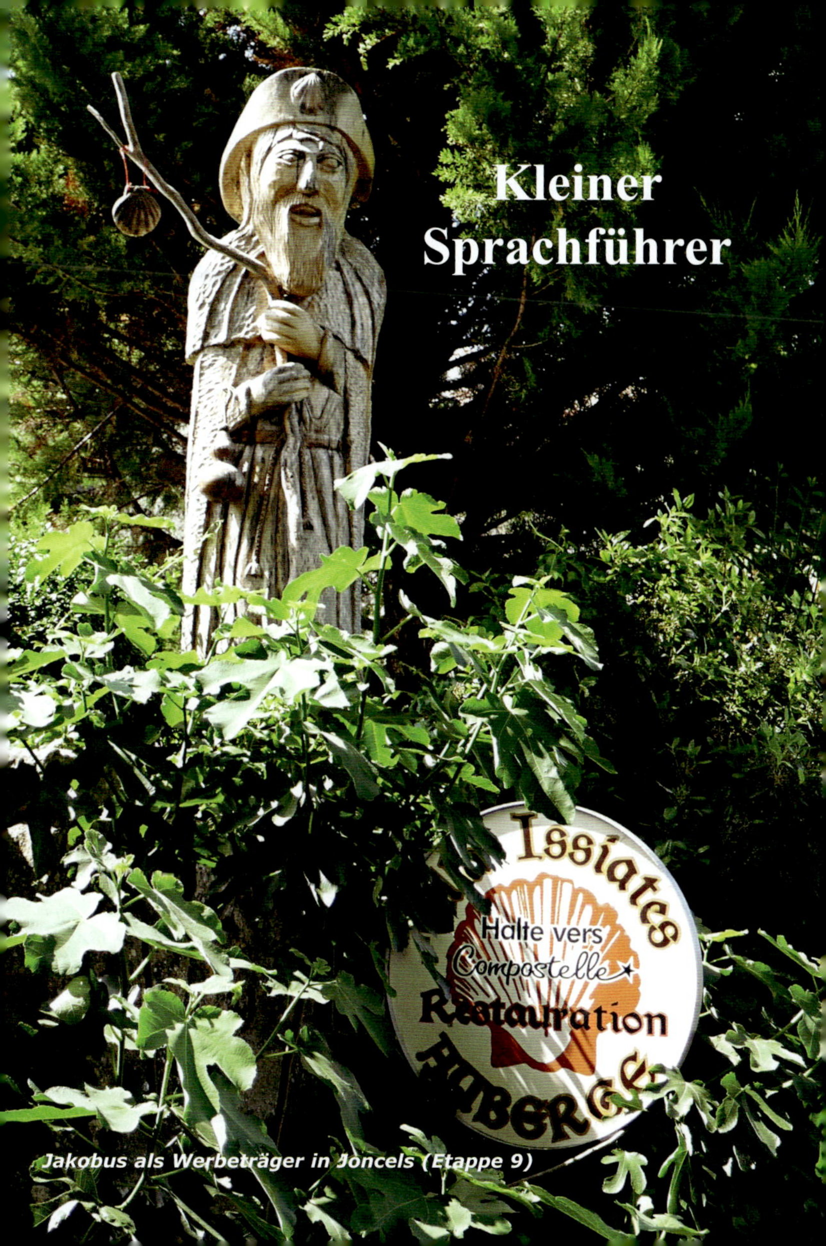

Jakobus als Werbeträger in Joncels (Etappe 9)

Deutsch	Französisch	Spanisch
Begrüßung:		
Guten Tag	Bonjour Madame, Monsieur, Mademoiselle	Buenos días Señora, Señor, Señorita
Guten Abend	Bonsoir Madame, ...	Buenas tardes Señora ...
Gute Nacht	Bonne nuit	Buenas noches
Hallo!	Salut!	Hola!
Wie geht's?	Ça va?	Cómo está? Qué tal?
Gut!	Qui ça va!	Todo bien!
Danke!	Merci!	Gracias!
Vielen Dank!	Merci beaucoup!	Muchas gracias!
entschuldigen Sie bitte ...	excusez-moi, s'il vous plaît ...	perdón, por favor...
Redewendungen:		
ja, nein	oui, non	sí, no
Ich spreche kein	Je ne parle pas français!	No hablo español!
Sprechen Sie Englisch (Deutsch)?	Parlez-vous anglais (allemand)?	Habla(s) inglés (alemán)?
Wo ist die Bushaltestelle?	Où est l'arrêt de bus?	Dónde está la parada de autobús?
Wo ist eine Bäckerei?	Où est une boulangerie?	Dónde hay una panadería?
Wie viel kostet die Fahrt nach ...?	Combien coûte le voyage à ...?	Quánto cuesta la ida a ...?
Übernachtung:		
Haben Sie ein Zimmer (Bett) frei?	Avez-vous une chambre (lit) libre?	Tiene una habitatción (cama) libre?
Heute Abend!	Ce soir!	Esta noche!
Morgen Abend!	Demain soir!	Mañana por la noche!
Ich stehe vor dem Haus!	Je suis devant la maison!	Estoy delante de la casa!
Alles belegt!	Tout est complet!	Todos ocupado!
für eine (zwei) Person(en)	pour une (deux) personne(s)	para una (dos) persona(s)
mit zwei Betten	avec deux lits	con dos camas
Ich bleibe eine Nacht.	Je reste une nuit.	Me quedaré una noche.
Wie viel kostet es?	C'est combien?	Cuánto es? Cuánto cuesta?
Einkaufen:		
Bäckerei/Konditorei	boulangerie	panadería
Fleischerei	boucherie	carnicería

Wurstwaren	charcuterie	–
Apotheke	pharmacie	farmacia
Schreibwarenladen	papeterie	papelería
Buchhandlung	librairie	librería
Briefmarke	timbre	sello
Postkarte	carte postale	postal

Pilger:

Pilger	pèlerin	peregrino
Pilgerfahrt	pèlerinage	peregrinación
Jakobsmuschel	coquille Saint-Jacques	vieira
Stempel	tampon	estampilla, sello
Können Sie mir bitte dieses Dokument abstempeln?	Pouvez-vous tamponner ce document, s'il vous plaît?	Puede usted por favor sellar este documento?

Essen:

Eine Flasche Weißwein, bitte!	Une bouteille de vin blanc, s'il vous plaît!	Una botella de vino blanco por favor!
Ein Glas Rotwein, bitte!	Una copa de vin rouge, s'il vous plaît!	Un vaso de vino tinto por favor!
Guten Appetit!	Bon appétit!	Buen provecho! Que aproveche!
Zum Wohl!	A votre santé!	Salud!
Die Rechnung, bitte!	L'addition, s'il vous plaît!	La cuenta por favor!
Vorspeisen	entrées, hors-d'œuvres	entrada
Hauptspeise	plat principal	plato principal
Nachspeise	dessert	postre
Wasser	eau	agua
Fleisch	viande	carne
Fisch	poisson	pescado
Geflügel	volaille	volaille
Gemüse	légumes	verduras
Salat	salade	ensalada
Reis	riz	arroz
Kartoffel	pomme de terre	patata
Ei	œuf	huevo
vegetarisch	végétarien	vegetariano
vegan	végéta	vegano

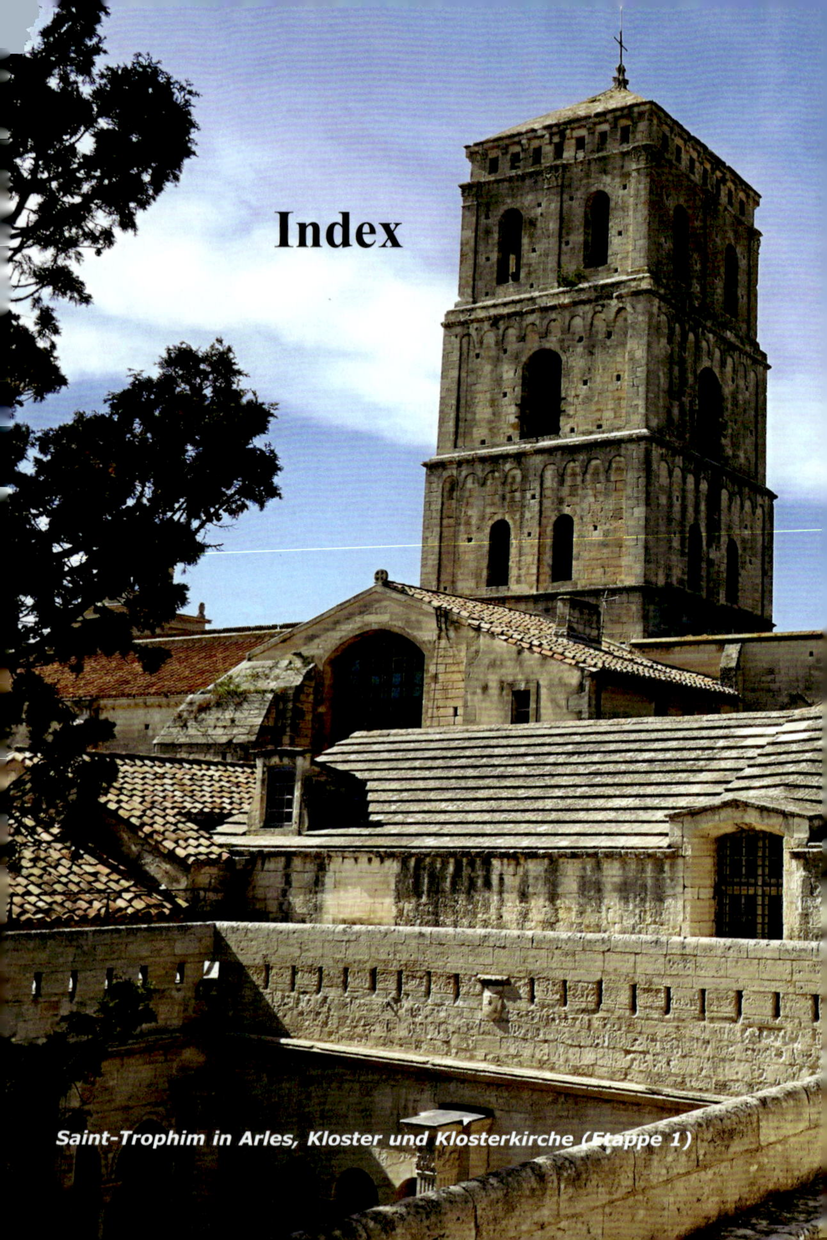

Index

Saint-Trophim in Arles, Kloster und Klosterkirche (Etappe 1)

A

B

C

D

E

F